PERSON UND SINNERFAHRUNG

PHILOSOPHISCHE GRUNDLAGEN
UND INTERDISZIPLINÄRE PERSPEKTIVEN

FESTSCHRIFT FÜR GEORG SCHERER

PERSON UND SINNERFAHRUNG

PHILOSOPHISCHE GRUNDLAGEN
UND INTERDISZIPLINÄRE PERSPEKTIVEN

Festschrift für Georg Scherer
zum 65. Geburtstag

Herausgegeben von
CARL FRIEDRICH GETHMANN
und
PETER L. OESTERREICH

WISSENSCHAFTLICHE BUCHGESELLSCHAFT
DARMSTADT

Gedruckt mit Unterstützung des Bischofs von Essen, der Universität Essen und der Stadtsparkasse Essen.

Die Deutsche Bibliothek – CIP-Einheitsaufnahme

Person und Sinnerfahrung: philosophische Grundlagen und interdisziplinäre Perspektiven; Festschrift für Georg Scherer zum 65. Geburtstag / hrsg. von Carl Friedrich Gethmann und Peter L. Oesterreich. – Darmstadt: Wiss. Buchges., 1993
  ISBN 3-534-12086-8
NE: Gethmann, Carl Friedrich [Hrsg.];
Scherer, Georg: Festschrift

Bestellnummer 12086-8

© 1993 by Wissenschaftliche Buchgesellschaft, Darmstadt
Gedruckt auf säurefreiem und alterungsbeständigem Offsetpapier
Satz: Setzerei Gutowski, Weiterstadt
Druck und Einband: Wissenschaftliche Buchgesellschaft, Darmstadt
Printed in Germany
Schrift: Linotype Sabon, 9.5/11

ISBN 3-534-12086-8

INHALT

III. Interdisziplinäre Perspektiven

Inhalt VII

Anhang

VORWORT

Die Beiträge des vorliegenden Sammelbandes zeigen sich durch die Thematik *Person und Sinnerfahrung* dem Denken Georg Scherers verbunden und sind ihm zum 65. Geburtstag am 30. 4. 1993 gewidmet. *Person* und *Interpersonalität* sind zentrale Themen der sinntheoretischen Anthropologie G. Scherers. Die von M. Heidegger aufgeworfene Frage nach dem Sinn von Sein erfährt bei ihm eine personale Wendung. Dabei verbindet er die klassische Ontologie Th. v. Aquins mit der modernen Interpersonalitäts-theorie G. Marcels und der Anthropologie H. E. Hengstenbergs. Das *co-esse* leibhaft konstituierter Personen wird vor dem Hintergrund der thomanischen Transzendentalienlehre als gegenseitige Erschließung von Sein gedeutet. Diesem personalen Ansatz hat Scherer in zahlreichen Veröffentlichungen seine *Theorie des Sinnes* zur Seite gestellt. Diese gliedert sich – analog zu Schellings Unterscheidung von negativer und positiver Philosophie – in einen transzendentalen und einen phänomenologischen Teil. Die transzendental-reflexive Analyse der Sinnfrage, die die apriorischen Strukturen des 'sinnver-wiesenen' menschlichen Daseins freilegt, wird dabei durch eine konkrete *Phänomenologie der Sinnerfahrung* ergänzt. Diese betont im Kontrast zu Sartres und Camus' Phänomenologie der Absurditätserfahrung und im Anschluß an Platon, Augustinus, Goethe, Eichendorff, Ionesco und Proust die Augenblick-lichkeit des Sinnereignisses. Ausgehend von dieser Phänomenologie der Sinnerfahrung kann G. Scherer angesichts des Todesproblems eine Logik der Hoffnung formulieren, die – im Sinne der Mutmaßungen des N. Cusanus – konjekturale Argumente für eine postmortale Existenz des Menschen enthält.

Die im vorliegenden Band versammelten Untersuchungen behandeln die beiden Themen *Person* und *Sinnerfahrung* in drei Abteilungen: Der erste Teil betrachtet das Thema *Person und Interpersonalität* unter den Gesichts-punkten der Theorie praktischer Subjektivität (C. F. Gethmann), der prak-tischen Naturphilosophie (K. M. Meyer-Abich), der angewandten Ethik (L. Siep), der Konstitution von Personalität (W. N. Krewani) und der charis-matischen Interpersonalität (P. L. Oesterreich). Der zweite Teil enthält, neben zwei Abhandlungen zur Todes- (K. Albert) und Glückserfahrung (H. Girndt), eine Reihe von Interpretationen zu *Sinn und Existenzerfüllung* bei Cusanus und Nietzsche (G. Wohlfart), Fichte (W. Janke), Husserl (K. Held, G. Sieg-mann), Heidegger (C. Strube), Merleau-Ponty (J. Hennigfeld) sowie Hans Jonas (M. Fleischer). Der dritte Teil ergänzt schließlich die vorhergehenden philosophischen Untersuchungen um *Interdisziplinäre Perspektiven* aus dem

Bereich der Theologie (Ch. Bauer-Kayatz, W. Breuning), Musikwissenschaft (H.-A. Heindrichs), Kunstwissenschaft (Ch. Schwens), der Erziehungswissenschaft (F.-J. Wehnes) und der Tiefenpsychologie (S.-M. Wittschier).

An dieser Stelle sei den Autoren für ihre Bereitschaft zur Mitarbeit an diesem Sammelband herzlich gedankt. Der Bischof von Essen, die Universität Essen und die Stadtsparkasse Essen haben durch ihre großzügigen Spenden die Drucklegung dieses Buches erst ermöglicht. Schließlich gebührt besonderer Dank Frau S. Rose und Herrn T. v. Zantwijk für ihre unschätzbare Hilfe bei der Organisation und Redaktion des gesamten Unternehmens.

Essen, im Oktober 1992   Die Herausgeber

PHILOSOPHIE UND WEISHEIT

Von JOSEF PIEPER

Wer denkt noch daran – wenn einer aus festlichem Anlaß als 'Philosoph' gerühmt oder man selbst mit diesem ehrenden Titel begrüßt und an das Rednerpult gebeten wird – wer denkt noch daran und wem kommt es in den Sinn, daß dieser wohlklingende Name 'Philosoph' ursprünglich einen Verzicht bezeichnet und eine Selbstbescheidung – besagend, daß der Mensch die hier offenbar beanspruchte Weisheit, die *sophia*, gerade *nicht* und niemals zu besitzen vermöge. So jedenfalls steht es bei Platon zu lesen; und Platon beruft sich dafür auf eine ältere Tradition. Mit irgendeiner agnostischen Resignation hat diese Vorstellung ausdrücklich nichts zu tun; die Welt gilt durchaus als erkennbar; und es ist gar nicht so wenig, was wir von ihr wissen. Davon ist sogar Sokrates überzeugt, seinem vielzitierten Worte zum Trotz: „Ich weiß, daß ich nichts weiß." Beide, Platon wie Sokrates, sind freilich davon überzeugt, daß Gott allein die wirkliche Weisheit, die *sophia*, besitze; nur ihm nämlich seien die letzten Ursachen aller Dinge bekannt; der Mensch hingegen könne bestenfalls ein diese göttliche *sophia* liebend Suchender heißen, ein *philosophos*. Wer von der äußersten Bedeutung des Begriffs 'Weisheit' spricht, der ist, wie sich hier zeigt, genötigt, von Gott zu reden: nicht, als komme Gott allein die wahre Weisheit wie eine 'Eigenschaft' zu; sondern Gott ist, kraft seines Wesens, die Weisheit selbst. So jedenfalls führt die christliche Theologie den Gedanken Platons auf eine für ihn selbst noch nicht vollziehbare Weise weiter – wodurch dann auch die liebende Suche nach der Weisheit, die Philosophie also, unversehens eine ganz neue Bedeutung bekommt.

Aber natürlich nehmen die Menschen, wenn sie von der Weisheit sprechen, dies Wort nicht ständig in seiner äußersten Bedeutung. Doch kann auch solcher Wortgebrauch durchaus sinnvoll sein. Ich denke etwa an einen durch mehrere Jahrhunderte hin im Abendland weitergegebenen Satz, der auf den ersten Blick so etwas wie eine Definition zu sein scheint, obwohl er eher eine kluge, zudem als witziges Wortspiel formulierte Lebensregel ist. Immerhin findet er sich sowohl bei Bernhard von Clairvaux wie, dreihundert Jahre später, bei Thomas von Kempen, und vielleicht haben beide dem tiefer Nachsinnenden die verborgene Bedeutung dieses Wortes öffnen wollen. Es lautet so: „Wem alle Dinge so schmecken *(sapiunt)*, wie sie wirklich sind, der ist wahrhaft weise *(sapiens)*. "

Wenn aber ein im strikten Sinn Philosophierender – wie der englisch-amerikanische Harvard-Philosoph Alfred North Whitehead sagt –, in der Philosophie werde die simple Frage erörtert, was es mit dem Ganzen von Welt und Dasein auf sich habe ("what is it all about?"); oder: es sei im Philosophieren darauf abgesehen, ein 'komplettes Faktum' zu verstehen, dann weiß er sehr wohl, daß es sich hier um Fragen handelt, die zu beantworten die Möglichkeiten aller menschlichen Denkbemühung prinzipiell übersteigt. Und wenn er, im Gegensatz zum exakt wissenschaftlich Forschenden, solche Fragen dennoch nicht einfach auf sich beruhen läßt, sondern ihnen sozusagen auf den Fersen bleibt, dann dürfte und müßte man ihn einen wahren Philosophen im ursprünglichen Sinn des Wortes nennen. Eben hierin erweist sich seine 'liebende Zuwendung' zur Weisheit als lebendig und ernst, daß er sich, anders als der wissenschaftlich Forschende, auf unvergleichlich intensivere Weise in seinem personalen Kern betreffen läßt. Die Haltung des wahrhaft Philosophierenden ist etwas prinzipiell Anderes als die natürlich auch von ihm geforderte 'wissenschaftliche Objektivität'. Es kann einer, als 'Thanatologe' zum Beispiel, ausgezeichnete Forschungen durchführen in bezug auf das, was – physiologisch betrachtet – im Sterben eines Menschen geschieht, und sich zugleich verschließen gegen die philosophische Frage, was – aufs Ganze gesehen – sich zuträgt, wenn ein Mensch stirbt. Dazu ist eine bis in den Grund der Seele reichende Offenheit hörenden Schweigens vonnöten, die vielleicht am zutreffendsten mit dem biblischen Wort *simplicitas*, Einfalt, bezeichnet werden könnte („Wenn dein Auge simplex ist, einfältig, unbefangen, ohne Vorbehalt, dann ist dein ganzer Leib im Licht").

Wer in dem bisher Gesagten das Wort von der Liebe (zur Weisheit) vermißt, dem ist zu bedenken zu geben, daß die Vokabel *theoria*, womit die Griechen jene Haltung zur Wirklichkeit bezeichnet haben, worin es auf gar nichts anderes abgesehen ist als darauf, daß der Gegenstand sich so zeige, wie er wirklich ist – daß dieses Wort *theoria* von den Römern durch *contemplatio* ins Lateinische übersetzt worden ist. Kontemplation aber besagt, vor allem in der weiteren Ausformung der christlichen Denktradition, *liebende* Betrachtung, das Betrachten von etwas Geliebtem. Die Liebe aber eröffnet zugleich eine Möglichkeit tieferdringenden Erkennens, wie es die von uns vergessene knappe Mystiker-Sentenz in vier Worten ausgesprochen hat: *Ubi amor, ibi oculus*. Wo Liebe ist, da tut sich ein Auge auf; durch die liebende Zuwendung entsteht eine bisher noch nicht genutzte Möglichkeit von Erkenntnis. Solch ein Gedanke eröffnet eine Perspektive, die das Denken ins Unendliche zu führen scheint.

Dies Gleiche geschieht auch in dem Versuch, eine uns allen wohlbekannte Redewendung ein wenig genauer zu interpretieren – auf ihre vielleicht durchweg zu wenig bedachte und in der Tat schwer ins Wort zu bringende Bedeutung hin, die aber präzis den jetzt zur Rede stehenden Gegenstand betrifft, nämlich den Zusammenhang von Sehen und Lieben, man könnte vielleicht auch sagen: den Zusammenhang von liebender Erkenntnis und Weisheit. Jedermann kennt die sprachliche Wendung 'sich nicht satt sehen können'. Junge Eltern können sich an ihrem neugeborenen Kinde 'nicht satt sehen'. Zweifellos drückt das Wort vom Sich-nicht-satt-sehen-Können einen äußersten Grad von Entzückung aus. Anderseits handelt es sich offenbar um eine verneinende Aussage: das Sehen sättigt gerade *nicht*; das liebende Verlangen bleibt ungestillt, vielleicht sogar unstillbar. Beides ist ausgedrückt in diesem wirklich merkwürdigen Wort. Wie paßt das zusammen? Wie reimt sich das? – Ein noch immer fast unbekannter deutscher Dichter, Konrad Weiss, hat das anscheinend oder nur scheinbar Ungereimte in einem Wort aufzulösen versucht, worin zugleich die geheimnisvolle Frucht der liebenden Zuwendung zur Weisheit, die Gott selber ist, beim Namen genannt zu sein scheint: „Die Kontemplation ruht nicht, bis sie den Gegenstand ihrer Erblindung findet." Das heißt: Wir ruhen nicht, bis daß wir ein Licht von solch strahlender Helligkeit finden, daß es uns blendet und glückselig macht, beides zugleich.

I.

PERSON UND INTERPERSONALITÄT

PRAKTISCHE SUBJEKTIVITÄT

Von Carl Friedrich Gethmann

Die Verwendung des Adjektivs 'praktisch' in philosophischen Kontexten ist durch eine tiefe Ambiguität gekennzeichnet, die zunächst einmal durch das Changieren des Ausdrucks 'Praxis' zwischen mehr deskriptiven und mehr präskriptiven Konnotationen bewirkt wird. Der Ausdruck 'praktische Subjektivität' kann daher (abgesehen von den notwendigen Unterscheidungen zwischen 'Mensch', 'Subjekt', 'Subjektivität' usw.) in zwei Bedeutungsvarianten verwendet werden. *Einmal* kann der Mensch als Handelnder gemeint sein ('Handeln' hier sowohl im poietischen als auch im praktischen Sinn), wie er Thema von philosophischer Anthropologie und Handlungstheorie ist; dabei steht der deskriptiv-analytische Zugang im Vordergrund. *Zum andern* kann der einer verbindlichen Vorstellung vom Menschen im Handeln verpflichtete Mensch im Vordergrund des Interesses stehen, wie dies in der (normativen) Ethik seit Kant und dem Deutschen Idealismus der Fall ist; es geht dabei um einen präskriptiven Begriff von Menschsein, also nicht um die Frage, was der Mensch *ist*, sondern wie wir als Menschen behandelt werden *wollen* und uns demzufolge wechselseitig behandeln *sollen*.

Auch in der präskriptiven Lesart kann der Begriff 'praktische Subjektivität' noch in verschiedenen Klassen von Behauptungen vorkommen, die als Antworten auf unterschiedliche Fragen verstanden werden können, z. B. diese:

(i) Spielt die Vorstellung von dem, was der Mensch sein soll, eine substantielle Rolle bei der Bildung und Rechtfertigung regulativer Geltungsansprüche?

(ii) Wenn ja: woher bezieht diese Vorstellung Gehalt und Verbindlichkeit in dem Sinne, daß in moralischen Diskursen feststeht, 'wer' überhaupt als Mensch anzuerkennen ist?

Frage (i) ist bereits im Hinblick auf die diskursive Einlösung regulativer (präskriptiver) Geltungsansprüche formuliert, wobei sie indifferent ist bezüglich der Ethikkonzeption, der man folgt (z. B. utilitaristischer oder 'deontologischer'). Für jede *philosophische* Ethikkonzeption gilt nämlich, daß die grundlegenden Prämissen der Rechtfertigung von Normen Aussagen konstativer oder regulativer Art über das, was der Mensch ist oder sein soll, implizieren bzw. präsupponieren.

In diesem Zusammenhang müßte nun konkret gezeigt werden, daß eine [

Vorstellung von 'praktischer Subjektivität' im eingeführten präskriptiven Sinn wirklich eine grundlegende Prämisse moralischer Diskurse ist. Gesetzt, von moralischen Problemen sprechen wir wenigstens dann, wenn es um Ansprüche und Verpflichtungen geht, von deren Anerkennung und Befolgung wir uns das Eintreten einer erwarteten Situation erhoffen. Dann ist in jeder moralisch relevanten Situation präsupponiert, daß Autoren und Adressaten solcher Ansprüche und Verpflichtungen existieren und identifiziert werden können. Durch ethische Explikation und Rekonstruktion ergibt sich dabei als Kernproblem die Frage: Wer erhebt mit welchem Recht gegenüber wem Ansprüche, wer verpflichtet wen mit welchem Recht zu etwas, schließlich: *Warum sollen wir überhaupt etwas und nicht vielmehr nichts?*

Nicht sofort offenkundig, aber unschwer zu demonstrieren ist, daß das so verstandene Problem praktischer Subjektivität letztlich ein Problem der Extension des Begriffs der 'Subjektivität' ist.

Entsprechend lassen sich die ethischen Konzeptionen grob typisieren als:
– *Solipsismus* (Verpflichtung des Menschen nur sich selbst gegenüber);
– *Partikularismus* (Verpflichtung gegenüber den Mitgliedern der Gruppe: nur diese sind 'eigentlich' Menschen, also 'praktische Subjekte');
– *Universalismus* (Verpflichtung gegenüber allen, die 'Menschen' sind).

Unter Verwendung dieser Typisierung kann das im präskriptiv verwendeten Begriff von 'praktischer Subjektivität' implizierte Problem als Frage nach der Rechtfertigbarkeit des Universalismus gegenüber Solipsismus und Partikularismus formuliert werden. Vor dieser Frage ist jedoch eine folgenreiche Vorfrage zu klären, nämlich die nach dem Extensionsbereich des 'universalen' Menschseins. *Praktische Subjektivität' indiziert das Problem nach der Abgrenzung zwischen Mensch und Nicht-Mensch unter der Rücksicht der Verpflichtung.*

1. Empirische und analytische Fundierungsversuche

Für die Fundierung des Sinns und der Verpflichtung von 'praktischer Subjektivität' sind empirische und analytische Strategien besonders verbreitet; beide sollen an aktuellen Positionen kritisch diskutiert werden.

(a) *Empirische* Strategien folgen solchen Konzeptionen, nach denen das 'Menschsein' in seinem verpflichtenden Gehalt Ergebnis von zu erwerbenden Erkenntnissen ist ('Erfahrungen', die auf Alltagserkenntnis oder wissenschaftlicher Erkenntnis beruhen). Die bekanntesten Ansätze dieser Richtung bilden die naturalistischen Ethiken in der Nachfolge von Hume. In der gegenwärtigen Diskussion wird eine besondere Variante dieses Ansatzes auch von den 'Usualisten' (O. Marquard) der Ritter-Schule vertreten. Nach R. Spaemann und H. Lübbe soll man auch in ethischen Kontexten davon ausgehen, daß

Menschsein bedeute, Exemplar der (biologischen) Art 'homo sapiens' zu sein.[1] Dies ist nicht so zu verstehen, als solle das Menschsein auf biologische Funktionen reduziert werden. Vielmehr geht um die Bestimmung dessen, was in moralischen Diskursen an Gehalt von 'Menschsein', an Abgrenzung zwischen Mensch und Nicht-Mensch, unterstellt ist; dieser Gehalt ist aus der biologischen Kategorie zu gewinnen.

Die Rechtfertigung für dieses *Postulat* ist daher auch nicht biologischer oder anthropologischer, sondern ethischer Natur: Dem Menschen soll nicht die Definitionsgewalt für das, was Menschsein heißt (und damit für die Beantwortung der Frage, wer ein Mensch ist), zuerkannt werden. Dieses Argument hat durchaus Gewicht, wenn man bedenkt, daß bestimmte Merkmale des Menschlichen keine Garantie dafür sind, daß diese auch als moralisch wesentlich anerkannt werden. Vielmehr ist eine besonders drastische Form der Immoralität, denjenigen, die aussehen wie Menschen, das Menschsein im Sinne praktischer Subjektivität abzusprechen (Barbaren, Heiden, Frauen, Proletariern, Juden, Schwarzen, …). Mit Blick auf die antisemitische Propaganda des Nationalsozialismus ist sogar die Variante wirkmächtig geworden, daß nichts hindert, einer Gruppe von Lebewesen das Aussehen wie wenn sie Menschen wären als Ausdruck einer besonders böswilligen Strategie vorzuwerfen. Somit liegt die Suche nach einer Minimalbestimmung von Menschsein nahe, die der Disposition durch Verankerung in den naturhaften Grundlagen des Menschseins entzogen ist.

So willkommen dieser Topos für die Bewältigung bestimmter moralischer Extremsituationen sein mag, so enttäuschend simpel ist der Einwand, daß der Mensch durch die Klassifikation 'homo sapiens' oder ähnliche bereits die Definitionsgewalt ausübt. Ein Mensch ist nämlich gar nicht Exemplar einer Gattung kraft einer Festsetzung durch 'die Natur', sondern die Einteilung der Lebewesen nach Gattungen und Arten ist eine Leistung menschlicher Unterscheidungskraft und menschlichen Unterscheidungsinteresses, das sich – ausgehend von elementaren lebensweltlichen Unterscheidungen – in wissen-

[1] Zum Beispiel R.Spaemann, Über den Begriff der Menschenwürde, in: Scheidewege 15 (1985/86), S.20–36, hier: S.20; ders., Die Aktualität des Naturrechts, in: ders., Philosophische Essays, Stuttgart 1983, S.60–79, hier: S.77; H.Lübbe, Wer ist der Mensch?, in: O.Marquard/H.Staudinger (Hrsg.), Anfang und Ende des menschlichen Lebens. Medizinethische Probleme (Ethik der Wissenschaften, Bd. 4), Paderborn 1987, S.44–46, hier: S.46; ders., Anfang und Ende des Lebens. Normative Aspekte, in: H.Lübbe u.a. (Hrsg.), Anfang und Ende des Lebens als normatives Problem, Stuttgart 1988, S.5–26, hier: S.16. Spaemann spricht von der Spezies „homo sapiens", Lübbe vom „genus humanum". R.Löw nennt das Postulat, Menschsein bedeute, Exemplar der biologischen Art zu sein, das „kategorische Fundament" der Ethik: vgl. Leben aus dem Labor. Gentechnologie und Verantwortung – Biologie und Moral, München 1985, S.153–157.

schaftlichen Terminologien manifestiert. Das heißt nicht, daß die Wahl primärer Unterscheidungen und darauf aufbauender Terminologien willkürlich ist, vielmehr hat sie ihre eigene Stabilität und 'Härte' durch ihre Zweckgerichtetheit. Es gehört zu den weitverbreiteten Dogmen des Empirismus, Überwillkürlichkeit sei nur durch erfahrbare 'Fakten' erreichbar. Dabei läßt sich keine Erfahrung so schwer korrumpieren, wie die, daß etwas ein geeignetes Mittel zur Erreichung eines Zwecks ist. Keine Bewährungskritik ist so hart wie die im Rahmen der Zweck-Mittel-Rationalität. Somit erfüllt der Hinweis auf den 'homo sapiens' nicht seinen Zweck; dem Begriff des 'homo sapiens' liegt zwar keine Beliebigkeit, aber doch eine zweckbezogene Konventionalität zugrunde. *A fortiori* gilt, daß selbst, wenn dem Begriff des 'homo sapiens' eine gewissermaßen dem Menschen vollständig entzogene Verwurzelung eigen wäre, er seine praktische Leistung nicht erbringen würde. Der Anti-Semit oder Apartheid-Protagonist wird nämlich durch den Hinweis auf die Zugehörigkeit des Juden bzw. Schwarzen zur Art gar nicht angefochten: Es gibt für ihn eben Exemplare der Art 'homo sapiens', die nicht im gleichen Sinne praktische Subjekte sind wie Arier bzw. Weiße.

(b) Unter *analytischen* Konzeptionen sollen solche verstanden werden, nach denen sich der praktisch verpflichtende Gehalt von 'Menschsein' aus der Bedeutungsfestlegung von Termini ergibt, durch die 'spezifisch menschliche' Eigenschaften oder Handlungsweisen bezeichnet werden. Schon in dieser Charakterisierung liegt ein Zirkel beschlossen. Dieser ist jedoch bei vielen Konzeptionen nicht offenkundig, sondern wird erst nach genauer Rekonstruktion sichtbar. Besonders herausfordernd sind in diesem Zusammenhang vorgeblich 'transzendentale' Konzeptionen, weil hier – schon von Kant und den Idealisten her – die Abgrenzung zwischen 'analytisch' und 'synthetisch-a priori' unklar ist. Als Beispiel für eine in der Tiefe analytische Konzeption soll hier der Versuch Apels und Kuhlmanns diskutiert werden, den ethischen Universalismus aus der Tatsache zu rechtfertigen, daß *jedermann* gezwungen ist zu argumentieren, auch wenn er versucht, die Argumentation zu verweigern.[2]

    [2] Vgl. vor allem: K.-O. Apel, Das Apriori der Kommunikationsgemeinschaft und die Grundlagen der Ethik, in: Transformation der Philosophie, Bd. 2, Frankfurt a. M. 1973, S. 358–435; ders., Das Problem der philosophischen Letztbegründung im Lichte einer transzendentalen Sprachpragmatik. Versuch einer Metakritik des „Kritischen Rationalismus", in: B. Kanitscheider (Hrsg.), Sprache und Erkenntnis. Festschrift für G. Frey, Innsbruck 1976, S. 55–82; ders., Transzendentale Semiotik und die Paradigmen der prima philosophia, in: E. Bülow/P. Schmitter, Integrale Linguistik. Festschrift für Helmut Gipper, Amsterdam 1979, S. 101–138; ders., Fallibilismus, Konsenstheorie der Wahrheit und Letztbegründung, in: Forum für Philosophie Bad Homburg (Hrsg.), Philosophie und Begründung, Frankfurt a. M. 1987, S. 116–211; W. Kuhlmann, Zur logischen Struktur transzendentalpragmatischer Normenbegründung, in:

Unbestreitbar ist, daß zu den Präsuppositionen des Argumentierens auch das Zuerkennen von Argumentationskompetenz an einen potentiellen Teilnehmerkreis gehört. Zugestanden sei weiter, daß dieser Teilnehmerkreis jedenfalls über den gerade Argumentierenden *solus ipse* hinausgehen muß (obwohl man ja mit sich selbst argumentieren kann). Entscheidend ist, daß dieser Teilnehmerkreis nicht 'alle' umfassen *muß*, wenn damit gemeint ist: jedes Exemplar der Art homo sapiens (das gleiche gilt selbstverständlich für jede andere extensionale Definition von 'Mensch').[3]

Der Universalismus der Art ist nicht zwingende Präsupposition gelingenden Argumentierens, es sei denn, man definiert 'Argumentation' entsprechend. Genau dies geschieht bei Apel und Kuhlmann jedoch, und deswegen handelt es sich um eine analytische Konzeption. Demgegenüber ist ohne die Analytizität erzeugende extensionale Bestimmung des Argumentationsbegriffs festzustellen, daß auch der traditionell bestimmte oder sogar explizit überzeugte Partikularist, beispielsweise ein Aristokrat[4], am Sprachspiel 'Argu-

W. Oelmüller (Hrsg.), Transzendentalphilosophische Normenbegründungen, Paderborn 1978, S. 15–26; ders., Reflexive Letztbegründung. Zur These von Unhintergehbarkeit der Argumentationssituation, in: Zeitschrift für philosophische Forschung 35 (1981), S. 3–26; ders., Die Kommunikationsgemeinschaft als Bedingung der Möglichkeit sinnvoller Argumentation, in: W. Kuhlmann/D. Böhler, Kommunikation und Reflexion. Zur Diskussion der Transzendentalpragmatik. Antworten auf K.-O. Apel, Frankfurt a. M. 1982, S. 159–190; ders., Reflexive Letztbegründung. Untersuchungen zur Transzendentalpragmatik, Freiburg i. Br. 1985; ders., Moralität und Sittlichkeit. Ist die Idee einer letztbegründeten normativen Ethik überhaupt sinnvoll?, in: Ders. (Hrsg.), Moralität und Sittlichkeit. Das Problem Hegels und die Diskursethik, Frankfurt a. M. 1986, S. 194–216.

[3] Vgl. dazu die Diskussion in chronologischer Reihenfolge: C. F. Gethmann/R. Hegselmann, Das Problem der Begründung zwischen Dezisionismus und Fundamentalismus, in: Zeitschrift für allgemeine Wissenschaftstheorie 8 (1977), S. 342–368; J. Mittelstraß, Gibt es eine Letztbegründung?, in: P. Janich (Hrsg.), Methodische Philosophie. Beiträge zum Begründungsproblem der exakten Wissenschaften in Auseinandersetzung mit Hugo Dingler, Mannheim 1984, S. 12–35 (Wiederabdruck: J. Mittelstraß, Der Flug der Eule. Von der Vernunft der Wissenschaft und der Aufgabe der Philosophie, Frankfurt a. M. 1989, S. 281–312); K.-O. Apel, Interview in: Information Philosophie, Nov./Dez. 1980, S. 8–12; Jan./Febr. 1981, S. 10–14; W. Kuhlmann, Reflexive Letztbegründung, 22 Anm. 16; J. Mittelstraß, Forschung, Begründung, Rekonstruktion, in: H. Schnädelbach (Hrsg.) Rationalität. Philosophische Beiträge, Frankfurt a. M. 1984, S. 117–140 (Wiederabdruck: J. Mittelstraß, Der Flug der Eule, S. 257–280); W. Kuhlmann, Reflexive Letztbegründung, S. 91–104; K.-O. Apel, Fallibilismus, Konsensustheorie der Wahrheit und Letztbegründung, S. 186–191, 209 Anm. 86; C. F. Gethmann, Letztbegründung vs. lebensweltliche Fundierung des Wissens und Handelns, in: Forum für Philosophie Bad Homburg (Hrsg.), Philosophie und Begründung, Frankfurt a. M. 1987, S. 268–302.

mentation' ohne Selbstwiderspruch teilnehmen kann. Weil zu jeder Sozialität ein Verfahren der Einlösung diskursiver Geltungsansprüche gehört, präsupponiert die Anerkennung des Verfahrens auch eine Vorstellung vom *scopus* der an diesem Verfahren Teilnahmeberechtigten (Argumentationskompetenz). Analytisch wahr ist dabei allerdings, daß aus der Binnenperspektive der Gruppe immer 'alle' teilnahmeberechtigt sind. Das wechselseitige Anerkennen der Gruppenmitglieder, Instanzen dieses 'alle' zu sein, definiert gerade die 'Gruppe'. *Jede Moral ist aus der Binnenperspektive der Gruppe, in der sie gilt, zunächst 'universalistisch'.* Was heißt nun, eine solche Moral sei 'in Wirklichkeit' partikularistisch, weil sie ja nicht 'alle' einbeziehe? Woher wissen wir im vorhinein, wer 'alle' sind? *Entweder* wir wissen schon, was 'praktische Subjektivität' heißt und geraten dadurch in ein Zirkelproblem! *Oder* wir unterstellen beispielsweise, 'alle' seien die Exemplare der Art 'homo sapiens', was zu den unter (a) diskutierten Rechtfertigungsproblemen führt.

Als *Zwischenergebnis* ist festzuhalten, daß sich die im Zusammenhang mit dem Verpflichtungsaspekt des Handelns unvermeidlich leitende Vorstellung von dem, was 'Menschsein' heißt, weder empirisch noch analytisch gewinnen läßt, wenn diese Vorstellung normative Kraft ausüben können soll. Die Bedeutung des von der Transzendentalphilosophie und in den Programmen des Deutschen Idealismus entwickelten Begriffs der 'praktischen Subjektivität' liegt darin, aus diesem Dilemma einen Ausweg skizziert zu haben, der grob gesagt in dem Nachweis besteht, daß menschliches Handels *unabdingbar* die wechselseitige Anerkennung der Mit-Handelnden als Handelnde präsupponiert. Allerdings ist diese Konzeption historisch (weniger bei Kant als bei Fichte und Schelling) mit einer Reihe von Schwierigkeiten verknüpft, die sich nicht so sehr dem Grundansatz als vielmehr einem überzogenen Begründungsanspruch verdanken. Im folgenden soll daher untersucht werden, wie sich Sinn und Verpflichtung des Begriffs der Subjektivität als Präsupposition des Handelns rekonstruieren lassen, ohne daß man in die von Transzendentalphilosophie und Idealismus hinterlassenen Schwierigkeiten gerät. Das *Resultat* wird sein, daß eine normativ verbindliche Vorstellung von 'praktischer Subjektivität' in primären lebensweltlichen Orientierungen fundiert ist, in ihrer Geltung aber auch von deren Existenz abhängt. Sie ist in einem fundamentalen Sinne daher bedingt (hypothetisch). Es geht um *praktische Unabdingbarkeit ohne Unbedingtheit, Obligation ohne Apodiktizität oder* (mit Seitenblick zu Apel und Kuhlmann) *Verbindlichkeit ohne Letztbegründung.*

---

[4] Zum Aristokraten-Beispiel s. C. F. Gethmann/R. Hegselmann, Das Problem der Begründung, S. 346–351; C. F. Gethmann, Letztbegründung, S. 282–286.

2. Zur lebensweltlichen Genese praktischer Geltungsansprüche

Gemäß dem Programm der Proto-Ethik wird im folgenden davon ausgegangen, daß die Fundierung praktischer Geltungsansprüche auf dem Wege
der Rekonstruktion der Elemente einer lebensweltlich schon eingeübten
Kultur des Umgangs mit Aufforderungen und ihrer dabei anerkannten Regeln
vorgenommen werden kann.[5] Unter 'Lebenswelt' wird in der Weiterführung
von Lebensphilosophie, Phänomenologie und Fundamentalontologie kein
Ensemble empirisch beschreibbarer Sachverhalten verstanden, so daß die
Fundierung praktischer Geltungsansprüche in diesen Sachverhalten grundsätzlich die Form eines naturalistischen Fehlschlusses aufweisen müßte. Vielmehr umfaßt die Welt, in der wir als Menschen leben, die Korrelate von gemeinsamen Einstellungen und Einsichten, die sich im Rahmen des Umgangs
mit den Dingen als zweckmäßig bewährt haben. Für eine primäre Rekonstruktion sind diese Korrelate weder als Gegenstände des Beschreibens noch
des Vorschreibens zu differenzieren; gegen einen v. a. durch manche Varianten
der Phänomenologie nahegelegten Deskriptivismus ist festzuhalten, daß für
die primäre Lebensbewältigung der Vollzug regulativer Redehandlungen wenigstens so bedeutend ist wie die Einbeziehung konstativer Redehandlungen.
Menschliche Kommunikation und Kooperation ist also von der lebensweltlichen Basis her schon durch präskriptive Elemente bestimmt. Im Rahmen lebensweltlicher Kooperation und Kommunikation ist auch schon jeweils das
Problem praktischer Subjektivität entschieden, d.h., es ist eine Präsupposition des Vollzuges beispielsweise von Aufforderungen, daß feststeht, wem die
Kompetenz des Zustimmens bzw. Zweifelns zukommt und gegenüber wem
daher gegebenenfalls die Einlösung von Geltungsansprüchen erreicht werden
muß. Allerdings läßt sich diese faktische Präsupposition nicht unbesehen
auch als die jeder kritischen Prüfung standhaltende, 'richtige' Präsupposition
ansetzen. Dies würde im übrigen zu einer ethischen Kanonisierung des Partikularismus führen, weil weder der Solipsismus noch der Universalismus eine
lebensweltlich-zweckrationale Bedeutung haben (jedenfalls solange noch
nicht von einer lebensweltlich erfahrbaren Welt-Zivilisation gesprochen
werden kann).

Somit bleibt im Rahmen von faktischen lebensweltlichen Kontexten gerade
die Frage der 'Verallgemeinerbarkeit' ungeklärt. Daher ist zunächst für praktische Fragen die Grenze zwischen Lebenswelt und lebenswelt-invarianten Gel-

---

[5] C. F. Gethmann, Proto-Ethik. Zur formalen Pragmatik von Rechtfertigungsdiskursen, in: Th. Ellwein/H. Stachowiak (Hrsg.), Bedürfnisse, Werte und Normen im
Wandel, Bd. 1, München 1982, S. 113–143 (engl.: Protoethics. Towards a formal Prag-
matics of Justificatory Discourse, in: R. E. Butts/J. R. Brown (Eds.), Constructivism
and Science. Essays in recent German Philosophy, Dordrecht 1989, S. 191–220.

tungsansprüchen dort zu ziehen, wo Geltungsansprüche nicht mehr nur an bestimmte (präsente) Adressaten, sondern an jedermann gerichtet werden, d. h. 'allgemein' sind. Analog zur Abgrenzung zwischen lebensweltlichen und wissenschaftlichen Behauptungen wird die Grenze zwischen lebensweltlichen Aufforderungen und 'Normen' durch den Anspruch der Verallgemeinerbarkeit markiert. Damit ist auch das methodische Verfahren für die Fundierung verallgemeinerbarer Aufforderungen (analog zur Fundierung verallgemeinerbarer Behauptungen) vorgezeichnet: Ausgehend von lebensweltlich vollzogenen Diskursregeln ist nach denjenigen Bedingungen zu fragen, die erfüllt sein müssen, damit Aufforderungen mit dem Geltungsanspruch für jedermann gerechtfertigt werden können. Die Rekonstruktion derartiger Bedingungen führt schließlich zurück auf solche Präsuppositionen von Redehandlungen, deren Anerkennung durch *retorsive Argumentation* für jedermann verpflichtend ist, der an einem entsprechenden Sprachspiel teilnehmen können will.[6]

Aufforderungen und die durch sie eingeleiteten Diskurse haben perlokutionär Handlungen zum Thema. Fundiert man die Ethik daher in einer Rekonstruktion elementarer Strukturen von Rechtfertigungsdiskursen, ist unvermeidbar, ein Stück weit auch das Thema solcher Diskurse, nämlich Handlungen, zu explizieren. Ein fundamentales Stück Pragmatik ('Handlungstheorie') ist ein unverzichtbares Kapitel der Ethik-Fundierung.[7] Für die Exemplifizierung lebensweltlich bewährten Könnens und auf dieses bezogener Aufforderungen wird meist an poietisch-kooperative Handlungszusammenhänge z. B. an den gerätegestützten Umgang des Handwerkers gedacht. Ebenso wie in poietisch-kooperativen Zusammenhängen zeigt sich jedoch lebensweltlich bewährter Sachverstand auch in praktisch-kommunikativen Kontexten, z. B. in den Fertigkeiten, Streit zu schlichten oder Recht zu sprechen. Analog zur Herstellungsroutine soll daher auch von einer *'Friedfertigkeitsroutine'* gesprochen werden. Ihre bewährten Regeln bilden die Moral (das Ethos), auf deren kritische Prüfung sich die Ethik bezieht.

Lebensweltliche Kontexte der Kooperation und Kommunikation sind gleichermaßen bereits durch Formen der Bewährung und Verbindlichkeit bestimmt (wenn auch nicht durch universelle Geltung, wie es für Wissenschaft und Ethik charakteristisch ist). Lebensweltlicher Sachverstand steht dabei unter dem Anspruch, im Zweifels-Fall beratungstauglich zu sein.

[6] Zu dieser Funktion retorsiver Argumentation vgl. C. F. Gethmann, Letztbegründung, S. 288 ff.

[7] Für eine eingehendere Diskussion einiger fundamentalpragmatischer Probleme vgl. C. F. Gethmann, Universelle praktische Geltungsansprüche. Zur philosophischen Bedeutung der kulturellen Genese moralischer Überzeugungen, in: P. Janich (Hrsg.), Entwicklungen der methodischen Philosophie, Frankfurt a. M. 1992, S. 148–175.

Damit ist dieser Sachverstand zwar nicht schon von sich aus als Instantiierung von Regel-Beherrschung definiert (der 'Regel'-Begriff ist ein re-konstruktiver Begriff, d. h., der Sachverständige folgt nicht intentional Regeln, aber seine Sachverständigkeit kann als Regelbefolgung verstanden werden). Gleichwohl hat lebensweltliche Bewährung eine Tendenz auf Verallgemeinerbarkeit hin. Limes dieser Tendenz ist die Beherrschung einer allgemeinen Regel.

Wie kommt es aber zu dieser Grenzvorstellung der Universalität? Bezogen auf praktisch-kommunikatives Handeln ist dies die Frage nach der *Genese moralischer Überzeugungen.* Lebensweltliches poietisches und praktisches Können ist durchaus über weite Strecken leistungsfähig und verfügt somit 'zunächst und zumeist' über hinreichendes Problemlösungspotential. Gleichwohl ist es von Haus aus labil und störanfällig, und zwar aus mehreren Gründen:

(i) Uneindeutigkeit
Es gibt keine Garantie für die *interne Kohärenz* lebensweltlicher Könnensbestände. Viele Aufgaben haben viele Lösungen, ohne daß diese untereinander zwangsläufig pragmatisch kompatibel sind.

(ii) Lückenhaftigkeit
Viele Aufgaben sind in konkreten Lebenswelten noch nicht vorgekommen, somit auch nicht entsprechende Lösungsmuster, die einen Lösungsvorrat bilden könnten.

(iii) Bereichsabhängigkeit
Viele Problemlösungen sind auf dem jeweiligen Stand des Wissens und Könnens zu verstehen und hängen von den Rahmenprämissen der konkret Beteiligten ab. Somit gibt es a fortiori keine *externe Kohärenz* zwischen Gruppen; insbesondere gilt das für interkulturelle Konfrontationen.

Lebensweltliche Friedfertigkeitsroutine ist also unbeschadet ihrer relativen Leistungsfähigkeit kein verläßliches und verfügbares Instrument zur Bewältigung (Vermeidung oder Beseitigung) von Konflikten. Sind die Belastungen und Störungen lebensweltlicher Bestände hinreichend groß, dann wird ihre Leistungsfähigkeit entsprechend klein. *Die Suche nach verallgemeinerbaren Orientierungen bis hin zum Grenzfall der Universalität ist somit eine in der inneren Tendenz lebensweltlichen Bedarfs liegende Dynamik, oder aber sie hat keinen lebensweltlichen Witz.* Verallgemeinerbarkeit darf daher nicht in einen dichotomischen Gegensatz zur Lebenswelt gesetzt werden. Ethik (Moralphilosophie) hat ihre Funktionalität *gegenüber* der Lebenswelt, wenn und soweit die lebensweltlichen Orientierungspotentiale ihre Dienste versagen und demzufolge die Intimitäten zerbrechen. *Das Bedürfnis nach Vernunft, verstanden als Vermögen Verallgemeinerbarkeit garantierender Prinzipien, ist selbst*

(wenigstens als Tendenz) ein lebensweltliches Faktum oder keines. Dies gilt
auch und gerade für die *praktische Vernunft.*

3. Praktische Unabdingbarkeit von Subjektivität

Als Beispiel für lebensweltliches praktisches Handeln wurde die Fähigkeit,
einen Streit zu schlichten, genannt. Das Streit-Schlichten ist ein Redehandlungsaggregat, bestehend aus einzelnen Redehandlungen, die nach einer
Zweckvorstellung organisiert sind. Die Fähigkeit zum Streit-Schlichten kann
Apriori einer Lebenswelt (d. h. durch ein Retorsionsargument ausgezeichnet)
und somit methodischer Anfang sein: Wer in einer Situation konfligierender
Zwecke äußert, er stehe außerhalb des Streites und brauche sich daher an
einer Schlichtung nicht zu beteiligen (etwa, weil er meint, seine Maximen
stünden außerhalb jeden Rechtfertigungsbedürfnisses), ist bereits dadurch in
den Streit eingetreten. Für das Problem der 'praktischen Subjektivität' dürfte
ohne weiteres einsichtig sein, daß, wer einen Streit zwischen Kontrahenten
schlichten will, wenigstens folgendes präsupponiert:

(i) Es besteht ein (zumindest vermeintlicher) Konflikt, d. h. eine Unverträg-
lichkeit von Zwecken zwischen handelnden (individuellen oder kollektiven)
Parteien.

(ii) Konflikte sind den Parteien unerwünscht (aus welchen pragmatischen
Gründen auch immer).

(iii) Der Anspruch der Parteien wird von diesen wechselseitig ernst genommen (d. h., der Konflikt soll beispielsweise nicht durch Liquidation eines
Kontrahenten gelöst werden). Es ist somit eine für die Parteien zustimmungs-
fähige Lösung erwünscht.

(iv) Die Positionen der Parteien (letztlich als Aufforderungen zu rekonstruieren) sind als rechtfertigungsbedürftig und rechtfertigungszugänglich anzu-
setzen.

(v) Im Interesse der Bewältigung (Behebung oder Vermeidung) von Konflikten ist die Bildung allgemein anerkennungsfähiger Regeln wünschenswert.
Lösungsverfahren, die über die Situation hinausgehen und jederzeit von den
Parteien herangezogen werden können, heißen 'parteieninvariante Regeln'.[8]
Führt man die Rekonstruktion dieser Regeln weiter aus, erhält man auf
verschiedenen Stufen von Rechtfertigungsversuchen verschiedene *Diskursformen.* Dabei ergibt sich der Rekonstruktionsgesichtspunkt für die einzelnen

---

[8] Sie sind allerdings nicht zwingend auch kontext*in*variant, d. h. nicht situations*in*-
variant (trans-okkasionell). Zur Terminologie vgl. C. F. Gethmann, Proto-Ethik.

Formen in Beantwortung der Frage: Was muß zweckgemäß getan werden, damit Schlichtungschancen ausgenutzt werden können?[9] In jedem Diskurs, welchen Typs auch immer, ist implizit die Frage nach der 'praktischen Subjektivität' als beantwortet präsupponiert: Mit wem lassen sich die Handelnden überhaupt auf einen Streit und damit auch auf eine Streit-Schlichtung ein? Die Antwort auf diese Frage liegt keineswegs von Natur aus oder auch nur quasinaturhaft fest, sondern ist lebensweltlich-faktisches Element einer 'Streit-Schlichtungs-Kultur'.

Aus der Sicht der Ethik sind jedoch die faktischen Verhältnisse wechselseitiger Anerkennung nicht das 'letzte Wort', oder anders: Ethik entsteht erst dann, wenn man sich mit den faktischen Anerkennungsverhältnissen nicht zufrieden geben kann. Wer allerdings ein Interesse daran hat, durch die Diskursform der Universalisierung die parteieninvariante Reichweite von Einigungsstrategien möglichst weit zu treiben, hat zugleich ein Interesse daran, zu wissen, was *jeder mögliche* Kontrahent wollen könnte. Letztlich, d. h. wenn die methodischen Schritte im immer neuen Zweifels-Fall immer weiter zurückgetrieben werden, *ist potentieller Kontrahent*, wer Aufforderungen, etwas zu tun, äußern und verstehen kann, zusammengefaßt, *wer sich auf das Auffordern versteht*. 'Praktische Subjektivität' bedeutet relativ zu den Präsuppositionen des Redeaggregats 'Streit-Schlichten' das parteieninvariante Merkmal potentieller Diskursteilnahme, nämlich, sich auf das Auffordern zu verstehen. Wer sich auf das Auffordern versteht, kann geltend machen, am Redehandlungsaggregat des Streit-Schlichtens teilnehmen zu wollen. Der Redehandlungstyp des Aufforderns hat auf diese Weise nicht nur einen methodisch-sprachphilosophisch ausgezeichneten Status, sondern spielt auch anthropologisch-ethisch eine fundamentale Rolle. Diese Bestimmung der 'praktischen Subjektivität' ist keineswegs inhaltsleer oder auch nur trivial. So läßt sich die präsuppositionale Rekonstruktion am Leitfaden der Frage weiterführen, über welche Kompetenzen verfügen können muß, wer als Teilnehmer aussichtsreich an Streit-Schlichtungs-Diskursen teilnehmen können will. Solche Kompetenzen sind:

(i) *soziale Kompetenzen:* Diskursteilnehmer müssen z. B. über die Fähigkeit verfügen, zwischen Person und (sozialer) Funktion (z. B. Parteien vs. Schlichter) zu unterscheiden.

---

[9] Zur Typisierung solcher Diskursformen (Finalisierung, Generalisierung, Universalisierung) vgl. O. Schwemmer, Praktische Vernunft und Normenbegründung. Grundprobleme beim Aufbau einer Theorie praktischer Begründungen, in: D. Mieth/ F. Compagnoni (Hrsg.), Ethik im Kontext des Glaubens. Probleme – Grundsätze – Methoden, Freiburg i. Br. 1978, S. 138–156 (Wiederabdruck: O. Schwemmer, Ethische Untersuchungen. Rückfragen zu einigen Grundbegriffen, Frankfurt a. M. 1986, S. 13–32).

(ii) *operative Kompetenzen:* Diskursteilnehmer müssen wenigstens prinzipiell in der Lage sein, Handlungen nach den Kategorien von Zweck und Mittel zu organisieren und entsprechende Hierarchisierungen nach Unter- und Oberzwecken auszuführen.

(iii) *diskursive Kompetenzen:* Diskursteilnehmer müssen über Schemata zur Ausführung von Redehandlungen und Redehandlungsstrategien (Rechtfertigen, Einwenden, Zugestehen, usw.) verfügen.

Hier soll jedoch nicht diese präsuppositionelle Rekonstruktion fortgesetzt, sondern abschließend methodisch-kritisch auf die Genese eines auf diese Weise gewonnenen Begriffs von 'praktischer Subjektivität' reflektiert werden. Dieser hängt ersichtlich von elementaren Vorgegebenheiten der Lebenswelt ab, ist also *kein unbedingter* Begriff. Um die Bedingungen seiner normativen Kraft aufzudecken, braucht lediglich untersucht zu werden, von welchen Elementen die präsuppositionale Rekonstruktion das Funktionieren des Diskurstyps des Streit-Schlichtens abhängig gemacht hat. Anders gefragt: Wie muß die Lebenswelt variiert werden, wenn kein Streit-Schlichten existiert? Dann sieht man: *Der Begriff der praktischen Subjektivität hat eine Erfahrungsbasis, insoweit er präsupponiert, daß auf bestimmte Weise existiert, wofür er Präsupposition ist.* Gegen Kant, die Idealisten und den Neukantianismus wird so mit Lebensphilosophie und Phänomenologie der Gedanke des 'relativen Apriori' auch für die Apriorität der praktischen Subjektivität zur Geltung gebracht.

Elementare Beispiele für Lebensweltannahmen, die erfüllt sein müssen, wenn die skizzierte Vorstellung von praktischer Subjektivität Geltung haben können soll, sind:

(i) Die potentiellen Parteien existieren nicht in einer Welt, in der es keinen Streit gibt. Ein praktisch perfektes Wesen oder ein zwar imperfektes in einer ansonsten perfekten Welt hat keinen auf diese Weise gewonnenen Begriff 'praktischer Subjektivität'.

(ii) In einer Welt, die ceteris paribus unsere ist, in der aber kein Schlichtungsbedürfnis besteht, gibt es keinen Begriff 'praktischer Subjektivität', der über die Präsuppositionen des Streit-Schlichtens gewonnen wäre. Man denke sich beispielsweise eine Welt, in der der Sozialdarwinismus die kulturprägende Grundüberzeugung wäre (evtl. mit religiösen Tröstungen stabilisiert), derart, daß gilt, daß der faktisch Überlebende auch der ist, der überleben *soll*; dann hat ein Einwand der Art: „Diejenigen, die das Nachsehen haben, sind doch auch Menschen", keinen pragmatischen Ort.

(iii) In einer Welt, die *ceteris paribus* unsere ist, in der auch das Bedürfnis wechselseitiger Anerkennung präsent ist, in der aber aufgrund eines kulturprägenden Fatalismus keine Gelingenszuversicht hinsichtlich der Möglichkeiten des Streit-Schlichtens besteht, hat der Gedanke der 'praktischen Subjektivität' keine Funktion.

Das bedeutet *zusammengefaßt*, daß die 'normative' Genese eines Begriffs von praktischer Subjektivität durch bestimmte (elementare) Konstruktionsmerkmale der Lebenswelt bedingt ist. Damit sich die dem Streit-Schlichten inhärente Vorstellung von 'praktischer Subjektivität' realisiert, muß eine bestimmte Struktur menschlicher Interaktion, eine bestimmte *Interaktionskultur*, bereits gelebte Realität sein. Heißt das aber nicht, daß der Gedanke des relativen Apriori zu einem *Relativismus* hinsichtlich der normativen Kraft des Begriffs 'praktischer Subjektivität' führt? Wer an dieser Stelle den Relativismus-Einwand vorbringt, geht von einem Begriff von Notwendigkeit aus, der an der Vorstellung des Geltens in allen möglichen (Lebens-)Welten orientiert ist. Diese Vorstellung ist schon für die theoretische Sphäre problematisch, da sie z. B. zur Folge hat, daß es keine ausgezeichnete Geometrie gibt, weil es keine gibt, die in allen möglichen Welten die Theorie des Raumes sein kann. Folglich erscheint die Euklidizität des menschlichen Wahrnehmungsraumes als eine erklärungsbedürftige Täuschung.

Praktisch besteht jedenfalls kein Grund, die präskriptive Kraft der Vorstellung 'praktische Subjektivität' für alle möglichen Lebenswelten zu etablieren. Folgt man der pragmatischen Denklinie für die Rekonstruktion praktischer Subjektivität, dann wird dieser Begriff rekonstruiert wie die Lösung einer Aufgabe. Somit hängt die Lösung von der Aufgabe ab, sie ist also bedingt durch die Problemdefinition. Verschwindet die Aufgabe, wird die Lösung pragmatisch irrelevant; besteht die Aufgabe jedoch, kann für die Lösung Geltungsanspruch erhoben werden. Für die praktische Philosophie (und der in ihrem Projekt liegenden Zwecksetzung) ist ausreichend, wenn praktische Geltung unter den gegebenen Bedingungen unaufhebbar ist. *Praktische Unabdingbarkeit ist von theoretischer Unbedingtheit streng zu unterscheiden.* Dies mag eine Beschränkung herkömmlicher Konzeptionen von transzendentaler Unbedingtheit und Universalität sein, es wäre jedoch schon einiges gewonnen, könnte die Philosophie einen Beitrag für *diese* Welt leisten.

PERSONALITÄT IM MITSEIN AUCH DER NATÜRLICHEN MITWELT

Naturphilosophische Anfangsgründe der Anthropologie

Von Klaus Michael Meyer-Abich

Wenn ein Mensch geboren wird, sagt man im Deutschen: Er kommt zur Welt, oder: Er wird zur Welt gebracht, von seiner Mutter. In dieser Redeweise liegt die Weisheit, daß sie mehrdeutig ist und uns irritiert, wenn wir näher darüber nachdenken. Denn mit dem Geborensein sind wir ja noch nicht wirklich zur Welt gebracht, sondern zunächst einmal nur zu unseren Eltern oder in eine Familie. Ganz 'zur Welt zu kommen' dauert dann vielleicht bis zum Erwachsensein oder sogar ein Leben lang, wenn es überhaupt soweit kommt. Bei der Geburt festzustellen, daß ein Mensch zur Welt kommt, ist also zwar richtig, aber dieses Kommen hat mit der Geburt erst angefangen und ist damit noch nicht zu Ende.

Wenn ein Mensch zuerst „Ich" sagt, ist sein Selbstsein das des Kleinkinds in der Fürsorge der Eltern. Verwandte, Freunde und Bekannte kommen hinzu. Dieser Personenkreis und die Dinge oder Lebewesen der näheren sinnlichen Umwelt – Möbel, Haus, Garten, Straße, Tier und Blume, Baum und Stein – sind es, die das Mitsein bieten, in dem die erste Identität entsteht. In dem Lebenskreis, zu des es gehört, ist das Kind es selber. Auf die Frage: Wer ist dieses Kind?, antwortet man, wohin es gehört.

Im Erwachsenwerden sollte die Identität oder das Selbstsein des Menschen in die umfassendere Identität des Staatsbürgers eingebettet werden. Als Staatsbürger bleibe ich der Sohn meiner Eltern und verstehe mein Selbstsein weiter aus dem Mitsein mit dem, das, und denen, die mir nahestehen, aber ich weiß nun, daß ich z. B. meinen Freunden oder meiner Firma keine Vorteile zu Lasten des Allgemeinwohls verschaffen darf, sondern für dieses mitverantwortlich bin. Für das Kind gab es diese Verantwortung nicht, denn die Staatsbürgerlichkeit gehörte noch nicht zu seiner Identität.

Ist der Mensch im Mitsein mit seinem privaten Umkreis und mit seinen Landsleuten schon ganz zur Welt gekommen? Ich meine nicht, denn das Allgemeinwohl, dem wir als Bürger einer Nation verpflichtet sind, läßt noch den nationalen Chauvinismus in bezug auf andere Länder zu. Weltbürger zu sein hieße, die eigene Identität und Verantwortung an dem Mitsein mit allen Menschen dieser Erde zu bestimmen, also auch dem eigenen Volk keine Vorteile zu Lasten anderer Länder mehr verschaffen zu wollen, sondern im Handeln auf deren Wohl Rücksicht zu nehmen.

In unserem Lebensstil sind wir Industrieländer vom Weltbürgertum noch weit entfernt. Ausländer werden sogar hierzulande diskriminiert, und durch unsere Energiesysteme einschließlich des Autoverkehrs, durch den Verbrauch von FCKW etc. verändern wir z. B. das Klima zu Lasten der Länder der Dritten Welt. Auch die sonstige Ungerechtigkeit der Weltwirtschaftsordnung – die eine Ordnung zu nennen bereits ein Euphemismus ist – ist bekannt. Es wäre also ein großer Fortschritt, unser Selbstverständnis, dessen Ausdruck unser Handeln ist, bis zum Weltbürgertum zu erweitern, und doch wären wir selbst damit noch keineswegs ganz zur Welt gekommen, denn dazu gehört auch die Möglichkeit künftiger Generationen. Auf sie also sollten wir in unserem Handeln ebenfalls Rücksicht nehmen, indem wiederum die heutige Menschheit der Nachwelt keine schlechteren Lebensbedingungen mehr hinterläßt, als sie vorgefunden hat.

1. Personalität in der Natur

Zwei der drei großen Sünden der Industriegesellschaften würden ein Ende finden, wenn wir unsere Identität im vollen Sinn als Angehörige der Menschheit, einschließlich der künftigen Generationen, verstünden, nämlich unser Leben zu Lasten der Dritten Welt und unser Leben zu Lasten der Nachwelt. Es bliebe unser Leben zu Lasten der natürlichen Mitwelt oder der Umwelt, wie sie heute meistens genannt wird. Aus unserem Zur-Welt-Kommen ergibt sich, daß die nichtmenschliche Welt zunächst einmal *mit* uns in der Welt ist – sie mit uns wie wir mit ihr – und nicht *um* uns. Um uns ist sie nur, wenn wir alles nur von uns aus sehen und nicht von sich aus (Anthropozentrik). Ich spreche deshalb von unserer natürlichen Mitwelt oder von den „connaturalia". Hat auch die Zerstörung der natürlichen Lebensbedingungen etwas mit dem menschlichen Selbstverständnis und dem Zur-Welt-Kommen zu tun? Ich meine: Ja. Diese Frage stellt sich im Angesicht der Natur, nachdem die bisherigen Schritte zunächst einmal zu immer umfassenderen Bestimmungen unseres Selbstseins im Mitsein mit anderen Menschen, also in der Mitmenschlichkeit, geführt haben.

Wieweit wir unser Leben zu Lasten von Tieren, Pflanzen und Landschaften führen dürfen, wird häufig nur im Hinblick auf mitmenschliche Verhältnisse beurteilt. Die Grenzen liegen dann dort und erst dort, wo wir anderen Menschen – auch denen der Dritten Welt und der Nachwelt – schaden, wenn wir unsere Bedürfnisse aus 'natürlichen Ressourcen' decken. Ist aber unsere natürliche Mitwelt als ein Ensemble von Ressourcen zur Deckung menschlicher Bedürfnisse richtig bestimmt? Anders gefragt: Dürfen wir im Angesicht des Ganzen der Natur meinen, wir seien schon ganz zur Welt gekommen, wenn wir Mensch *sein* zu können meinen, indem wir die nichtmenschliche Welt nur *haben* wollen? Descartes hat das menschliche Selbstsein so verstanden, als das einer „res cogitans" gegenüber dem Rest der Welt als Ressource (res extensa). Vielleicht hätte auch Hegel die Frage bejaht, denn er meinte: Ich *bin* Geist, und ich *habe* einen Körper (Rechtsphilosophie § 47). Wie aber beurteilen *wir* dieses Denken der Natur in der Umweltkrise der Industriegesellschaft?

Im Mitsein mit anderen Menschen als Mit-Menschen können wir soweit zur Welt kommen, wie die Menschheit reicht, also bis zu allen Individuen und Völkern sowie den Toten und den Nachgeborenen. Warum aber sollten gerade wir Menschen unsere eigene Identität definieren, wohingegen die menschliche Identität bis dahin immer wieder neu von einem umfassenderen Selbstsein her verstanden werden mußte? Ein Mensch allein kann gar kein Mensch sein, sondern dazu gehören andere, mit denen zusammen er er selber ist, und dasselbe gilt für Menschengruppen bis hin zu den gegenwärtig Lebenden im Verhältnis zu den früheren und künftigen Generationen. Kann die Menschheit demgegenüber bereits von sich her und nicht erst im Mitsein mit anderem und anderen sie selber sein? Gibt es für sie nicht wiederum ein umfassenderes Ganzes, von dem her die menschliche Identität, das Selbstsein und die Verantwortung, umfassender zu bestimmen wäre? Menschen, die keinen anderen Maßstab als sich selber haben, sind tendenziell asozial. Sollte es der Menschheit insgesamt so ganz anders gehen können? Ist die Anthropozentrik nicht nur ein letzter Versuch, den Menschen wenigstens im Handeln für etwas Besseres als die Natur auszugeben und dadurch Asozialität in der Natur zu rechtfertigen, nachdem die Aufklärung über unsere Naturzugehörigkeit unausweichlich geworden ist?

Bereits in der kindlichen Entwicklung wird unser menschliches Selbstsein von Verhältnissen nicht nur zur menschlichen Mitwelt geprägt. Die Sprache selbst, unsere am ehesten spezifisch menschliche Eigenschaft, bildet sich zugleich in der Beziehung zu anderen Menschen und in der Raumerfahrung der außermenschlichen Welt. Das Menschlichste am Menschen kennen wir nur als mitmenschlich gemeinsam *und* als Beziehung zur natürlichen Mitwelt, d. h. als ein nicht nur Unsriges, sondern den Menschen aus sich heraus in andere und anderes hinein Versetzendes. Nur in diesem Mitsein finden wir uns als das, was wir sind. Die Menschheit ist dementsprechend keine geschlossene Gesellschaft. Nicht nur wird der einzelne erst im Mitsein mit anderen Menschen überhaupt zum Menschen, sondern das Mitsein der übrigen Welt gehört gleichermaßen zur Bestimmung der Menschheit. Im Selbstverständnis des einzelnen darf nicht nur er selber vorkommen und im Selbstverständnis der Menschheit nicht nur sie selber. Ich meine: Nur im Mitsein mit anderen – Menschen, Tieren, Pflanzen, Landschaften und den Elementen – gibt es die Menschheit. Ohne diese sind wir gar nicht die Menschheit.

Daß außer der Mitmenschlichkeit auch das Mitsein mit der natürlichen Mitwelt konstitutiv für unser Selbstsein oder unsere Identität ist, zeigt sich am elementarsten daran, daß wir von anderem Leben leben. Wir ernähren *uns*

– in unserem Sein, nicht nur in unserem Haben eines Leibs – zumindest von Pflanzen und in der Regel auch von Tieren, durch Milchprodukte oder sogar durch Fleisch. Dies gehört insoweit zu unserem Leben, als wir darauf angewiesen sind zu essen und in der Natur auch sonst sehen, wie Lebewesen voneinander leben oder in Nahrungsketten aufeinander bezogen sind. Dieses Auf-' einanderangewiesensein enthebt uns natürlich nicht der Frage, was wir dafür schuldig sind, daß wir uns unsere Nahrung aneignen dürfen. Darauf komme ich später zurück. Hier gilt es zunächst nur festzuhalten: Wir sind – wenn wir unsern Leib nicht zu *haben* meinen, sondern unser Mensch*sein* als leiblich erfahren – nur dadurch Menschen, daß wir außer dem mitmenschlichen auch auf nichtmenschliches Leben angewiesen sind, so daß dieses in unser Leben eingeht und unser Leben nicht nur das unsere ist. Die natürliche Mitwelt ist für uns nicht nur Lebensmittel oder Existenzgrundlage, sondern sie ist sogar konstitutiv für die menschliche Existenz und für unsere Identität.

Diejenigen anderen, an die zuerst zu denken ist, wenn das menschliche Selbstverständnis das Mitsein mit anderen bestimmungsgemäß berücksichtigt, sind die höheren Tiere, unsere nächsten Verwandten im Tierreich. Ist es nicht eine Frage der Menschenwürde, wie wir mit ihnen umgehen? Wenn aber das Mitsein mit ihnen zu unserem menschlichen Selbstsein gehört, sollte, wie Platon sagt (Pol. 345 c), der gute Hirt zunächst einmal auf das Beste der Tiere sehen und nicht auf den Kaufpreis, den er für sie erzielen kann, oder auf den Braten, den sie abgeben können. Gegenüber der industriellen Massentierhaltung macht dies auch dann einen großen Unterschied, wenn die Tiere schließlich doch nicht nur gemolken oder geschoren, sondern gegessen werden, denn so hätten sie wenigstens gelebt, bevor sie geschlachtet werden.

Im Rückblick von der nun erreichten Stufe aus erweist sich das anthropozentrische Welt- und Menschenbild als eine Art menschlicher Chauvinismus, nicht nur als ein nationaler. Geht es aber an, den Hasen und die Maus zur Mitwelt zu rechnen – zur Welt unseres Seins, nicht unseres Habens –, Bäume und Blumen hingegen weiterhin als bloße Ressourcen zu verstehen? Wer ein Verhältnis zu Pflanzen hat, weiß, daß sie vielleicht die empfindsamsten Lebewesen überhaupt sind und in ihrer Stille anders, aber nicht weniger intensiv leiden als Tiere. Wird also der anthropozentrische Chauvinismus nicht nur durch einen etwas kleineren Chauvinismus ersetzt, wenn wir die höheren Tiere mit zu der Welt rechnen, deren Sein das unsere ist, die übrige nichtmenschliche Welt aber nicht?

Wenn die menschliche Identität von einem umfassenderen Ganzen her zu verstehen ist, so kann dessen Grenze nur willkürlich durch den Umkreis der höheren Säugetiere bestimmt werden. Als unsere nächsten naturgeschichtlichen Verwandten stehen sie uns zwar naturgemäß näher als z.B. die Fische. Sie sind uns ähnlich in der Sorge für ihre Kinder, in ihren Bedürfnissen, im Schmerz. Alle diese Verwandtschaftsmerkmale sind im Tierreich jedoch kontinuierlich abgestuft. Das Leiden z. B. reicht viel weiter als die besondere Art des Schmerzes der höheren Tiere, und ganz gewiß kann man es auch Pflanzen ansehen, wenn sie leiden. Vor allem aber hätte die Abgrenzung nach dem Kriterium zu erfolgen, in welchen Formen des Mitseins die menschliche Identität sich bildet. Ist hier etwa das Mitsein mit Bäumen – mit individuellen Bäumen oder mit Wäldern – generell weniger prägend als das mit Tieren? In vielen Fällen ist es so, in anderen ist es gerade umgekehrt. Menschen also werden wir, indem wir teil am Leben überhaupt nehmen – am mitmenschlichen, am animalischen oder am vegetativen – und in diesem Mitsein zur Welt gehören.

Ist das Mitsein mit allem Lebendigen als konstitutiv für unser Menschsein anzusehen, so ist die letzte Frage, ob wir Menschen sein können, wenn wir die 'unbelebte Welt' nur haben und nicht sein wollen. Was bleibt darunter zu verstehen? Am unmittelbarsten erfahren wir die unbelebte Welt in Gestalt der vier Elemente der griechischen Naturphilosophie: Erde, Wasser, Luft und Feuer, bzw. Energie, z. B. Licht. Von ihnen sind die ersten drei eigentlich nicht unbelebt; sondern sie sind es, die allem Leben Raum geben. Ist dieses Leben in ihnen nicht auch das ihre? Mit dem Licht – der Sonne – zusammen sind sie es, aus denen alles Lebendige entsteht, indem sie sich zu Lebewesen verbinden. Denn Pflanzen brauchen Erde, Wasser, Luft und Licht, um zu wachsen, und von den Pflanzen leben – direkt oder indirekt – wiederum die Tiere. Also blühen nicht nur die Pflanzen, sondern mit ihnen erblühen die Elemente, die sich zu ihnen verbunden haben. Können wir dann noch meinen, daß zwar das Mitsein mit anderen Lebewesen unser Menschsein bedingt, das mit den Elementen aber nicht?

Bekannte Erfahrungen, wie die Elemente das menschliche Selbstsein prägen, sind landschaftliche Bestimmungen von Personalität. Küstenbewohner z. B. leben nicht nur am Meer, sondern in ihnen lebt das Meer. Ihre Kinder werden natürlicherweise mit dem auflaufenden Wasser (d. h. während der Flut) geboren, und die Menschen sterben, während das Wasser zurückweicht (bei Ebbe). Ähnliche Phänomene gibt es wohl auch im Gebirge. Weniger extreme Prägungen sind verständlicherweise schwerer auszumachen, sind aber seit Herder ein Gegenstand des Interesses. Wohin es führt, wenn nicht auch das Mitsein mit der sogenannten anorganischen Welt unser Menschsein bestimmt, zeigt sich in der physikalistischen Medizin. Das Stoffliche nur haben und nicht sein zu wollen führt hier dazu, daß der Mensch sich selber fremd behandelt wird.

Das Fazit der vorangegangenen Überlegungen ist: Erst im Mitsein mit allem, auch mit den Elementen, ist der einzelne ganz zur Welt und so zu sich gekommen. Der Satz: „Was du bist, das bist du andern schuldig", gilt für die Mitmenschen und für die natürliche Mitwelt. Auch ihr sind wir unser Dasein schuldig. Unser Menschsein ist nicht nur mitmenschlich, sondern kosmisch.

Die ganze Welt trägt dazu bei. So verstanden ist jeder Mensch ein Mikrokosmos, so groß wie die ganze Welt.

Das immer umfassendere Verständnis der menschlichen Personalität und das jeweilige Aufgehobensein (Eingebettetsein) der engeren Bestimmungen in den erweiterten entfaltet die Ganzheitlichkeit des menschlichen In-der-Welt-Seins. Ich bin dieser Leib zunächst in der Gemeinschaft mit meiner unmittelbaren persönlichen Mitwelt und verhalte mich entsprechend. Diese Identität wiederum wird eingebettet in die Zugehörigkeit zu meinem Volk, das seinerseits zur Gemeinschaft der Nationen gehört, so wie diese zur Menschheit insgesamt. Ich bin mein Leib, Sohn meiner Eltern, Freund meiner Freunde, Deutscher, Europäer, Mensch dieser Zeit, Nachkomme und Vorfahre, Mensch überhaupt. Dies alles verbindet sich in mir, so daß ich erst dann 'von mir aus' denke und entscheide, wenn dies nicht nur im kleinstmöglichsten Ichverständnis – dem Inhalt meiner Kleider – geschieht, sondern die übrigen Bestimmungen meines Selbstseins gleichermaßen berücksichtigt. Die jeweils umfassendere Bestimmung erweitert und begrenzt die vorangegangenen. Angesichts der Natur aber stehen wir noch nicht, wenn unser Zur-Welt-Kommen in der Zugehörigkeit zur Menschheit endet, denn die Menschheit ist ihrerseits eingebettet in die Gemeinschaft aller Lebewesen, und in diesen wiederum wird die 'unbelebte Welt' lebendig. Die Elemente leben in dem Leben, dem sie Raum geben, selbst mit auf. Ganz zur Welt gekommen sind wir erst, wenn wir mit den anderen Menschen, mit den anderen Lebewesen – Tieren und Pflanzen – und mit den Elementen leben. So bin ich nicht nur dieser Leib, Sohn meiner Eltern ..., Deutscher ..., Mensch, sondern gleichermaßen Mammalium, Kreatur und Erdenwesen. Dies alles *habe* ich nicht, sondern *bin* ich. Wirklich 'von mir aus' denke und handle ich erst dann, wenn ich mir meiner selbst als einer menschlichen Individuation des Ganzen der Natur bewußt bin, meine Identität als dieses besondere Individuum also aus dem Ganzen gewinne. Denen ich schuldig bin, was ich bin, anderen Menschen und der natürlichen Mitwelt, schulde ich, nach Kräften von dem Mitsein mit ihnen aus zu denken, um von mir aus zu denken.

2. Folgerungen für die Praktische Naturphilosophie

Welche praktischen Konsequenzen hat es, das Mitsein, in dem der Mensch zur Welt kommt, als Grundbestimmung des eigenen Seins in der Natur zu erfahren? Das Mitsein ist ein jeweils gegenseitiges und beruht auf einer Gemeinschaft im Ganzen. In der Erfahrung des Mitseins liegt also die Abkehr von allen Daseinsverständnissen, in denen die Beziehungen zu anderen nicht auf Gegenseitigkeit im Ganzen gelebt werden. Sucht man hierzu nach Anknüpfungspunkten in der bisherigen Philosophie, so ist zu berücksichtigen, daß die natürliche Mitwelt bis zur Umweltkrise im wesentlichen kein Thema der philosophischen Betrachtung des menschlichen Handelns gewesen ist. Eine „Praktische Philosophie der Natur" ist eine Aufgabe unserer Zeit. Für den engeren Bereich des mitmenschlichen Umgangs gibt es jedoch einen Grundsatz, der zumindest die Abkehr von einem nicht auf Gegenseitigkeit bedachten Daseinsverständnis vollzieht und deshalb auch zum Ausgangspunkt einer umfassenderen Philosophie des Miteins werden könnte, nämlich die sogenannte Goldene Regel der Ethik: Was du nicht willst, das man dir tu', das füg' auch keinem andern zu. Ich setze deswegen hier an, um weitergehend zu ermitteln, was wir den andern schuldig sind, mit denen wir allererst wir selber sind.

Sich im Handeln nach der Goldenen Regel zu richten, das ist bereits innerhalb der Menschheit keineswegs üblich, denn Menschen fügen einander, wenn sie vor einer entsprechenden Revanche sicher sein zu können meinen, unablässig zu, was sie sich selber nicht gefallen lassen wollten. Philosophisch kann der Regel das Recht des Stärkeren entgegengehalten werden. In der Philosophie gehen derartige Auseinandersetzungen jedoch immer zu ihren Gunsten aus. Ich setze diesen Konsens auch im folgenden voraus.

Die Goldene Regel wird heute meisten so verstanden, als gelte sie selbstverständlich für alle Menschen und ebenso selbstverständlich nicht für die natürliche Mitwelt. Die Selbstverständlichkeit der Einschränkung auf die Menschheit erweist sich aber schon deshalb als unüberlegt, weil noch in der Neuzeit vielen Menschen ausdrücklich bestritten worden ist, als Mitmenschen nach dieser Regel behandelt werden zu sollen, insbesondere den sogenannten Wilden in der Kolonialzeit und den afrikanischen Sklaven bis weit in das 19. Jahrhundert hinein. Strittig war freilich nicht die Regel selbst, sondern ihre Einschlägigkeit für Lebewesen, die nicht als 'andere' *wie wir* im Sinn der Regel anzuerkennen dem europäischen Hochmut und den jeweiligen Wirtschaftsinteressen entgegenkam. Die Unstrittigkeit der Regel wird bis heute geradezu dadurch kompensiert, daß alle problematischen Fragen in die Festlegung ihres Einschlägigkeitsraums verlagert werden, also in die Bestimmung derjenigen 'anderen', denen ich nicht antun darf, was ich mir selber nicht gefallen lassen möchte, und die ich in diesem Sinn als 'andere wie ich' oder als mir gleichgestellt akzeptiere.

Obwohl der direkte Kolonialismus und die Sklaverei im aufgeklärten Bewußtsein überwunden sind, berücksichtigt unsere gesellschaftliche Ordnung noch keineswegs, daß der Bereich des menschlichen Miteins zumindest die ganze Menschheit ist. Die Marktwirtschaft beruht nämlich darauf, daß alle Marktteilnehmer 'von sich aus' denken sollen, aber damit ist gemeint, gerade nicht vom Ganzen des Kosmos oder zumindest der Menschheit aus, sondern im engeren Sinn *nur* von sich aus zu denken. Der marktwirtschaftliche Eigennutz ist zwar nicht so gemeint, daß das Selbstsein des Ich bereits an der

Oberfläche des eigenen Leibs oder Besitzes endet, denn auch das marktwirtschaftliche Subjekt vertritt die Interessen seiner unmittelbaren Angehörigen wie seine eigenen, ist also jedenfalls so groß wie eine Kleinfamilie. Daß es um ihretwillen außerdem nicht die eigene Gesellschaft schädigen und sich insoweit über den persönlichen Umkreis hinaus mit dem eigenen Volk identifizieren soll, wird zwar jenseits der ökonomischen Rationalität nicht bestritten, innerhalb derselben aber keineswegs berücksichtigt, sondern hier wird in der Wirtschaft die Verantwortung üblicherweise bereits 'dem Staat' zugeschoben, der das gesellschaftsschädigende Verhalten verbieten solle, widrigenfalls man von den Wirtschaftssubjekten nicht erwarten dürfe, davon abzusehen. Dieses Denken zeigt, daß die Marktwirtschaft politisch noch nicht in der Demokratie angekommen ist, in der mündige Bürger sich auch als mündige – zumindest die eigene Gesellschaft sogar ohne Verbote nicht schädigende – Produzenten und Konsumenten bewähren sollten. Noch viel weiter entfernt ist die marktwirtschaftliche Rationalität von einer mündigen Weltbürgerlichkeit. Die Schädigung anderer Länder durch Emissionen von FCKW und CO_2 z. B. wird bisher meistens nur *national*ökonomisch bewertet, so als gelte die Goldene Regel lediglich innerhalb des eigenen Volks.

Wer also meint, die Regel sei selbstverständlich auf alle Menschen als 'andere' wie wir anzuwenden und ebenso selbstverständlich nicht auf die natürliche Mitwelt, beschönigt einerseits das handlungsleitende Bewußtsein in den Industrieländern, so wie es in den herrschenden Ordnungen zum Ausdruck kommt, und versagt zugleich der natürlichen Mitwelt eine ethische Rücksicht, die sie im Sinn der vorangegangenen Überlegungen verdient. Sind wir nämlich nicht nur anderen Menschen, sondern auch der natürlichen Mitwelt schuldig, was wir sind, so ist es unberechtigt, die Personalität, in der man von sich her denkt, gerade bei der Menschheit enden zu lassen. Im vollen Sinn von sich her denkt der Mensch vielmehr erst dann, wenn er weiß: Ich bin ein Sohn, eine Tochter der Erde, ein Teil des Ganzen. In mir wie in einigen Milliarden Mitmenschen und der natürlichen Mitwelt lebt das Ganze der Natur auf eine je spezifische und individuelle Weise. In diesem Mitsein, in dieser Verwandtschaft, in dieser Gemeinschaft der Natur bin ich, was ich bin. Von mir aus zu denken, gelingt mir nur insoweit, als ich bedenke, daß sich das Ganze mit mir entwickelt – nicht nur mit mir, aber auch mit mir.

Von sich aus zu denken ist marktwirtschaftlich bisher nicht so gemeint. Die Folge ist, daß wir auf Kosten der Dritten Welt, der Nachwelt und der natürlichen Mitwelt wirtschaften, für unseren Wohlstand wegen dieser Externalitäten also weniger geben, als wir uns nehmen und dafür schuldig wären. Unsere Wirtschaft erzielt keine kostendeckenden Preise und bleibt in diesem Sinn unwirtschaftlich, solange wir nicht umfassender von uns aus zu denken lernen. Der Wirtschaft müssen dementsprechend Ziele und Grenzen gesetzt werden, die nicht aus ihr selbst zu begründen sind. So ist es angesichts der Aus-

28 Klaus Michael Meyer-Abich

beutung von Menschen durch Menschen im nationalen Rahmen bereits durch die Sozialgesetzgebung geschehen. Dabei braucht der Wirtschaft der Grundsatz nicht bestritten zu werden, daß jeder von sich aus denken soll. Es geht aber

(1) nicht an, das damit gemeinte Selbstsein im Sinn der deutschen Bezeichnung „Volkswirtschaft" an den Grenzen des eigenen Volks enden zu lassen, marktwirtschaftlich also keine Verantwortung gegenüber den Ländern der Dritten Welt anzuerkennen, im übrigen Selbstverständnis aber zu wissen, daß wir ganz gewiß auch anderen Völkern und Kulturen schuldig sind, was wir selber sind. Und es geht

(2) nicht an, nicht auch von der natürlichen Mitwelt aus zu denken, wenn wir von uns aus denken, denn sie ist ebenso konstitutiv für unser menschliches Selbstsein wie die Mitmenschen, einschließlich der Verstorbenen und der kommenden Generationen.

Inwieweit die Mitmenschen um ihrer wie unserer selbst willen in unserm Handeln zu berücksichtigen sind, bedarf hier keiner weiteren Erörterung, denn dies ist prinzipiell anerkannt – wenn auch noch nicht in der Praxis und noch nicht einmal in den geltenden Ordnungen. Was aber sind wir der natürlichen Mitwelt dafür schuldig, daß wir auch ihr unser Selbstsein oder unsere Personalität schulden, wenn wir das Mitsein mit ihr als Grundbestimmung unseres Seins in der Natur erfahren?

Ich beginne mit den höheren Tieren. Einem Affen oder einem Hund z.B. sind wir nicht schuldig, ihn als Menschen zu behandeln, denn Affen und Hunde sind keine Menschen. Wir würden sogar ihre Würde verletzen – und indem wir dies tun gleichermaßen die unsere –, wenn wir sie nicht ihrem Selbstsein, sondern dem unseren gemäß behandelten. Affen und Hunde aber sind insoweit 'andere' *wie wir*, als sie und die anderen höheren Tiere unsere nächsten naturgeschichtlichen Verwandten sind. Wir erfahren diese Verwandtschaft in vielerlei gemeinsamen Eigenschaften, Interessen, Bedürfnissen, Empfindungen und Verhaltensweisen. Soweit diese Übereinstimmung reicht, sind die höhere Tiere andere wie wir und dementsprechend nur so zu behandeln, wie auch wir bereit sind, uns behandeln zu lassen. Ein praktisches Beispiel ist die in der Schweiz für Tierversuche geltende Regel, Tieren keine Leiden zuzumuten, „welche beim Menschen ohne lindernde Maßnahmen als unerträglich zu bezeichnen wären".

In der Goldenen Regel wird nur Gewicht darauf gelegt, Übereinstimmendes der Übereinstimmung gemäß zu behandeln. Im rechtsphilosophischen Gleichheitsprinzip ist zusätzlich berücksichtigt, Verschiedenes wiederum gemäß der Verschiedenheit verschieden zu behandeln. Für die höheren Tiere bedeutet dies, sie nicht nur als Verwandte, sondern gleichermaßen in ihrer Fremdheit zu achten, ihnen ihren Lebensraum also nicht nur innerhalb des unseren zu lassen. Auch dies sind wir ihnen schuldig.

Der eigentliche Bewährungspunkt der Praktischen Naturphilosophie ist dann aber die Frage: Was sind wir den Tieren, die wir töten und aufessen, dafür schuldig, daß wir um den Preis ihres Lebens leben? Hier zeigt sich zunächst, daß eine über die Menschheit hinausreichende Ethik nicht nur die individuelle Gegenseitigkeit meinen darf, sondern das Mitsein von der Gemeinschaft im Ganzen her denken muß. Wir sind z. b. den Fischen, die wir verspeisen, sicher nicht schuldig, sie umgekehrt nach einem passenden Proporz wiederum mit Menschenfleisch zu füttern, denn das Voneinanderleben ist in der Natur generell nicht direkt reziprok, sondern im Gesamtzusammenhang geregelt. So leben die Pflanzen zwar auch wieder von den Tieren wie diese von jenen, aber doch nur indirekt, nachdem sie gestorben sind und wieder zu Erde werden. Der Ausgleich erfolgt im Ganzen der Natur, nicht in den Teilbeziehungen, die ja immer in verschiedenen Richtungen offen sind.

Die Frage ist also nicht direkt: Was sind wir dem einzelnen Fisch, seinem Schwarm oder seiner Art dafür schuldig, daß wir ihn essen, sondern: Was sind wir dem *Ganzen der Natur* in Gestalt dieses bestimmten Fisches dafür schuldig, daß wir ihn essen? Ich denke, wir sind ihm zunächst einmal Dankbarkeit und Freude schuldig, daß er uns Kraft gibt und daß wir diese durch etwas so Gutes wie einen Fisch empfangen. Praktisch heißt das zunächst, daß wir ihn nicht trübselig in uns hineinmuffeln, weil wir schon wieder an anderem Leben schuldig werden, sondern daß wir ihn so gut zubereiten, wie wir es irgend verstehen, ihn dann mit Genuß verspeisen und schließlich die verbleibenden Abfälle mit Sorgfalt verwerten. Soweit mag auch ein Anthropozentriker gern mitgehen. Weitergehend aber, denke ich, sind wir der Natur in Gestalt dieses Fischs dann auch schuldig, daß wir die Kraft, die er uns gibt, nicht zu Lasten des Ganzen einsetzen, so daß z. B. die Lebensbedingungen anderer und künftiger Fische verschlechtert oder zerstört werden. Wir sollten also dafür sorgen, daß das Meer lebendig bleibt. Wenn er Freude am Essen hat und mit Zuchtfischen nicht zufrieden ist, wird der Anthropozentriker auch hier noch mitgehen, jedoch nur um seinetwillen und nicht um der Fische oder um des Meeres willen, dem das Leben erhalten bleiben soll. Der Unterschied bekommt praktische Bedeutung, wenn Fortschritte in der Fischzucht dazu führen, daß Zuchtfische im Geschmack kaum noch von Wildfischen zu unterscheiden sind. Dies ist biotechnologisch denkbar.

Für Haustiere ergeben sich zusätzliche Schuldigkeiten in bezug auf die Tierhaltung. Soweit wir Fleisch essen, sind wir den Tieren mindestens schuldig, daß sie gelebt haben, bevor sie geschlachtet werden. Die Massentierhaltung verstößt gegen die Menschenwürde wie gegen die der Tiere. Darüber hinaus sind wir dem Leben, von dem wir leben, wiederum schuldig, die gewonnene Kraft so einzusetzen, wie es dem Sinn unseres Mitseins in der Natur entspricht. Beides gilt gleichermaßen für die Pflanzen, deren Leben uns Kraft gibt.

Wir dürften uns weder um den Preis der Tierquälerei noch um den der Pflanzenquälerei ernähren.

Was es heißt, das Mitsein mit anderen und anderem als Grundbestimmung des eigenen Seins zu erfahren, läßt sich in einer systematischeren Weise an der Struktur der Seßhaftigkeit entwickeln. Das Haus, in dem ich wohne, steht in einem Garten, auf einem 'Grundstück'. Ich wohne also nicht nur in dem Haus, sondern gleichermaßen auf dem Grundstück, das meine Adresse abgibt. Außerdem aber nenne ich, wenn ich z. B. in einem anderen Stadtteil gefragt werde, wo ich wohne, mit demselben Recht die Straße, in der das Grundstück liegt, oder den Stadtteil, in dem die Straße liegt. Von noch weiter weg nenne ich in der Regel bloß die Stadt, und im Ausland antworte ich vielleicht sogar nur noch: Ich wohne in Deutschland oder in Europa. Alle diese Antworten sind gleich richtig, und zwar auch dann, wenn ich nicht auf Reisen bin. Es fehlt aber noch eine weitere: *Ich wohne auf der Erde.* Hier, wo ich wohne, ist nicht nur mein Grundstück, die Stadt, das Land, der Kontinent, sondern zugleich die Erde selbst, die ihnen allen Raum gibt.

Ganz zur Welt gekommen sind wir erst, wenn wir da, wo wir sind, in der beschriebenen Ganzheitlichkeit unserer räumlichen Verfassung *mit allem* auf der ganzen Erde sind. Ein gewohnterer Ausdruck für das Umfeld dessen, was mit uns ist, ist das Zuhausesein. Wer sich nur in der eigenen Wohnung zu Hause fühlt und jenseits dieser Grenzen des eigenen Seins die Sphäre des Habens beginnen läßt, sich also nicht auch im ganzen Haus und in der Straße zu Hause fühlt, wird schwerlich ein guter Nachbar sein. Wer außerdem nicht auch in der Stadt, in der er wohnt, und im eigenen Land zu Hause ist, wird kaum ein guter Bürger sein. Und wessen Heimat letztlich nicht die Erde selbst ist, der wird nicht wissen, warum unsere Art, im Wohlstand zu leben, nicht – durch die von uns verursachte Klimaänderung – zu Lasten der Lebensbedingungen der Dritten Welt gehen sollte.

Das Mitsein mit anderen Menschen ist aber wieder nur ein Teil unseres Mitseins im Ganzen der Natur. In einer städtischen Wohnung z. B. ist das Mitsein mit Tieren, Pflanzen und Landschaften erst dann zu einer Grundbestimmung unseres Seins geworden, wenn

– das Haus mitweltverträglich gebaut ist, was die Baustoffe, das Energiesystem und die Einbettung in das Grundstück angeht;

– das Haus gleichermaßen mitweltverträglich erreichbar ist, also nicht nur mit dem Auto;

– der eigene Bedarf an Nahrungsmitteln, Wasser, Energie und sonstigen Produkten nicht zu Lasten der Lebensbedingungen auf dem Land gedeckt wird, wobei dieses bis Brasilien reicht, wenn man z. B. Fleisch ißt, für das Futtermittel von dort importiert worden sind, oder bis Feuerland, wenn man FCKW konsumiert, welche die Ozonschicht zerstören;

– die erforderliche Entsorgung von Abwasser, Abgasen und Müll einschließlich der Vorleistungen in den konsumierten Produkten in nah und fern gleichermaßen nicht mehr zu Lasten von Tieren, Pflanzen und Landschaften geht.

Im weitesten Sinn mit der übrigen Welt leben wir erst dann, wenn um unseretwillen im Ganzen der Natur nichts mehr für ein anderes lebt, ohne daß auch dieses andere für anderes lebt.

Dabei gibt nun freilich jeder bestenfalls das Seine. Ein Mensch also ist es dem lebendigen Ganzen der Natur nicht schuldig, sich wie ein Wolf oder wie ein Baum zu verhalten. Was aber können wir anderen geben? Kann dabei mehr herauskommen als in der Fabel von dem Hund und dem Pferd, in der der Hund diesem sein Bestes gab, also Knochen, wofür das Pferd sich in ebenso guter Absicht mit seinem Besten revanchierte, mit Heu, und beide verhungerten? Kann die Natur durch den Menschen gewinnen? In der Umweltkrise sieht es nicht danach aus, aber im anthropozentrischen Weltbild wird ja auch gar nicht mehr gefragt, wozu wir in der Welt sind, sondern nur noch, was für uns da ist. Wir sollten uns hüten, diese besondere Geisteshaltung für mehr als eine bestimmte Krise in der Bewußtseinsgeschichte zu halten. Außer im neuzeitlichen Abendland ist bisher niemand darauf gekommen, daß die übrige Welt für uns, nicht aber auch wir zu etwas da seien.

Dies gilt insbesondere für die beiden Hauptentwicklungslinien unserer Kultur, die beide im alten Ägypten wurzeln, die griechische und die jüdisch-christliche. Daß die natürliche Mitwelt von den Menschen erwartet, Zeichen der Hoffnung und Befreiung in die Welt zu bringen, wie es sinngemäß im Römerbrief des Paulus heißt (Röm 8, 19–21), ist zwar in der neueren geisteswissenschaftlichen Theologie nicht ernst genommen worden. Eigentlich aber war das irdische Leben Christi ein kosmisches, nicht nur die Menschheit betreffendes Ereignis. Der Herr hat den Jüngsten Tag auch in die Bäume hineingeschrieben, sagte Luther. Wer also diesen Weg geht, darf nicht nur die Erlösung der eigenen Seele suchen, sondern die der Schöpfung.

In der griechischen Philosophie wiederum haben die unterschiedlichsten Schulen – Platoniker und Aristoteliker, Stoiker und Epikureer – die Grundannahme gemein, daß die Natur die Lebensordnung des Ganzen sei, nach der auch wir uns zu richten haben. Aussagen wie die Aristotelische, daß die Pflanzen für die Tiere und die Tiere für den Menschen da seien (Pol. I. 8), sind deshalb nicht so zu verstehen, daß nicht auch der Mensch im lebendigen Ganzen gleichermaßen zu etwas da sei.

Was wir der natürlichen Mitwelt schuldig sind, ist eine Frage, der sich auch die philosophische Anthropologie zuwenden sollte. Ich denke, daß hier durchaus Antworten gefunden werden können. Ein einfaches Beispiel ist die mitteleuropäische Kulturlandschaft vor der industriellen Revolution. Solange die Landwirtschaft noch Agri-Kultur war, hat sie die Lebensbedingungen vieler Tiere und Pflanzen und damit die Artenvielfalt nachhaltig verbessert.

Des Menschen Bestes kann also auch der natürlichen Mitwelt dienen. Auch hier aber geht es nicht nur um die Gegenseitigkeit, sondern um die Entwicklung des lebendigen Ganzen. Können wir dieser Entwicklung nicht auch generell durch Kultur als unseren Beitrag zur Naturgeschichte dienen? Vielleicht brauchen die Pflanzen und Tiere unsere Stimme, damit in der Welt gedacht und gebetet wird. Soviel Zerstörung wir in die Welt bringen, so viel Gutes könnten wir ihr geben.

PERSONBEGRIFF UND ANGEWANDTE ETHIK

Von Ludwig Siep

Die Rechte der Personen, ihre Autonomie und ihre 'Würde', spielen in der gegenwärtigen Diskussion der angewandten Ethik eine zentrale Rolle, vor allem bei der Begründung der Menschen-, Natur- und Grundrechte sowie in der biomedizinischen Ethik.

In der biomedizinischen Ethik wird der Personbegriff innerhalb der Diskussionen um die Rechte Ungeborener im Zusammenhang mit Abtreibung, künstlicher Befruchtung, gentechnologischer Diagnose und Manipulation verwandt. Auch die Fragen nach den Grenzen der Sportmedizin, den Rechten und Pflichten ansteckend Kranker (Seuchen) sowie allgemein des 'Paternalismus', d.h. der Einschränkung der Selbstbestimmung einer Person zu ihren eigenen Gunsten, sind ohne ihn nicht zu beantworten.

Dabei zeigt sich, daß sowohl die Bedeutung dieses Begriffes wie die Konsequenzen, die daraus für erlaubtes oder gesolltes Handeln gezogen werden, sehr weit divergieren. Dies hängt, wie ich im folgenden zeigen möchte, weitgehend mit den philosophischen Traditionen zusammen, die in diesen Diskussionen fortwirken.

Die erste, in der gegenwärtigen Diskussion bei weitem dominierende Tradition trennt den Personbegriff vom Begriff des Menschenund setzt Personalität mit Selbstbewußtsein und Zurechnungsfähigkeit gleich. Diese Tradition hat ihre Wurzeln im 16. und 17. Jahrhundert. Die zweite ist eine Gegenbewegung des 19. und 20. Jahrhunderts, die Personalität mit der biologischen, körperlichen und emotionalen Seite des Menschen wieder verbinden möchte. Sie greift teils auf vorneuzeitliche Traditionen, teils auf Ergebnisse der modernen Wissenschaften vom Menschen (Anthropologie, Psychologie, Medizin) zurück. Ihre Bedeutung für die angewandte Ethik – jedenfalls die philosophische – ist aber noch gering. Da die erste Tradition heute in verschärfter Form in Probleme gerät, die sie im Grunde seit den Anfängen 'plagen', mag es sinnvoll sein, sich der Alternative zumindest zu erinnern. Sicher liegt das auch im Geist der anthropologischen Arbeit von Georg Scherer.

I

In der praktischen Philosophie von Aristoteles bis Hugo Grotius enthielt
der Begriff des Menschen ungetrennt biologische und vernünftige Gattungsei-
genschaften: Streben zum anderen Geschlecht und Sorge für den Nachwuchs,
Mitleiden mit leidenden Artgenossen und sprachliche Verlautbarung gehören
zu den 'Arteigenschaften', die das Lebewesen Mensch bereits vor seiner Mündigkeit zum Träger natürlicher und bürgerlicher Rechte machen, die die
Rechtsgemeinschaft zu garantieren hat. Das Individuum der Spezies Mensch
wird seit der Spätantike (Boethius) mit dem Begriff 'Person' bezeichnet. Erst
seit Hobbes avanciert der römisch-rechtliche Begriff der Person, der nur bestimmte Eigenschaften eines Handlungssubjektes enthält, zur Grundlage
einer Moral- und Rechtsphilosophie *more geometrico*. Seine zentrale Bedeutung für die praktische Philosophie erhält der Personbegriff dann im 17. Jahrhundert bei John Locke. Er ist unentbehrlich für den Versuch, Ethik und
Rechtsphilosophie von den Problemen der Naturphilosophie und Metaphysik, vor allem was den Art- und Substanzbegriff angeht, zu 'entlasten' und
sie auf eine der Mathematik analoge konstruktive Basis zu stellen. Die unbe-
zweifelbare, intuitive Selbstgewißheit der Person und der darauf zu begründende, 'demonstrativ' gewisse Gottesbeweis sind die Basis des Systems der
Ethik und des Naturrechts.[1]

Die Trennung des Personbegriffs von aller Erfahrungserkenntnis, aber auch
den rationalistischen Konstruktionen der metaphysischen Seelenlehre vertieft
sich im 18. Jahrhundert bei Kant. 'Person' ist in Kants praktischer Philosophie
die notwendige Idee eines Wesens, das sich Gesetze für die Vereinbarkeit von
Zwecksetzungen und Sach-Aneignungen vernünftiger Wesen geben kann.[2]
Aus den Verhältnissen dieser Idee zu den Affekten des (leiblichen) Menschen
ergibt sich das System der Tugendpflichten, aus dem Verhältnis zu den möglichen Willensverhältnissen zu Sachen und Leistungen anderer Personen ergeben sich die Rechtspflichten.

Mit dem bewußtseinstheoretischen oder in der praktischen Vernunft gegrün-
deten Begriff der Person ist es aber schwer, die Rechte nicht-personaler menschlicher Wesen, d.h. vor allem unmündiger Kinder und geistig Behinderter zu
rechtfertigen. Man kann diese Probleme unschwer am Familienrecht Lockes,
Kants oder Fichtes studieren. Hier muß ein pauschaler Hinweis genügen.

---

[1] Vgl. dazu L. Siep, Personbegriff und praktische Philosophie bei Locke, Kant und
Hegel. In: Ders., Praktische Philosophie im Deutschen Idealismus. Frankfurt a. M.
1992.

[2] Vgl. dazu die für Rechts- und Tugendlehre grundlegende Definition der Person in
der Einleitung in die ›Metaphysik der Sitten‹ (Kants Werke, Akademie-Textausgabe,
Berlin 1968, VI, 223.)

Der forensische Begriff der Person braucht seit Locke nur die Eigenschaften der Zurechenbarkeit und der rationalen Schadensvermeidung zu bezeichnen: Erinnerung an vergangene Bewußtseinszustände und Vorsorge für enttäuschungsresistente Zustände des Wohls. Daß sie selber diese Bedingungen erfüllt, weiß jede Person unbezweifelbar von sich selbst, aber niemand zweifellos vom anderen. Von Locke bis Fichte hilft man sich daher mit 'prima facie'-Vermutungen, die nun doch vom 'biologischen' Menschen in seiner phänomenalen Erscheinung für den anderen ausgehen.[3] Bestätigt oder dementiert werden kann diese Vermutung im Grunde nur durch zweifelsfrei vernünftiges Verhalten des anderen: durch sein Respektieren meines Rechtes.

Am radikalsten ist diese Konsequenz von Fichte gezogen worden: Nur solange sich alle wechselseitig vernünftig verhalten, d. h. die gesetzlich festgelegten Rechte respektieren, sind sie Personen. Beim ersten Rechtsbruch wird die vermutliche Person zum unvernünftigen Wesen, d. h. zur Sache. Sie verlöre allen Rechtsschutz und würde vogelfrei, wenn man nicht aus sozialen Nutzengründen einen Abbüßungsvertrag schließen bzw. als abgeschlossen unterstellen könnte.[4] Personalität ist vernünftige selbstbewußte Tätigkeit – fällt sie aus, so gibt es keine naturrechtlich geschützte biologische 'Substanz' mehr, auf die man gewissermaßen zurückfallen könnte. Entsprechend ist für Fichte der Staat, der auf einen Vertrag mündiger Personen zurückgeht, zum Schutz der Kinder auch nur deswegen verpflichtet, weil er für die Erfüllung seiner Vertragspflichten eine bestimmte Anzahl von Bürgern braucht („ziemlich gleichmäßige Fortdauer der Volksmenge", GA I, 4, 140).

Moderne angelsächsische Utilitaristen, die mit dem Personbegriff arbeiten, sehen sich zu sehr ähnlichen Konsequenzen gezwungen – wie weit sie sich auch vom deutschen Idealismus entfernt fühlen mögen. Das möchte ich im folgenden beispielhaft an Tristram Engelhardt, Mary A. Warren und Peter Singer illustrieren (s. u. II, 1.–3.). Danach soll an eine medizinische und philosophische Tradition dieses Jahrhunderts erinnert werden, die in der gegenwärtigen angewandten Ethik nahezu vergessen ist. Vielleicht läßt sich von ihr aus die Verbindung der Personalität mit der natürlichen, leiblich-emotionalen Seite

---

[3] Nach Kant unterstellen wir freilich aus Gründen der praktischen Vernunft, daß mit der Geburt des Menschen seine noumenale Person in das physische Individuum „herübergebracht" wird (AA VI, 281). Auch dazu muß ein menschliches Individuum natürlich zuerst einmal als ein solches identifiziert werden.

[4] Vgl. dazu den § 20 (Über die peinliche Gesetzgebung) von J. G. Fichte, Grundlage des Naturrechts nach Prinzipien der Wissenschaftslehre (1796/97). Bd. I, 4 der Gesamtausgabe der Bayerischen Akademie der Wissenschaften (GA), hrsg. v. R. Lauth u. H. Gliwitzky unter Mitwirkung v. R. Schottky. Dazu ausführlicher L. Siep, Naturrecht und Wissenschaftslehre. In: Ders., Praktische Philosophie im Deutschen Idealismus (s. o. Anm. 1).

des Menschen wiedergewinnen, die ich in der gegenwärtigen praktischen Philosophie für ein Desiderat halte.

II

In einem der Standard-Sammelbände der angelsächsischen angewandten Ethik, *Contemporary Issues in Bioethics* von Tom L. Beauchamp und Leroy Walters, gibt Walters einen Überblick der bisherigen Debatte über den Personbegriff.[5] Notwendige Bedingungen des Personseins *(conditions of personhood)* seien für fast alle Autoren in dieser Debatte Selbstbewußtsein und Rationalität (87). Bei einigen komme noch die Fähigkeit zu moralischen Handlungen *(capacity to be a moral agent)* hinzu. Für Walters sind diese Bedingungen 'ontologisch' in dem Sinne, daß sie zur Klassifikation einer bestimmten Art von Entitäten gebraucht werden – umstritten sei aber, ob diese Art koextensiv mit der menschlicher Lebewesen ist.

Davon zu unterscheiden sind nach Walters moralische Begriffe der Person, die den darunter subsumierten Rechte und Pflichten zusprechen. Die Hauptprobleme in der Person-Diskussion der angewandten Ethik sieht Walters in der *Beziehung* zwischen den beiden Begriffen: Folgt aus den 'ontologischen' Eigenschaften, daß rationale und selbstbewußte 'Entitäten' moralische Rechte und Pflichten haben? Und haben nur rationale und selbstbewußte Wesen die moralischen Rechte, die wir Personen zuschreiben? Da dies in der angewandten Ethik zu Problemen hinsichtlich der Rechte Ungeborener und temporär oder dauernd geistig Behinderter führt, versuchen die Autoren nach Walters, den Personbegriff aufzuspalten in Personen im strengen und Personen im 'sozialen' Sinn bzw. in 'mögliche', 'beginnende' und 'ehemalige Personen'.

1. Für die Unterscheidung zwischen 'moralischer Person' und 'sozialer Person' plädiert im gleichen Sammelband einer der einflußreichsten Vertreter der amerikanischen medizinischen Ethik, H. Tristram Engelhardt.[6] Er unterscheidet zunächst zwischen menschlichem biologischem Leben, wie es einem Organismus selbst *nach* dem Hirntod noch zukomme, und personalem Leben. Das letztere sei nur rationalen, selbstbewußt Handelnden zuzuschreiben, die sich – mit Kant – als Selbstzwecke *(ends in themselves)* wüßten. Nur Wesen, die sich als selbstbewußte und selbstbestimmende Handelnde wechselseitig respektieren, sind Bedingungen und Zwecke einer moralischen Ordnung. Sie sind Personen im strikten Sinne, die nicht nur Wert, sondern unantastbare Würde haben, die nicht ohne Widerspruch gegen die Idee einer moralischen Ordnung verletzt werden kann.

---

[5] T. L. Beauchamp, L. Walters (Ed.), Contemporary Issues in Bioethics. 2. Aufl. Belmont (Wadsworth) 1982, S. 87 ff.

[6] A. a. O., S. 93–101.

In der medizinischen Ethik, die es mit Problemen des Anfangs, des Endes und des kranken bzw. behinderten menschlichen Lebens zu tun hat, reicht dieser Personbegriff natürlich nicht aus. Der Hirntod markiert das Ende des empfindungsfähigen Leibes *(sentience in appropriate embodiment)*, dem längst die Bewußtseins- und Selbstbestimmungsfähigkeit genommen sein kann. Ebensowenig hat irgendeine Stufe des menschlichen Lebens vor dem Erreichen vernünftiger Selbstkontrolle – also auch nicht die Geburt – etwas mit dem Beginn moralischer Personalität zu tun. Um die Konsequenz der erlaubten Kindestötung zu vermeiden (96), führt Engelhardt eine Unterscheidung in (mindestens) zwei Personbegriffe ein (97).

Zu dem genannten *strikten* Personbegriff tritt als zweiter ein 'sozialer Begriff', der eine 'soziale Rolle' der Person bezeichnet. Im sozialen Umgang behandeln wir – in der modernen Kultur – nicht-personales menschliches Leben so, „als ob es Person im strengen Sinne wäre" (98). Das gilt für das Verhältnis zu Kindern und allen Personen, die zu aktiven sozialen Beziehungen *(a minimum of social interaction,* 97) fähig sind, aber nicht für die bloß biologische Beziehung zwischen Mutter und Fötus.

Während der strikte Personbegriff Engelhardts ein Kantischer ist, bezeichnet er den „sozialen" als ein „utilitaristisches Konstrukt" (ebd.). Soziale Personen können daher als 'Mittel' gebraucht werden. Der Nutzen dieses Konstrukts ist in erster Linie der der strikten Personen: "One treats certain instances of human life for the good of persons strictly" (ebd.). Solange die Integrität strikter Personen gewahrt ist, kommt es auf die genaue Grenzziehung zwischen beiden Arten von Personen nicht an.

Engelhardt glaubt, daß dieser Begriff ein Mittel sei, die Werte und Tugenden des Familienlebens und der Sorge für die Schwächeren zu bewahren. Aber seine eigenen Konsequenzen zeigen, daß menschliches biologisches Leben in einer solchen Konzeption keinerlei Rechte hat und daß die Rechte der Unmündigen ihnen nur von strikten Personen zu deren Nutzen verliehen sind. Im Falle der Kinder ist dies freilich meist zugleich deren eigener zukünftiger Nutzen.

Ich will die Konsequenzen für die angewandte Ethik hier nicht im einzelnen diskutieren, zumal Engelhardt sicher einige davon später modifiziert hat. In diesem Aufsatz wird die 'frühe' Abtreibung ganz in das Belieben der Mutter gestellt, Experimente mit Embryonen gestattet, Anenzenphale mit Hirntoten verglichen (97) etc. Auch Kinder bezeichnet Engelhardt in der kantischen Tradition als zum Besitz *(possession)* der Familie gehörig. Eltern können daher gegen die 'Laune' der Kinder Experimenten zustimmen, die diesen nicht selber zugute kommen – wenn sie bei minimalem Risiko 'substantiellen Wert' haben.

Nach Engelhardt ist diese Neu-Bestimmung des Personbegriffs durch die biomedizinischen Wissenschaften 'verursacht'. Eher wird man ihn als den Versuch bewerten müssen, bestimmte bioethische Intuitionen durch eine Kombination utilitaristischer und kantianischer Argumente zu rechtfertigen. Dabei werden die Schwierigkeiten deutlich, in die man gerät, wenn man den Personbegriff von allen biologischen Momenten 'reinigt'. Man muß nicht die absolute Gleichberechtigung von Föten, Kindern und Erwachsenen vertreten. Aber die Instrumentalisierung alles nicht voll rationalen und 'mündigen' Lebens zum Schutz bzw. Nutzen autonomer Personen kann eine Reihe von Maßnahmen rechtfertigen, die unter fast allen 'zivilisierten' Rechtsprechungen verboten sind. Wenn nur Personen Träger von Rechten sind, dann haben NichtPersonen keine originären Rechte, die gegen andere abgewogen werden können. Sie sind dann ganz vom Nutzenkalkül der 'Mündigen' abhängig.

2. Für die Beschränkung moralischer Rechte im eigentlichen Sinne auf rationale und autonome Personen, zu denen weder Föten noch Kinder, aber auch nicht geistig behinderte Erwachsene gehören (256), plädiert im selben Sammelband auch Mary Anne Warren.[7] Dagegen könnten selbstbewußten Robotern oder Computern und intelligenten Bewohnern anderer Planeten volle 'moralische Rechte' zukommen. Die Tötung Neugeborener ist für Warren nicht Mord. Gleichwohl ist sie zu Recht verboten, einmal weil dadurch der Nutzen bzw. das Wohlbefinden (pleasure) möglicher Adoptionswilliger verringert würde; und zum anderen, weil die meisten ("at least at this time and in this country", 259) lieber die Kosten für Waisenhäuser aufbrächten, als die 'Zerstörung' (destruction) unerwünschter Kinder in Kauf zu nehmen. Warrens Personbegriff, der ihre – um es neutral zu sagen – kontraintuitiven Folgen stützt, ist nicht so eng an Kant angelehnt wie der Engelhardts. Aber er ist ebenfalls auf die rationalen Kapazitäten beschränkt. Er umfaßt die folgenden fünf Züge:
1. Bewußtsein und Schmerzempfindung
2. Überlegungs- bzw. Problemlösungskompetenz
3. Selbstmotivierte Aktivität
4. Kommunikationsfähigkeit
5. Begriffe des individuellen oder Gattungs-Selbstes.

Wer nicht mindestens die ersten beiden Bedingungen erfüllt, ist kein Mitglied der moralischen Gemeinschaft und nur solche Mitglieder haben 'volle moralische Rechte'. Von diesem moralischen Personbegriff müsse der 'genetische' Begriff des Menschen getrennt werden. Warrens Position gehört also deutlich zur Tradition der strikten Trennung eines 'moralischen' Personbegriffs vom 'biologischen' Begriff des Menschen. Die Rechtsgemeinschaft wird hier zu einer Art Aristokratie rationaler Personen, die nicht-personalen Menschen nur nach Nutzenüberlegungen Schutz gewähren.

3. Radikale Folgen aus der Trennung der Begriffe 'Person' und 'Mensch' zieht auch der in Deutschland in den letzten Jahren heftig diskutierte australi

---

[7] A. a. O., S. 250–260.

sche Bioethiker Peter Singer. Singer, der durch sein Buch über die rechtmä-
ßigen Ansprüche der Tiere bekannt geworden ist,[8] vergleicht in seinem Buch
Praktische Ethik verschiedene Versionen des Utilitarismus in ihren Konsequenzen für Fragen des Wertes bzw. der Rechte tierischen und menschlichen
Lebens.[9] Er kommt zu dem Ergebnis, daß die Zugehörigkeit zur Gattung
Mensch dafür keine Relevanz besitzt. Für Utilitaristen, die Leid minimieren
und Freude maximieren wollen, kommt es auf Empfindungsfähigkeit, Bewußtheit und Personalität an, aber nicht auf die Zugehörigkeit zu einer biologischen Art. Der Grad, in dem ein Wesen empfindet, Wünsche für die Zukunft
hegt und an seiner eigenen Existenz in der Zukunft interessiert ist, gibt ihm
unterschiedliche Ansprüche auf Schonung durch andere. Der „Grad von
Selbstbewußtsein und Rationalität" entscheidet über den „Wert" eines Lebe-
wesens (125). Hinsichtlich dieses Grades stehen aber für Singer viele Tiere
höher als viele menschliche Lebewesen (Föten, Kleinkinder, schwer geistig Behinderte etc.).

'Personalität' ist für Singer der höchste Grad von Bewußtsein und Rationalität. Unter ausdrücklicher Berufung auf Locke definiert Singer die Person als
„selbstbewußtes Wesen", das „sich seiner selbst als einer distinkten Entität bewußt (ist), mit einer Vergangenheit und Zukunft" (S. 109). Ein solches Wesen
„ist fähig, Wünsche hinsichtlich seiner eigenen Zukunft zu haben" (ebd.). Da
Rechte Wünsche voraussetzen, können auch nur Wesen mit dem Wunsch, zu-
künftig zu existieren, ein Recht auf Leben haben. Daher können nur Personen
ein Recht auf Leben haben: „Wenn das Recht auf Leben das Recht ist, weiterhin als distinkte Entität zu existieren, dann ist der für den Besitz des
Rechtes auf Leben relevante Wunsch der Wunsch, weiterhin als diese Entität
zu existieren" (115). Zwar beschränkt Singer Rechte im allgemeinen nicht auf
Personen, aber ein Recht auf Leben können nur Personen haben.

Personalität in diesem Sinne kommt nach Singer nicht allen Menschen, aber
einer Reihe von nicht-menschlichen Lebewesen zu, aus deren Verhalten sich der
Schluß nahelegt, daß sie ein Bewußtsein ihrer selbst als einer „distinkten
Entität" in der Zukunft haben (134). Sprachfähigkeit ist *keine* Voraussetzung
dafür (131 f.). Die berüchtigte Formulierung ist daher durchaus folgerichtig:
„Das Leben eines Neugeborenen hat also weniger Wert als das Leben eines
Schweines, eines Hundes oder eines Schimpansen" (169). Wenn Kindstötungen
„nur unter sehr strengen Bedingungen" erlaubt sein sollten, so doch im wesent-
lichen wegen der „Wirkungen der Kindstötungen auf andere" (173).

---

[8] P. Singer, Animal Liberation: A New Ethics for Our Treatment of Animals. New
York (Random House) 1975. Dt.: Befreiung der Tiere. Übers. v. E. v. Scheidt. München
1982.
[9] P. Singer, Practical Ethics. Cambridge 1979. Dt.: Praktische Ethik. Übers. v. J. C.
Wolf. Stuttgart 1984, S. 106.

Singer ist sich bewußt, daß seine Konsequenzen revolutionär zumindest für die europäische Moral- und Rechtsentwicklung sind (108). Die „jahrhundertelange christliche Vorherrschaft im europäischen Denken" hat zu einer Heiligung des menschlichen Lebens geführt. Vom wissenschaftlichen Standpunkt aus ist sie eine unbegründete Bevorzugung der menschlichen Art, ein 'Speziesismus' analog zum Rassismus als Bevorzugung einer menschlichen Rasse (107 f.). Für einen vorurteilsfreien Wissenschaftler haben die „biologischen Fakten, an die unsere Gattung gebunden ist, keine moralische Bedeutung" (ebd.).

Die Position Singers zeigt vielleicht am radikalsten die Konsequenz, die sich aus der Verbindung eines allein auf Selbstbewußtsein und Rationalität beschränkten Person-Begriffs mit einem auf die Vermeidung von Schmerzzufügung bzw. von Interessen- und Präferenzstörung begrenzten Begriffs von Ethik ergeben. Man müßte zu ihrer Kritik eine Reihe grundsätzlicher Fragen erörtern: Fragen nach dem Verhältnis der philosophischen Ethik zu der 'gemeinen sittlichen Vernunft', nach Anthropozentrik oder 'Rationalitäts-Rassismus' – bis zu der für die moderne Ethik vielleicht grundlegendsten Frage, ob für das richtige Handeln wirklich nur die subjektiven Empfindungen oder Wünsche der 'Betroffenen' von Belang sind.

Statt dessen gehe ich im folgenden 'konventionell' davon aus, daß alle Menschen höhere rechtliche und moralische Ansprüche haben als Tiere – was nicht heißt, daß diese keine berechtigten Ansprüche auf eine bestimmte Behandlung haben. Wir differenzieren aber auch hinsichtlich des rechtlichen und moralischen 'Status' menschlicher Wesen. Wenn nur Personen Rechtssubjekte sein können, dann muß Personalität offenbar auch hinsichtlich biologischer Eigenschaften und Entwicklungsstufen abgestuft werden können. Wenn wir dagegen Personalität mit Mündigkeit gleichsetzen, dann müssen auch nicht-personale menschliche Wesen Träger von Rechten sein. Die Frage nach den Stufen der Personalität oder des moralischen 'Status' menschlicher Wesen ist für eine 'konventionelle' angewandte Ethik von großer Bedeutung. Es gibt philosophische Traditionen, in denen sie seit langem eine Rolle spielt. Daran möchte ich im folgenden Abschnitt erinnern.

III

Wer an der Beschränkung des Begriffs der Person auf Kompetenzen des Bewußtseins und der Rationalität festhalten will, muß diesen Begriff als eine Idealisierung verstehen und für die Probleme der angewandten Ethik unterschiedliche Formen der 'Teilhabe' an solchen Fähigkeiten unterscheiden. Dies liegt vor allem für die kantische Tradition nahe.

Der andere Weg besteht in der Rückkehr zu einem Person-Begriff, der die gesamten, auch biologisch-körperlichen Aspekte des Menschen umfaßt. Die-

ser Weg ist sowohl in antidualistischen Positionen des Deutschen Idealismus
wie in anthropologischen – auch medizin-anthropologischen – und phänomenologischen Konzeptionen dieses Jahrhunderts beschritten worden.

'Person' ist für Hegel weder eine vom Körper getrennte Substanz noch der
Inbegriff bestimmter rationaler Kompetenzen, sondern die höhere Stufe des
Selbstverhältnisses eines lebendig-körperlichen Menschen – allerdings eine
solche, auf der er sich von aller Passivität und Heteronomie des Körpers befreien kann.

Was das für die Probleme des Rechts und der Ethik bei Hegel bedeutet,
kann hier nicht erörtert werden. Ein 'Stufenmodell' der Personalität, das vor-
bewußte leibliche Eigenschaften einschließt, ist aber auch von verschiedenen
Strömungen der Anthropologie dieses Jahrhunderts entwickelt worden.
Daran möchte ich in den folgenden Ausführungen erinnern.[10]

Paul Christian hat in seinem Überblick über die Verwendung des Personbegriffs in der deutschen Medizin des 20. Jahrhunderts darauf hingewiesen, daß
der Ausgangspunkt für die Verwendung des Personbegriffs ein naturwissenschaftlicher war: der Versuch, die ganzheitliche Funktionsweise und die individuelle Eigenart des jeweiligen Körpers zu erfassen.[11] So wurde von einer
Reihe von Autoren (Kretschmer, Kraus, Krehl) der Begriff der individuellen
Konstitution in engen Zusammenhang mit der Personalität gebracht. In der
'Konstitutionspathologie' wurde die Konstitution verstanden als „Ganzheit
der Organisationsverhältnisse" (Kraus) eines Körpers, aber auch als charakteristische Funktions- und Reaktionsweise des 'Organismus' in seiner Auseinandersetzung mit der Umwelt. Daraus entwickelt sich der medizinische Personalismus, wie ihn etwa Th. Brugsch vertrat.[12] Brugsch ist philosophisch beeinflußt von William Stern, der in seinem „System eines kritischen Personalismus" auf dem Boden der Biologie und Medizin der Zeit an den aristotelischen Begriff der Seele als 'forma corporis', als Aktualisierung und Koordinie-
rung der individuellen körperlichen Anlagen, anknüpft.[13]

---

[10] Ausführlicher wurde diese Strömungen untersucht in einem von der DFG geför-
derten Forschungsprojekt meiner Mitarbeiter Bodo Kenzmann und Lothar Kuttig zum
Thema „Grenzen der Selbstbestimmung über den Körper".
[11] P. Christian, Das Personverständnis im modernen medizinischen Denken. Tübingen 1952.
[12] Th. Brugsch, Über den personalistischen Standpunkt in der Medizin. Jb. f. Cha-
rakterk. 5, Berlin 1928.
[13] Vgl. etwa die folgende Definition Sterns: „Eine Person ist ein solches Existie-
rendes, das, trotz der Vielheit der Teile, eine reale, eigenartige und eigenwertige Einheit
bildet, und als solche, trotz der Vielheit der Teilfunktionen, eine einheitliche, ziel-
strebige Selbsttätigkeit vollbringt" (W. Stern, Person und Sache. I. Band, Leipzig 1906,
S. 16).

Wichtig für die heutige angewandte Ethik ist an diesen Ansätzen des medizinischen Konstitutionalismus und Personalismus, daß hier im Ausgang von biologisch-medizinischen Forschungen und Problemen ein leibseelischer Monismus konzipiert wird. Ähnlich wie etwa in Hegels Anthropologie[14] wird dabei in den körperlichen, unbewußten und emotionalen Prozessen schon Aktivität, Zielgerichtetheit und Individualisierung festgestellt, oft freilich in 'antiidealistischer' Weise; d. h. so, daß damit die Bewußtseinsprozesse schon als erklärt bzw. determiniert erscheinen.

So bezeichnet etwa Kraus die „Tiefenperson" des Menschen als „spontan dranghaft schöpferische, primär angelegte, nicht erst reaktiv entstandene innerliche Instanz".[15] Diese Instanz sei eine „vegetative Strömung" mit Selbstgefühl und der Fähigkeit zum „Nachfühlen der Natur" zur „anpassenden Orientierung" und zum „Eingreifen ins Umweltgeschehen" (ebd. 63). Aus dieser Tiefenperson differenziere sich die „Kortikalperson" und das Gehirn, vor allem das Großhirn als „Hemmungs- und Kontrollorgan", in dem die eigentlich personalen Eigenschaften (Intellekt, Wille, Handlungsfreiheit) verankert seien. Einen solchen leibseelischen Monismus, der – analog zur antiken Seelenfunktionslehre – mit unterschiedlichen 'Schichten' und deren spezifischen Leistungen arbeitet, findet man dann auch in der psychiatrischen und philosophischen Anthropologie (Hoffmann, Thiele; Scheler, Rothacker, Lersch).

In einer solchen 'Schichtenlehre' liegen gewiß eigene Gefahren der Verdinglichung oder des gegeneinander Ausspielens hypostasierter Funktionen, wie etwa in Klages' Gegenüberstellung von Seele und Geist oder auch in Schelers Versuch, den leiblichen, emotionalen und intellektuellen Leistungen des Menschen noch eine metaphysisch verschiedene, geistig-personale Sphäre hinzuzusetzen. Interessant sind diese Ansätze aber für einen Krankheitsbegriff, der auf der gestörten Balance oder auf der Verselbständigung der Schichten beruht, wie dies ebenfalls schon Hegel versuchte.[16]

Gegenüber den Versuchen, den Leib-Seele-Dualismus mit einem an der Ganzheit und Einmaligkeit des Körpers orientierten Personbegriff zu überwinden, gibt es in der sogenannten 'psychologischen Medizin' und später im medizinischen Personalismus auch Personbegriffe, die stärker an der psychischen Einheit des Erlebens und der Lebensgeschichte orientiert sind. So etwa bei Ludolf von Krehl, der die „Einheit der Persönlichkeit" als etwas „Seelisches, Unräumliches" versteht, das gleichwohl nicht vom Körper unterschieden sei, sondern dessen „einheitliche Leitung" aus-

[14] Vgl. G. W. F. Hegel, Enzyklopädie der philosophischen Wissenschaften (3. Aufl. 1830). Hrsg. von F. Nicolin und O. Pöggeler, Hamburg 1959, §§ 395 ff.
[15] F. Kraus, Die allgemeine und spezielle Pathologie der Person. Leipzig 1926, S. 3.
[16] Vgl. Hegel, Enzyklopädie (o. Anm. 14), §§ 371 ff., 404 ff.

macht.[17] Unter „Seelischem" versteht Krehl dabei bewußte und unbewußte Prozesse: „Wer von einer Leitung der Seelenvorgänge durch Seelisches überzeugt ist, wird dies zu einem großen Teil in dem für uns des Bewußtseins entbehrenden Prozesse sehen müssen" (ebd. 245). In Anlehnung an Freud sieht Krehl gerade die plötzlich ins Unterbewußte verdrängten Erregungen als seelische Ursache körperlicher Krankheitssymptome. Anders als bei Freud hat das Unbewußte bei Krehl allerdings offenbar auch eine religiös-metaphysische Dimension.

Die Position eines von der „Erlebniseinheit" ausgehenden Begriffs der leibseelischen Einheit der Person wird weiterentwickelt in der „psychosomatischen Medizin" (F. Alexander, A. Mitscherlich, V. von Weizsäcker etc.).[18] Hier wird die Person vor allem von den Aufgaben her gesehen, die sie selbst oder die Umwelt an sie stellt. Bewältigt sie diese Aufgaben nicht, so kommt es zu einem Konflikt, dessen 'Materialisierung' die körperliche Krankheit ist. Zwar können natürlich auch körperliche Verletzungen oder Beeinträchtigungen Konflikte auslösen, aber das Maß der Krankheit richtet sich danach, wie weit die Person in der Lage ist, die Beeinträchtigungen auszugleichen bzw. 'anzunehmen'.

Viktor von Weizsäcker, Ludwig Binswanger und andere haben die Psychosomatik weiterentwickelt zu einer medizinischen Anthropologie, in der die leibseelische Einheit der Person um eine 'historische' und eine 'kommunikative' Dimension erweitert wird. Hier stehen existenz- und dialogphilosophische Positionen Pate. Person wird nicht als etwas Identisches im Ablauf ihrer mentalen Zustände verstanden, sondern als eine Geschichte, in der sich das Selbstverständnis radikal ändern kann; aber so, daß der nicht gewählte Anfang und die abgelaufenen Phasen die zukünftigen Möglichkeiten bestimmen. Daraus ergeben sich Konsequenzen für den 'personalen' Umgang mit der Krankheit, aber auch für die personale Dimension des Arzt-Patient-Verhältnisses.[19] Prozesse der wechselseitigen Instrumentalisierung, des Objektivierens und Ausnützens des Partners erscheinen geradezu als pathologische Formen des für Personalität wesentlichen „Mitseins".[20]

---

[17] L. v. Krehl, Entstehung, Erkennung und Behandlung innerer Krankheiten, Bd. I, 1930, S. 8.

[18] Vgl. F. Alexander u. T. M. French, Studies in Psychosomatic Medicine. New York 1948 sowie die programmatischen Überlegungen V. v. Weizsäckers (›Psychosomatische Medizin‹) und A. Mitscherlichs (›Über die Reichweite psychosomatischen Denkens in der Medizin‹) in den Verhandlungen der Deutschen Gesellschaft für innere Medizin, Wiesbaden 1949.

[19] Vgl. P. Christian, Das Personverständnis in der modernen Medizin (s. o. Anm. 11), S. 125 ff., 152 ff.; R. Siebeck, Medizin und Bewegung. Stuttgart 1949; V. v. Weizsäcker, Arzt und Kranker, Stuttgart 1949.

[20] Zu den philosophischen Wurzeln dieser Konzeption vgl. K. Löwith, Das Individuum in der Rolle des Mitmenschen. München 1928.

Ist der Personbegriff der medizinischen Anthropologie nur für Krankheitsbegriff und -bewältigung sowie das Arzt-Patient-Verhältnis von Bedeutung oder auch für die in der heutigen – vor allem angelsächsischen – angewandten Ethik diskutierten Probleme 'werdender' und 'ehemaliger' Personen? Wenn man die Person von leiblichen, emotionalen, intellektuellen und sozialen Leistungen her versteht, dann verbietet sich offenbar eine scharfe Trennung zwischen 'moralischen Personen', die zur Zurechnung und Verantwortung fähig sind, und 'biologisch' der menschlichen Art zugehörigen Wesen. Eine Gradualisierung der Personalität wird unvermeidlich – und dementsprechend eine gradualisierte Zuschreibung von Rechten und Pflichten. Nicht nur Schichten, sondern auch Entwicklungsstufen der Personalität müssen unterschieden werden. Eine solche Gradualisierung wird sich freilich, das zeigen die Erfahrungen mit den Debatten um den Lebensbeginn, weder auf metaphysisch noch auf naturwissenschaftlich eindeutig und endgültig festzustellende Grenzen stützen können. Aber korrigierbare normative Grenzziehungen in Recht und Moral müssen sich gleichwohl auf – ebenso korrigierbare – biologisch-medizinische Erkenntnisse über die Entwicklung der Personalität beziehen.

Auf der anderen Seite sind viele der anthropologischen Theorien nicht hinreichend gegen skeptische Einwände gesichert. Es müßte noch klarer gemacht werden, inwiefern sie für (gegenwärtig) unbestrittene Phänomene die beste theoretische Deutung liefern. Die semiotische und systemtheoretische Fortführung der Psychosomatik ist ein Versuch in dieser Richtung.[21]

Ob sich aus diesem Ansatz eine plausiblere und mit unseren Rechtstraditionen besser harmonisierbare Behandlung der Fragen von Abtreibung, Sterbehilfe, Umgang mit Unmündigen etc. entwickeln läßt als in der gegenwärtig dominierenden angewandten Ethik, ist nicht entschieden. Solange der Personbegriff der Tradition Lockes und Kants zusammen mit Prämissen der utilitaristischen Ethik aber zu so problematischen Resultaten führt, wie oben erörtert, besteht kein Anlaß, die philosophisch-medizinischen Bemühungen der 'alternativen' Tradition dieses Jahrhunderts zu vergessen.

[21] Th. v. Uexkuell, W. Wesiack, Theorie der Humanmedizin. München, Wien, Baltimore 1988.

PERSON UND SEINSVERSTÄNDNIS

Von Wolfgang Nikolaus Krewani

Im folgenden wird die These vertreten, daß der Begriff der Person sich nur auf der Grundlage der Unterscheidung von Schein und Sein entwickeln kann und daß diese Unterscheidung ihrerseits in sozialen Verhältnissen wurzelt. Um diesen Gedanken durchzuführen, wird die Frage untersucht, welche Möglichkeit für die Personalität des Menschen besteht unter der Voraussetzung 1. der Einheit von Sein und Schein, 2. der Trennung von Sein und Schein, 3. der Identität und Differenz von Sein und Schein.

1. Für Kant ist der Mensch Person, soweit er nicht nur der Welt der Erscheinungen angehört, sondern zum Unbedingten oder zu den Dingen an sich einen Bezug hat. Als Transzendenz über die Erscheinung hinaus setzt die Person also die Unterscheidung von Sein und Schein voraus, Schein in einem weiten Sinne genommen. Die Frage nach der Herkunft der Person führt daher zunächst zu der Frage nach der Herkunft der Unterscheidung von Sein und Schein.

Man hält diese Unterscheidung für etwas Selbstverständliches und verweist dazu auf die vielfältigen Täuschungen, die sich schon im Bereich der Wahrnehmung nachweisen lassen. Tatsächlich aber ist sie keineswegs Gemeingut aller Menschen. Vielmehr wissen insbesondere die Ethnologen von Völkern, die diese Unterscheidung nicht oder nicht systematisch machen. Ich will diesen Sachverhalt im folgenden an einem Aufsatz von M. Mauss[1] darstellen, an dem sich zugleich die soziale Relevanz der Einheit von Sein und Schein aufzeigen läßt.

Die Überlegungen Mauss' kreisen um die Bedeutung des Todes in der Welt der Naturvölker Australiens und Neuseelands. Für diese Völker ist der Tod nicht allein ein körperliches Geschehen, sondern vom Bereich des Seelischen untrennbar. Der Tod beruht sehr häufig auf einer Schuld gegenüber den göttlichen Mächten. Die Maori etwa klassifizieren die Todesarten und -ursachen folgendermaßen: „a) Tod durch Geister (Tabuverletzung, Magie etc.); b) Tod im Kampf; c) Tod durch natürlichen Verfall; d) Tod durch Unglücksfall oder Selbstmord. Der ersten dieser Todesursachen messen sie dabei die größte Be-

---

[1] Marcel Mauss, Über die physische Wirkung der von der Gemeinschaft suggerierten Todesvorstellung auf das Individuum (Australien und Neuseeland), in: Ders., Soziologie und Anthropologie, Frankfurt a. M., Berlin, Wien 1978, Bd. II, S. 178 sq.

deutung zu."[2] Der Tod dank magischer Einwirkungen oder Tabuverletzung
gilt also als die häufigste Todesart. Dabei tritt die Magie oft nicht allein auf,
sondern hängt mit einem schuldhaften Verhalten zusammen. Magie und
Schuld bedingen sich derart, daß entweder eine vorausgehende Tabuverletzung die Magie erst möglich macht oder daß der magische Zauber zu einem
sündhaften Verhalten führt. „Der Tod durch Magie wird sehr häufig gedacht
und ist sehr häufig nur möglich, nachdem eine Sünde vorhergegangen ist. Umgekehrt ist der Tod aufgrund einer Sünde oft nur das Ergebnis eines magischen
Einflusses, der zu der Sünde geführt hat."[3] Daraus folgt, daß in der Tat die
Sünde die häufigste Todesursache ist. Wenn auch nicht jeder Tod durch eine
Sünde bewirkt wird, so ist doch umgekehrt die Sünde lebensbedrohend. „Im
wesentlichen", so schreibt Mauss, „ist ... der Tod durch eine Todsünde am
verbreitetsten, vor allem im Lande der Maori. Die Bezeichnung als 'Todsünde'
stammt übrigens von ihnen."[4] Diese letzte Bemerkung ist wichtig; denn sie
zeigt, daß die Verknüpfung von Sünde und Tod nicht etwa aus Europa importiert ist, sondern als etwas allen Menschen Gemeinsames angesehen werden
kann. So wie nach biblischer Auffassung der Tod durch die Sünde in die Welt
gekommen ist, sagt ein Sprichwort der Marquesainseln: „Wir sind Sünder.
Wir sterben."[5]

Diese Einheit von Unschuld und Leben, Schuld und Tod ist aber nur der
Sonderfall einer allgemeineren Einheit, nämlich der von Sein und Schein. Aus
einer rationalen Perspektive mag der Leib das Zeichen und das Bild der Seele
sein. Aus der Perspektive des mythischen Lebens, das unter der Voraussetzung
der Einheit steht, lassen sich Leib und Seele sowenig trennen wie Schuld und
Krankheit oder körperlicher Tod. Der Tod ist Tod schlechthin. Er betrifft nicht
nur die Seele, während der Mensch biologisch weiterlebt, oder den Leib, aus
dem sich die Seele für ein anderes Leben zurückzieht. Er erfaßt den ganzen
Menschen. Diese Einheit von Bild und Sache oder Innen und Außen, Schein
und Sein ist ein durchgehender Zug im Seinsverständnis des mythischen Lebens. Sie bestimmt die Raum- wie die Zeitauffassung, prägt das Verständnis
der Sprache und liegt der magischen Praxis zugrunde. Weil Bild und Sache
nicht getrennt werden können, ist in der kultischen Gedenkfeier das ursprüngliche Geschehen selbst gegenwärtig, ist im Namen die Sache präsent, hat Gewalt über die Sache selbst, wer ihr Bild besitzt.

Dabei hat das Mythische durchaus auch im Zeitalter des Logos noch Bestand. So steht etwa das Abendmahl in der katholischen Kirche unter einem
mythischen Zeitverständnis. Auch Platon kennt die Angst, „man möge aus

---

[2] Ebd., S. 188.
[3] Ebd., S. 190.
[4] Ebd.
[5] Ebd., S. 188.

der Nachahmung das Sein davontragen" (Polit. 395 c). Und M. Foucault hat für das ausgehende Mittelalter gezeigt, daß das Bild oder das Zeichen so real ist wie die bezeichnete Sache selbst, so daß beiden dank ihrer similitudo dasselbe Schicksal widerfährt.[6]

Die Einheit von Sein und Schein steht aber ihrerseits unter einer Voraussetzung: Sie verlangt für alle Mitglieder einer Gemeinschaft eine verbindliche und geschlossene Weltanschauung oder einen Mythos. Die Notwendigkeit eines gemeinsamen Glaubens wird verständlich, wenn wir uns das Gegenteil vorstellen. Man nehme an, daß derselbe Gegenstand zu den verschiedensten Deutungen Anlaß gäbe. Dann müßten wir die Vielfalt der Bedeutungen und den Gegenstand selbst unterscheiden. Die Sache selbst einerseits und ihre Deutung, Bedeutung, die Weise, wie sie diesem oder jenem erscheint, würden auseinandertreten. Wo hingegen intersubjektive Übereinstimmung, also Einheit in der Deutung und Auffassung des Vorliegenden herrscht, da können das Bild auf der einen und die Sache selbst auf der anderen Seite noch nicht unterschieden werden. Einheit von Sein und Schein ist also nicht nur die Einheit von Bild und Sache, sondern auch die Einheit der Vorstellungen untereinander, intersubjektive oder soziale Einheit.

Eben diese soziale Übereinstimmung, die zu der Gewißheit führt, daß das eigene Verständnis das Sein selbst unmittelbar trifft und mehr ist als ein bloßes Vorstellungs*bild*, kennzeichnet den mythischen Glauben. Sie ist die Voraussetzung für den Glauben an die Objektivität und Realität der mythischen Welt und somit auch die Grundlage für den Zusammenhalt der mythischen Gesellschaft. Wo, wie in der pluralistischen griechischen Polis, die von allen geteilte Glaubensgewißheit sich auflöst, da müssen auch Sein und Schein, die Sache selbst und ihr Bild, auseinandertreten. Dagegen bleibt die Einheit von Sein und Schein da gewahrt, wo auch der kollektive Glaube nur einer ist.

Aber auch das Umgekehrte ist wahr, und das ist der Punkt, auf den es hier ankommt: Die Einheit von Sein und Schein beruht nicht nur auf der sozialen Einheit, sondern fördert und garantiert diese auch. Wenn in dem gemeinsamen Glauben die Prinzipien des gemeinsamen Lebens ausgesprochen werden, so ist eine Abweichung von diesem Glauben, sei es im Handeln oder im Denken, ein Bruch mit der Gemeinschaft und insofern schuldhaft. Da der Bruch der sozialen Einheit, die Verletzung der von allen geteilten Überzeugungen, eine Schuld begründet, hat er nicht nur den Charakter eines geistigen Geschehens, sondern greift unmittelbar ins materielle Leben ein. Der Bruch mit der Allgemeinheit ist lebensgefährdend. Nicht die anderen töten den Apostaten, seine Schuld bringt ihn um. Da jede Trennung aus der Gemeinsamkeit ein Angriff ist und insofern schuldhaft, ist ein Leben außerhalb der Gemeinschaft nicht möglich.

---

[6] Michel Foucault, Les mots et les choses, Paris 1966, 32 sq.

Mit der Unterscheidung von Schein und Sein entfällt also in der mythischen Welt die Voraussetzung für die Person, für die die Transzendenz über den Schein hinaus konstitutiv ist. Von einer Person kann in diesem Rahmen auch darum nicht die Rede sein, weil die Person in ihrer Freiheit sich einem Gesetz verpflichtet weiß, das zum Gesetz des Kollektivs, dem sie angehört, in einem Gegensatz stehen kann. Dieser Möglichkeit widerspricht die mythische Abhängigkeit von der Gemeinschaft.

Wie aber kommt es unter diesen Voraussetzungen zur Konstitution einer Person, d. h. zu einer Existenz, die ihr Gesetz frei und unabhängig von der Gemeinschaft bestimmt?

2. Es ist oben schon angedeutet worden, worin die Voraussetzung für die Trennung von Sein und Schein besteht: Sie verlangt die Auflösung des mythischen Glaubens zugunsten einer Pluralität von 'Weltbildern'. Indem dasselbe einmal so und einmal anders gedeutet wird, wobei jede neue Deutung allen anderen zunächst widerspricht, entsteht die Frage nach dem wahren Sein des Gegenstandes. Die Philosophie beginnt mit dem Zweifel. Das heißt: Sie beginnt in dem Augenblick, in dem die bisherige, fraglos akzeptierte Auffassung sich als bloße Meinung, als Auffassung unter anderen herausstellt. Daß der bisherige Mythos nur eine Meinung ist, ist ihm selbst nicht anzusehen. Er wird zur Meinung erst durch den Widerspruch zu anderen Meinungen. Erst jetzt kann die Forderung nach einer Wissenschaft entstehen, die die Meinung überwindet. Der Gegensatz von Meinung und Wissenschaft, der seit den Vorsokratikern die Philosophie beherrscht, ist also immer auch der Gegensatz von Pluralität und Einheit. Zugleich aber ist dieser Gegensatz der von Schein und Sein. Denn indem die vielen Mythen zwar dasselbe zum Gegenstand haben, nämlich die Welt, sich aber untereinander widersprechen, können sie bestenfalls Bilder der Sache sein, die sie von verschiedenen Standpunkten aus darstellen und mit der sie daher Ähnlichkeit haben, Bilder aber, die untereinander und von der Sache selbst verschieden sind. Da nun die Einheit von Sein und Schein eine zweifache Einheit enthält, so impliziert das Bewußtsein des Scheines auch eine zweifache Trennung: 1. die Trennung vom Sein, 2. die Trennung von der Gemeinschaft. Anders gesagt: Das Bewußtsein, in einer Scheinwelt zu leben, trennt den Menschen nicht nur vom Sein, sondern isoliert ihn auch sozial. Im Bewußtsein des Scheins geht beides Hand in Hand.

Weil die Trennung von Sein und Schein eine Pluralität des Scheins voraussetzt und damit eine Auflösung auch der bisherigen sozialen Einheit, ist die Unterscheidung von Sein und Schein auch immer ein ethisches Geschehen.

Wie aber ist es überhaupt möglich, daß das Subjekt aus seiner bisherigen Welt heraustritt, sich ihr gegenüberstellt, um ihr seine eigene Deutung entgegenzuhalten? Wie kann sich der subjektive Schein gegen das Sein der Gemeinschaft halten, ohne sich entweder mit dem Ganzen durch Rückkehr zu versöhnen oder aufgrund seiner Schuld selbst zu vernichten? Es war ja der Sinn der bisherigen Erörterungen zu zeigen, daß es unter der Voraussetzung der Einheit von Sein und Schein nicht einmal die Möglichkeit einer Existenz außerhalb der Gemeinschaft gibt. Es steht dem einzelnen nicht frei, den allgemeinen Glauben anzunehmen oder zugunsten privater Überzeugungen zu verwerfen. Wer sich gegen die kollektiven Tabus wendet, verletzt die Gemeinschaft und macht sich schuldig. Schuld aber tötet. Wie soll das Subjekt die Gemeinschaft von einem externen Standpunkt aus in Frage stellen können, wenn eine Existenz außerhalb der Gemeinschaft nicht möglich ist?

Die Antwort lautet: Nicht das Subjekt stellt die Gemeinschaft und den gemeinsamen Glauben in Frage, sondern der andere und das Subjekt im Namen des anderen. Die naive Seinsgewißheit wird erschüttert, wenn jemand die andere Lebensform als ebenso berechtigt anerkennt wie die eigene, wenn jemand die Partei des anderen und sein Recht gegen die eigene Gruppe und ihren Unbedingtheitsanspruch verteidigt. Es ist also der Bezug auf das Recht des anderen, auf eine fremde Wahrheit, der die Möglichkeit einer Existenz außerhalb der mythischen Einheit eröffnet. Dieser Bezug hat zu seinem Wesen die Anerkennung des anderen. Anerkennung meint nicht die Feststellung einer faktischen Andersheit. Die bloße Feststellung der Andersheit hindert nicht ihre prinzipielle Verneinung. Der Begriff der Anerkennung hat einen moralischen Gehalt, der sich in der Relativierung und Rücknahme des eigenen Unbedingtheitsanspruches äußert. Aus eben diesem Grunde impliziert die Anerkennung des anderen auch nicht die Negation der eigenen Gruppe, also die Wiederholung der alten Machtstruktur mit umgekehrten Verhältnissen. Vielmehr tritt an die Stelle der Logik des Entweder-Oder eine Logik des Sowohl-Als-auch. In diesem Sinne hat Chr. Meier die Entwicklung der griechischen Theologie gedeutet: Vom gewalttätigen Usurpator und Tyrannen wandelt sich Zeus zum Vermittler und Göttervater.[7] Es geht nicht mehr darum, einen Absolutheitsanspruch durch einen anderen zu ersetzen, an die Stelle einer Totalität die andere zu setzen, sondern jede Totalität in ihrer Relativität und Beschränktheit, in ihrer Endlichkeit gelten zu lassen. Das Subjekt nimmt nicht notwendig den Standpunkt des anderen gegen den der eigenen Gruppe ein, sondern hält die Standpunkte gegeneinander, anerkennt sie beide und solidarisiert sich doch mit keinem unbedingt. Das Subjekt ist gegenüber beiden Standpunkten zugleich solidarisch und distanziert, Freund und Verräter, ethisch gesprochen unschuldig-schuldig, ontologisch seiend-nichtseiend.

Diese Situation definiert das Subjekt. Das Subjekt steht zwischen den Standpunkten, insofern 'vermittelt' es sie, aber um den Preis der eigenen bedrohlichen Widersprüchlichkeit und Zerrissenheit. Darin liegt die Gefähr-

---

[7] Christian Meier, Die Entstehung des Politischen bei den Griechen, Frankfurt a. M. 1983, S. 158 sq.

dung des Subjekts: Weil es sich weder mit dem einen noch mit dem anderen und zugleich doch sowohl mit dem einen als auch mit dem anderen identifiziert, steht es zwischen Sein und Nichtsein, wenn über Sein und Nichtsein die Zugehörigkeit oder Nichtzugehörigkeit zur Gemeinschaft entscheidet.

Das Subjekt ist noch nicht die Person. In der Person ist der eigentümliche Schwebezustand zwischen Sein und Nichtsein, ist die Fragwürdigkeit des Subjekts überwunden. Der Zustand der Unentschiedenheit und zweideutigen Schwebe, der das Subjekt zwischen Unschuld und Schuld, Sein und Nichtsein, Leben und Tod, Zugehörigkeit und Transzendenz, festhält, stabilisiert sich erst mit dem Auftreten der Wahrheit. Die Reduktion der Vielfalt der Weltauffassungen auf bloße Meinungen, die einander widersprechen und aufheben, verlangt nach einem übergeordneten Gesichtspunkt, von dem aus sie beurteilt werden können. Es entsteht die Frage nach dem, was den verschiedenen Meinungen gemeinsam ist, worin sie übereinstimmen, was als das Irrelative oder Unbedingte anerkannt werden kann. Dies ist das wahre Sein im Unterschied zu den vielfältigen Meinungen, die nur Aspekte oder Erscheinungen des Seins sind. Die Auflösung des Mythos in eine Vielfalt von Meinungen erzwingt die Frage nach dem einen Sein. Das wahre Sein, das Gegenstand der Wissenschaft und Philosophie ist, steht jenseits der Meinungen und bildet zugleich für alle Partikularität den unbedingten Bezugspunkt.

Wenn die Person sich durch Transzendenz und Autonomie auszeichnet, so verdankt sie diese Stelle dem Bezug zu jenem wirklichen Sein jenseits der Erscheinungen. Die Autonomie bewährt sich insbesondere da, wo die Person sich gegen die Allgemeinheit zu behaupten hat. Zwar löst bereits die Anerkennung des Anderen das Subjekt aus der endlichen Totalität der mythischen Welt heraus. Aber erst der Bezug zur jenseitigen Wahrheit, von der alle Meinungen nur Erscheinungen sind, verschafft der Person die Autonomie, die ihr gestattet, jeder falschen Totalität, auch der der eigenen Gesellschaft, die Stirn zu bieten.

3. Die Person verdankt ihre Transzendenz dem Bezug auf die unbedingte Wahrheit. Daher muß sich ihr Begriff ändern, wenn das Verhältnis von Sein und Schein oder Erscheinung sich verwandelt. Das geschieht in der Folge der Philosophie Kants.

Für Kant ist dem Menschen in der wahren, d. h. a priori für alle Menschen gültigen Erkenntnis doch nur immer die Erscheinung zugänglich; die menschliche Erkenntnis ist endlich. Gerade darum aber setzt sie andererseits ein spontanes Subjekt voraus. Endlichkeit und Spontaneität kennzeichnen das menschliche Verhältnis zur Wahrheit. Wenden wir uns zunächst der Endlichkeit zu.

Die Unterscheidung von Sein und Schein hat ihren Ursprung in der Anerkennung des anderen, in der Erfahrung, daß die Welt des Anderen ebenso möglich (legitim) ist, wie meine eigene, daß meine eigene nur eine unter verschiedenen möglichen ist. Es entsteht die Frage nach der einen für alle verbindlichen Wahrheit. Wenn das Sein gemäß der Voraussetzung – omne ens est unum – eines ist, dann muß auch alles Denken, das sich am Sein orientiert, nicht nur mit dem Gegenstand, sondern auch untereinander übereinstimmen. Die intersubjektive Übereinstimmung wird als Resultat der Einheit des Seins verstanden. Woher aber dann die Sprachverwirrung? Sie beruht auf der Partikularität der jeweiligen Rezeptionsbedingungen, ihre Bindung an einen raumzeitlichen Standpunkt oder eine Perspektive. Diese Bindung macht die Sinnlichkeit des Menschen aus. Das Seiende aus der Perspektive der Sinnlichkeit ist nur Schein. Die Wahrheit dagegen weist sich in der intersubjektiven Übereinstimmung aus, die ihrerseits ihren Grund in der Einheit des Seins hat.

Kant radikalisiert diesen Standpunkt, indem er die intersubjektive Übereinstimmung nicht mehr auf die Einheit der Sache selbst zurückführt, sondern auf die Gemeinsamkeit der sinnlichen Bedingungen, unter der den Menschen das Sein zugänglich ist. Diese Bedingung ist *universal*, sofern sie von allen Menschen geteilt wird; insofern erlaubt sie objektive Erkenntnis im Sinne der intersubjektiven Übereinstimmung. Sie ist hingegen nur *subjektiv*, sofern man sich jenseits der Menschenwelt ein Erkennen vorstellen kann, das überhaupt keine Sinnlichkeit (Rezeptivität) kennt oder an eine andere Form der Sinnlichkeit geknüpft ist. Unter dieser Voraussetzung ist die menschliche Erkenntnis zwar für alle Menschen verbindlich und kein Schein, aber sie schafft keinen Zugang zu den Dingen an sich selbst und ist insofern nur Erscheinung. Auch für Kant also ist die Endlichkeit der Erkenntnis und damit die Unterscheidung von Erscheinung und Ding an sich eine Folge der Pluralität der 'Standpunkte' oder Perspektiven. Entsprechend definiert Kant die Erscheinung folgendermaßen: „Da demnach alles, was in der Erkenntnis zur Sinnlichkeit gehört, von der besonderen natürlichen Beschaffenheit des Subjektes abhängt, sofern es von der Gegenwart der Objekte her dieser oder jener Veränderung fähig ist, die, *der Mannigfaltigkeit der Subjekte gemäß, in verschiedenen verschieden sein kann* …: so ist ersichtlich, daß das sinnliche Gedachte in Vorstellungen von Dingen besteht, wie sie erscheinen …“ (*De mundi sens.*, § 4; Hervorh. vom Autor). Diese Pluralität der möglichen Rezeptionsweisen lag für Kant nahe aus der Idee der Pluralität der Welten. In der *Allgemeinen Naturgeschichte* experimentiert er mit dem Gedanken einer Pluralität möglicher Räume. Auch für Kant also ist es der Zerfall der Einheit des Seienden in eine Vielfalt von Auffassungen, die zu der Unterscheidung von Ding an sich und Erscheinung führt. Nicht die besondere *interne* Struktur der menschlichen Sinnlichkeit – die Zeitlichkeit – macht für Kant die Endlichkeit der menschlichen Erkenntnis aus, sondern ihre Partikularität als Verhältnis zu möglichen *anderen* Formen der Anschauung.

Aber die Endlichkeit der menschlichen Erkenntnis bedingt paradoxerweise zugleich ihre Spontaneität. Als was der Gegenstand erscheint, das bestimmt sich nicht vom Objekt, sondern von den subjektiven Bedingungen her. Nicht das Objekt, sondern das Subjekt ist der Grund der Erscheinungen. Insofern bringt das Subjekt den so und so bestimmten Gegenstand durch seine eigene Spontaneität hervor. Die endliche 'Erkenntnis' ist nicht mehr Erkenntnis im traditionellen Sinne, ein Hinnehmen dessen, was ist, sondern ein Tun und Erzeugen. Diese Produktivität der menschlichen Erkenntnis kann von ihrer Endlichkeit nicht abgesondert werden; denn menschliche Erkenntnis ist endlich, weil sie produktiv ist. Und sie muß als produktiv angesehen werden, weil sie in ihrer Partikularität nicht mehr aus dem einen Sein selbst erklärt werden kann.

Wenn aber die Wahrheit, ob endlich oder unendlich, Gegenstand einer Produktion ist, dann wird die Unterscheidung zwischen Schein und Sein, Sache selbst und Abbild, Ding an sich und Erscheinung, hinfällig. Die Wahrheit hat keinen Maßstab mehr. Freilich bedarf sie auch keines Maßstabes, weil sie sich in ihrem Wesen verändert hat. Denn im Begriff der Wahrheit als Produktion fallen Sein und Schein zusammen. Das Seiende ist das, was erscheint. Und was erscheint, ist das Seiende selbst. Es ist nicht mehr die Frage erlaubt, in welchem Maße die Erscheinung dem Sein entspricht.

Dennoch ist für Kant der Prozeß der Erscheinung nicht der Prozeß des Unbedingten und des Seins selbst. Dieses bleibt jenseits der Erscheinung. Damit bleiben auch die Welt der Erscheinung und in ihr der Mensch einerseits und das intelligible Reich der Zwecke, kraft dessen der Mensch Person ist, getrennt. Aber Kant hat der Verschmelzung beider mit seiner Kultur- und Geschichtsphilosophie Vorschub geleistet; denn nicht erst Hegel, sondern schon Kant begreift die Geschichte als den Weg der Menschheit zur Sittlichkeit, als die Realisierung des Unbedingten in der Erscheinung. Damit wird der Gegensatz zwischen der Geschichte als Bereich der Sinnlichkeit und Erscheinung einerseits und dem Jenseitigen eingeebnet: Die Geschichte als Produktion der Wahrheit hat zum Subjekt das Unbedingte selbst. Heidegger ist ihm darin gefolgt.

Das neue Unbedingte ist nicht mehr ein Sein jenseits der Erscheinung, sondern die Selbsterzeugung des Seins als Erscheinung. In den neuen nachkantischen Grundbegriffen wie 'Wille', 'Arbeit', 'Kraft', 'Leistung', 'Werk', die alle mit verschiedener Akzentsetzung dem Prinzip der Selbsterzeugung des Seins Ausdruck geben, fallen das Unbedingte und seine Manifestation, Sein und Schein als Differenz eines Identischen zusammen. Die Trennung von Sein und Schein ist wieder aufgehoben. Es gibt kein Jenseits der Erscheinung mehr im traditionellen Sinne.

Freilich ist diese neue Einheit von Sein und Erscheinen nicht identisch mit der mythischen Seinsauffassung. Im Mythos ist die *Vielheit* unsichtbar, weil die vielen Subjekte miteinander in Übereinstimmung stehen. Die Einheit von Sein und Schein gründet in dieser Übereinstimmung. In der Folge Kants hingegen und im 19. Jahrhundert, insbesondere angesichts des Historismus und der demokratischen Bewegungen, ist die *Einheit* unsichtbar, weil jeder Versuch, das jenseitige Sein zu fassen, doch nur einen neuen relativen Standpunkt hervorbringt. Die Einheit von Sein und Erscheinen besteht darin, daß das unfaßbare Eine als die Tätigkeit gesehen wird, die das mannigfaltige geschichtliche, nach Epochen und Kulturen unterschiedliche Leben hervorbringt, aber auch nur darin präsent ist. Das Sein verschwindet in den vielfältigen Erscheinungen. Indem das Sein aber nichts ist als die Erscheinung, gelangt die Erscheinung zur Herrschaft über das Sein.

Wenn es richtig ist, daß die Person die Unterscheidung von Schein und Sein voraussetzt, dann entfällt mit dem neuen Seinsbegriff auch wieder die Person. Die Person definiert sich durch den Bezug auf das Unbedingte jenseits der Erscheinung. Indem dieses mit dem Erscheinen identisch ist, hat die Erscheinung nicht nur am Unbedingten ihr Maß und wird durch sie bedingt, sondern auch umgekehrt: Das Unbedingte wird bedingt durch seine Erscheinung und ist nur, soweit es in Erscheinung tritt und den Gesetzen der Erscheinung gehorcht. Aus der Person wird die Persönlichkeit.

Persönlichkeit bezeichnet bei Kant das allgemeine und übersinnliche Wesen des Menschen als Person. Dieses allgemeine Wesen besteht in dem Vermögen, sich selbst zu bestimmen, also die Erscheinung der unbedingten Sittlichkeit zu unterwerfen. Insofern ist die Persönlichkeit der Maßstab für die konkrete Person. Persönlichkeit ist bei Kant nicht identisch mit der Person, sondern ist das Allgemeine der Person. Persönlichkeit meint bei Kant die personalitas der persona.

Die Zeit nach Kant hat diesen Sprachgebrauch verändert, indem sie den Ausdruck 'Persönlichkeit' auf die individuelle Person anwandte. Die individuelle Person aber ist der Mensch unter den jeweiligen historischen und sozialen Bedingungen, d.h., Persönlichkeit ist der Mensch in einer jeweiligen besonderen kulturellen Gestalt. Persönlichkeit ist damit nicht mehr etwas Allgemeines, das von der Vielfalt der Kulturen unabhängig wäre, sondern für die Persönlichkeit ist die Kultur konstitutiv. Die Kultur bedingt die Persönlichkeit, so wie Raum und Zeit die Erscheinung bedingen. Im Übergang von der Person zur Persönlichkeit zeigt sich also ein neues Verhältnis des Unbedingten zur Erscheinung an. Während in der Person die personalitas über die partikulare Erscheinung herrschte und tendenziell alle historischen und kulturellen Bedingungen neutralisierte, fallen im neuen Begriff der Persönlichkeit personalitas und Erscheinung zusammen: So wie das Sein in der Erscheinung verschwindet, geht die personalitas in der jeweiligen kulturellen Persönlichkeit auf.

Was aber ist eine Kultur? Eine Kultur definiert ein durch Konventionen sanktioniertes Ganzes von Regeln des Erscheinens. Eine Kultur ist eine Ordnung der Rede, ein «ordre du discours», wie Foucault sagt, wenn man Rede in dem umfassenden Sinne des Logos versteht. Als System, das das Erscheinen regelt, kann es mit dem in der *Kritik der reinen Vernunft* analysierten Regelsystem verglichen werden, mit dem Unterschied, daß die Kultur, da sie alle Lebenszüge regelt, auch die Regeln der Konstitution der theoretischen Welt einschließt. Als Lebensform umfaßt die Kultur auch die Regeln für die Konstitution der Persönlichkeit. Die Persönlichkeit ist ein kulturelles Produkt. Das gilt auch für die produktive Persönlichkeit. Selbst wo die Person schöpferisch ist, kann sie diese Produktivität nicht ohne ein objektives System von Regeln realisieren, sondern nur immer in ihrem Rahmen.

Das, was die Kultur an Produkten hervorbringt und was sie ausmacht, sind Erscheinungen im kantischen Sinne. Sie haben nicht den Charakter der Beliebigkeit, die dem bloßen Schein anhaftet, sondern besitzen Objektivität, sofern sie sich auf eine intersubjektive Übereinstimmung stützen können. Andererseits aber hat diese Objektivität keine Unbedingtheit, weil sie nur eine mögliche Lebensform neben anderen darstellt. Ist die Persönlichkeit als Kulturprodukt aber das Resultat einer intersubjektiven Leistung, eines sozialen Konsensus, dann besteht der Wandel von der Person zur Persönlichkeit darin, daß die Persönlichkeit die Unabhängigkeit von dem sozialen Druck, vom Zwang der Meinungen, von der Tyrannei der Anerkennung der anderen eingebüßt hat. Auf neue Weise fällt das Sein des Menschen in die soziale Abhängigkeit zurück.

CHARISMATISCHE INTERPERSONALITÄT
BEI THOMAS VON AQUIN

Von Peter L. Oesterreich

'Charisma' ist kein geläufiges Thema der wissenschaftlichen Diskussion. Bekannt ist allenfalls Max Webers Begriff der 'charismatischen Herrschaft', der angesichts des erneuten Vordringens religiös fundierter Gesellschaftsordnungen eine neue Aktualität gewinnt.[1] Ansonsten beschränkt sich die Relevanz des Themas 'Charisma' auf das Gebiet der Kirchengeschichte und Ekklesiologie.[2]

Dennoch ist die Charismatik des Thomas von Aquin nicht nur ein abgelegenes Spezialthema der mittelalterlichen Philosophie. So ist der Einfluß charismatischen Denkens im neuzeitlichen Protestantismus, Calvinismus und in der Philosophie des deutschen Idealismus erst kürzlich herausgestellt worden.[3] Die folgende Interpretation versucht nun, grundlegende Aspekte der mittelalterlichen Konzeption des religiösen Grundphänomens 'Charisma' in Erinnerung zu bringen. Bei Thomas steht dabei – ganz im Sinne seines persönlichen Selbstverständnisses[4] – der charismatische Lehrer und Prediger im Zentrum.

[1] Vgl. M. Weber, Politik als Beruf, Berlin [8]1987, S. 9 ff.

[2] Zu Sohms These von der Kirche als rein charismatischer Organisation und die sich daran anschließende theologische Diskussion s. U. Brockhaus, Charisma und Amt. Die paulinische Charismenlehre auf dem Hintergrund der frühchristlichen Gemeindefunktionen, Wuppertal 1987, S. 15 ff. Vor allem K. Rahner hat auf die fundamentale Bedeutung des Charisma für die Kirche hingewiesen und macht darauf aufmerksam, daß das „Amt in der Kirche selbst etwas Charismatisches" sei und auch die Einheit von amtlichen und charismatischen Strukturen wiederum nicht nur institutionell, sondern „selbst charismatisch" verfaßt seien (K. Rahner, Das Dynamische in der Kirche, Basel/ Freiburg i. Br./Wien [2]1960, S. 39).

[3] Zur Bedeutung des charismatischen Denkens im Protestantismus, Calvinismus, deutschen Idealismus (Fichte) bis hin zu Max Weber s. José L. Villacanas, Fichte und die charismatische Verklärung der Vernunft, erscheint in: Fichte Studien 5 (1992).

[4] Thomas hat auf die doppelte Lehrverpflichtung des Weisen ausdrücklich hingewiesen – nämlich: „die Göttliche Weisheit, die im höchsten Sinne Wahrheit ist, zu bedenken und auszusprechen ..., und den der Wahrheit entgegenstehenden Irrtum zu bekämpfen" (S. c. g. 1, 1. zitiert nach: Th. v. Aquin, Summa contra gentiles/Summe gegen die Heiden, hrsg. v. K. Albert u. P. Engelhardt, Bd. I, Darmstadt 1974). Mit den Worten des Hilarius bezeichnet er „diese Aufgabe geradezu als die wesentlichste meines Lebens" (S. c. g. 1, 2).

Dabei verfolgt meine Interpretation nicht nur historische Ziele, sondern versucht in systematischer Absicht, auf die thomanische Konzeption charismatischer Interpersonalität aufmerksam zu machen. Diese beschreibt die eigengesetzliche Konstitutionsweise religiöser Gemeinschaften, die in der besonderen Verbindung von Transzendenz und Sozialität besteht und sich dadurch von den Formen autonom konstituierter Intersubjektivität unterscheidet. Ein geklärter Begriff charismatischer Interpersonalität könnte vielleicht zu einem besseren Verständnis der eigentümlichen Ordnung religiös fundierter Gemeinschaften beitragen, die ausgehend von rein säkularen Intersubjektivitätstheorien nicht adäquat dargestellt und verstanden werden können.

1. Doctor Sacrae Doctrinae. Der theologische Lehrer als Empfänger freigewährter Gnadengaben

Der systematische Ort der Charismatik bei Thomas ist die Gnadenlehre in der *Summa theologica*.[5] Die Charismen werden hier als freigewährte Gnadengaben interpretiert, die einzelnen Menschen über die Fähigkeit der Natur und über jedes Verdienst gewährt werden. Charakteristisch für die freigewährte Gnade *(gratia gratis data)* ist ihr transitiver und interpersonaler Charakter. Im Unterschied zur heiligmachenden Gnade begründet sie kein unmittelbares inneres Verhältnis des Menschen zu Gott. Sie konstituiert vielmehr ein zwischenmenschliches Verhältnis, in dem eine Person einer anderen hilft, um sie zu Gott zurückzuführen.[6] Dabei handelt die begnadete Person nicht primär im eigenen Interesse, sondern um des Heils und der Rechtfertigung des anderen willen. Die freigewährten Gnadengaben ermöglichen somit ein interpersonal vermitteltes Gottesverhältnis, das durch die Momente sozialer Kooperation und religiöser Rückführung gekennzeichnet ist.

Die Quelle für die Lehre der Charismen ist die pneumatologische Theologie des 1. Korintherbriefes. Die entscheidende Stelle, auf die sich auch Thomas bezieht, lautet:

Dem einen wird durch den Geist das Wort der Weisheit verliehen, einem anderen das Wort der Wissenschaft nach demselben Geiste, einem dritten Glauben in demselben

---

Vgl. G. Scherer, Der Schnittpunkt von kontemplativem und aktivem Leben. Über das Lehren der Philosophie bei Thomas von Aquin, erscheint in: Lehren und Lernen der Philosophie als philosophisches Problem, hrsg. v. H. Girndt, Sankt Augustin 1993.

[5] S. th. I–II 111, S. 1 ff. Hier und im folgenden wird die ›Summe der Theologie‹ zitiert nach: Deutsche Thomas Ausgabe, hrsg. v. P. Heinrich u. M. Christmann OP, Heidelberg/Graz/Wien/Köln 1954 ff.

[6] „... per quam unus homo cooperatur alteri ad hoc quod ad Deum reducatur" (S. th. I–II 111, 1).

Geiste, einem anderen die Gnadengabe zu Heilungen, einem anderen die Gabe, Wunder zu wirken, einem anderen die Prophetengabe, einem anderen die Unterscheidung der Geister, einem anderen mancherlei Sprachengabe, einem anderen die Auslegung solcher Sprachen.[7]

Zur Besonderheit der Charismatik des Thomas gehört, daß er die in 1. Kor. 12, 8 ff. auf unterschiedliche Personen verteilten Gnadengaben in einer Person konzentriert sieht: dem Apostel, der für ihn den idealen theologischen Lehrer und Prediger darstellt. Die interpersonal vermittelte Rückführung des Menschen zu Gott geschieht durch Akte des Lehrens und Überzeugens.[8] Die Form der charismatischen Interpersonalität gestaltet sich bei Thomas damit zur Unterrichtung über die göttlichen Dinge.[9]

Die einzelnen Gnadengaben lassen sich den Kompetenzen zuordnen, die der begnadete theologische Lehrer besitzt. Dieser muß erstens die kognitive Kompetenz der reichen Erkenntnis göttlicher Dinge, zweitens die Kompetenz der Bekräftigung und Beglaubigung und drittens die Kompetenz des angemessenen Vortrags besitzen.[10] Der kognitiven Kompetenz werden die Gnadengaben des 'Glaubens', der 'Rede der Weisheit' und der 'Rede der Wissenschaft' zugeordnet. Zum charismatischen Beweisen- und Bekräftigenkönnen der den Verstand übersteigenden göttlichen Wahrheit gehört nach Thomas ferner die 'Gnade der Heilungen', des 'Wunderwirkens', der 'Prophetie' und die der 'Unterscheidung der Geister'. Die Charismen der 'Sprachengabe' und der 'Auslegung der Rede' bestimmen schließlich die Fähigkeit zu Vortrag und Verkündigung.

Neben der Konzentration auf die Person des begnadeten Theologen und Predigers versucht Thomas, den Charismen ihren 'irrationalen' Charakter zu nehmen und sie durch Analogie zu den lern- und lehrbaren Rededisziplinen Grammatik, Dialektik und Rhetorik, verständlich zu machen. So werden die Charismen des Glaubens, der Rede der Weisheit und der Rede der Wissen-

---

[7] „... Apostolus dicit, 1 ad Cor. 12: ‚Alii per Spiritum datur sermo sapientiae, alii autem sermo scientiae secundum eumdem Spiritum, alteri fides in eodem Spiritu, alii gratia sanitatum, alii operatio virtutum, alii prophetia, alii discretio spirituum, alii genera linguarum, alii interpretatio sermonum'" (S. th. I–II 111,4).

[8] „... gratia gratis data ordinatur ad hoc quod homo alteri cooperetur ut reducatur ad Deum. Homo autem ad hoc operari non potest interius movendo, hoc enim solius Dei est: sed solum exterius docendo vel persuadendo" (S. th. I–II 111,4).

[9] „Et ideo gratia gratis data illa sub se continet quibus homo indiget ad hoc quod alterum instruat in rebus divinis, quae sunt supra rationem" (ebd.).

[10] „Ad hoc autem tria requiruntur. Primo, quod homo sit sortitus plentitudinem cognitionis divinorum, ut ex hoc possit alios instruere. Secundo, ut possit confirmare vel probare ea quae dicit: alias non esset efficax ejus doctrina. Tertio, ut ea quae concipit, possit convenienter auditoribus proferre" (ebd.).

schaft dialektikanalog als die Prinzipien *(principia scientiae)*, Schlußfolge-
rungen *(conclusiones)*, und Beispiele *(exempla)* einer übernatürlichen Wissenschaft betrachtet.[11] Die charismatische Fähigkeit des Verkündens *(facultas
pronuntiandi)*, zu der Sprachengabe und Auslegung der Rede gehören, weist
grammatik- und rhetorikanaloge Züge auf.[12] Die Zentrierung der Charismatik auf die argumentative Rede geht so weit, daß die übernatürlichen Akte
wie z. B. Wunderheilungen als inartifizielle Argumente gedeutet werden, mit
denen der charismatische Lehrer seine Lehre bekräftigt und beglaubigt. „Die
Bekräftigung im Bereich der Vernunftwahrheiten erfolgt durch Beweise. Die
Bekräftigung im Bereich der über die Vernunft hinaus geoffenbarten göttlichen Geheimnisse aber erfolgt ... so, daß der Lehrer der heiligen Lehre das
tut, was Gott allein tun kann in wunderbaren Werken ..."[13]

   Die Konzeption der charismatischen Interpersonalität bei Thomas konzentriert sich somit auf die Lehrtätigkeit und Überzeugungstätigkeit des *doctor
sacrae doctrinae*. Die Art der sozialen Kooperation besteht wesentlich im Re-
dehandeln und der zusätzlich beglaubigenden nonverbalen Operationen. Der
geistige Sinn der äußeren charismatischen Rede entstammt allerdings nach
Thomas einer redelosen inneren Erfahrung: der prophetischen Erkenntnis.

2. Die prophetische Erkenntnis
als Grundbedingung charismatischer Personalität

   Unter der prophetischen Erkenntnis *(cognitio prophetica)* faßt Thomas alle
inneren Erkenntnismomente charismatischer Rede, die ihrer sprachlichen Verlautbarung und wundertätigen Beglaubigung vorausliegen, zusammen.[14] Sie
ist eine übernatürliche Erkenntnis, welche das Licht der natürlichen Vernunft
des Menschen übersteigt und aus einer Einstrahlung des göttlichen Lichtes
verursacht wird.[15] Durch diese Erleuchtung des menschlichen Geistgrundes
geschieht eine zeitweilige Erhebung und Steigerung des Erkenntnisvermögens
über das Maß seiner natürlichen Kraft und befähigt es so zur übernatürlichen
Erkenntnis der göttlichen Dinge und der im göttlichen Vorwissen geschauten

---

   [11] Ebd.
   [12] Ebd.
   [13] Ebd.
   [14] Thomas behandelt die einzelnen freigewährten Gnadengaben in: S. th. II–II,
S. 171 ff. Die Traktate über die Prophetie und die Entrückung behandeln die *inventio*
und *dispositio*, der Abschnitt über die Sprachengabe die *elocutio*, und der über die
Wundergabe die *actio* des charismatischen Lehrers und Predigers.
   [15] „Sicut enim in cognitione naturali intellectus possibilis patitur ex lumine intellectus agentis, ita etiam in cognitione prophetica intellectus humanus patitur ex illu-
stratione divini luminis" (S. th. II–II 171, 2 ad 2).

kontingenten Zukunft. Die prophetische Erkenntnis beschränkt sich nicht auf die unmittelbare Annahme und Darstellung geschauter Dinge, sondern umfaßt auch deren distanzierte Beurteilung und Auslegung.[16] Sie ist Vision und gleichzeitig deren Interpretation. Dabei denkt Thomas den charismatischen Erkenntnisvollzug im ganzen in Analogie zu Akten des Lehrens und Lernens: Der prophetisch-charismatische Lehrer erscheint selbst als ein Belehrter. Demnach ist die Prophetie „eine Art von Erkenntnis, die dem Verstand des Propheten durch göttliche Offenbarung in der Art einer Lehre eingeprägt wird".[17] Die Lehre aus göttlicher Eingebung unterscheidet sich allerdings von den menschlichen Akten des Lehrens und Lernens in einem wichtigen Punkt: Sie bedarf keiner äußeren verbalen Vermittlung. „Denn der Mensch stellt seinem Schüler Dinge vor durch worthafte Zeichen, er kann ihn aber nicht innerlich erleuchten, wie Gott es tut."[18]

Die wortlose Mitteilung des übernatürlichen Wissens, das der Erkennende im ihm zeitweilig verliehenen prophetischen Licht erschaut, hat den Charakter des Erleidens oder der Einprägung.[19] Dies liegt darin begründet, daß der Erkennende hier nicht nur durch die Eigenaktivität seiner natürlichen Vernunft, sondern durch die Einwirkung einer transzendenten Ursache, der göttlichen Erkenntniskraft, erkennt.

Die eigentümliche Erfahrungsstruktur erleidender Erkenntnis, die für das prophetische Wissen kennzeichnend ist, behandelt Thomas unter dem Namen der Entrückung *(raptus)*.[20] Diese ist eine Art des Außersichseins des menschlichen Geistes, der in der prophetischen Vision von allen äußeren Wahrnehmungen abgezogen ist. Ein solches Außersichsein könnte aber auch durch rein personimmanente, z.B. krankhafte Ursachen hervorgerufen sein.[21] Was ge-

---

[16] „Lumen autem intelligibile quandoque quidem imprimitur menti humanae divinitus ad dijudicandum ea quae ab aliis visa sunt ...; et ad hoc pertinet ‚interpretatio sermonum'" (S.th. II–II 173,2). Im Traktat Über den Lehrer (Ver. 11,1) bezeichnet Thomas die natürliche Fähigkeit der Vernunft, zur Erkenntnis des Unbekannten zu gelangen, als Erfindung *(inventio)*. Die prophetische Annahme und Darstellung *(acceptio sive repraesentatio)* der Dinge könnte demgemäß als übernatürliche *inventio* bezeichnet werden. Die charismatische Erkenntnis wird somit in den Horizont der topisch-rhetorischen Grundunterscheidung von *inventio* und *iudicium* gestellt. Das rationale Interesse des Thomas bezieht sich dabei insbesondere auf das Ordnungsmoment distanzierter Beurteilung, zu dem er u.a. die hermeneutische Kompetenz der 'Auslegung der Rede' *(interpretatio sermonum)* rechnet.

[17] S.th. II–II 171,6.

[18] S.th. II–II 173,2.

[19] „Relinquitur ergo quod lumen propheticum insit animae prophetae per modum cujusdam passionis vel impressionis transeuntis" (S.th. II–II 171,2).

[20] S.th. II–II 175.

[21] Der Abzug *(abstractio)* von den Sinnen kann nach Thomas nicht nur aus gött-

währleistet, daß im Falle des Außersichseins „jemand durch den göttlichen Geist unter Abzug von den Sinnen zu Übernatürlichem erhoben wird"?[22] Nach Thomas bekundet sich diese Erhebung des menschlichen Erkenntnisvermögens zur prophetischen Erkenntnis durch die Erfahrung eines gewaltsamen Herausgerissenwerdens aus der gewöhnlichen Weltwahrnehmung. Die Gewalt, mit der die göttliche Macht den menschlichen Geist ergreift und erhebt, unterscheidet die Entrückung vom einfachen Außersichsein. Denn die bloße Ekstase „besagt einfachhin das Außersichgeraten, sofern nämlich jemand außerhalb seiner Ordnung gestellt wird; die Entrückung hingegen fügt eine gewisse Gewaltsamkeit hinzu".[23] Die Transzendenz bezeugt sich demnach durch Gewaltsamkeit. An diesem Punkt wird der Unterschied der charismatischen Personalität zur autonomen Subjektivität deutlich. Die charismatische Persönlichkeit gründet nicht in der Fähigkeit freier Selbstbestimmung, sondern in einem von der Transzendenz frei gewährten Gnadenakt. Dieser muß als gewaltsames Erleiden erfahren werden, da er nicht mehr der Immanenz und Eigenaktivität des Subjektes entspringt. Seine notwendige Gewaltsamkeit hebt zwar die freie Selbstbestimmung, aber – wie Thomas betont – nicht die Würde des Menschen auf.[24] Im Gegenteil entspricht es der eigentümlichen Bestimmung und Seinsweise des gottebenbildlich geschaffenen Menschen, zum Göttlichen erhoben zu werden. „Und weil das göttliche Gut die menschliche Fähigkeit unendlich übersteigt, bedarf der Mensch zur Erlangung jenes Gutes einer übernatürlichen Hilfe, was durch jene Huld der Gnade geschieht".[25]

Mit dieser Konzeption der Personalität des charismatischen Lehrers, der durch göttliche Gnade selbst belehrt und zu prophetischer Erkenntnis entrückt wird, hat Thomas zwar den transzendenten, aber noch nicht den transitiv-sozialen Charakter des Charisma behandelt. Die Invention und Auslegung der übernatürlichen Erkenntnis vollzieht der charismatische Lehrer ausschließlich in der durch die Transzendenz inspirierten Innerlichkeit seines Geistes. Erst durch die Hinzufügung des sprachlichen Ausdrucks *(locutio)* kann diese auch eine Wirksamkeit auf der Ebene zwischenmenschlicher Interpersonalität entfalten.

licher Kraft *(ex virtute divina)*, sondern auch durch krankhafte körperliche Veränderungen *(ex causa corporali)* oder sogar durch dämonische Einflüsse *(ex virtute daemonum)* bewirkt werden (S. th. II–II 175, 1).

[22] S. th. II–II 175, 1.

[23] S. th. II–II 175, 2 ad 1.

[24] Einerseits gilt zwar: „ad ea quae excedunt liberi arbitrii facultatem, necesse est quod homo quadam fortiori operatione elevetur" (S. th. II–II 175, 1 ad 3); andererseits aber auch: „... quod ad modum et dignitatem hominis pertinet quod ad divina elevatur ..." (S. th. II–II 175, 1 ad 2).

[25] S. th. II–II 175, 1 ad 2.

3. *Rede als Gnadengabe: Die Stiftung charismatischer Interpersonalität*

Die charismatische Kompetenz der sprachlichen Mitteilung unterscheidet Thomas einerseits in die grammatische Universalkompetenz der 'Sprachengabe' und andererseits in die rhetorikanaloge 'Gabe der Rede', zu der die 'Rede der Weisheit' und die 'Rede der Wissenschaft' gehören.[26]

3.1 Die Sprachengabe

Apg 2, 4: ‚Alle wurden mit dem Heiligen Geist erfüllt und begannen in mannigfaltigen Sprachen zu reden, wie der Heilige Geist es ihnen eingab.'[27]

Auch in der Behandlung des Pfingstereignisses und des damit verbundenen Charisma der Sprachengabe zeigt sich die für Thomas typische Haltung von Anerkennung und Rationalisierung des Übernatürlichen. Einerseits beläßt er dem Pfingstereignis seinen pneumatischen Wundercharakter und lehnt die These, es handele sich bloß um eine kollektive Täuschung, ab. Nach Thomas ist die plötzliche Fremdsprachenkompetenz der Jünger Christi tatsächlich durch den Heiligen Geist bewirkt und eine freigewährte Gnadengabe. Ihre heilsgeschichtliche Bedeutung besteht darin, daß aufgrund ihrer Universalität „die Sprachengabe ein Heilmittel"[28] gegen die Entfremdung der Menschheit seit der Sprachverwirrung beim Turmbau zu Babel darstellt. Auf der anderen Seite rationalisiert Thomas das Wunder der universalen Dolmetschergabe, in dem er sie erstens zwischenmenschlichen Lehr- und Lernprozessen analogisiert, sie zweitens aus missionarischen Zwecksetzungen erklärt und drittens auf eine rein grammatische Übersetzungskompetenz einschränkt:

1. Die Sprachengabe wird als Resultat göttlicher Unterrichtung gesehen. Sie ist demnach eine Wissenschaft aller Sprachen, in der „sowohl Paulus wie auch die anderen Apostel in den Sprachen aller Völker hinreichend von Gott unterrichtet"[29] worden sind.

2. Der ausschließliche Zweck der Sprachengabe ist die universale Verkündigung und Mission: „Die ersten Jünger Christi sind von Ihm dazu erwählt worden, die ganze Welt zu durchwandern und Seinen Glauben überall zu predigen, nach Mt 28, 19 ‚Gehet hin und lehret alle Völker'. Es war jedoch nicht

---

[26] S. th. II–II 176 f.

[27] „... dicitur Act. 2, quod ‚repleti sunt omnes Spiritu Sancto, et coeperunt loqui variis linguis, prout Spiritus Sanctus dabat eloqui illis'" (S. th. II–II 176, 1).

[28] Ebd.

[29] S. th. II–II 176, 1 ad 1.

angemessen, daß solche, die zur Unterrichtung anderer ausgesandt wurden,
der Unterrichtung durch andere bedurften, wie sie zu anderen sprechen oder
wie sie das von anderen Gesprochene verstehen sollten."[30]

3. Dieser göttliche Unterricht ist limitiert und bezieht sich nur auf die zur
Verkündigung der Lehre des Glaubens notwendigen Kenntnisse. Deshalb enthält die Sprachengabe ein universelles grammatisches Wissen, aber bezieht
sich nicht auf die stilistisch-rhetorische Sprachgebung – auf die Zierde und
Eleganz des Ausdrucks[31] –, die lediglich als unwesentliche Beigabe menschlicher Kunst angesehen wird. Zum Zweck menschheitlicher Verkündigung des
Glaubens scheint nach Thomas' Meinung, der schmucklose, aber jeweils
grammatikalisch richtige sprachliche Ausdruck vollständig auszureichen. Die
Sprachengabe wird deshalb konsequent rhetorikrepugnant bestimmt und auf
die grammatische Übersetzungskompetenz der Verkündigungsrede eingeschränkt.

Allerdings gilt nach Thomas auch für die charismatische Rede, daß ihr
sprachlicher Ausdruck nur ein äußeres Zeichen für die vom Hörer innerlich
nachzuvollziehenden Erkenntnisgehalte darstellt.[32] Das Sprachzeichen, los-
gelöst aus seinem spirituellen Sinn, vermag auch auf dem Gebiet des Charismatischen keine interpersonale Beziehung zu stiften. Dies zeigt Thomas am
Beispiel des Zungenredens, der Glossolalie, die sich ergibt, wenn die Sprachengabe *per se* und damit isoliert von den in der prophetischen Erkenntnis
gewonnenen spirituellen Sinngehalten auftritt. Denn während die Prophetie
die Erkenntnis der Dinge enthält, bezieht sich die Sprachengabe lediglich auf
die Erkenntnis der Worte.[33] Ohne das prophetische Charisma der 'Auslegung
der Rede' bleibt sie für die Hörer ein bloßes Lallen unverständlicher Aus-
drücke. Diese Glossolalie vermag zum inneren Aufbau der kirchlichen Gemeinde nichts beizutragen und belastet sie zusätzlich durch ein ungünstiges
äußeres Erscheinungsbild: Die Ungläubigen würden „die in Sprachen Re-
denden für wahnsinnig halten".[34]

---

[30] S. th. II–II 176, 1.

[31] „... ad ornatum et elegantiam locutionis ..." (S. th. II–II 176, 1 ad 1).

[32] Mit Augustinus (›De magistro‹) ist sich Thomas einig, daß auch in der gewöhnlichen, nichtcharismatischen Rede und Lehre die schriftlichen oder mündlichen Sprachzeichen lediglich äußere Mittel sind, um die innere intellektuelle Erkenntnistätigkeit
des Hörenden in Gang zu setzen und zu leiten. So „gelangt dann auch die im Lernenden
als Natur angelegte Vernunft durch solcherart gleichsam als Mittel und Werkzeug be-
wirkte Zeichenvermittlung zur Erkenntnis von noch Unbekanntem" (Ver. 11, 1 zitiert
nach: Th. v. Aquin, Über den Lehrer/De magistro, hrsg. v. G. Jüssen, G. Krieger, J. H. J.
Schneider, Hamburg 1988).

[33] S. th. II–II 176, 2.

[34] Ebd.

3.2 Die Rednergabe

Daß auch die 'Gabe der Rede' zur Ausstattung des vollkommenen Lehrers und Predigers gehört, beruht zunächst ebenfalls auf der sprachlichen Vermitteltheit jeder zwischenmenschlichen Verständigung. „Die Erkenntnis aber, die jemand von Gott empfängt, kann nur durch Vermittlung der Rede zum Nutzen anderer verwendet werden."[35] Die spezifische Notwendigkeit charismatischer Rede, die über die universelle grammatische Richtigkeit eine ihr eigene hörerbezogene Wirksamkeit aufweist, liegt in ihrer unverzichtbaren Bedeutung für die Kirche. „Und weil der Heilige Geist in nichts versagt, was den Nutzen der Kirche betrifft, sorgt Er für die Glieder der Kirche auch bezüglich der Rede, nicht nur so, daß jemand von verschiedenen Menschen verstanden werden kann – was zur Sprachengabe gehört –, sondern auch so, daß er wirksam spreche – was zur Gnade der 'Rede' gehört."[36] Die charismatische Interpersonalität der kirchlichen Gemeinschaft gründet nicht nur in richtiger und verständlicher, sondern darüber hinausgehend in glaubenerweckender und überzeugender Rede. Ohne die persuasive Qualität der Predigt und theologischen Lehre – der 'Rede der Weisheit und Wissenschaft' – wäre die Kirche als religiöse Sozialität nicht möglich. Die übernatürliche Gabe der 'Rede' ist aber nicht gleichzusetzen mit der Redekunst *(ars rhetorica)*, die „durch die natürliche Vernunft gefunden worden (ist), kraft der jemand in der Lage ist, ,so zu reden, daß er lehrt, daß er erfreut, daß er (den Willen) umstimmt'".[37] Über die Rezeption von Augustinus *De doctrina christiana* bezieht sich Thomas hier auf die antike Tradition der klassischen Rhetorik, aber um sie zugleich pneumatologisch zu überbieten und zu relativieren.

Zunächst beschreibt auch Thomas die persuasive Wirkung der Redegabe gemäß der klassischen Wirktrias des Belehrens *(docere)*, Erfreuens *(delectare)* und Bewegens *(movere* bzw. *flectere)*.[38] Das charismatische Wort dient erstens im Sinne des Lehrens zur Unterrichtung des Verstandes, zweitens im Sinne des Erfreuens zur Anregung des Gemütes und drittens im Sinne der Willensbeeinflussung so, daß der Hörer das Wort Gottes liebt und es zu erfüllen sucht.[39]

---

[35] S. th. II–II 177, 1.

[36] Ebd.

[37] „Sed ex naturali ratione adinventa est ars rhetorica, per quam aliquis potest, ,sic dicere ut doceat, ut delectet, ut flectat': sicut Augustinus dicit in 4 de Doctrina Christiana (c. 12)" (ebd.).

[38] „Erit igitur eloquens … is, qui … ita dicet, ut probet, ut delectet, ut flectat. Probare necessitatis est, delectare suavitatis, flectere victoriae" (Cicero, Or. 21, 69).

[39] S. th. II–II 177, 1. Die in diesem Zusammenhang gemachte Ermahnung, der Prediger dürfe das Erfreuen „nicht um seines Vorteils willen suchen, sondern nur, damit die Menschen zum Hören des Wortes Gottes angezogen werden", bezeugt, wie sehr sich Thomas des möglichen Mißbrauches der belehrenden Rede bewußt ist.

Die charismatische Rede soll demnach ähnlich wie die menschliche Redekunst nicht nur informieren, sondern – im Sinne des Aufbaus der kirchlichen
Gemeinschaft – den ganzen Menschen formen. Der grundlegend soziale Sinn
der persuasiven Rede liegt nicht nur in der Verständigung, sondern in der darüber hinausreichenden gemeinschaftlichen Gefühls- und Willensbildung, die
auf die Stiftung einer religiösen Lebensform abzielt.

Der prinzipielle Unterschied, der die charismatische Redetheorie des
Thomas von der antiken Rhetoriktheorie trennt, besteht aber in ihrer theolo-
gisch-pneumatologischen Fundierung. Die Lehre von der Rede als Gnadengabe durchbricht das für die klassische Rhetorik geltende *ars-natura*-
Theorem radikal.[40] Die persuasive Kraft der charismatischen Rede entsteht
nämlich weder aus der Naturbegabung *(natura)* noch ihrer methodischen
Steigerung durch die menschliche Kunst *(ars)*, sondern entspringt als übernatürliche und unverfügbare Gnadengabe dem Heiligen Geist. In dieser Herkunft aus dem transzendenten Pneuma gründet ihre Erhabenheit und Überlegenheit über Naturbegabung und Redekunst. „Wie Gott bisweilen auf dem
Wege eines Wunders das, was auch die Natur bewirken kann, auf erhabenere
Weise wirkt, so bewirkt auch der Heilige Geist auf dem Wege der Gnade das,
was die Kunst auf niedere Weise bewirken kann, auf erhabenere Weise."[41] Die
religiöse Interpersonalität, die durch die charismatische Rede vermittelt wird,
unterscheidet sich damit deutlich von Formen säkular konstituierter Intersubjektivität. Ihre Verbindlichkeit beruht z. B. nicht auf Diskurs und gegenseitiger
Anerkennung autonomer Subjekte, sondern in der Macht der Transzendenz,
die sich im charismatischen Lehrer und seiner persuasiven Rede manifestiert.

Allerdings zieht Thomas selbst für die charismatische Rede, bei der „der
Heilige Geist die Sprache des Menschen wie ein Werkzeug benutzt"[42], eine
klare Grenze der persuasiven Beeinflußbarkeit. Trotz seiner über Augustinus
vermittelten rhetorikaffinen Theorieanleihen ist Thomas von der ciceronia-
nischen Vorstellung eines oratorischen Redesieges weit entfernt. Das Verständnis des spirituellen Sinnes des charismatischen Wortes bleibt jederzeit
auch hier eine innere Angelegenheit des intellektuellen Mitvollzuges des Hö-
rers. „Darum sagt Gregor in der Pfingsthomilie: ,Wenn der Heilige Geist nicht
die Herzen der Hörer erfüllt, klingt die Stimme der Lehrenden umsonst an die
Ohren des Leibes.'"[43]

---

[40] Zum *ars-natura*-Verhältnis in der klassischen Rhetoriktheorie s. M. F. Quinti-
lianus, Inst. or., 2, 19.
[41] S. th. II–II 177, 1 ad 1.
[42] S. th. II–II 177, 1.
[43] Ebd.

4. Das hierarchische Gefüge charismatischer Interpersonalität

Das auf den ersten Blick vielleicht abgelegen erscheinende Thema der Charismatik bei Thomas gibt aufschlußreiche Hinweise für die Konstitution und das Selbstverständnis religiöser Gemeinschaften. Diese sind aus thomanischer Sicht ermöglicht durch persuasive Rede des charismatischen Lehrers und Predigers, die in prophetischer Erkenntnis gründet und sich im öffentlichen Raum der Kirche realisiert. Vor diesem Hintergrund ist es konsequent, daß sich die Kirche – im Gegensatz zu egalitären Strukturen, wie etwa der liberalen Demokratie – hierarchisch organisiert: „Lehren aber und Überzeugen als öffentliches Amt in der Kirche ist nicht Sache der Untergebenen, sondern der Vorgesetzten."[44] Von Thomas her gedacht entspricht die hierarchische Struktur 'Kirche' durchaus den charismatischen Fundierungsverhältnissen religiöser Interpersonalität, deren tragende Beziehungsgefüge vertikaler Transzendenz und horizontaler Sozialität durch Verhältnisse einseitiger Ermöglichung und konstitutiver Überordnung gekennzeichnet sind:

1. Die prophetische Erkenntnis wird durch die einseitige und gewaltsame Erhebung des menschlichen Geistes zur übernatürlichen Erkenntnis ermöglicht. Als freigewährte Gnadengabe ist das prophetische Wissen exklusiv und gerade nicht von jedermann auffindbar.

2. Deshalb bleibt die geschichtliche Existenz der religiösen Sozialität von der persuasiven Rede des charismatischen Lehrers und Predigers abhängig. Nur seine Person ermöglicht nämlich die allgemeine Mitteilung des prophetischen Wissens und die Entstehung der religiösen Lebensgemeinschaft.

3. Die hierarchische Ordnung gnadenhaft gestifteter religiöser Gemeinschaften versteht sich somit nicht als intersubjektive Konvention, sondern ist adäquater Ausdruck einseitiger, aber für sie konstitutiver Ermöglichungsverhältnisse. Die ontologische Überlegenheit der Transzendenz spiegelt sich dabei in den hierarchischen Beziehungen gnadenhaft gestifteter zwischenmenschlicher Sozialität. Im Unterschied zu den egalitären Ordnungen säkularer Politik und Wissenschaft kann sich die hierarchische Ordnung religiöser Gemeinschaften mit dem Hinweis auf ihre besondere charismatische Begründetheit legitimieren.

Dennoch ist der Gegensatz zwischen religiöser und säkularer Ordnung aus thomanischer Sicht nicht absolut. Die charismatische Interpersonalität enthält zweifellos durch ihren Transzendenzbezug notwendig ein heteronomes Moment, das mit absoluten Autonomieansprüchen menschlicher Subjektivität unvereinbar ist. Aber als Gnadenverhältnis beruht sie auf einer heilsamen Heteronomie, die zwar die autonomen Akte menschlicher Subjektivität zeitweilig unterbricht, aber nur, um sie zu höheren Selbstvollzügen zu

---

[44] S. th. II–II 177, 2.

befreien. Von daher wird die durchgängige Konzentrierung der thomanischen Charismatik auf die Gestalt des Lehrers verständlich. Das Lehrer-Schüler-Verhältnis ist *das* Paradigma rational vertretbarer Heteronomie, die den Menschen nicht von seiner Vernunftnatur entfremdet, sondern zu ihr befreit. Dabei kann nicht bestritten werden, daß in vielen Dingen „die Vernunft als Naturanlage aus eigener Kraft zur Erkenntnis des Unbekannten gelangt".[45] Aber gerade in Hinsicht auf die übernatürliche Erkenntnis der göttlichen Dinge sind die Menschen anscheinend auf einen Lehrer angewiesen, der „von außen der als Natur wirkenden Vernunft zu Hilfe kommt".[46]

---

[45] Ver. 11, 1.
[46] Ebd.

II.
SINN UND EXISTENZERFÜLLUNG

TODESERFAHRUNG, SEINSERFAHRUNG, SINNERFAHRUNG

Von Karl Albert

Unter den zahlreichen Schriften, die Georg Scherer über die verschiedensten philosophischer Betrachtung zugänglichen Themen verfaßt hat, sind mir zwei besonders wertvoll geworden: *Das Problem des Todes in der Philosophie*[1] und *Sinnerfahrung und Unsterblichkeit*[2]. In beiden Schriften geht es um zentrale philosophische Fragen: um das Problem des Todes und um die Sinnfrage. Beide Themen stehen zueinander in Beziehung, und zwar, wie mir scheint, durch den für alles ernsthafte Philosophieren grundlegenden Gedanken des Seins. Tod, Sein und Sinn aber sind der Erfahrung offen. Die folgenden Betrachtungen versuchen, zwischen der Todeserfahrung und der Sinnerfahrung einen Zusammenhang herzustellen, indem wir den Gedanken der Erfahrung des Seins, den Gedanken der „ontologischen Erfahrung"[3] berücksichtigen.

Der Begriff der Erfahrung wird dabei einerseits in einem weiten, andererseits in einem ursprünglichen Sinne genommen. Wir gehen nämlich mit unserem Begriff der Erfahrung weit über den Kantschen Erfahrungsbegriff hinaus und verstehen Erfahrung in dem erweiterten Sinne, in welchem im Mittelalter die mystische Erkenntnis als *cognitio dei experimentalis* beschrieben wurde und in welchem 1902 William James von der 'Vielfalt religiöser Erfahrung' sprach und dabei ebenfalls die Mystik in seine Darstellung einbezogen hatte. Sodann liegt im Begriff der Erfahrung aber auch der Gedanke des Zurücklegens eines Weges, und zwar eines zu einem Ziel führenden Weges. Um zur Erfahrung des Todes zu gelangen, müssen wir aus der alltäglichen, den Tod nicht ernst nehmenden oder sogar verdrängenden Betrach-

---

[1] Darmstadt 1979. Zum Thema vgl. ferner J. Choron: Der Tod im abendländischen Denken. Stuttgart 1967; E. Fink: Metaphysik und Tod. Freiburg i. Br. – München 1969; F. Wiplinger: Der personal verstandene Tod. Todeserfahrung als Selbsterfahrung. Freiburg i. Br. – München 1970; R. Berlinger: Das Nichts und der Tod. Frankfurt a. M. 1972; P. L. Landsberg: Die Erfahrung des Todes. Frankfurt a. M. 1973.

[2] Darmstadt 1985. Zum Thema vgl. besonders J. B. Lotz: Vom Sein zum Sinn. Entwurf einer ontologischen Prinzipienlehre. In: Sinn und Sein. Hrsg. von R. Wisser. Tübingen 1960, S. 293–310. Auch in: J. B. Lotz: Der Mensch im Sein. Freiburg i. Br. 1967, S. 320–339. Nachtrag S. 340–344.

[3] Vgl. dazu meine Abhandlung: Die ontologische Erfahrung. Ratingen 1974. Jetzt auch in: Philosophie der Philosophie. St. Augustin 1988, S. 7–207.

tungsweise heraustreten und in ein tiefergehendes Denken eintreten. Entsprechendes gilt auch, wie sich noch ergeben wird, für die Erfahrung des Seins und die Sinnerfahrung.

I

Beginnen wir aber mit der Erfahrung des Todes. Genaugenommen können wir allerdings keine Todeserfahrung haben, denn wenn der Tod uns tatsächlich erreicht, so haben wir keine Erfahrung mehr. Was vorübergehend klinisch Tote nach ihrer Rückkehr ins Leben berichten, ist keine Todeserfahrung, sondern Sterbeerfahrung. Unter Todeserfahrung verstehen wir in unserem Zusammenhang eine abgeleitete Form der erfahrungsmäßigen Begegnung mit dem Tod: den Gedanken, daß wir einmal nicht mehr sein werden, unseren Tod gewissermaßen vorwegnehmend. Es ist freilich nicht leicht, sich eine solche gedankliche Vorwegnahme des eigenen Todes in reiner Form bewußtzumachen. Der Gedanke an den eigenen Tod ist fast immer vermischt mit dem Wissen, das wir von anderswoher haben, vermischt mit unserem religiösen Glauben, vermischt mit bestimmten Erlebnissen etwa beim Tod eines geliebten Menschen, vermischt aber auch mit unserem körperlichen Empfinden z. B. im Bewußtsein des Älterwerdens.

In reiner Form aber erscheint uns die Erfahrung des Todes als Untergang unseres Ich, als Verschwinden unseres eigenständigen, unverwechselbaren, unvertauschbaren Ich im Nicht-mehr-Sein, im Nichts. Diese Erfahrung ist zunächst bedrückend, quälend, bereitet Angst. Das hat nichts damit zu tun, daß wir uns auch vor den Schmerzen fürchten können, die gewöhnlich mit dem Sterben bis zum Eintritt des Todes verbunden sind. Mit Recht hat deshalb Schopenhauer die Furcht vor Todesschmerzen von der Todesfurcht unterschieden: „Wir unterscheiden also Schmerz und Tod als zwei ganz verschiedene Übel: was wir im Tode fürchten, ist in der Tat der Untergang des Individuums, als welcher er sich unverhohlen kundgibt, und da das Individuum der Wille zum Leben selbst in einer einzelnen Objektivation ist, sträubt sich sein ganzes Wesen gegen den Tod" (WW II 334 Hübscher). Der Untergang des Individuums aber ist das Verschwinden im Nichts, gegen das unser Ich sich sträubt und aufbäumt.[4]

Der in einem nationalsozialistischen Konzentrationslager umgekommene Paul Ludwig Landsberg, Schüler und Freund Max Schelers, hat den Zusammenhang von Todeserfahrung und Icherfahrung als Erfahrung des Nichts be-

---

[4] Dies hat Eugène Ionesco eindrucksvoll ausgeführt in seinem Drama ›Der König stirbt‹ (Neuwied 1964). Vgl. dazu auch K. Albert: Philosophie der modernen Kunst. Meisenheim 1968, S. 75 ff. Jetzt auch in K. Albert: Philosophie der Kunst. St. Augustin 1989, S. 224 ff.

schrieben: „Indem der Mensch seine Frage über das empirische Leben hinaus erweitert, indem er fragend hinausschreitet ins Unbekannte des Jenseits, findet er sich in einem Dunkel, in dem er sich wie von einem Nichts bedroht fühlt und sich nicht zu bergen weiß."[5] Es gibt zwar kein Nichts, weshalb Landsberg ja auch nur von der Bedrohung „wie von einem Nichts" spricht, doch verbindet sich das Todesbewußtsein mit der Erfahrung des Nichts in der inneren Erfahrung des Menschen. „Zwar ist es richtig, daß ihm gerade im Todesbewußtsein und der besonderen geistigen Angst, die zu diesem Todesbewußtsein gehört und die von der vitalen Todesfurcht scharf abzugrenzen ist, etwas begegnet, das man in gewissem Sinne 'das Nichts' nennen kann. Aber dieses Nichts ist keineswegs ein 'omnino nihil' oder ein schlichtes Nichtsein. Dieses Nichts ist vielmehr gerade der Abgrund, in dem der Stiftungszusammenhang des spezifischen persönlichen Lebens zu enden und damit sein Sinn zu verschwinden scheint."[6] Die im Todesbewußtsein auftretende Angst ist die Angst des Ich, des Individuums vor dem Verschwinden im Abgrund des Nichts.

Wer diese Angst, diesen Blick in den Abgrund auszuhalten vermag, dem kann sich plötzlich die ganz andere Seite der Todeserfahrung zeigen: das Nichts enthüllt sich dann als das Sein, die Begegnung mit dem Nichts schlägt um in die Begegnung mit dem Sein. In Hermann Brochs Roman *Der Tod des Vergil* wird dieser Umschlag des Todesbewußtseins in das Seinsbewußtsein zum Umschlag des 'Wissens um den Tod' in das 'Bewußtsein des Unendlichen', des Alls des Seienden. Broch schildert in seinem Roman ein Gespräch des Kaisers Augustus mit dem sterbenden Vergil über das Wesen der Dichtung. Der Dichter hebt dazu hervor, das Ziel seiner Dichtung sei die Erkenntnis nicht des Lebens, sondern des Todes gewesen. Denn: „Nur derjenige nämlich, der vermöge seines Wissens um den Tod sich des Unendlichen bewußt ist, nur der vermag die Schöpfung festzuhalten, das Einzelding in der Schöpfung, wie die Schöpfung in jedem Einzelding."[7] Mit dem Begriff der Schöpfung ist hier das Sein schlechthin gemeint, mit dem Begriff des Einzeldinges das einzelne Seiende. Das Sein aber ist unendlich und eines. In ihm ist alles Seiende in seiner Vielheit und Einzelhaftigkeit enthalten. Deshalb kann Broch die Seinserkenntnis eine 'All-Erkenntnis' nennen. Durch diese All-Erkenntnis, „deren Gnade jedem eingeboren ist, der menschliches Antlitz trägt"[8], kann die Angst vor dem Tod überwunden werden, weil ja die All-Erkenntnis die Ichhaftigkeit als die Ursache der Angst überwindet: „jene Angst, die zum Schweigen gebracht wird, wenn der Mensch den Zusammenhang seiner erschreckenden

---

[5] Einführung in die philosophische Anthropologie. Frankfurt a. M. 1934, S. 65 (Erstauflage Luzern 1937).
[6] A. a. O., S. 62.
[7] Zürich 1958, S. 357.
[8] A. a. O., S. 408.

tödlichen Endlichkeit mit der Unendlichkeit des Kosmos zu ahnen beginnt".[9]
Der Übergang von der Erfahrung des Nichts zur Erfahrung der Allheit des Sei-
enden und damit zur Erfahrung des Seins erscheint in der Beschreibung des
Sterbens Vergils in dem Satz: „Das Nichts erfüllte die Leere und ward zum
All."[10]

Was Broch in poetischer Form ausspricht, drückt Arnold Metzger in der
Sprache der Philosophie aus: „In der Antizipation der Sterbestunde, wenn das
Leben in das Dunkel starrt, leuchtet es in seinem reinsten Licht. Der antizipa-
torische Glanz – der Glanz in der Situation der Grenze des Daseins – ist der
hellste. Es ist der Glanz des Ganzen – des Seins als Ganzen des Seienden –, der
in der Grenze des versinkenden Lebens liegt."[11] Hier kommt die Paradoxie
des Zusammenhangs von Nichts und Sein und der Umschlag vom Nichts zum
Sein sehr klar zum Vorschein. So kann man mit Metzger auch sagen: „An der
Grenze des Versinkens in das Nicht-mehr-Sein erfassen wir das Sein."[12]

II

Die Todeserfahrung verbindet sich also mit der Erfahrung des Seins, weil
wir das Sein immer in Verbindung mit der Möglichkeit des Nichts erfahren.
Diesen Zusammenhang haben nach dem Vorgang von Schopenhauer besonders Scheler und Heidegger hervorgehoben.

In einer Überlegung über das Verhältnis von Metaphysik und Religion geht
Scheler auf das Problem des Staunens als Ursprung der Metaphysik ein:
„Die Quelle, die alle Beschäftigung mit der Metaphysik speist, ist die Verwunderung, daß überhaupt Etwas ist und nicht lieber Nichts" (GW V 134).
Der Gedanke des Nichts ist dabei der grundlegende, der die Bewegung zum
Seinsgedanken in Gang setzt. Erst auf dem Umweg über das Nichts wird
das Sein erkannt. Dieser Erkenntnisweg ist notwendig. Denn: „Wer gleichsam nicht in den Abgrund des absoluten Nichts geschaut hat, der wird auch
die eminente Positivität des Inhalts der Einsicht, daß überhaupt Etwas ist
und nicht lieber Nichts, vollständig übersehen" (GW V 93 f.). Noch deutlicher
kommt das zum Ausdruck am Schluß der späten Schrift *Die Stellung des Menschen im Kosmos*, wo es heißt: „Hat sich der Mensch ... einmal aus der
gesamten Natur herausgestellt und sie zu seinem 'Gegenstande' gemacht,
so muß er sich gleichsam erschauernd umwenden und fragen: ‚Wo stehe
ich denn selbst? Was ist denn mein Standort?' ... So schaut er gleichsam bei

---

[9] Dichten und Erkennen. Zürich 1955, S. 231.
[10] Der Tod des Vergil, S. 532.
[11] Freiheit und Tod. Tübingen 1955, S. 6.
[12] A. a. O., S. 3.

dieser Umwendung hinein ins Nichts: er entdeckt in diesem Blicke gleichsam
die Möglichkeit des 'absoluten Nichts' – und dies treibt ihn weiter zu der
Frage: ‚Warum ist überhaupt eine Welt, warum und wieso bin ich überhaupt?'" (GW IX 67 f.).

Den Blick ins Nichts tut der Mensch nach Scheler 'gleichsam erschauernd',
also in erhöhter Emotionalität. Das emotionale Moment tritt dann noch deutlicher bei Heidegger hervor. An die Stelle des Staunens setzt er in seiner Freiburger Antrittsvorlesung nämlich die Angst. Die Angst ist nicht nur eines der
stärksten Gefühle oder, wie Heidegger sagt, 'Befindlichkeiten' oder 'Stimmungen', sondern sie ist auch eine 'Grundstimmung', die zwar selten ins Bewußtsein eintritt, jedoch immer bereit ist, ans Licht zu kommen: „Die ursprüngliche Angst kann jeden Augenblick im Dasein erwachen".[13] In der
Grundstimmung der Angst offenbart sich uns das Nichts. Es enthüllt sich in
der Angst. Die Angst vor dem Nichts aber ist die Angst vor dem Entgleiten des
Seienden. Indem uns das Seiende als in der Gefahr des Entgleitens stehend in
der Angst begegnet, begegnet uns nicht nur das Nichts, sondern auch das Seiende: „In der hellen Nacht des Nichts der Angst ersteht erst die ursprüngliche
Offenheit des Seienden als eines solchen: daß es Seiendes ist – und nicht
Nichts."[14] Und wie Scheler betont auch Heidegger das Vorhergehen der Erfahrung des Nichts: „Dieses von uns in der Rede dazugesagte ‚und nicht
Nichts' ist aber keine nachgetragene Erklärung, sondern die vorgängige Ermöglichung der Offenbarkeit von Seiendem überhaupt."[15] Im 1943 erstmals
veröffentlichten Nachwort zur Antrittsvorlesung hat Heidegger sowohl an
der Bedeutung des Nichts als auch an seiner Interpretation der Angst festge-
halten. Der Vorlesung komme es darauf an, daß der Mensch „das Sein im
Nichts erfahren lerne".[16] Und: „Eine Erfahrung des Seins als des Anderen zu
allem Seienden verschenkt die Angst."[17]

Der von Heidegger in dieser Phase seiner denkerischen Entwicklung be-
nutzte Begriff der Erfahrung des Seins ist in der philosophischen Diskussion
nach dem zweiten Weltkrieg mehrfach wiederaufgenommen worden, verstärkt wohl auch durch den philosophischen Ansatz Louis Lavelles bei der 'expérience de l'être', der 'expérience métaphysique' oder 'expérience ontolo-
gique'.[18] Nach meiner Auffassung ist die Erörterung dieser Thematik zu früh
abgebrochen worden. Der Gedanke der Erfahrung des Seins ist noch längst

---

[13] Was ist Metaphysik? 5. Aufl. Frankfurt a. M. 1949, S. 34.
[14] A. a. O., S. 31.
[15] A. a. O.
[16] A. a. O., S. 42.
[17] A. a. O., S. 41.
[18] Vgl. dazu auch meine Schrift: Zur Metaphysik Lavelles. Bonn 1975, bes.
S. 25–41.

nicht zu Ende gedacht.[19] Ich mache hier nur einige Andeutungen im Hinblick auf unsere Frage nach dem Verhältnis von Todeserfahrung und Sinnerfahrung.

Bisher haben wir die Erfahrung des Seins als Erfahrung des Gegensatzes zum Nichts kennengelernt. Charakteristisch für diese Erfahrung ist ferner, daß sie als Erfahrung der Einheit alles Seienden im Sein erscheint, und dies nicht zuletzt auch hinsichtlich der Todeserfahrung. Diese ist ja zunächst wesentlich bestimmt durch die Angst des Ich vor dem Nicht-mehr-Sein als Ich, vor der Aufhebung seiner Einzelhaftigkeit und Einzigartigkeit. Die Angst des Ich wird aber zum Schweigen gebracht, wenn die Erkenntnis der Einheit von Ich und Sein, des einzelnen Ich und dem All des Seins erreicht, erfahren wird. So beschreibt Hölderlin im *Hyperion* das Einssein mit allem als die Weise „in seliger Selbstvergessenheit wiederzukehren ins All der Natur". Und darin liegt nun ein Hinausschreiten über das Bewußtsein des Sterbenmüssens: „das eherne Schicksal entsagt der Herrschaft, und aus dem Bunde der Wesen schwindet der Tod, und Unzertrennlichkeit und ewige Jugend beseligt, verschönert die Welt".[20] Die Erfahrung der Einheit des Seins läßt das Ich zurücktreten, das Selbst vergessen, den Tod schwinden, die Einzelhaftigkeit in Unzertrennlichkeit aufgehen.

Ein ähnlicher Gedanke findet sich bei der frühverstorbenen, philosophisch der Mystik nahestehenden, französischen Denkerin Simone Weil. Die Erfahrung der Einheit des Seienden erscheint bei ihr als Erfahrung der Einheit von Ich und Universum. Das wird erreicht durch Erfüllung der Forderung: „Sich allem verhaften. – Durch jede Empfindung hindurch das All empfinden."[21] Es gibt demnach zweierlei Empfindungen: die vielen einzelnen Empfindungen und die Empfindung des Alls, die hinter jeder einzelhaften Empfindung gefunden werden kann. In der Empfindung des Alls ist das Ich vom All nicht mehr getrennt. Solange wir leben, können wir zwar die Ichhaftigkeit unseres Bewußtseins nicht gänzlich zum Erlöschen bringen. In allem was wir erfahren, erfahren wir unser Ich mit. Wir erfahren aber in diesem Ich zugleich das Sein in seinem universalen Charakter, in seiner Einheit und Ganzheit. Wenn so Ich und All vereinst sind, dann verliert sich die Angst vor dem Tode. Mit der Überwindung der Enge des isolierten Ich hat der Tod keine Schrecken mehr. Simone Weil erklärt das folgendermaßen: „Ich mag sterben, das Universum dauert fort. Das ist kein Trost für mich, wenn ich etwas anderes bin als das Universum. Ist jedoch das Universum für mich wie ein anderer Leib, dann hört mein Tod auf, für mich von größerer Bedeutung zu sein als der eines Unbekannten."[22]

[19] Vgl. aber meine ›Philosophischen Studien‹ (Bd. I–V). Ferner E. Jain: Erfahrung des Seins. St. Augustin 1986.
[20] Sämtliche Werke III 9 (F. Beißner).
[21] Schwerkraft und Gnade. München 1952.
[22] A. a. O., S. 240.

Erfahrung des Seins ist zudem auch immer Erfahrung der Gegenwart zwischen dem Noch-nicht-Sein der Zukunft und dem Nicht-mehr-Sein der Vergangenheit. Gerade vom Augenblick des Sterbens wird vermutet, in ihm liege eine Gegenwartserfahrung. Bei Louis Lavelle kommt das in dem Gedanken zum Ausdruck, das Sterben sei ein Eintritt in den Zustand reinen Anschauens, „in welchem das Ich das Gefühl der Abgesondertheit verliert und die Gegenwart des reinen Seins gewinnt".[23] In Hermann Brochs schon erwähntem Vergil-Roman wird der Übergang in den Tod sehr klar als Gegenwartsbeschreibung geschildert. Der sterbende Dichter blickt dort „in die Unendlichkeit des Hier und Jetzt ..., und das Brausen des Einst, entsinkend ins vergessen Unsichtbare, stieg auf zur Gegenwart".[24]

III

In einem Aufsatz von Hermann Krings lesen wir: „Sein ist durch und durch Sinn."[25] Das läßt sich auch auf die Erfahrung des Seins anwenden, denn Seinserfahrung zeigt sich uns zugleich als Sinnerfahrung. Eine Anmerkung bei Georg Scherer scheint mir in diesem Sinne verstanden werden zu dürfen. Scherer stellt zu einer Tagebucheintragung Ionescos fest, zwischen 'ontologischer Erfahrung' und Sinnerfahrung bestehe eine Parallelität.[26]

Was bedeutet die Aussage, das Sein sei durch und durch Sinn? Die Frage nach dem Sinn des Seins, die Heidegger zur Leitfrage von *Sein und Zeit* gemacht hat, ist ausgesprochen in der von Scheler und Heidegger, aber ebenso bereits bei Leibniz und Schelling gestellten Frage: 'Warum gibt es überhaupt Seiendes und nicht vielmehr nichts?' Diese Frage entspringt, wenn sie nicht nur einfach dahergesagt wird und damit auf der Ebene der bloßen Worte bleibt, der Erfahrung des Staunens oder der Verwunderung über das Sein.[27] Und mit dieser Frage beginnt, wie schon Platon (*Theaitet* 155 D) und in einem etwas anderen Sinne Aristoteles (*Met.* I c.2, 982 b 12–19) hervorgehoben haben, das philosophische Denken.

Das Staunen ist also zuletzt und zutiefst eine Erfahrung des Seins. In ihr wird das Sein als etwas in sich selbst Sinnhaftes erfahren. Es gibt nämlich keinen außerhalb des Seins gelegenen Sinn des Seins (was ja auch schon in

---

[23] La conscience de soi. Paris 1933 (Grasset), S. 139.

[24] Der Tod des Vergil, S. 465 f.

[25] Sinn und Ordnung. In: Philosophisches Jahrbuch 69 (1961/62), S. 19–33, hier: S. 32.

[26] Sinnerfahrung und Unsterblichkeit, S. 172, Anm. 3.

[27] Vgl. dazu den Artikel ›Staunen‹ von E. Jain im Historischen Wörterbuch der Philosophie, Bd. IX.

dem soeben angeführten Satz von Krings liegt). Was Meister Eckhart in einer Predigt über den Sinn des Lebens gesagt hat, kann man ebensogut auf das Sein beziehen: „Swer daz leben vrâgete tûsent jâr: ‚warumbe lebest dû?' solte ez antwürten, ez spraeche niht anders wan: ‚ich lebe darumbe daz ich lebe'. Daz ist dâ von, wan leben lebet ûzer sînem eigenen grunde und quillet ûzer sînem eigenen: dar umbe lebet ez âne warumbe in dem, daz ez sich selber lebet" (Pr. 5 b, DW I 91, 10–92, 3). Ebenso wie das Leben keinen außerhalb des Lebens zu suchenden Sinn hat, ebenso hat auch das Sein seinen Sinn in sich selbst. Es ist das Leben 'ohne Warum'. Und in dieser seiner eigenen Sinnhaltigkeit wird es auch erfahren. Sowie das Sein erfahren wird, wird auch sein Sinn erfahren. In der Frage nach dem Sinn des Seins liegt schon die Antwort auf die Frage.

Eugen Ionesco hat das in einer Tagebucheintragung ein wenig deutlicher gemacht. Er spricht dort von seinem Staunen über das eigene Sein und die Welt, welches Staunen er mit der Frage nach dem Warum des Seins verbindet: „Auf diese Frage kann es natürlich keine Antwort geben, aber ich erwarte auch keine Antwort ... Es ist das Licht, das diese Frage erzeugt, und die unlösbare Frage enthält doch auch eine Antwort: Sie ist dieses Licht selbst. Die Frage ‚wo bin ich? wer bin ich?' desorientiert mich, zersetzt die Dinge und läßt mich gleichzeitig wieder mit meinem tiefsten Selbst einswerden; es ist sehr wohl die Freude, die Gewißheit zu sein, ohne Ansehen der Tatsache, daß die Frage nicht beantwortet werden kann, da alle Antworten außerhalb der Frage, neben der Frage sind, da ja die Frage selber die Antwort ist, so als antwortete mein eigenes Echo."[28] Die Frage nach dem Sinn des im Staunen erfahrenen Seins „desorientiert" also zunächst, läßt das Ich nicht mehr als den Mittelpunkt alles Seienden verstehen und damit als den Punkt, von dem aus alles andere seinen Sinn zugewiesen erhält. Die Frage nach dem Sinn des erfahrenen Seins läßt die Ichhaftigkeit des Ich zurücktreten. Gleichzeitig aber werden nach Ionesco durch diese Frage die Dinge „zersetzt": d. h., die Einzelhaftigkeit der dem alltäglichen Denken begegnenden Dinge verliert sich gegenüber der Erfahrung ihrer Einheit im Sein. Schließlich die von Ionesco erwähnte Einswerdung des Ich mit seinem „tiefsten Selbst". Sie verweist auf die Schicht unseres Bewußtseins, in der uns das Sein in seiner Eigenständigkeit erscheint, in seiner Sinnhaftigkeit erfahren wird. Das Licht der Erfahrung des Seins erzeugt die Sinnfrage und beantwortet sie zugleich.

Die Sinnhaftigkeit der Erfahrung des Seins ergibt sich auch daraus, daß das Sein in ihr nicht als etwas Unverstandenes und Unverständliches erfahren wird, sondern als etwas unserem Verstehen wesenhaft Zugängliches, als etwas, das 'intelligibel' ist.[29] Es handelt sich hier freilich zunächst noch nicht um ein Verstehen, das schon in Begriffe und Worte umgesetzt wäre, sondern

---

[28] Heute und gestern, gestern und heute. Neuwied 1969, S. 195 f.
[29] Vgl. dazu die in Anm. 2 erwähnte Arbeit von J. B. Lotz.

um ein wortloses Verstehen. Man könnte es mit dem Verstehen eines Musik-
stückes vergleichen. So sagen wir etwa von einer Bachschen Fuge oder einer
Beethovenschen Sinfonie, wir hätten sie verstanden, ohne daß wir dieses Verstehen augenblicklich in Worte zu fassen imstande wären. Es ist aber die Aufgabe eines Musikinterpreten, sein Verständnis des betreffenden Werkes 'zur
Sprache zu bringen'. Ähnliches gilt für die Aufgabe des Philosophen, die allerdings noch erheblich schwerer zu bewältigen ist, denn die Musik ist immerhin
etwas bereits nach außen Projiziertes, während der Philosophierende nichts
anderes besitzt als das in seinem Bewußtsein, in seinem Inneren erfahrene
Sein. Dennoch ist er nicht gezwungen zu schweigen, wenngleich seine Worte
gegenüber der unausschöpfbaren Seinserfahrung nur „ein kümmerliches
Mittel, ja im Grunde eine metaphorische, ganz und gar ungetreue Übertra-
gung in eine verschiedene Sphäre und Sprache" sind, wie der junge Nietzsche
mit Recht betont hat.[30]

Im Verstehen des Seinssinnes liegt aber mehr als nur eine Weise des Erkennens. In der Erfahrung des Seins erfahren wir zugleich auch, daß das Sein Ziel
unseres Strebens und also etwas Gutes und zu Bejahendes ist. Erfahren des
Seins heißt Jasagen zum Sein. Paul Ricœur hat in diesem Zusammenhang von
der „Ur-Bejahung" des Seins gesprochen.[31] In der Erfahrung des Seins sagen
wir zwar nicht Ja zu jedem Seienden in seiner Einzelhaftigkeit, wohl aber zum
Sein schlechthin. Von dieser Erfahrung schreibt Thomas Merton, einer der wenigen Mystiker des 20. Jahrhunderts: „Alle Wirklichkeit, die es gibt, alles Gutsein alles Existierenden, können wir aber in einer einzigen metaphysischen Intuition des reinen Seins und des Guten an sich geistig kosten und genießen."[32]
In einer solchen „Intuition" des reinen Seins sagen wir wortlos – und womöglich in philosophisch erhöhter Gestalt auch begrifflich und worthaft – Ja zum
Sein und damit zu seinem in ihm selbst liegenden Sinn.[33]

---

[30] KGA I 817.
[31] Zum Grundproblem der Gegenwartsphilosophie. Die Philosophie des Nichts
und die Ur-Bejahung. In: Sinn und Sein. Hrsg. v. R. Wisser. Tübingen 1960, S. 47–65.
[32] Der Aufstieg zur Wahrheit. Einsiedeln 1952, S. 182.
[33] Vgl. auch J. B. Lotz: Vom Sein zum Sinn, S. 333 ff. (Sinn als Finalität).

DIONYSOS GEGEN DEN GEKREUZIGTEN

Nietzsches Artisten-Metaphysik
und die christliche Metaphysik des Schönen bei Cusanus

Von Günter Wohlfart

Nietzsches antichristliche 'Artisten-Metaphysik' und die christliche Metaphysik des Schönen bei Cusanus werden kontrapunktiert. *Cusanus*, der Denker, der an der Schwelle zur Neuzeit steht, wird als Vertreter christlichen Denkens *Nietzsche*, dem Protagonisten einer Moderne, gegenübergestellt, für die das Christentum seiner höchsten Bestimmung nach ein Vergangenes ist. Durch die Kennzeichnung von Cusanus' und Nietzsches Verhältnis zur Kunst bzw. zum Schönen soll die Kluft aufgezeigt werden, die die christliche Metaphysik des Schönen von der griechischen, 'tragisch-dionysischen' 'Artisten-Metaphysik' Nietzsches trennt. Diese Kluft ist freilich derart, daß sich immer aufs neue die Frage nach der Nähe der durch diese Kluft Getrenntesten stellt. Sollten die beiden, die Hölderlin in 'Der Einzige' kühn Brüder nannte, Christus und Dionysos, einander vielleicht näher sein, als man prima vista denken möchte? Sehen wir zu.

Die Ausführungen gliedern sich in drei Teile[1]:

1. wird ausgehend von der Cusanischen Schrift *De visione dei* versucht, paradigmatisch die christliche Einstellung zur Kunst zu skizzieren.
2. wird Nietzsches 'Gegenlehre' der ewigen Wiederkunft des Gleichen in Zusammenhang gebracht mit dessen 'Artisten-Metaphysik'.
3. wird schließlich versucht, Nietzsches dionysische Kunstreligion als Wegbereiterin gegenwärtiger Kunst zu kennzeichnen.

---

[1] Die am 7. März 1988 anläßlich des Seminars Nietzsche e il Cristianesimo im Instituto Di Scienze Religiose in Trient vorgetragenen Betrachtungen (vgl. vom Verf.: 'Dioniso contro il Cricifisso', in: Nietzsche e il Cristianesimo, Morcelliona 1992) stellen einen umgearbeiteten Teil eines Artikels dar, der unter dem Titel ›Kunst und Religion‹ in der Theologischen Realenzyklopädie (TRE) erschienen ist.

1. *Cusanus*

In der Schrift *De visione Dei* von 1453 versucht Cusanus gemäß dem Selbst-verständnis der Renaissance[2] als einer Zeit der philosophischen und künstleri-schen Wiedergeburt der Antike durch die spekulative Betrachtung eines Werkes der Malerei[3] dem Abt und den Brüdern vom Tegernsee einen Zugang zur mystischen Theologie zu eröffnen. Cusanus möchte durch die Kunst der Malerei auf dem Weg des Gleichnisses in menschlicher Weise zum Göttlichen führen.[4] Er wählt ein Bild des Alles-Sehenden *(imago omnia videntis)*,[5] das so wirkt, als ob es alles ringsherum überschaue und nennt es ein Bild Gottes *(icona Dei)*. Im Sehen Gottes *(visio Dei)* im Sinne des genitivus subiectivus und genitivus obiectivus ist *videre videri*, Sehen Gesehenwerden[6]; Subjekt und Objekt des Sehens koinzidieren. Das Erblicken Gottes ist Blicken Gottes[7]. Am Ende von Kapitel IX sagt Cusanus: „Et repperi locum, in quo revelate re-perieris, cinctum contradictorium coincidentia. Et ista est murus paradisi, in quo habitas; cuius portam custodit spiritus altissimus rationis, qui nisi vin-catur non patebit ingressus. Ultra igitur coincidentiam contradictoriorum vi-deri poteris et nequaquam citra." Dupré übersetzt: „Ich habe den Ort ge-funden, in dem man Dich unverhüllt zu finden vermag. Er ist umgeben von dem Zusammenfall der Gegensätze. Dieser ist die Mauer des Paradieses, in dem Du wohnst. Sein Tor bewacht höchster Verstandesgeist. Überwindet man ihn nicht, so öffnet sich nicht der Eingang. Jenseits des Zusammenfalls

---

[2] E. Cassirer beginnt das 1. Kapitel seines Buches 'Individuum und Kosmos in der Philosophie der Renaissance', Leipzig/Berlin 1927, S. 7, mit dem Satz: „Jede Betrach-tung, die auf die Erfassung der Philosophie der Renaissance als einer *systematischen* Einheit gerichtet ist, muß von der Lehre des Nikolaus Cusanus ihren Ausgangspunkt nehmen."

[3] „Die Renaissance entfaltet sich als Vorherrschaft der Kunst in der Gestalt des Bild-werks." K.H. Volkmann-Schluck, Nicolaus Cusanus, Frankfurt a.M. 1957, S.152.

[4] Nikolaus von Kues, Philosophisch-Theologische Schriften, hrsg. u. eingel. v. Leo Gabriel, Bd. III, S.94.

[5] Vgl. Boethius, De cons. phil. V 4, S.33.

[6] III, S.108 u. 134.

[7] Meister Eckart, der Cusanus nachhaltig beeinflußt hat und auf den Cusanus in seinen Schriften häufig verweist, sagt in der Predigt „Qui audit me": „Das Auge, in dem ich Gott sehe, das ist dasselbe Auge, darin mich Gott sieht; mein Auge und Gottes Auge, das ist ein Auge und ein Sehen und ein Erkennen und ein Lieben." Meister Eckhart, Deutsche Predigten und Traktate, hrsg. u. übers. v. J. Quint. Auf eben diese Stelle be-zieht sich Hegel in: Sämtliche Werke, hrsg. v. H. Glockner, Bd. 15, S.228. – Zur Ge-schichte der Metaphysik des Sehens von Cusanus bis Hegel vgl. W. Beierwaltes, Visio Absoluta, Sitzungsberichte der Heidelberger Akademie der Wissenschaften, Jg. 1978, 1. Abh., S.30, Anm. 105.

der Gegensätze vermag man Dich zu sehen; diesseits aber nicht."[8] Die
visio Dei ist der Blick des Auges, in dem das Erblickte mit dem Blickenden
koinzidiert. Das im Angesicht Gottes Gesichtete ist nicht *lokal (localis)*[9].
Der in den Blick kommende raumfreie Ort ist unräumlich-räumlich. In
diesem Hier ist der Raum als Ordnung des Nebeneinander aufgehoben. Es
ist so im Raum, daß der Raum in ihm ist, sich in ihm erfüllt. Es nimmt so
Raum ein, daß es Raum gibt. Es faltet das Nebeneinander ein und aus. Im
Gesicht Gottes ist das Aussehen Einsehen. Die *visio Dei* ist der Augenblick
der Ewigkeit, in dem Zukünftiges und Vergangenes mit Gegenwärtigem koinzidieren. „Murus autem est coincidentia illa, ubi posterius coincidit cum
priore …" Die Mauer aber ist jene Koinzidenz, wo das Spätere mit dem Früheren zusammenfällt, wo alles zeitliche Nacheinander in dem einen und
selben Jetzt der Ewigkeit *(nunc aeternitas)*[10] zusammenfällt.[11] Das im Angesicht Gottes Gesichtete ist nicht *temporal (temporalis)*.[12] Dieser zeitfreie
Augenblick ist unzeitlich-zeitlich. In diesem Jetzt ist die Zeit als Ordnung
des Nacheinander aufgehoben. Es ist so in der Zeit, daß die Zeit in ihm ist,
sich in ihm *erfüllt*. Es ist so in der Zeit, daß es im Nu ist. Es faltet das Nacheinander ein und aus.[13] Im Gesicht Gottes ist die Einsicht Aussicht. Dieser
Augenblick ewiger Glückseligkeit[14] und ewigen Genusses[15], in dem sich die
Zeit erfüllt[16], ist der Augenblick der *Erleuchtung (illuminatio, illustratio)*[17],
der Augenblick religiöser Epiphanie. Auf ihn kommt es bei dem Vergleich
Cusanus/Nietzsche an. Er ist der Augenblick, in dem der Stern der Liebe
aufgeht. Der Augenblick Gottes ist Liebesblick.[18] Dieser Liebesblick Gottes
ist nun für Cusanus nichts anderes als der Augenblick des Schönen selbst,
weshalb das bisher über die Schau Gottes Gesagte eingeschränkt auch für
die Schau des Schönen gilt. Jedes Gebilde der Kunst ähnelt insofern dem
Bild Gottes, als mir auf einmal das Auge ins Auge fällt, zu dem die Kunst
„das Erscheinende an allen Punkten seiner Oberfläche … umzuwandeln"

---

[8] III, S. 132 f., vgl. S. 142 f. u. 172 f.

[9] III, S. 112.

[10] Zum *nunc aeternitas* vgl. u. a. Plato, Tim. 37 d–38 c u. Symp. 210 e; Plotin, Enn.
III. 7, c. 3; Augustin, Conf. XI, 13; Prokolos, Inst. theol. c. 52; Boethius, De cons. phil.
V. 6 und Meister Eckart, Pred. in diebus suis …

[11] III, S. 136.

[12] III, S. 112.

[13] III, S. 140.

[14] III, S. 94.

[15] III, S. 192.

[16] Vgl. Meister Eckarts Predigt: ›Impletum est tempus Elizabeth‹, wo er sich auf LK
1. 57 bzw. Gal. 4. 4 bezieht.

[17] III, S. 136, 162 u. 200.

[18] III, S. 104.

hat.[19] „Omnes facies pulchritudinem habent et non sunt ipsa pulchritudo. Tua autem facies Domine habet pulchritudinem et hoc habere est esse. Est igitur ipsa pulchritudo absoluta ..."[20] Alle Gesichter haben Schönheit und sind nicht die Schönheit selbst. Dein Angesicht aber, Herr, hat die Schönheit und dieses Haben ist Sein. Es ist daher die absolute Schönheit selbst ..."[21] Der Augenblick Gottes ist der Augenblick der absoluten Schönheit und so wie der göttliche *visus absolutus im visus contractus*, d.h. *im* beschränkten Blick des Menschen ist[22], so ist die *pulchritudo absoluta in* der *pulchritudo contracta*, der eingeschränkten Schönheit. So ist der Augenblick Gottes *im* Augenblick des *Hervorleuchtendsten*[23], im Augenblick dessen, was *ästhetische Epiphanie* genannt werden kann. Der Augenblick Gottes ist im enthusiastischen Augenblick des Liebreizendsten. Der Augenblick Gottes ist mit dem göttlichen Augenblick des Schönen *absolut identisch*. „Domine Deus ... video te in horto paradisi et nescio quid[24] video, quia nihil visibilium video. Et hoc scio solum, quia scio me nescire, quid video ..."[25] Terminus enim omnis modi significandi nominum est murus ultra quem te video."[26] Herr Gott, ich sehe dich im Paradiesgarten und weiß nicht, was ich sehe, weil ich nichts Sichtbares sehe. Und ich weiß nur, daß ich weiß, daß ich nicht weiß, was ich sehe ... Die Grenze jeder Weise namengebender Bezeichnung ist die Mauer, jenseits welcher ich dich sehe. Unverhüllt *(revelate)* ist das Antlitz Gottes nicht zu erblicken, solange wir nicht eintreten in ein einsames und verborgenes Schweigen *(secretum et occultum silentium)*[27]. Der Augenblick Gottes ist,

[19] Hegel, Sämtliche Werke (Glockner, Bd. 12, 213).

[20] III, S. 114.

[21] Vgl. vor allem wiederum Plato, Symp. 210 e–212 b. Der Augenblick, in dem plötzlich das Göttlich-Schöne, das Schöne selbst gesehen wird, ist der Augenblick der Berührung des Wahren. In ihm wird das Leben für den Menschen erst lebenswert. Vgl. ferner z. B. Plotin, Enn. V. 8 u. P.-Dion. Areopagita, De div. nom. IV. 7.

[22] III, S. 100.

[23] Vgl. Plato, Phaidr. 249 d–250 e. Der ›Phaidros‹ befindet sich neben anderen platonischen Schriften in der uns erhaltenen Bibliothek des Cusanus.

[24] Zum 'nescio quid' vgl. Plato, Phaidr. 250 a/b u. Augustinus, Conf. XI, 14. Das 'nescio quid' im Augenblick Gottes ist das 'je ne sais quoi' (ich weiß nicht was) im Augenblick des Schönen.

[25] Diese Unwissenheit nennt Cusanus hier drei Absätze später in Anspielung auf seine Schrift von 1440 mit einem Wort des Augustin 'docta ignorantia' (belehrte Unwissenheit). Bei Augustin findet sich der Terminus in einem Brief an Proba. Vgl. die Einleitung in die Dissertation v. J. Ritter, Docta Ignorantia, Leipzig/Berlin 1927, insbes. S. 3 f. Cusanus spielt in ›De visione Dei‹ mehrfach auf Augustin an und nennt ihn in Kap. XXIII zweimal expressis verbis (III, 204).

[26] III, S. 146.

[27] III, S. 114. Vgl. Meister Eckarts Predigt über Weisheit 18. 14: Dum medium silentium ... sowie a.a.O. Predigt 58 über Matth. 2, 2: „Wo dieses Wort gehört werden

wie er im göttlichen Augenblick des Schönen ist, Augenblick der Stille. Er ereignet sich im Schweigen der Kontemplation *(in silentio contemplationis)*[28], in einer Art Geistesentrückung *(in raptu quodam mentali)*[29]. Wenn wir in völliger Leere und Wortlosigkeit fassungslos sind angesichts des Schönen, werden wir zum Gefäß Gottes. Wenn ich im Schweigen der Kontemplation verstumme, sprichst du, Gott und rufst *(loqueris et ... revocas)*[30], „visus tuus loquatur"[31]. Dein Blick spricht, er spricht mich an. Der Anblick Gottes ist der Anspruch Gottes, dem ich in aller Stille zu entsprechen habe; der Augenblick Gottes ist der numinose Wink im Augenblick des Schönen, der mich folgen läßt. Soweit Cusanus.

Im Anschluß an *De visione Dei* bleibt thesenhaft festzuhalten: Die Epiphanie Gottes ist ein Lichtblick der Freiheit in der Welt. In diesem Augenblick erblicken wir gleichsam von neuem das Licht der Welt und vernehmen das erste Wort Gottes. Wenn die Welt nichts ist als die Erscheinung Gottes *(dei apparitio)*[32], als der sinnlich wahrnehmbare Gott, dann ruft die absolute Schönheit in Wahrheit in den Gassen *(clamitat in plateis)*[33]. So wie der *visus contractus in Wahrheit visus absolutus* ist, so ist die *ästhetische Epiphanie in Wahrheit Theophanie.* Die religiöse Epiphanie ist in der ästhetischen Ephiphanie wie in einem Spiegel.[34] Das Schöne als das Liebreizendste zeigt sich, indem wir in die Welt als Spiegel der Liebe Gottes sehen. Die *visio Dei* ist *speculatio pulchritudinis.* Das Schöne ist *diaphan,* transparent wie ein Fenster ins Freie. Bei der Jagd nach der Weisheit *(sapientia)* bedarf es der Spur des Geschmacks *(sapor)* des Schönen. Dieser Stein ist mir auf einmal ein Licht[35]; das wahrhaft Schöne an ihm, das mir in spekulativer Betrachtung aufgeht, ist das sinnliche Scheinen Gottes, das sinnliche Scheinen Christi als des Lichts *der Welt*[36]. Doch was hat das mit Nietzsche zu tun?

soll, muß es in einer Stille und in einem Schweigen geschehen. Man kann diesem Worte mit nichts dienlicher sein als mit Stille und mit Schweigen, *da* kann man's hören und versteht man's recht: in jenem Unwissen, wo man nichts weiß, da weist und offenbart es sich."
  [28] III, S. 120.
  [29] III, S. 166. Vgl. III, S. 174 u. 206, u. dazu II Kor 12.2.
  [30] III, S. 124.
  [31] III, S. 132.
  [32] II, S. 354.
  [33] II, S. 366. Vgl. die Sprüche Salomos 1.20.
  [34] Vgl. I Kor 13.12 u. II Kor 3.18.
  [35] Bei Joh. Scotus Eriugena, der dem Cusanischen Gedanken der *visio Dei* vielleicht am nächsten steht, heißt es in Super ierarchiam coelestem Sancti Dionysii I.I: „Lapis iste vel hoc lignum mihi lumen est ..." Dieser Stein oder jener Holzklotz ist mir ein Licht.
  [36] Vgl. Jo. 8.12.

2. Nietzsche

Der „schwerste Gedanke"[37] ist nach Nietzsche der Gedanke der ewigen
Widerkunft des Gleichen. Dieser „Gedanke der Gedanken"[38] ist der Grundgedanke Nietzsches.[39] „Meine Lehre sagt: so leben, daß du wünschen mußt,
wieder zu leben, ist die Aufgabe – du wirst es jedenfalls!"[40] „Nicht nach
fernen, unbekannten Seligkeiten[41] und Segnungen und Begnadigungen aus-
schauen, sondern so leben, daß wir nochmals leben wollen und in Ewigkeit so
leben wollen! – Unsere Aufgabe tritt in jedem Augenblick an uns heran."[42] Die
Ewigkeit der Wiederkehr zu denken heißt, den Augenblick zu denken[43], wie
insbesondere *Also sprach Zarathustra* zeigt. Der Ewige-Wiederkunfts-Ge-
danke ist die „Grundkonzeption des Werks".[44] In dem Stück „Vom Gesicht
und Rätsel" belehrt Zarathustra den Zwerg über seinen „abgründlichen Gedanken": „Siehe diesen Thorweg! ...: der hat zwei Gesichter. Zwei Wege
kommen hier zusammen: die gieng noch Niemand zu Ende. / Diese lange
Gasse zurück: die währt eine Ewigkeit. Und jene lange Gasse hinaus – das ist
eine andre Ewigkeit. / Sie widersprechen sich, diese Wege; sie stossen sich gerade vor den Kopf: – und hier, an diesem Thorwege, ist es, wo sie zusammen
kommen. Der Name des Thorweges steht oben geschrieben: ‚Augenblick'."[45]
Der Augenblick wird als Moment des Gegenstoßes bzw. der Gegenläufigkeit
von Zukunft und Vergangenheit gefaßt. Das Ende des Stückes „Der Gene-
sende", in dem Zarathustra als der „*Lehrer der ewigen Wiederkunft*" bezeichnet wird[46], enthält dort, wo im Zusammenhang mit der ewigen Wiederkunft vom „grossen Erden- und Menschen-Mittage"[47] die Rede ist, einen
Hinweis darauf, daß der gesamte *Zarathustra* bis zum vierten und letzten Teil

[37] Nietzsche, Kritische Studienausgabe (KSA), Bd. 11, S. 225 (26 [284]).
[38] KSA 9, 496 (11 [143]).
[39] Vgl. M. Heidegger, Nietzsche, Pfullingen 1961, I, S. 256.
[40] KSA 9, 505 (11 [163]).
[41] Seligkeit ist nach Nietzsche einer der „faulen christlichen Begriffe". Nietzsche,
Der Wille zur Macht, n. S. 224.
[42] KSA 9, 503 (11 [161]).
[43] Vgl. M. Heidegger, Nietzsche, a. a. O., I, S. 312, 356 u. 446 f.
[44] KSA 6, 335. 4 f. Das vorletzte Stück des vierten Buches der 'fröhlichen Wissenschaft', 'Das größte Schwergewicht', in dem Nietzsche den Gedanken der ewigen Wiederkunft zuerst mitteilt, enthält den „Grundgedanken des Zarathustra" (Nietzsche,
Ecce Homo, S. 271). Vgl. E. Fink, Nietzsches Philosophie, Stuttgart 1960, S. 82, u.
K. Löwith, Nietzsches Philosophie der ewigen Wiederkunft des Gleichen, Berlin 1935,
S. 61.
[45] KSA 4, 199. 25–200. 3.
[46] KSA 4, 275. 29 f.
[47] KSA 4, 276. 32 f.

in einer stetigen Steigerung auf den „abgründlichsten Gedanken"[48] der ewigen Wiederkunft hin komponiert ist.[49] Der „mächtigste Gedanke" taucht auf in der Stunde des „*Mittags*"[50], in der Verklärung des hellsten Lichts im „Augenblick des kürzesten Schattens"[51], in dem sich Vergangenheit und Zukunft treffen. In dem Stück „Mittags" im letzten Teil des *Zarathustra* geht es um den göttlichen Augenblick sich erfüllender Zeit, um den Augenblick der Erfüllung des Verprechens des Glücks durch die göttliche Leichtigkeit im Schwersten[52]: „Sieh doch – still! der alte Mittag schläft, er bewegt den Mund: trinkt er nicht eben einen Tropfen Glücks – / einen alten braunen Tropfen goldenen Glücks, goldenen Weins? Es huscht über ihn hin, sein Glück lacht. So – lacht ein Gott[53]. Still! – ... Das Wenigste gerade, das Leiseste, Leichteste einer Eidechse Rascheln, ein Hauch, ein Husch, ein Augen-Blick. – Wenig macht die Arbeit des besten Glücks. Still! / – Was geschah mir: Horch! Flog die Zeit wohl davon? Falle ich nicht? Fiel ich nicht – horch! in den Brunnen der Ewigkeit?"[54]

Dieser 'seltene Moment plötzlicher Erleuchtung',[55] dieser göttliche Augenblick der Stille und des Glücks der Ewigkeit der Wiederkunft als der höchsten

---

[48] KSA 6, 345. 8.
[49] Vgl. K. Ulmer, Nietzsche, Einheit und Sinn seines Werkes, Bern/München 1962, S. 56, und dagegen E. Fink, a. a. O., 114.
[50] KSA 9, 498. 30 u. 32 (11 [148]).
[51] KSA 6, 81. 12.
[52] Vgl. KSA 13, 497. 3 f. (16 [37]).
[53] Nicht zuletzt unterscheidet das Lachen diesen Gott von dem christlichen.
[54] KSA 4, 343. 30–344. 9. Vgl. das Gedicht ›Nach neuen Meeren‹ in den ›Liedern des Prinzen Vogelfrei‹ (KSA 3, 649):
Dorthin – will ich; und ich traue
Mir fortan und meinem Griff.
Offen liegt das Meer, in's Blaue
Treibt mein Genueser Schiff.
Alles glänzt mir neu und neuer
Mittag schläft auf Raum und Zeit –:
Nur dein Auge – ungeheuer
Blickt mich's an, Unendlichkeit!
Auch in dem bekannten Gedicht ›Sils Maria‹ geht es um diese „plötzliche Ewigkeit" (ebd.):
Hier sass ich, wartend, wartend – doch auf Nichts
Jenseits von Gut und Böse, bald des Lichts
Geniesend, bald des Schattens, ganz nur Spiel,
Ganz See, ganz Mittag, ganz Zeit ohne Ziel.
Da, plötzlich, Freundin! wurde Eins zu Zwei –
– Und Zarathustra gieng an mir vorbei ...
[55] Vgl. KSA 14, 110 f.

Formel der Bejahung[56] ist der Augenblick des „ästhetischen Zustands"[57], d. h. des „tragisch-dionysische(n) Zustand(s)"[58] als des höchsten Zustands von Bejahung des Daseins[59]. Der tragisch-dionysische Zustand ist der Zustand, in dem der Gedanke der ewigen Wiederkunft ausgestanden wird. Der „Augenblick höchster Weltvollendung"[60], der göttliche Augenblick, in dem die Welt bzw. die Natur vollkommen wird, wie Nietzsche mit Emerson sagt[61], der dionysische Augenblick, in dem ein Gott durch uns tanzt[62], ist der Augenblick der ewigen Rechtfertigung der Welt als ästhetisches Phänomen. In der Schönheit sind Gegensätze gebändigt: „das höchste Zeichen von Macht, nämlich über Entgegengesetztes".[63] Im dionysischen Augenblick des Schönen als dem Augenblick der Ewigkeit der Wiederkunft wird die Erfahrung des Gegenstoßes und der Koinzidenz von Vergangenheit und Zukunft im gegenwärtigen Augenblick gemacht. Die Gestalt des Dionysos ist die Brücke zwischen Nietzsches früherer ästhetischer Weltauslegung in der Tragödienschrift und dem späteren Grundgedanken der ewigen Wiederkunft.[64] In dem späten Versuch einer Selbstkritik der Geburt der Tragödie umreißt Nietzsche seine Artisten-Metaphysik mit den Worten, in denen er sich, trotz aller Distanzierung von seiner Frühschrift, zu deren Grundintention bekennt: „Bereits im Vorwort an Richard Wagner wird die Kunst – und nicht die Moral – als die eigentlich metaphysische Thätigkeit des Menschen hingestellt; im Buche selbst kehrt der anzügliche Satz mehrfach wieder, dass nur als ästhetisches Phänomen das Dasein der Welt gerechtfertigt ist. In der That, das ganze Buch kennt nur einen Künstlersinn und -hintersinn hinter allem Geschehen – einen ‚Gott', wenn man will, aber gewiss nur einen gänzlich unbedenklichen und unmoralischen Künstler-Gott … Die Welt, in jedem Augenblicke die erreichte Erlösung Gottes, als die ewig wechselnde, ewig neue Vision des Leidensten, Gegensätzlichsten, Widerspruchreichsten, der nur im Scheine sich zu erlösen weiss …"[65]

[56] Vgl. KSA 6, 335.6.
[57] KSA 12, 393.21 f. (9 [102] [70]).
[58] KSA 13, 522.15 f. (17 [3]).
[59] Vgl. ebd.
[60] Vgl. KSA 1, 756.
[61] Vgl. KSA 14, 338.
[62] Vgl. KSA 4, 50.4.
[63] KSA 12, 258.3 f. (7 [3]).
[64] Am deutlichsten wird das vielleicht am Ende der ›Götzen-Dämmerung‹, wo Nietzsche sagt: „Und damit berühre ich wieder die Stelle, von der ich einstmals ausging – die 'Geburt der Tragödie' war meine erste Umwertung aller Werte: damit stelle ich mich wieder auf den Boden zurück, aus dem mein Wollen, mein Können wächst – ich, der letzte Jünger des Philosophen Dionysos – ich, der Lehrer der ewigen Wiederkunft …" KSA 6, 160.24–.30; vgl. auch ›Jenseits von Gut und Böse‹, n. 295, KSA 5, 238.9 f.
[65] KSA 1, 17.8–23.

Dieser unmoralische Künstlergott ist Dionysos-Zagreus. Der Augenblick der ewigen Wiederkunft ist der Augenblick der ästhetischen Epiphanie des Dionysos. Nach Nietzsches „Artisten-Evangelium" ist die Kunst, nicht die Religion, die „metaphysische Tätigkeit"[66] des Lebens. Die Kunst ist das Organon der Philosophie der ewigen Wiederkunft. Nietzsches Grundlehre der ewigen Wiederkunft ist eine „Metaphysik der Kunst"[67], eine „Artisten-Metaphysik"[68]; sie ist eine antichristliche Kunstreligion.

Die christliche Lehre begreift Nietzsche als kunstfeindliche, als moralische Lehre. Die *Moral* des Christentums ist aber nach Nietzsche 'widerlegt'. Das Christentum wird zugrunde gehen.[69] „Der religiöse Glaube nimmt ab ..."[70] „Mit den Religionen, welche an Götter, an Vorsehungen, an vernünftige Weltordnungen, an Wunder und Sakramente glauben, ist es vorbei ..."[71] „Das Ende der Religion ist da ..."[72] Der christlichen Religion gegenüber betrachtet Nietzsche die griechische Religion als die „höhere"[73]. Ihre Wiedergeburt in Gestalt des Künstlergott(e)s Dionysos beschwört nicht nur der Nietzsche der Tragödienschrift. Die dionysische Wiederkunftslehre ist Nietzsches „Gegenlehre"[74] gegen die christliche. Nietzsches späte Schrift *Ecce Homo* endet mit den Worten: „Hat man mich verstanden? – *Dionysos gegen den Gekreuzigten* ..."[75]." *Amor fati* versus *amor dei*. Die ästhetische Ephiphanie des Dionysos gegen die religiöse Epiphanie Christi. Visio *rei* sub specie aeterni versus visio *dei*. In der 'Artisten-Metaphysik' geht es um ein Metaphysisches, das – im ursprünglichen Sinne vom *méta* – mitten im Physischen sitzt, nicht um eines, das über das Physische, Sinnliche hinausginge. Ästhetische *Transparenz* versus religiöse *Transzendenz*, oder anders gesagt: *Reszendenz* in die *Welt* versus *Transzendenz* in eine 'Hinter-Welt'. Reszendenz heißt dabei soviel wie umgekehrte Transzendenz, 'umgekehrte Himmelfahrt'.

Läßt Nietzsches Konzeption eines dionysischen Gegenmythos – wenngleich *malgré soi* – nun aber nicht doch die Verwandtschaft der beiden erkennen, die Hölderlin in dem späten Gesang *Der Einzige* Brüder nannte: Christus und den 'Evier'? Käme der Versuch, Nietzsches 'äternalistischen Gegen-

[66] KSA 13, 522.29 f. (17 [3]).
[67] KSA 1, 152.18. Vgl. M. Djuric, Nietzsche und die Metaphysik, Berlin/New York 1985, u. F. Kaulbach, Nietzsches Idee einer Experimentalphilosophie, Köln/Wien 1980.
[68] KSA 1, 17.23 f., u. KSA 12, 115.4 u. 28 (2 [110]).
[69] KSA 2, 120.5.
[70] KSA 9, 507.9 f. (11 [172]).
[71] KSA 8, 37.28 ff. (3 [76]).
[72] KSA 7, 100.8 (5 [30]).
[73] KSA 12, 11.10 (1 [4]).
[74] KSA 11, 682.7 f. (41 [7]).
[75] KSA 6, 374.31 f.

mythos' von dem abzulösen, wogegen er sich richtet, nicht einem Versuch gleich, Seite und Rückseite eines Blattes voneinander lösen zu wollen? Berühren sich nicht gerade hier, wo der *apex theoriae* erreicht ist, die Gegensätze? Zeigt sich nicht – Nietzsche, den 'Frömmsten unter den Gottlosen' im höchsten Punkt seiner Philosophie besser verstehend als er sich selbst verstand – eine unübersehbare Affinität zwischen der dionysisch-ästhetischen Erfahrung des Augenblicks der Ewigkeit der Wiederkehr, dem *amor fati* und 'heiligen Ja-Sagens'[76] des Kindes einerseits und der christlich-religiösen Erfahrung des Augenblicks der Ewigkeit[77] in der Umkehr[78] und der Teilhabe an der Liebe Gottes im Werden zum Kinde andererseits? Verhält sich Nietzsches antichristliche 'Artisten-Metaphysik' zur christlichen Metaphysik nicht wie das Löschblatt zur Tinte – um ein Wort Benjamins zu wenden? Ist in Nietzsches *'intuitio mystica'*[79], in seiner 'taghellen Mystik' – um mit den Worten des Nietzscheaners Musil zu reden – nicht die christliche Mystik *aufgehoben,* im doppelten Sinne von aufbewahrt bzw. aufgesaugt einerseits und von negiert bzw. ausgelöscht andererseits? Oder, um in einem anderen Bild zu reden: Verhalten sich christliche Metaphysik und dionysische 'Artisten-Metaphysik' nicht zueinander wie zwei Punkte einer Kreislinie? Die beiden, die einander am nächsten sind, sind zugleich diejenigen, die beim Beschreiben des Kreises (sc. des Kreisumfangs) am weitesten voneinander entfernt sind.

Im Anschluß an Nietzsche ist thesenhaft festzuhalten: Das Schöne ist das sinnliche Scheinen des apollinischen Dionysos. Die religiöse Ephiphanie, der Augenblick Gottes ist die spekulative Verkehrung und das Gegenbild der ästhetischen Epiphanie, des göttlichen Augenblicks des Schönen. *Die religiöse Theophanie ist in Wirklichkeit Epiphanie der Welt als ästhetisches Phänomen.* Die christliche Religion hat ihre Zukunft in einer weltlichen Kunstreligion, d. h. in einer antichristlichen sinnlichen Religion des Künstlergottes Dionysos.

---

[76] KSA 4, 31. 8 f. u. 11.

[77] Vgl. K. Jaspers, Nietzsche, Berlin ³1950, S. 362: „'Der Begriff, um den sich im Christentum alles dreht … ist die Fülle der Zeit; sie ist aber der Augenblick als das Ewige, und doch ist dieses Ewige zugleich das Zukünftige und das Vergangene.' (Kierkegaards Werke, übers. v. Schrempf, Bd. 5, S. 87) Nehmen wir Kierkegaard als Gewährsmann und seine an Nietzsche so nahe herankommende Formel, hat dann Nietzsche mit dem ganz unchristlichen Gedanken der Wiederkehr nicht einen bis zur Unkenntlichkeit verwandelten Rest *christlicher* Substanz in der 'ewigen Wiederkehr' bewahrt?" Ich denke ja. Was hier durch die scheinbar abwegige Gegenüberstellung Cusanus/Nietzsche gezeigt werden sollte, würde wohl in der Konfrontation Nietzsches mit Kierkegaard offenkundig werden.

[78] Vgl. Mt. 18. 3.

[79] Vgl. KSA 11. 232: „Eigentlicher Zweck alles Philosophierens die intuitio mystica."

3. Nietzsche als Protagonist gegenwärtiger Kunst

Mit Heraklits Fragment 102: „Dem Gott ist alles schön und gut und gerecht…", auf das der junge Nietzsche mehrfach eingeht[80], hat er nicht nur antiken Boden wiedergewonnen, sondern damit befindet er sich auf der Spitze
der Modernität, ohne daß er, der über seine Jugendträume einer Wiedergeburt
der Tragödie aus dem Geiste Wagnerscher Musik Desillusionierte, dies wissen
konnte. Die Epochenschwelle der Kunst zu Beginn unseres Jahrhunderts hat
er nicht mehr erlebt. Dem Heraklitischen Ja-Sagen entspricht Nietzsches 'heiliges Ja-Sagen': „Alles heiße ich gut / Laub und Gras, Glück, Segen und
Regen."[81] Im Augenblick 'plötzlicher Ewigkeit'[82], im göttlichen Augenblick
der *visio rei sub specie aeterni*, von dem in dem Stück 'Mittags' im IV. Teil des
Zarathustra die Rede ist, in diesem Augenblick, in dem die Welt vollkommen
wird, wird die Welt als „ein sich selbst gebärendes Kunstwerk"[83] und alles in
ihr als schön betrachtet. „Die Welt selbst ist nichts als Kunst."[84] Nietzsches
Rückgang zu den Vorplatonikern, insbes. zu *seinem* Heraklit war Nietzsches
weiter Anlauf zum Sprung in die Moderne bzw. in die sog. Postmoderne.[85]
'Alles ist schön', 'Alles ist erlaubt' sind Schlagworte der Postmoderne. Auf die
Gefahr hin, nach dem 'Fall Wagner' die 'fehlerhafte Nutzanwendung auf Ge-
genwärtigstes'[86] zu wiederholen, sei hier die These gewagt: Nietzsches Re-
prise des frühen Griechentums, die ja zugleich seine Absage an ein Christentum ist, dem die Kunst und das Schöne von Anfang an eher suspekt war,
dieser sich aus antiken, vor allem aus heraklitischen Quellen speisende *Ant-
agonismus* zum Christentum macht Nietzsche zum *Protagonisten* gegenwärtiger Kunst.

Doch entspricht Nietzsches 'heiliges Ja-Sagen' „Alles heiße ich gut…" nicht
dem 'schneeweißen Bejahn' seines Lieblingsdichters in der Jugendzeit? 'Alles
ist gut' ist das letzte Wort *Christi* in Hölderlins *Patmos*. Diese Entsprechung,
d.h. diese Identität in der Nichtidentität von Nietzsches *dionysischem* 'Alles
heiße ich gut' und Hölderlins *christlichem* 'Alles ist gut' markiert die Nähe
und die Entfernung Nietzsches zum Christentum. Und – wenn ich recht sehe
– so ist diese Nähe bzw. Entfernung *Nietzsches* zur christlichen Religion

---

[80] Vgl. z.B. KSA 1, 830.

[81] KSA 11, 310. Es handelt sich um ein nachgelassenes Fragment aus dem Herbst
1884, also aus der Zeit der Arbeit am IV. Teil des ›Zarathustra‹.

[82] Vgl. KSA 14, 338.

[83] Vgl. KSA 12, 119.

[84] KSA 12, 121.

[85] Hier ist besonders an Nietzsches Rezeption von Heraklits Fragment 52 im Hinblick auf seinen Spiel-Begriff zu denken.

[86] KSA 1, 20.

spürbar in der Nähe bzw. Entfernung der *Kunst unseres Jahrhunderts* zur Religion. Dazu noch ein Wort.

Ästhetische Erfahrung ist – auch dort, wo sie sich nicht als solche versteht – in Wahrheit die Erfahrung ästhetischer Transsubstantiation, die Erfahrung einer augenblicklichen Verwandlung[87]; ästhetische Erfahrung ist ästhetische Transfiguration, die Erfahrung einer jähen Verklärung im Augenblick der Evidenz; sie ist ästhetische Epiphanie, 'plötzliche Erleuchtung'. Ästhetische Ephiphanie ist intramundane Theophanie. Das ästhetisch Hervorleuchtendste ist weltliche religiöse Erleuchtung, 'profane Erleuchtung'. Die *visio rei sub specie aeterni* ist säkulare *visio dei*. Die *apparitio mundi* ist säkulare *apparitio dei*.[88] Kunst präsentiert keine andere Welt, sondern diese Welt als andere, so, als ob sie ein 'sinnlich, wahrnehmbarer Gott'[89] wäre. In dieser Welt *geht* etwas *auf*, was über diese Welt hinausgeht. Das Hinausgehen über die Welt ist eine Transzendenz ins Diesseits der Welt. Als Präsentation von Welt ist *Kunst weltliche Religion, aufgehobene Religion*. Der Geist der Kunst – insbesondere vielleicht der gegenwärtigen – verhält sich zu dem der Religion wie das Löschblatt zur Tinte, um noch einmal das Wort von Benjamin aufzunehmen. *Kunst als ausgelöschte, aber aufgesaugte Religion* – auch dort, wo sie es nicht wahrhaben will.[90] Ist das Mystische das 'Innere der Religion'[91], so ist das Innere der *Kunst* als 'sinnlicher *Religion*'[92] ein sichtbares Mysterium.[93] Kunst ist 'taghelle Mystik', Mystik mit offenem Auge für den Wink des Glücks, das uns auf einmal trotzdem *lacht*. Auch nachdem die große Zeit christlicher Kunst vorüber ist, ist die Kunst – wissentlich oder unwissentlich – sinnliche, weltliche

---

[87] Als Beispiel mögen folgende Sätze Cézannes, des Altvaters der Moderne in der bildenden Kunst, genügen: „Das Wunder ist da. Das Wasser wandelt sich in Wein, die Welt ist in Malerei verwandelt. Man ist trunken. Man ist glücklich" (Über die Kunst, hrsg. v. W. Hess, Mittenwald 1980, S. 43).

[88] „Jedes Kunstwerk ist ein Augenblick" (Th. W. Adorno, Ästhetische Theorie, Frankfurt a. M. 1970, S. 17, vgl. a.a.O., S. 130 ff. u. 154). „Kunstwerke sind neutralisierte und dadurch qualitativ veränderte Ephiphanien ... Am nächsten kommt dem Kunstwerk als Erscheinung die apparition, die Himmelserscheinung" (a.a.O., S. 125). „Das theologische Erbe der Kunst ist die Säkularisation von Offenbarung ..." (a.a.O., S. 162). Die „Spur von Offenbarung" (ebd.) an der Kunst ist im „Augenblick der apparition" (a.a.O., S. 137).

[89] Vgl. Plato, Timaios, 92 c.

[90] Vgl. W. Benjamin, Ges. Schriften, Bd. I, 3, 1238.

[91] Hegel, Vorlesung über die Rechtsphilosophie, Heidelberg 1817/18, nach der Mitschrift von P. Wannenmann, § 158, Stuttgart 1983, S. 190. Vgl. Schelling, Philosophie der Kunst, § 42: „Denn das Innerste des Christentums ist die Mystik", Darmstadt 1959, S. 87.

[92] Das älteste Systemprogramm des deutschen Idealismus.

[93] Man denke an Magritte, aber auch an Ionesco.

Religion – oder es ist nichts mit ihr. Die Kunst unserer Zeit hütet sich zu Recht vor der Erbaulichkeit. Wir beugen unser Knie nicht mehr.[94] Der Künstler ist weltlich. Und doch ist das stillschweigende Gespräch mit dem, was uns nichts *sagt* und nichts *verbirgt*, sondern in der Sprache des Gottes uns *winkt*, mitunter wie ein Gebet; ein Gebet, ohne das Knie zu beugen.

[94] Vgl. Hegel SW 12, S. 151.

MENSCHENLIEBE

Aufriß einer Theorie ethisch-religiöser Grundaffekte im Anschluß an Fichtes Religionslehre von 1806

Von WOLFGANG JANKE

Es ist ein merkwürdiger, noch lange nicht zureichend bedachter Befund, daß die großen, aus der Macht selbstbewußt gewordener Vernunft geborenen Systembildungen der Neuzeit in Sätzen gipfeln, die von einer absoluten Gottesliebe reden. Solche Gipfelsätze finden sich im Schlußteil der *Großen Ethik* des Spinoza als Definition des *amor Dei intellectualis*, in Hegels Zusammenschluß von Leben, Sein und dialektischem Prozeß mit dem Geheimnis der Liebe seit den Theologischen Jugendschriften, in Schellings Freiheitsschrift anläßlich der Erhebung des Willens der Liebe zum Ungrund, der höher sei denn alle Vernunft, in Fichtes Religionslehre als dem Nachweise jenes Bandes, welches reines Sein und Reflexion aufs Innigste vereinigt. Und *Die Anweisung zum seligen Leben* hat die gemeinsame Tendenz dieser Gipfelsätze eindringlich ausgesprochen: „Nicht die Reflexion, welche vermöge ihres Wesens sich in sich selber spaltet und somit sich entzweit; nein, die Liebe ist die Quelle aller Gewißheit, und aller Wahrheit, und aller Realität."[1]

Nun kann und soll hier nicht geprüft werden, nach welcher Methode und mit welchem Recht sich die Prinzipien von Ich-denke, Ich = Ich, Vernunftwille und Geist sich dem Ursprunge einer Gottesliebe öffnen. Anlaß der Überlegungen zu einer Theorie von Seelenregungen ethisch-religiöser Menschenliebe ist lediglich die Abwehr eines ebenso gängigen wie flachen Einwandes: Die unausweisbare Aussage, die von einer Liebe des Menschen zu Gott spreche, in welcher der Gott sich in uns selber liebe, sei reine Schwärmerei und weltfremder Mystizismus. Dagegen schützt allein schon eine geschichtliche Erinnerung. Durchweg hat die durch Kant großgezogene kritische Vernunft, die von Gott, dem Absoluten, der Liebe Gottes und der absoluten Liebe zu reden wagt, gegen einen Erbfeind gestritten, nämlich gegen Schwärmerei und Mystizismus. Nach Fichte muß jede Gottes-, Seelen- und Welteinstellung mystizistisch genannt werden, welche die unbeschreibliche Vereinigung mit Gott oder dem Göttlichen genießt und sich in eins von allem Handeln in der Welt erlöst wähnt. Um solch weltabgewandter, mystizistischer

---

[1] Fichte, AsL, 10. Vorl.; SW V, 541.

Perspektive zu entgehen, braucht man nur die Gottesliebe als Prinzip der
Menschenliebe ins Auge zu fassen. (Die Nächstenliebe von der Gottesliebe ab-
zuleiten, liegt ja durchaus in der Tendenz der christlich-augustinischen Tradition.) In Fichtes Erscheinungslehre öffnet sich die Gottesliebe in der Liebe des
Menschen zu Menschen. In Tat und „Gesinnung des Religiösen gegen andere"[2] bezeugt das Band der Liebe seine einigende Kraft in der Erscheinung.
Die als Prinzipat der Gottesliebe vorverstandene Menschenliebe also ist das
Thema der Untersuchung, welche aus scheinbar episodischen Bemerkungen
der Fichteschen Religionslehre das Grundschema ethisch-religiöser Hauptregungen der Seele auf der Basis der Menschenliebe zu rekonstruieren unter-
nimmt.

Hier kommt nicht der Eros der Geschlechterliebe, das Pathos der Vater-
landsliebe, das Wohlwollen der Freundesliebe oder die Pietät der Elternliebe
vordringlich in Betracht, sondern die Liebe zum Menschengeschlecht. Dabei
werden ethische Philanthropie und *Philia* von einer religiösen Grundstimmung getragen. Philanthropie als Liebe zum Menschen und dem menschlichen Geschlecht hat den Grundzug des Wohlwollens. So bestimmt die Ethik
des Aristoteles *Philia* als jene Gesinnung gegen andere, die dem Freunde wohl
will. *Eunoia* heißt der Wille, der für den Befreundeten das Gute will, und zwar
allein um dessen Wohlergehen und nicht um des eigenen Vorteils willen. Religiös gestimmt fühlt sich der Menschenfreund darüber hinaus mit anderen ver-
eint, die aus der Liebe Gottes handeln, und es ist seine Freude, wenn das Menschengeschlecht in der Liebe Gottes lebt.

Um die Liebe als Gesinnung religiösen Daseins gegen andere in ihrer eigentümlichen Befindlichkeit, der Seligkeit, festzustellen, sind vorab im Schema
der Fünffachheit die Abstufungen der Liebe zu beschreiben, die sich als
Wesensmöglichkeiten der menschlichen Vernunft ergeben, Sein, Leben und
Lieben zu verstehen. Dabei wird als Faktum unterstellt, was die Wissenschaftslehre aus der Vernunftverfassung des Menschen herausgearbeitet hat,
nämlich ein abgestuftes, fünffaches Verstehen der Welt in ihrem sie tragenden
und rechtfertigenden Sinn. Die zu durchlaufenden Stufen heißen Naturglauben, Rechtsbewußtsein, niedere und höhere Moralität, Religion, Wissenschaft. Religion ist danach ein tiefes Verstehen der Welt. Wir sehen die Welt
durch alle Verschleierungen hindurch als Offenbarung Gottes, die 'Geisterwelt' oder das Reich freier Vernunftwesen als seine Manifestation, die Sinnenwelt als Sphäre der Geisterwelt. Alles, was einem dogmatischen Seinsglauben
und dem Geiste des Positivismus als tote Vorhandenheit gegeben ist, enthüllt
sich als lebendiges Erscheinen des Reiches Gottes. Es gibt faktisch keine erhabenere Sinnauslegung der Welt. Gleichsam im Hintergrund solchen Stufen-
ganges von einem dogmatischen Naturglauben zur Sinngebung der Religion

---

[2] AsL; SW V, 546.

zeichnet sich die Einsicht des Augustinus von der Suche nach einer Liebe ab, welche die Unruhe des Herzens stillt.

Wie also steht es mit der Liebe und ihrem Glücksgefühl auf der Stufe des Naturglaubens? Dem Wesen der Liebe haftet hier der ontologische Makel an, wandelbar, unstet, täuschend zu sein, und ihrem Glück eignet die Begrenzung, allein in der 'wollüstigen' Befriedigung des Genußtriebes zu liegen. So bleibt eine eudämonistische Seligkeit selbst bei intensivster, extensivster und dauerhaftester Befriedigung sinnlicher Bedürfnisse ein Wahn. Das Suchen nach dem Glück erschöpft sich in der Liebe zum Endlichen und Hinfälligen. Wer nur so zu lieben vermag, ängstet sein Leben hin in Angst vor dem Verlust seiner Glücksgüter, im uneigentlichen Sein zum Tode, in Furcht vor dem Nichts. Darum findet sich die Liebe zu dem, was in und mit der Zeit vergeht, von einer unbestimmten Sehnsucht nach dem Ewigen und Haltgebenden durchstimmt, die nicht weiß, wo sie das wahre Glück suchen soll.

Solch transzendierende Tendenz spricht übrigens selbst Schopenhauers Pessimismus der Liebe zu. Was die erotische Geschlechterliebe angeht, so kann sie nur als ein Spiel blinder Triebe oder als Trick der Natur verstanden werden. Zugleich aber erscheint dem tieferen metaphysischen Blick in der naturhaften Liebe der Weltwille, der den Fortbestand der Gattung durch fortgehende Zeugung will und die Liebe des Individuums als ein 'Stratagem' der Natur benutzt. Das Ethos des Menschen gebietet, sich vom Blendwerk der geschlechtlichen Liebe zu lösen. Höher gehoben auf die Stufe der Moralität, waltet die Liebe als allumfassende Kreatur- und Menschenliebe, deren Wurzel das Mitleiden ist.

Freilich kommen auf der Stufe von Recht, niederer und höherer Moralität unbedingte Menschenliebe und wahre Seligkeit nicht vor. Die Gesinnung des rechtlichen Mannes gegen andere ist anerkennender Respekt unter der Bedingung der Gegenseitigkeit, und sein Glück besteht in der Sorglosigkeit des Rechtsfriedens, sofern und solange die Furcht vor der Bedrohung durch andere, zumal im Schrecken der Bürger- und Völkerkriege, endgültig gebannt scheint. Die Gesinnung des pflichtgetreuen Mannes wiederum ist der gute Wille, der die anderen aus Achtung vor dem Sittengesetz achtet, und das Grundgefühl sittlich geglückten Lebens besteht in der Zufriedenheit des Gewissens, d. h. im Bewußtsein inneren Friedens, nichts Böses gewollt zu haben. Dagegen ist die Empfindung des von der Idee (des Guten, Wahren, Schönen) Ergriffenen auf der Stufe der höheren Moralität die Begeisterung des vom 'Geist' Erfaßten. Dieser Enthusiasmus von Auserwählten mag das Moment des Entrückt- und Berücktseins enthalten, welches die platonische Eroslehre der Liebe zum Schönen zuerkennt, aber er deckt sich nicht mit der Menschenliebe und jener Seligkeit, die auf der Stufe der Religion jedermann einnehmen soll und kann.

Wie also steht es genau mit dem Glück religiöser Liebe unter dem Titel Seligkeit? Seligkeit erfüllt ein geglücktes Leben „in der ewigen Befriedigung der Liebe"[3]. Die sinnliche Glückseligkeit bereitet sicherlich einen Vorgeschmack davon, aber doch eben in Verwirrungen des Taumels. Die 'erotische' Befriedigung der sinnlich-leiblichen Liebe verbreitet den Schein einer Seligkeit, die forttaumelt von Begierde zu Genuß und von Genuß zu Begierde. Die Seligkeit auf der abgeklärten Stufe der Religion währt dagegen ewig. Darum heißen die Toten und Verewigten im Volksmund die Seligen. Was aber die in der ewigen Verbindung des Liebenden mit dem Geliebten empfundene Seligkeit ausmacht, ist schwer zu fassen. Solch absolute Einheit, die unentzweibare, selbst von Zeit und Tod nicht zertrennbare innigste Einheit von Liebendem und Geliebten, entzieht sich der Reflexion, da diese ja Trennung und Bindung von Unterschiedenem zu ihrem Elemente und Urteil hat. Darum halten wir die Seligkeit für unbeschreibbar und unfaßlich. Sie läßt sich allein negativ prädizieren. Selig heißt uns, wer aller Schmerzen enthoben, aller Plagen und Mühe des Lebens entledigt ist. Selig ist, wer im Gefühl ewiger Vereinigung mit Gott alle Zweifel und Entzweiungen der Welt unter sich hat.

Eine so geartete Liebe und Seligkeit soll nun der thematischen Vorgabe zufolge zuerst als Gesinnung des ethisch-religiösen Menschen anderen gegenüber bewährt werden. Das betrifft die Liebe zum Menschengeschlecht, wie sie mit anderen Affekten zusammenhängt: mit der Hoffnung als Hoffen auf den Menschen und die Kraft der humanitas, mit dem Haß als heilige Indignation über den Zustand der geschichtlichen Menschheit und mit der Furcht als Angst vor dem selbstverschuldeten Ende des Menschengeschlechts. Offenbar zeichnet sich damit ein 'Vierklang' von Urregungen und Grundbefindlichkeiten ab: Liebe, Haß, Furcht, Hoffnung. Es lohnt sich, diesen Hinweisen Fichtes in der Absicht nachzugehen, den Grundriß einer Affektenlehre auf der Basis religiöser Menschenliebe nachzuzeichnen. Dafür bieten der stoische 'Tetrachord' und die Vierheit der *passiones principales* in der Affektenlehre des Thomas von Aquin ebenso eine Vorlage wie deren Ableitung in der Ethik Spinozas. (Die Dreiheit der christlichen Tugenden von Hoffnung, Liebe, Glaube und deren Konfundierung bleiben aus methodischen Gründen beiseite.)

Bekanntlich bestätigt Thomas von Aquin[4] den aus stoischer Tradition[5] überlieferten Vierklang in den Hauptregungen der menschlichen Seele: *gaudium, tristitia, spes, timor* und disponiert das Schema nach den Hinsichten auf Gegenwart und Zukunft bzw. auf Zuträgliches *(bonum)* und Abträgliches *(malum)*. Die komplizierte Deduktion der Vierheit aus der Seelenlehre aristotelischer Scholastik braucht in dieser planen Erinnerung nicht verfolgt zu werden. Ebensowenig ist die geometrische Ableitung der vier Grundformen

[3] AsL; SW V, 549.
[4] Thomas von Aquin, S. th. I–II qu. 25 a. 4.
[5] Cicero, Tusc. Disp. V, 6.

der Leidenschaften als notwendige Folge aus der begehrenden Menschennatur, die sich im Dasein erhalten will, in der Ethik des Spinoza zu verfolgen. Hingewiesen werden aber kann auf die dort herausgestellte Vierheit in den Gegenspannungen von Liebe und Haß, Hoffnung und Furcht. Und es ist lehrreich, die Definition von amor und odium zu wiederholen. Liebe bedeutet auf dem Boden der Spinozistischen Affektentheorie Freude, verbunden mit der Vorstellung einer äußeren Ursache, mit welcher sich der Wille zur Selbsterhaltung zu vereinigen trachtet; Haß dagegen ist Trauer, verbunden mit der Vorstellung einer äußeren Ursache, die der Wille zur Selbsterhaltung fortzuschaffen sucht.[6] Die je eigentümliche Beschränktheit dieser Formulierungen freilich ist hier nicht zu diskutieren. Es genügt, die Vierfachheit der passiones principales im Gebiet religiöser Menschenliebe wiederzufinden: die Freude im höchsten Grad ihrer beschwingenden Belebung als Seligkeit erfüllter Liebe, das Kontrarium der niederdrückenden Betrübnis als Unseligkeit des Menschenhasses, das freudige Ausgespanntsein der Hoffnung auf ein schwer erreichbares, zukünftiges 'Steilgut' *(bonum arduum)* als Hoffen auf ein gutes Ende der Menschheit und das bange Erwarten des auf uns zukommenden Furchtbaren als Furcht vor einem möglichen apokalyptischen Ende des Menschengeschlechts. So beginnen sich die Stichworte zu klären, die in der 10. Vorlesung der Religionslehre fallen, nämlich Liebe und Haß, Furcht und Hoffnung als Hauptregungen, die den Menschen in seinem Verhalten zur Menschheit aus religiöser Gesinnung durchstimmen.

Und es ist hinzuzufügen: Alle vier Hauptleidenschaften der Seele kommen als 'Grundbefindlichkeiten', nicht als intentionale Gefühlsäußerungen zum Austrag. Liebe macht nämlich nach Fichte die Wurzel der Existenz aus und durchstimmt somit unsere Seele ganz. Liebe als Grundbefindlichkeit ist etwas anderes als die intentionale Gerichtetheit und Erfüllung der Liebe zu bestimmten Menschen, einer Frau, einem Kind, einem Freund. Menschenliebe als passio principalis im Sinne der Grundbefindlichkeit bedeutet, in der Liebe zu sein, ganz erfüllt von ihr zu existieren, aus ihr zu leben und zu handeln und durch ihre erschließende Kraft den Menschen überhaupt als ein Liebenswertes zu verstehen. Dementsprechend kommen Haß, Hoffnung und Furcht als Grundbefindlichkeiten religiöser Existenz zum Austrag. Radikal, eingewurzelt in das Dasein, nimmt der Haß den Menschen ganz und gar ein, so daß er an nichts anderes mehr denkt, als alles Hassenswerte zu vernichten. Religiöse Menschenliebe tilgt solchen Haß aus, aber so, daß sie eine heilige Indignation rege hält. Und schließlich kommt die Hoffnung nicht im Spielraum bestimmter Hoffnungen auf zweifelhafte Güter im Schweben zwischen froher Erwartung und banger Furcht zum Zuge, sondern in der Grenzbefindlichkeit unenttäuschbaren In-der-Hoffnung-seins.

---

[6] Spinoza, Eth. III prop. 12, 13 schol.

Im Lichte dieser Vorklärungen läßt sich nun der erste Problemkomplex der religiösen Menschenliebe eingehender erörtern. Dabei geht es um das Verhältnis von Liebe, Haß und 'heiliger Indignation'. Hier lehrt das Affektenschema des Vierklangs: Liebe und Haß sind als einander ausschließende Gegensätze zusammengespannt. Darum entsteht äußerster Haß aus seinem äußersten Gegenteil, dann nämlich, wenn enttäuschte Liebe 'umschlägt'. Und für die Entscheidung zwischen Grundmöglichkeiten unserer zwischenmenschlichen Existenz spricht immer noch das Sophokleische Urwort der Humanität: „Nicht mitzuhassen, mitzulieben bin ich da."[7] Woran aber zeigt sich die Kontrarietät von Liebe und Haß? Haß bedeutet weit mehr als bloße Antipathie. Das zeigt sich im Verhalten. Von Menschen, die mir aus unerklärlichen Gründen unsympathisch sind, halte ich mich fern. Menschen, die gegeneinander Abneigungen hegen, vermeiden es, etwas miteinander zu tun zu haben. Und *odium qua passio principalis* ist auch etwas anderes als 'Anthrophobie' im Kantischen Sinne, in welcher Menschen einander scheuen und meiden, weil sie glauben, das Naturell der Menschheit zu kennen: krummes Holz, aus dem nie etwas Gerades zu zimmern ist. Haß bringt den Anderen als Haßenswertes und 'Häßliches' vor Augen. Er heftet sich an jemanden, der mich durch eine häßliche Tat irreparabel gekränkt und geschädigt hat. Der Haß sagt Nein. Er will vernichten um jeden Preis. Dem steht die Liebe entgegen. Sie will den Anderen sein lassen und findet darin ihre Freude, daß der Andere gedeiht. Die Liebe sagt Ja. Sie will erhalten und mit dem Anderen zusammen sein über den Tod hinaus. Die religiöse Menschenliebe gar ist himmelweit entfernt von menschenvernichtendem Haß. Fichte erklärt in Anspielung auf das Johannes-Evangelium: Wer vorgibt, Gott und seinen Nächsten zu lieben und haßt seinen Bruder, belügt sich selbst und die Welt.[8] Absoluter Haß will die Menschheit vernichten, vorbehaltlose Liebe sorgt sich um deren Heil. Der maßlose, menschenfeindliche Haß und die bedingungslose, religiöse Menschenliebe schließen einander aus.

Die Spannung zwischen Liebe und Haß erweist sich indessen dann als komplexer, wenn Liebe und heilige Indignation zusammengesehen werden. Diese Synopse erhellt geradezu in den Augen Fichtes die Gesinnung gegenüber Anderen im Stande der Menschenliebe des Religiösen. „Wiederfindend ihr Seyn in Gott, wird er ihr Seyn lieben; ihr Seyn ausser Gott hasset er, innig, und dies ist eben seine Liebe zu ihrem eigentlichen Seyn, dass er ihr beschränkendes Seyn hasset."[9] Menschenliebe darf um Gottes willen nicht mit jenem „gepriesenen Gutsein und immer gut sein und immer wieder gut seyn und alles gut

---

[7] Sophokles, Antig. 516.
[8] AsL; SWV, 544.
[9] AsL; SWV, 546.

seyn lassen"[10] verwechselt werden. So findet sich ein Lobpreis der allduldsamen Liebe *(agape)* im 1. Korintherbrief (13, 5–7): „Die Liebe sucht nicht das Ihre, sie läßt sich nicht erbittern, sie rechnet das Böse nicht zu, sie duldet alles, sie glaubt alles, sie hofft alles, sie erträgt alles." Aber Menschen zu lieben bedeutet keineswegs, all das unbesehen gutzuheißen, was sie tun und wie sie existieren. Liebe ist nicht alles hinnehmende Gutherzigkeit. Und schon gar nicht redet der Liebende dem Geliebten schmeichelnd nach dem Munde. Aber verträgt sich L̈iebe mit Haß und Indignation? Fordert religiöse Liebe *(caritas)* nicht gerade, den Anderen mit allen Fehlern und Schwächen anzunehmen und ihn in seinen Unzulänglichkeiten zu stützen und zu tragen? Verlangt eine religiöse Gesinnung gegen andere nicht die Vergebung von Schuld, die Menschen vor Gott entstellt und häßlich macht? Gleichwohl, Liebe verträgt sich nicht mit Herzensträgheit und einer flachen, indifferenten Toleranz, die weder liebt noch haßt. Die begehrende Liebe will des Geliebten Heil; sie bejaht dessen Wesen, indem sie sein Unwesen verneint. Vergeben tut sie solches, was sie niemals gutheißen kann. Mithin denkt die annehmende und vergebende Menschenliebe nicht daran, sich mit einem schlimmen, gottverlassenen Zustand der Menschheit abzufinden.

Das hat eine geschichtsphilosophische Komponente. Liebe zur Menschheit braucht den Haß gegen die Prinzipien der herrschenden Denkart im Zeitalter der Irreligiosität. Über das Zeitalter des vollendeten Eigennutzes macht sich die religiöse Menschenliebe nichts vor; denn wahre Liebe macht nicht blind, sondern sehend. „Auch ist der religiöse Mensch weit entfernt von dem gleichfalls bekannten und oft empfohlenen Bestreben derselben erwähnten Flachheit, sich über die Zeitumgebungen etwas aufzubinden, damit man eben in ihrer behaglichen Stimmung bleiben könne; sie umzudeuten ins Gute, ins Schöne hierüber zu erklären. Er will sie sehen, wie sie sind in der Wahrheit, und er sieht sie so, denn die Liebe schärft auch das Auge."[11] In den *Grundzügen des gegenwärtigen Zeitalters* hat Fichte die herrschende Denkart im Zeitalter der Aufklärung als entfesselte Freiheit, die nichts Bleibendes anerkennt und sich gegen alle Gattungszwecke auflehnt, charakterisiert und heilsgeschichtlich als Stand der vollendeten Sündhaftigkeit eingeordnet. Der berechtigte Kampf der Aufklärung gegen allen Aberglauben zerstört den religiösen Sinn, wenn er auf flachste Weise Religion mit Superstition gleichsetzt, indem der Geist des aufgeklärten Positivismus, sich klammernd an den Maßstab sinnlicher Erfahrungsdaten, jegliche Rede vom übersinnlichen Sein und Dasein für sinnlos erklärt. Diese Gesinnung wurzelt in der Liebe zur Sinnenwelt und dem Streben nach Wohlergehen in der Welt unter der Maxime ganz persönlichen Wohlseins; denn das Zeitalter des vollendeten Eigennutzes

---

[10] Ebd.
[11] AsL; SW V, 546–547.

wendet das wachsende Widerstreben gegen Vernunftautoritäten im Zweiten
Zeitalter blinder Vernunftherrschaft zum Widerwillen gegen alles um, das der
Willkür und Selbständigkeit des Einzelnen Abbruch tut und Eingliederung in
eine sittlich-religiöse Einheit verlangt.

In dieser Lage wird religiöses Dasein zutiefst von einer Gemütsregung der
tristitia durchherrscht, dem Haß im Modus heiliger Indignation. „Sehend auf
das, was die Menschen seyn könnten, ist sein herrschender Affect eine heilige
Indignation."[12] Es gibt andere, mildere Stimmungen, welche den Menschenfreund überkommen, wenn er sich die absurde Lage der Menschheit, d. h. das
himmelschreiende Mißverhältnis zwischen dem, was Menschen hätten sein
können und was sie geworden sind, ohne Beschönigung klarmacht: „die innigste Wehmuth und der tiefste Jammer".[13] Wehmut ist Trauer über ein glück-
bereitendes Gut, das unwiederbringlich verloren ist, z. B. die unschuldig-
glückliche Kindheit. Innigste Wehmut als Ausdruck religiöser Liebe trauert
über die Verlorenheit der Menschheit, die ihr Seligseinkönnen dem Prinzip des
Eigennutzes überantwortet hat. Herzergreifender Jammer überfällt uns,
wenn geliebte Menschen ins Elend geraten. Jammer als Ausdruck religiöser
Menschenliebe tritt ein, wenn die Menschheit ins Elend, den Stand selbstver-
schuldeter Entfremdung, kommt. Wehmut und Jammer aber schärfen sich in
der entrüsteten Empörung und Indignation des *homo religiosus* über die
Kräfte der Verkehrung zu einem heiligen Haß. „Seinen eigentlichen Hass erregt lediglich der Fanatismus der Verkehrtheit, welcher sich nicht damit be-
gnügt, selbst in seiner eignen Person nichtwürdig zu seyn, sondern, soweit er .
zu reichen vermag, alles ebenso nichtswürdig zu machen strebt, als er selbst
ist, und den jeder Anblick eines Bessern ausser ihm innig empört und zum
Hasse aufreizt."[14] Heilige Indignation wächst sich zur Feindschaft wider den
satanischen, aus dem Neid geborenen Haß gegen das Gute aus, einen Haß,
der mit der Kraft wertloser Begeisterung alles ins Unwesen verkehrt. (Geschichtlich taucht wohl das Bild Napoleons als ein von seiner Sendung begei-
sterter, unsittlicher Agent der Weltgeschichte auf, der alles und alle zum
Diener seines Eigenwillens macht.) Jedenfalls bewährt sich darin die religiöse
Gesinnung, daß ihre Menschenliebe den Gegenhaß erzeugt, welcher die
Menschheit aus den Fesseln der Nichtswürdigkeit zu lösen sucht.

Es bleibt übrig, den anderen Problemkomplex innerhalb einer Affektenlehre religiöser Welterschließung durchzumustern. Dabei dreht es sich, das
Schema der vier *passiones principales* religionsphänomenologisch auswei-
tend, um die nie ermüdende, in Jahrtausende ausgreifende Hoffnung für das
Menschengeschlecht. Und das impliziert das Kontrarium, die Furcht vor der

---

[12] AsL; SWV, 547.
[13] Ebd.
[14] Ebd.

Zukunft der Menschheit. Unenttäuschbare Hoffnung gehört unabtrenn-
bar zur Erscheinung religiöser, durch nichts ins Wanken zu bringenden Menschenliebe. „Endlich, ganz entschieden, unveränderlich, und ewig sich
gleich bleibend, offenbaret im Religiösen die Liebe zu seinem Geschlechte
sich dadurch, dass er schlechthin nie und unter keiner Bedingung es aufgiebt, an ihrer Veredlung zu arbeiten, und, was daraus folgt, schlechthin nie
und unter keiner Bedingung die Hoffnung von ihnen aufgiebt."[15] Hoffnung
(spes) nennt die Schulüberlieferung das freudige Aussein auf ein *bonum fu-
turum arduum*, d.h. auf ein noch in der Zukunft verborgen liegendes, sich
uns näherndes Gut, das nicht alltäglich und leicht zu erwerben ist, so als
brauchte man nur die Hand danach auszustrecken. Worauf der Religiöse
sein Hoffen setzt, ist, daß die fortschreitende Veredlung des Menschengeschlechts glückt.

Nach Kant eröffnen sich in dieser Menschheitsfrage drei Möglichkeiten,
die unsere Furcht und Hoffnung erregen. Entweder es gibt einen beständigen
Aufstieg des menschlichen Geschlechts oder einen kontinuierlichen Niedergang oder ein Verharren auf stets derselben Stufe. Die Furcht, die Menschheit
verfalle ins Arge, schließt Kant aus: Denn so würde das menschliche Geschlecht sich selbst aufreiben. Die Hoffnung, das menschliche Geschlecht
schreite beständig zum Besseren fort, nährt Kant aus der erregendsten Erfahrung des Zeitalters, der allgemeinen Teilnehmung an den Ideen der Französischen Revolution. Fichte dagegen glaubte an die in den Niedergang geführte
Selbstsucht und die Dialektik der vernichtenden Niederlage (kriegsgeschicht-
lich: die Schlacht bei Jena und Auerstädt), welche zur Selbstbesinnung
treiben. Jedenfalls zeigt der Geschichtsgang eine vielfache Überwindung des
Geistes der Eigennützigkeit und den Aufstieg zur moralisch-politischen Gesinnung der Uneigennützigkeit an. Aber haben sich solche Hoffnungen auch nur
annäherungsweise erfüllt? Werden – wie Kant erhoffte – Gewalttätigkeiten
der Mächtigen weniger? Wächst wirklich die Folgsamkeit gegenüber den Gesetzen? Werden Kriege menschlicher, seltener, gar unmöglich? Oder bestätigt
sich immer wieder die frühgriechische Welterfahrung, *Elpis*, d.i. trügerische
Hoffnung, sei eine schwankende Daseinsmacht voller Täuschungen? Wider
solchen Skeptizismus gegenüber menschlichem Hoffen vertraut der mora-
lisch-religiöse Sinn auf einen eschatologischen Glauben, daß nach Jahrtausenden über Jahrtausenden endlich doch das göttliche Reich heraustreten
muß. Er bindet sich an die Konstruktion der moralischen Ordnung einer Synthesis der Geisterwelt, in welcher kein Handeln aus gutem Willen verloren-
geht, sondern sich in einem kommenden Reich der Freiheit auswirkt. Er findet
Sicherheit in der religiösen Gewißheit, daß der Wille, die innerste Wurzel unseres Lebens, ewig fort aus der Gottheit strömt. Und er festigt sich endlich in

---

[15] AsL; SW V, 548.

einem unenttäuschbaren Hoffen, da beides, das ewige Sein und das welterschaffende Dasein, im Bande der Gottesliebe verbunden sind.

Das ermöglicht eine existenzialontologische Schlußbetrachtung. Sie zielt auf den Stand endlich-menschlichen Daseins im Schweben zwischen Furcht und Hoffen, im Einströmen der absoluten Liebe und in der religiösen Grundbefindlichkeit unbeschreiblicher Seligkeit. Hoffnung wie Furcht scheinen unaufhebbar vom Zweifel geplagt und von Ungewißheit durchdrungen. So hat Spinozas Ethik die Hoffnung als unbeständige Freude definiert, die aus der Vorstellung eines auf uns Zukommenden entsteht, an deren Ankunft wir zweifeln. Und Furcht heißt entsprechend eine unbeständige Trauer angesichts eines Übels, von dem zweifelhaft ist, ob es eintritt oder nicht.[16] Solcher Zweifel, der den Regungen von Furcht und Hoffnung ihre zitternde Angespanntheit eingibt, läßt das ganze Dasein hin und her schwanken, verschleiert ihm Wege des Fortschreitens und verbreitet Furcht vor der Zukunft und dem Scheitern menschlicher Entwürfe. Das macht unselig. „Unselig macht der Zweifel, der uns hierhin reisset und dorthin, die Ungewissheit, welche eine undurchdringliche Nacht, in der unser Fuss keinen sichern Pfad findet, vor uns her verbreitet."[17]

Wo der Zweifel, die Grundstimmung der neuzeitlichen Weltauslegung, herrscht, da ist Verzweiflung und unselige Angst. Wo die Seligkeit, die Grenzbefindlichkeit der Liebe, zum Vorschein kommt und ins Dasein tritt, da hören Zweifel, ungewisses Hoffen, zitternde Furcht und Angst vor der ungewissen Gewißheit des sich nähernden Todes auf. „Der Religiöse ist der Möglichkeit des Zweifels und der Ungewissheit auf ewig entnommen."[18] „In ihm ist keine Furcht über die Zukunft."[19] In ihm waltet das unenttäuschbare Hoffen, das, immer wieder zurückgeworfen, immer wieder neu aus der „Wurzel seiner menschlichen Existenz"[20] geschöpft wird. Unser Dasein wurzelt in einer Liebe, die sich in der Liebe des Menschen zum Menschen als solchen bekundet und die nichts ist als Prinzipat einer absoluten Liebe, die den Gipfelsätzen der Vernunftphilosophie zufolge höher ist denn alle Vernunft.

---

[16] Vgl. Eth. III prop. 18 schol. 2.
[17] AsL; SW V, 549.
[18] Ebd.
[19] AsL; SW V, 550.
[20] AsL; SW V, 549.

INTENTIONALITÄT UND EXISTENZERFÜLLUNG

Von KLAUS HELD

Zum Problem der Sinnerfahrung gehört unumgänglich die Frage, ob es so etwas wie 'Erfüllung' für die menschliche Existenz gibt und worin sie gefunden werden könnte. Den Status eines philosophischen terminus technicus hat der Begriff der Erfüllung zum ersten Mal bei Edmund Husserl erhalten. Der Begriff spielt eine prominente Rolle in seiner Lehre von der Intentionalität des Bewußtseins, also jener Theorie, die für die Phänomenologie in ihrer ursprünglichen, von Husserl entworfenen Gestalt, grundlegende Bedeutung hat: Das Bewußtsein ist 'intentional' heißt bei Husserl: es ist auf mögliche 'Erfüllung' gerichtet.

Husserl hat die Korrelation von Intention und Erfüllung zunächst entdeckt und beschrieben im Zusammenhang von Analysen, die dem Bedeutungsverstehen und der Wahrnehmung gewidmet waren. Aber als sich in der Entwicklung seines Denkens die phänomenologische Methode zu einer alle Bereiche umfassenden Philosophie erweiterte, zeigte sich, daß die Erschließungskraft des Begriffspaars 'Intention und Erfüllung' nicht auf die Interpretation der im weitesten Sinne theoretischen Akte beschränkt ist. Auch und gerade auf dem Feld der Praxis und des Ethos gibt es Intentionen mit einem Horizont möglicher Erfüllung.

Die phänomenologische Ethik ist zwar – vor allem durch Max Scheler – als eine Wertlehre und nicht als eine Ethik der Intentionalität bekannt geworden. Aber eine Theorie der Werte hängt so lange in der Luft, als sie nicht vom Grundprinzip der phänomenologischen Methode her aufgebaut wird, dem Prinzip der Korrelation von Erscheinendem und Erscheinen: Was immer dem Menschen begegnet, gewinnt seine Bestimmtheit in entsprechenden spezifischen Vollzügen, in denen es für den Menschen zur Gegebenheit kommt. Bei den 'Werten' sind diese Vollzüge die das Handeln leitenden Strebungen – die praktischen Intentionen –, durch die allein es möglich ist, daß einem Handelnden irgendwelche Ziele als 'wertvoll' erscheinen. Soll es für eine Wertethik überhaupt eine genuin phänomenologische Basis geben, so müßte sie demgemäß in einer Analyse der praktischen Intentionalität zu finden sein.

Daß die Intentionalität nicht nur das theoretische, sondern auch das praktische Verhältnis des Menschen zur Welt kennzeichnet, zeigt der Begriff der Erfüllung besonders deutlich durch den Doppelsinn, den er bei Husserl besitzt: In theoretischem Zusammenhang bezeichnet 'Erfüllung' die originäre Anschauung – die 'Selbstgebung' – dessen, was bei einer Wahrnehmung oder beim Verstehen einer Bedeutung intentional 'vermeint' ist. Neben diesem für Husserl ursprünglich maßgebenden theoretischen Erfüllungsbegriff kennt er aber auch einen praktischen Begriff von Erfüllung: Dann versteht er darunter in Anlehnung an den Alltagssprachgebrauch die affektive Befriedigung, die sich einstellt, wenn eine Handlung das erstrebte Ziel erreicht.

Viele – gerade in den neueren Bänden der *Husserliana*[1] veröffentlichte – Texte belegen, daß der 'Erkenntnistheoretiker' Husserl im Zusammenhang ethischer Fragen den Begriff der Erfüllung durchaus im Sinne der affektiven Befriedigung verstanden hat. Aber nach meinem Eindruck ist der innere Zusammenhang zwischen dem ursprünglich theoretischen und dem praktischen Erfüllungsbegriff bei ihm undurchsichtig geblieben. Der Zusammenhang müßte aber phänomenologisch geklärt werden, wenn über die Bedeutung des Intentionalitätskonzepts für die Ethik etwas Verbindliches gesagt werden soll. Und nur von hier aus führt ein Weg zu einem phänomenologisch gewonnenen Konzept von Existenzerfüllung. Ich sehe eine Möglichkeit, für die Klärung des praktischen Erfüllungsbegriffs das Denken von Heidegger heranzuziehen. Obwohl er die Phänomenologie tiefgreifend umgestaltet hat, kann man viele seiner Gedanken doch als eine Entfaltung von Möglichkeiten verstehen, die schon bei Husserl angelegt sind.

Meine Überlegungen gliedern sich in drei Schritte: Im ersten Teil möchte ich von Husserls ursprünglichem, theoretischem Erfüllungsbegriff ausgehen und erklären, warum er einerseits für die Philosophie überhaupt grundlegende Bedeutung hat, andererseits aber eine Schwierigkeit mit sich bringt, bei deren Behebung uns Husserl nicht weiterhilft. Im zweiten Teil möchte ich zeigen, auf welche Weise wir mit Heidegger aus der Schwierigkeit herausfinden können. Dabei wird entscheidend sein, daß bei Heidegger anstelle des theoretischen der praktische Erfüllungsbegriff maßgebend wird. Praktische Erfüllung bedeutet affektive Befriedigung. Das führt mich zum dritten Teil, worin ich versuchen will, ein mit Heideggers Hilfe gewonnenes Verständnis von affektiver Befriedigung für die phänomenologische Ethik der Intentionalität nutzbar zu machen und damit zu einem phänomenologischen Verständnis von Existenzerfüllung beizusteuern.

---

[1] Neben Husserliana, Bd. 27 (vgl. Anm. 14) vor allem Husserliana, Bd. 28: E. Husserl, Vorlesungen über Ethik und Wertlehre 1908–1914, Dordrecht/Boston/London 1988.

I

Als Husserl in den *Logischen Untersuchungen* zu seinem Denkweg fand, entwickelte er im Rahmen von Analysen der Bedeutungs- und Wahrnehmungsintentionen seinen ursprünglichen, theoretischen Erfüllungsbegriff. Das Begriffspaar 'Intention und Erfüllung' hatte in diesem Zusammenhang neben anderen Funktionen eine für die Philosophie als solche grundlegend wichtige Aufgabe: Es sollte sie vor ihrer Selbstzerstörung durch die Skepsis bewahren.

In der Skepsis geht es um das Sein der Gegenstände, auf das sich das Behauptungsmoment von Aussagen bezieht: Mit jeder Behauptung verleihe ich der Überzeugung Ausdruck, daß das Sein des Gegenstandes, über den ich etwas aussage, sich nicht darin erschöpft, von mir im Vollzug meines aktuellen Aussagens vorgestellt zu werden. Ich nehme an, daß das Sein des Gegenstandes über die Weise, wie er mir gegenwärtig gerade erscheint, hinausgeht: Es hat nicht den Charakter eines bloßen Für-mich-Seins, sondern den des An-sich-Seins. Die Skepsis zieht grundsätzlich in Zweifel, daß sich diese Überzeugung verifizieren läßt.

Der skeptische Zweifel setzt voraus, daß man das Behauptungsmoment von Aussagen isolieren und aus ihnen entfernen kann und daß man danach dasjenige Moment übrigbehält, das die Sprachanalytik als propositionalen Gehalt bezeichnet. Zu diesem Gehalt gehört die Bestimmtheit des Gegenstandes. In der Sicht der Skepsis kann ich mir die Bestimmtheit eines Gegenstandes vorstellen, ohne damit die Behauptung seines Ansichseins verbinden zu müssen; diese Behauptung ist etwas Nachträgliches.

Demgegenüber fragt die Phänomenologie, wie ich die Vorstellung von der Bestimmtheit eines Gegenstandes ursprünglich gewinne. Ich kann sie nur in einer Erlebnissituation erlangen, in der mir der Gegenstand als etwas gegenüber meinem aktuellen Vorstellen An-sich-Seiendes erscheint. Das ursprüngliche Kennenlernen von Gegenstandsbestimmtheit ist ohne Behauptungsmoment nicht möglich. Die Phänomenologie überwindet die Skepsis, indem sie auf diejenigen Erlebnisse rekurriert, die uns den ersten Zugang zur Bestimmtheit von Gegenständen verschaffen und in denen sich das Erscheinen dieser Bestimmtheit vom Ansichsein der Gegenstände noch gar nicht trennen läßt. Diese ausgezeichnete Erlebnissituation hat Husserl als die originäre Gegebenheit oder Selbstgebung des Gegenstandes bezeichnet.

Gegen die Annahme, daß es solche Erlebnissituationen gibt, könnte der Skeptiker den Einwand erheben, sie seien nur eine Erfindung zum Zweck der Widerlegung der Skepsis. Aber dieser Einwand wird durch die phänomenologische Entdeckung entkräftet, daß im Sinn des Umgangs mit jeglicher Art von Gegenständen ein Verweis auf Erlebnissituationen liegt, die uns originär den Zugang zu ihrer jeweiligen Art von Bestimmtheit und Ansichsein verschaffen.

Die Originarität solcher Situationen ist dadurch garantiert, daß sie ihrerseits keinen solchen Verweis mehr enthalten. Und auf sie zu rekurrieren ist deshalb möglich, weil die Situationen nicht originären Erlebens immer in geregelter Weise auf sie verweisen: Sie zeigen nämlich an, auf welchem Wege der Erfahrende aus der Situation der Nichtoriginarität in die der Originarität gelangen könnte. Mit dem Aufweis solcher Verweisungszusammenhänge entzieht die Phänomenologie der Skepsis die Grundlage.

Seit Husserl hat sich die Formulierung eingebürgert, das Bewußtsein sei intentional, sofern es 'Bewußtsein-von-etwas' ist, d. h. sich auf Gegenstände verschiedener Art bezieht. Bei der gedankenlosen Wiederholung dieser Formulierung wird der folgende Zusammenhang oft nicht beachtet: Die Gegenstände erscheinen dem intentionalen Bewußtsein mit einem ihrer jeweiligen Bestimmtheitsart entsprechenden Ansichsein. Das können sie aber nur, weil dem Bewußtsein jeweils der Verweisungszusammenhang vertraut ist, dem es nachgehen könnte, um die originäre Erlebnissituation der Selbstgebung aufzusuchen. Deshalb liegt in der Überzeugung des Bewußtseins, es mit an sich seienden Gegenständen zu tun haben, die Tendenz, dem Verweisungszusammenhang so lange zu folgen, bis sich diese Tendenz im Ankommen bei der Selbstgebung erfüllt. So hat das intentionale 'Bewußtsein-von-etwas' keinen statischen Charakter, sondern ist grundlegend gekennzeichnet durch eine Dynamik: die Tendenz, bei solcher Erfüllung anzulangen.

Die Erfüllung, d. h. das Ankommen in der originären Erlebnissituation, ist durch das Bewußtsein des Erfahrenden gekennzeichnet, nicht noch weiter verwiesen zu werden. Diese verweisungsfreie Gegenwart des Gegenstandes für das Bewußtsein hat Husserl gemeint, wenn er die Selbstgebung mit dem mißverständlichen Begriff der Anschauung charakterisierte, und er hat versucht, für jede Gegenstandsart die spezifische selbstgebende Anschauung aufzuweisen. Aber grundlegender als das Problem, wie sich die verschiedenen Arten von Intentionen erfüllen, ist die Frage, wie die von Husserl vorausgesetzte Verweisungsfreiheit von Erfüllungserlebnissen überhaupt denkbar ist. Von der Beantwortung dieser Frage hängt die Rechtmäßigkeit der Annahme ab, daß Intentionen erfüllbar sind. Ohne Erfüllbarkeit ist die ganze Phänomenologie der Intentionalität auf Sand gebaut.

Es gibt grundsätzlich zwei Möglichkeiten, wie eine Erlebnissituation beschaffen sein könnte, in der das Weiter-verwiesen-Werden ein Ende hat. Das eine Ende kann nur dort liegen, wo der Verweisungszusammenhang gleichsam beginnt, also in der Situation der originären Erfahrung des Gegenstandes. In ihr stoßen wir ursprünglich auf sein Ansichsein. Wenn der Gegenstand 'an sich' besteht, heißt das: seine Existenz ist in gewisser Weise vom Bewußtsein unabhängig und damit auch von der Verwiesenheit eben dieses Bewußtseins auf weitere Erlebnissituationen. Das Erlebnis der Selbstgebung besteht darin, daß das Bewußtsein bei dieser Selbständigkeit des Gegenstandes gegenüber dem Verweisungsbewußtsein ankommt. Es findet Halt in dieser Selbständigkeit, und das setzt der Bewegung des Weiter-verwiesen-Werdens ein Ende. Die erste Form der Verweisungsfreiheit muß also in der originären Erfahrung vom Ansichsein des Gegenstandes zu finden sein.

Das andere Ende des Verweisungszusammenhangs kann nur dort liegen, wo er gewissermaßen aufhört. Der Zusammenhang hört auf, wenn er vollständig durchlaufen ist und uns in einem entsprechenden Erlebnis als ganzer gegeben ist. Nun liegen die Verweisungszusammenhänge, denen sich die einzelnen Gegenstände einfügen, indem sie intentional erlebt werden – die „Horizonte", wie Husserl in seiner Entwicklung nach den *Logischen Untersuchungen* formuliert hat –, nicht beziehungslos nebeneinander. Eben weil es sich bei den Horizonten um Zusammenhänge von Verweisungen handelt, verweisen sie auch unter sich aufeinander. Den Verweisungszusammenhang für alle Verweisungszusammenhänge, den ‚Horizont der Horizonte', bezeichnet der phänomenologische Begriff der Welt. Die zweite Möglichkeit, wie ein Erlebnis verweisungsfrei sein kann, läßt sich demnach nur so denken, daß die Welt selbst erscheint.

Wenn wir versuchen, die beiden Formen von Verweisungsfreiheit näher zu charakterisieren, stoßen wir beide Male auf die gleiche Schwierigkeit. Auch wenn uns ein einzelner Gegenstand originär in seinem Ansichsein begegnet, heißt das nicht, daß er ohne Kontext auftaucht: Er befindet sich unter anderen Gegenständen, und wir wissen außerdem, daß uns derselbe Gegenstand auch anders als in der Form der Selbstgebung gegeben sein könnte. Das gibt dem Bewußtsein die Möglichkeit, sowohl der Beziehung des Gegenstandes zu den anderen Gegenständen als auch seinen anderen Gegebenheitsweisen nachzugehen. Dadurch, daß der Gegenstand als Gegenstand erscheint, tun sich also unvermeidlich Horizonte auf, und für das Weiter-verwiesen-Werden scheint es doch kein Ende zu geben.

Etwa Ähnliches gilt für das Erscheinen der Welt als das Gesamtgeflecht aller Verweisungsbezüge. Wenn dieses Ganze der Welt in einem Erlebnis gegeben sein soll, scheint das nur so möglich zu sein, daß sie zum Gegenstand des Erlebnisses wird. Als Gegenstand eröffnet sie uns aber durch ihren Gegenstandscharakter die Möglichkeit, Verweisungen nachzugehen, durch die ihre aktuelle Erscheinungsweise mit anderen Gegebenheitsweisen und anderen Gegenständen in Zusammenhang gebracht werden kann.

Wenn der an sich seiende Gegenstand und die Welt als Gegenstände erfahren werden, ist eben damit die Verweisungsfreiheit schon verlorengegangen und dem Erlebnis fehlt der Charakter der Selbstgebung, in der das intentionale Bewußtsein seine Erfüllung findet. Demnach kann sich die intentionale Tendenz des Bewußtseins nur dann auf eine wirklich befriedigende Weise erfüllen, wenn es möglich ist, das Ansichsein eines einzelnen Gegenstandes und die Welt als Welt so zu erleben, daß sie dabei nicht als Gegenstände erscheinen. ‚Als Gegenstand erscheinen' heißt in der Sprache Husserls: zum 'Thema' der Aufmerksamkeit des intentionalen Bewußtseins werden. Das eigentliche Erfüllungserlebnis muß dadurch gekennzeichnet sein, daß darin das Ansichsein eines Gegenstandes und die Welt als Welt unthematisch zur Gegebenheit kommen.

Ist das so charakterisierte Erfüllungserlebnis nur eine Konstruktion zur Behebung der Schwierigkeiten, in die die Phänomenologie bei dem Versuch gerät, die Skepsis endgültig zu überwinden? Oder sind Erlebnisse solcher Art wirklich erfahrbar? Für die Beantwortung dieser Frage hat erst Heidegger mit der Analyse des In-der-Welt-Seins in *Sein und Zeit* das Rüstzeug geliefert.

II

Voraussetzung von Heideggers Analyse war ein Wechsel vom theoretischen zum praktischen Erfüllungsbegriff. Anstelle der von Husserl bevorzugten Wahrnehmungs- und Bedeutungsintentionen erscheint bei ihm der Bereich des Handelns als das Feld, an dem die Möglichkeit von Erfüllungserlebnissen primär aufgewiesen werden muß.

Für diesen Bereichswechsel gab es ein phänomenologisch überzeugendes Argument: Wie im I. Teil gezeigt, ist für die Intentionalität der Erlebnisse grundlegend, daß sie jeweils in einen Verweisungszusammenhang eingebettet sind. Diese Einbettung in Horizonte tritt bei einer bestimmten Art von Handeln, dem instrumentellen Handeln, ursprünglicher hervor als bei den Akten der Theorie und der Wahrnehmung, von denen Husserl zunächst ausgegangen war. Bei den Akten des instrumentellen Handelns ist nämlich im Unterschied zu diesen Akten keine nachträgliche Reflexion erforderlich, um ihre Einbettung in Verweisungszusammenhänge ans Licht zu bringen. Jede Handlung, mit der wir einen bestimmten Zweck durch den Gebrauch eines geeigneten Mittels zu verwirklichen suchen, ist bereits in ihrem Vollzug von dem ausdrücklichen Bewußtsein von Verweisungen begleitet; denn jedes Mittel verweist als Mittel auf den Zweck, um dessentwillen es eingesetzt wird, und jeder Zweck auf die für seine Realisierung erforderlichen Mittel.

Die Gegenstände, die beim instrumentellen Handeln als Mittel gebraucht werden, bezeichnet Heidegger als das ‚Zeug' und den durch den Mittelgebrauch entstehenden Verweisungszusammenhang als ‚Bewandtniszusammenhang'.[2] Zum Gebrauch des Zeugs gehört das Bewußtsein von seiner Verläßlichkeit. Mittel des instrumentellen Handelns sind dann verläßlich, wenn man weiß, daß man sich nicht eigens mit ihnen beschäftigen muß, um sie gebrau-

---

[2] Vgl. M. Heidegger: Sein und Zeit (in den folgenden Fußnoten abgekürzt: SuZ), 8., unv. Aufl., Tübingen 1957, § 18.

chen zu können. In einer eigens inszenierten Beschäftigung mit ihnen wären sie ausdrücklich 'für uns' da. Den Gegensatz zum Für-uns-Sein von Gegenständen bildet aber ihr Ansichsein. Im Bewußtsein von der Zuverlässigkeit der Zeuggegenstände meldet sich also ihr Ansichsein.

Dieses Erscheinen des Ansichseins ist nun aber gerade nicht von solcher Art, daß das Zeug dabei als Gegenstand für uns thematisch würde. Zur Verläßlichkeit gehört nämlich, daß die Zeugdinge unauffällig bleiben. Ein Gebrauchsgegenstand erregt erst dann unsere Aufmerksamkeit und wird zum Thema, wenn er uns stört, weil er sich nicht gut oder überhaupt nicht gebrauchen läßt, d. h. wenn er seine Zuverlässigkeit und damit sein Ansichsein verloren hat.[3] Mit dieser Beobachtung hat Heidegger phänomenologisch den Weg zur Aufweisung eines wirklich befriedigenden Erfüllungserlebnisses gebahnt. Echte Erfüllung würde ein Erlebnis enthalten, bei dem ein Zeugding uns gerade in seiner unauffälligen Verläßlichkeit begegnen würde, d. h. uns diesen seinen Charakter ohne vergegenständlichende Thematisierung darbieten würde.

Heideggers Analyse enthält auch schon den Ansatz, um das andere Merkmal echter Erfüllung, das unthematische Erscheinen der Welt als Welt, am konkreten Erlebnis zu verifizieren. Die Welt des instrumentellen Handelns – also der Horizont, worin alle partikularen Horizonte solchen Handelns zusammengehören – ist der Bewandtniszusammenhang. Die so verstandene Welt bleibt als Welt beim Zeuggebrauch ebenso verborgen, wie die Zeugdinge unauffällig bleiben, solange man sich auf sie verlassen kann. Der Verweisungszusammenhang zwischen einem als Mittel gebrauchten Zeugding und einem entsprechenden Zweck erregt nämlich nur dann unsere Aufmerksamkeit, wenn er durch die Unbrauchbarkeit oder schlechte Verwendbarkeit eines solchen Dings gestört wird.

Mit der Unauffälligkeit der an sich seienden Zeugdinge geht also eine Unauffälligkeit des Verweisungszusammenhangs, d. h. eine Verborgenheit des Welthorizonts, in den sie hineingehören, Hand in Hand. Die Welt gibt die Zeugdinge gerade dadurch für ihr Ansichsein, d. h. für ihre unauffällig zuverlässige Brauchbarkeit im instrumentellen Handeln frei, daß sie mit ihrem eigenen Erscheinen zurückhält. Die Welt hält sich selbst zugunsten des unauffälligen Erscheinens der Zeugdinge im Verborgenen. Mit der Entdeckung dieses Zusammenhangs bereitet sich in § 18 von *Sein und Zeit* die tiefgreifende Verwandlung der Phänomenologie in jenen „Phänomenologie des Unscheinbaren" vor, von der Heidegger in seiner Spätzeit gesprochen hat.[4]

Weil sich die Unauffälligkeit des Zeugs der Verborgenheit der Welt verdankt, steht zu erwarten, daß in einem Erlebnis, worin uns ein Zeugding un-

---

[3] Vgl. SuZ § 16, S. 75 f.
[4] Vgl. M. Heidegger: Vier Seminare, Frankfurt a. M. 1986 (Gesamtausgabe, Bd. 15), S. 399.

thematisch in seiner unauffälligen Verläßlichkeit begegnen würde, auch die Welt als Welt ohne Vergegenständlichung aus ihrer Verborgenheit auftauchen könnte. Aber wie läßt sich diese Erwartung durch eine konkrete phänomenologische Analyse einlösen?

Weil überall die Mittel auf die Zwecke verweisen, ist für das instrumentelle Handeln eine gewisse Unruhe konstitutiv: Jeder Gegenstand des Gebrauchs taucht nur ‚um willen' des Zwecks auf, für dessen Verwirklichung er als ein geeignetes Mittel erscheint. Deshalb kann das Bewußtsein – oder in der Sprache Heideggers: das Dasein – bei keinem dieser Gegenstände gesammelt verweilen; es ist im Gebrauch über jedes solche Zeugding auch immer schon hinaus. Um sich ein Zeugding als solches gesammelt begegnen lassen zu können, müßte das Dasein die Möglichkeit haben, die Unruhe des instrumentellen Handelns zu überwinden.

Diese Möglichkeit besteht nun tatsächlich: Sie ist durch die Verweisungsstruktur des 'Umwillen' vorgezeichnet, die das instrumentelle Handeln charakterisiert: Jedes Mittel wird eingesetzt um willen eines Zwecks, der seinerseits wiederum im Hinblick auf einen übergeordneten Zweck mediatisiert werden kann. Diese Kette der Umwillen kann aber kein regressus in infinitum sein. Sie ist gleichsam aufgehängt an einem ersten Umwillen, nämlich dem Dasein selbst, dem es bei allem instrumentellen Handeln letztlich um sich selbst geht.[5]

Das Dasein kann unter allen seinen Handlungsmöglichkeiten die ausgezeichnete Möglichkeit finden, daß es sich auf sich selbst als nicht mehr mediatisierbares Umwillen besinnt und sich von diesem Selbst nicht durch den alltäglichen Betrieb des instrumentellen Handelns ablenken läßt. Die menschliche Existenz – das Möglichsein aller Handlungsmöglichkeiten – verändert damit ihre Seinsweise. Sie transzendiert den alltäglichen Existenzmodus, der die Möglichkeiten des instrumentellen Handelns ermöglicht. Der neue Existenzmodus beruht darauf, daß das Dasein ausdrücklich seines je eigenen Selbst inne wird. Wegen des Bezugs auf das unverwechselbar Eigene des Selbst hat Heidegger diesen Existenzmodus als den der Eigentlichkeit bezeichnet.[6]

Weil das Dasein in der Eigentlichkeit beim nicht mehr mediatisierbaren Umwillen ankommt, gewinnt es dadurch eine Ruhe, durch die es gesammelt bei einem Zeugding verweilen kann. Dieses Verweilen kann nicht darin bestehen, daß dem Zeugding der Charakter genommen wird, durch den es überhaupt ein Zeugding ist, nämlich seine Einbettung in den Universalhorizont 'Welt'. Aber diese Einbettung kann nun anders in Erscheinung treten, nämlich auf eine von der Unruhe des instrumentellen Handelns befreite Weise. Als Mittel im Gebrauch verweist das Zeugding jeweils auf bestimmte Zwecke, für die es

⁵ Vgl. SuZ § 18, S. 84.
⁶ Vgl. SuZ § 9, S. 42 f.

gebraucht wird, und die Unruhe der Existenz besteht darin, daß das Dasein solchen einzelnen Verweisungen folgt, also sich innerhalb des Verweisungszusammenhangs bewegt. Das Dasein kann beim Zeugding verweilen, indem es zu dieser in der Welt stattfindenden Bewegung Distanz gewinnt und damit den Verweisungszusammenhang als ganzen, die Welt als Welt in Erscheinung treten läßt.

Auch wenn das eigentlich existierende Dasein beim Zeugding verweilt, bewahrt das Ding also seine Einbettung in den Verweisungszusammenhang. Deshalb behält es auch den Charakter der unauffälligen Verläßlichkeit. Es wird also nicht als Gegenstand thematisch. Trotzdem bekommt es für das Dasein, das gesammelt bei ihm verweilt, eine neue Bedeutung, weil in ihm nun die Welt als Welt zur Erscheinung kommt. Das Ding wird gleichsam zum Brennpunkt, zum focus, worin die Welt als Welt aufleuchtet.[7] Diese Fokussierung der Welt im Gebrauchsding, wie sie durch die ruhige Gesammeltheit der Eigentlichkeit möglich wird, hat Heidegger als der Phänomenologe, der er bis zuletzt geblieben ist[8], in seinen späten, dem Ding gewidmeten Erörterungen erläutert.[9]

Heidegger hat damit – in die Sprache Husserls rückübersetzt – den noematischen Gehalt der Erlebnisse echter Erfüllung aufgewiesen und so den Schritt getan, durch den sich die phänomenologische Widerlegung der Skepsis vollendet. Echte Erfüllungserlebnisse gibt es nur im Existenzmodus der Eigentlichkeit, und sie sind dadurch gekennzeichnet, daß einzelne Mittel instrumentellen Handelns zu Brennpunkten werden, in denen die Welt aufblitzt. Diese Mittel brauchen im übrigen nicht nur die Zeugdinge zu sein, auf die sich Heidegger beschränkt hat. Auch unsere eigenen Handlungen fungieren ja beim instrumentellen Handeln als Mittel zur Verwirklichung von Zwecken.[10] So kann in der Eigentlichkeit auch jede Handlung zu einem Brennpunkt der Welt werden und – in Husserlscher Sprache formuliert – als ein 'Noema' der eigentlichen Erfüllung in Erscheinung treten.

[7] Ich übernehme das Bild des focus von Albert Borgmann, der den Begriff "focal things and practices" eingeführt hat. Vgl. A. Borgmann: Technology and the Character of Contemporary Life, Chicago/London 1984, S. 4 u. ö.

[8] Diese Behauptung habe ich zu rechtfertigen versucht in den Aufsätzen: Heidegger und das Prinzip der Phänomenologie, in: A. Gethmann-Siefert u. O. Pöggeler (Hrsg.): Heidegger und die praktische Philosophie, Frankfurt a. M. 1988, S. 111 ff., und: Die Endlichkeit der Welt. Phänomenologie im Übergang von Husserl zu Heidegger, in: B. Niemeyer u. D. Schütze (Hrsg.): Philosophie der Endlichkeit. Festschrift für Erich Christian Schröder zum 65. Geburtstag, Würzburg 1992, S. 130 ff.

[9] Vgl. von Heidegger vor allem die Vorträge: ›Bauen Wohnen Denken‹ und ›Das Ding‹, in: Vorträge und Aufsätze, Tübingen 1954.

[10] Vgl. hierzu v. Vf.: Eigentliche Existenz und politische Welt, in: K. Held u. J. Hennigfeld (Hrsg.): Kategorien der Existenz. Festschrift für Wolfgang Janke, Würzburg 1993.

Als der Verweisungszusammenhang, der die Mittel des instrumentellen Handelns auf unauffällige Weise für ihren störungsfreien Gebrauch freigibt, bleibt die Welt selbst unauffällig, also verborgen. Auch wenn die Mittel zu Brennpunkten für die Welt werden, behalten sie den Charakter des Mittels, d. h., sie verdanken ihre Verläßlichkeit, ihr Ansichsein, der Verborgenheit der Welt. Wenn die Welt in den Brennpunkten als Welt aufleuchtet, so hat dieses Aufleuchten demnach den Charakter eines Hervortretens aus der Verborgenheit. Das Licht der Welt tritt im eigentlichen Erfüllungserlebnis nicht als eine durch keinerlei Dunkelheit getrübte Helligkeit in Erscheinung, sondern nur im Gegenzug zu der Dunkelheit der Verborgenheit, durch die uns das Licht der Welt auch vorenthalten bleiben könnte. So ist dieses Erscheinen der Welt eine Freigabe aus der Verborgenheit.

Diese Freigabe ist kein Gegenstand, und deshalb kann sie als solche auch nicht gegenständlich erfahrbar sein. Sie kann sich im Gehalt des Erfüllungserlebnisses nur durch eine Stimmung melden – eine Stimmung, mit der das Dasein auf das Geschenk der Freigabe antwortet. Diese Stimmung hat den Charakter der Freude; sie ist eine Hochstimmung.[11] Das Aufkommen solcher Hochstimmung ist aber an die Fokussierung der Welt in einem Mittel des Handelns gebunden. Deshalb löst jedes Mittel, das zum Brennpunkt der eigentlichen Existenz wird, beim Dasein Gefühle aus, die wir mit Bezeichnungen wie Lust, Genuß, Freude oder Annehmlichkeit umschreiben.

Durch diese Gefühlte hat die eigentliche Erfüllung den Charakter einer affektiven Befriedigung. Wie eingangs bemerkt, kennzeichnet dieser Charakter die praktische Erfüllung. Der ursprünglich theoretische Erfüllungsbegriff Husserls hat einen formalen Charakter. Erfüllung bedeutet das Ankommen des intentionalen Bewußtseins in der Verweisungsfreiheit der Selbstgebung. Der praktische Erfüllungsbegriff enthält demgegenüber ein zusätzliches, materiales Moment: die Befriedigung des handlungsmotivierenden Strebens beim Ankommen in einer solchen Situation. Diese Befriedigung ist zunächst dadurch gekennzeichnet, daß das Streben im Ankommen zur Ruhe kommt. Eine solche Ruhe begegnet uns in der Gesammeltheit der Eigentlichkeit. Aber 'Befriedigung' meint darüber hinaus ein Gefühl, durch welches das Leben als glücklich empfunden wird. Eben dieses Gefühl ist die freudige Hochstimmung, die sich im eigentlichen Erfüllungserlebnis einstellt.

---

[11] Diese Hochstimmung habe ich in kritischer Aufnahme eines Gedankens von Heidegger näher zu bestimmen versucht in dem Aufsatz: Grundstimmung und Zeitkritik bei Heidegger, in: D. Papenfuss u. O. Pöggeler (Hrsg.): Zur philosophischen Aktualität Heideggers, Bd. 1: Philosophie und Politik, Frankfurt a. M. 1991.

III

Mit der praktischen Erfüllung und ihrer affektiven Komponente betreten wir den Bereich der phänomenologischen Ethik. Der Grundcharakter der Gefühle, die zur eigentlichen Erfüllung gehören, besteht darin, daß sie sich 'an etwas' entzünden. Das 'etwas' – also ein Mittel unseres Handelns – erscheint uns als 'süß', *hedý*, wie die Griechen der Antike gesagt hätten, und deshalb ist die *hedoné*, die auf solche Weise entsteht, ein gleichsam intentionales, nämlich auf den jeweiligen Brennpunkt als seinen 'Gegenstand' bezogenes, Gefühl. Aber sie ist nicht selbst der Gegenstand, sondern nur eine Begleiterscheinung bei seinem Erscheinen. Deshalb kann der Mensch die *hedoné* nicht durch eine direkt auf sie gerichtete Intention herbeiführen.

Wie Max Scheler treffend beobachtet hat, stellen sich die glücklichen Gefühle von der Art der *hedoné* immer nur im Rücken von Akten ein, die auf andere Gegenstände als die Gefühle selbst gerichtet sein müssen.[12] Diese anderen Gegenstände sind irgendwelche eigentlich erlebten Mittel unseres Handelns, also entweder ursprünglich im Gebrauch aufgetauchte Dinge, die uns Freude oder Lust bereiten, oder Möglichkeiten unseres Handelns selbst, die wir als genußvoll erfahren. Wenn die *hedoné* unmittelbar intendiert wird, bleibt sie uns versagt.[13] Das aber erklärt sich daraus, daß die Freigabe der Welt aus der Verborgenheit nicht in der Hand des Menschen liegt. Deshalb kann er weder die Freude der eigentlichen Erfüllung noch ihr gegenstandsbezogenes 'Abfärben' auf eine *hedoné* selbst produzieren. Eine *hedoné* kann sich nur ungewollt und unverhofft einstellen. Gerade durch diese Unverfügbarkeit aber können die Gefühle von der Art der *hedoné* der menschlichen Existenz Befriedigung und damit Erfüllung bringen.

Welche Bedeutung kann die so verstandene praktische Erfüllung für eine phänomenologische Ethik haben? Husserl hat schon seit 1908 Ethik-Vorlesungen gehalten. Aber in diesen Texten spielt der Wertbegriff die maßgebende Rolle. Den Entwurf einer genuin phänomenologischen Ethik, die von der praktischen Intentionalität und ihrer Erfüllung ausgeht, hat Husserl erst in einem Aufsatz von 1924 vorgelegt, der den Titel trägt: *Erneuerung als individualethisches Problem*.[14]

Husserls geht in diesem Aufsatz von einem Wesenszug aus, den alle Inten-

---

[12] Vgl. M. Scheler: Der Formalismus in der Ethik und die materiale Wertethik, Bern, 4. Aufl. 1954, S. 56 ff., S. 259 ff., S. 360 ff. u. ö.

[13] Vgl. v. Vf.: Entpolitisierte Verwirklichung des Glücks. Epikurs Brief an Menoikeus, in: P. Engelhardt (Hrsg.): Glück und geglücktes Leben, Mainz 1985, S. 98 ff.

[14] Der Aufsatz ist abgedruckt in: E. Husserl: Aufsätze und Vorträge (1922–1937), hrsg. v. Th. Nenon u. H. R. Sepp, Dordrecht/Boston/London 1989 (Husserliana, Bd. 27), S. 20 ff. (in den folgenden Fußnoten abgekürzt: Erneuerung).

tionen haben, gleichgültig ob sie theoretischer oder praktischer Natur sind: Es gehört zum Sinn von Intentionen, daß sie sich 'bewähren' sollen. D. h., ihre Erfüllung soll vor dem Scheitern – vor der 'Enttäuschung' oder 'Durchstreichung', wie Husserl sagt – bewahrt bleiben. Deshalb sind die praktischen Intentionen auf eine Existenzerfüllung gerichtet, die dauerhaft sein soll. Wenn der Mensch sein Leben unkontrolliert laufen läßt, ist die Erfahrung unausbleiblich, daß viele Erwartungen, von denen er sich bei seinem Handeln leiten läßt, enttäuscht werden; die Ergebnisse seines Handelns befriedigen ihn nicht.

Um dieser Erfahrung vorzubeugen, muß der Mensch aufhören, sich dem Streben, das seine Handlungen motiviert, zu überlassen, ohne es aktiv unter Kontrolle zu nehmen. Er darf seine praktischen Intentionen nicht länger so hinnehmen, wie sie ohne sein Zutun – passiv – in ihm auftauchen. Er muß die Lebensführung einer umfassenden Regelung durch den Willen unterstellen.[15] Erst mit der Herrschaft der Aktivität des Willens über die Passivität des Strebens übernimmt der Mensch ausdrücklich die Verantwortung für sein Handeln. Von nun an ist er in der Lage, über die Intentionen, die sein Handeln motivieren, Rechenschaft zu geben und auf diese Weise sein Leben zu rechtfertigen. Mit der Rechenschaft, griechisch *lógos*, wird das Handeln unter die Regie der Vernunft gestellt.

Zunächst folgt der Mensch aber seinen aus der Passivität auftauchenden praktischen Intentionen, ohne sie zu kontrollieren. Solange er das tut, überläßt er sich bestimmten Existenzidealen und Lebensformen, ohne zu prüfen, ob die dabei jeweils maßgebenden Werte miteinander vereinbar sind. Er sucht die Erfüllung für sein Leben beispielsweise vorwiegend im Reichtum, in der Freundschaft, in der Gesundheit, in der Macht, in der Forschung oder worin auch immer, aber er fragt nicht, ob er für die eine Art von Befriedigung nicht bestimmte andere Arten von praktischer Erfüllung opfern muß. Deshalb wird er jedesmal – wie Husserl sich ausdrückt – „peinlich"[16] überrascht, wenn sich bestimmte Erfüllungsmöglichkeiten des Lebens als inkompatibel erweisen und sich wegen ihrer Unvereinbarkeit nicht bewähren.

Solchen peinlichen Überraschungen soll die vernünftige Kontrolle der praktischen Intentionen vorbeugen. Es gibt diese Kontrolle nach Husserl in einer weniger radikalen und einer radikalen Form. Das Ergebnis der Kontrolle in ihrer schwächeren Form ist beispielsweise die Entscheidung für einen bestimmten Beruf.[17] Mit einer solchen Entscheidung nehme ich für unvorhersehbar viele künftige Lebenssituationen bewußt in Kauf, daß im Konfliktfalle gewisse Erfüllungsmöglichkeiten zugunsten der spezifischen Befriedigung, die der Beruf bieten kann, zurücktreten müssen.

---

[15] Vgl. Erneuerung, S. 24, S. 26 f.
[16] Vgl. Erneuerung, S. 26.
[17] Vgl. Erneuerung, S. 28 ff.

Aber diese Art von Kontrolle kann mir keine Sicherheit geben, daß nicht eines Tages auf meinem Lebensweg eine unvorhergesehene Art von Erfüllung auftaucht und beispielsweise mit der beruflichen Befriedigung in einen Konflikt gerät, an dem mein Glück zerbricht. Diese Unsicherheit wird erst durch die Kontrolle in ihrer radikalen Form beseitigt. Durch sie erhält die menschliche Existenz eine Gestalt, die Husserl als Lebensform echter Humanität bezeichnet.[18] Die Erfüllung, die diese Lebensform gewährt, ist krisenfest; denn im Unterschied zu Lebensformen wie dem Beruf konkurriert sie nicht mit anderen Lebensformen. Sie ist vielmehr eine allgemeine Weise der Lebensgestaltung, die es möglich macht, in jeder der konkurrierenden Lebensformen eine Befriedigung zu finden, die von den erwähnten peinlichen Überraschungen frei bleibt.

Solange der Mensch noch nicht bei der Lebensform echter Humanität angelangt ist, muß er damit rechnen, daß ihm seine Lebensform irgendwann im Vergleich mit anderen Lebensformen als eine Einseitigkeit erscheinen wird. Er kann nicht sicher sein, daß die Erfüllung seiner Existenz nicht eines Tages an dem Ungenügen scheitern wird, das die Begrenztheit der von ihm gewählten Lebensform in ihm auslösen könnte. Im Deutschen gibt es den sprachlichen Zusammenhang zwischen 'Erfüllung' und 'Fülle'. 'Fülle' ist ein Reichtum ohne Armut. Vor dem Eintritt in die Lebensform echter Humanität hat der Mensch eine Einstellung zum Leben, die ihn befürchten läßt, daß seine Lebensform ihn wegen ihrer Armut irgendwann nicht mehr befriedigen wird.

Im Unterschied dazu beruht die Lebensform echter Humanität auf einer Einstellung, durch die von vornherein ausgeschlossen ist, daß dem Menschen die Begrenztheit seiner Lebensform als ein Mangel an Fülle erscheinen kann. Wie aber kann dies ausgeschlossen werden? Diese Frage hat Husserl in seinem Aufsatz weder gestellt noch beantwortet. Wie die Antwort lauten müßte, liegt aber auf der Hand: Es ist dann von vornherein unmöglich, daß die Beschränktheit der Lebensform die Fülle der Lebenserfüllung beeinträchtigt, wenn die Fülle erst durch die Beschränktheit ermöglicht wird.

Man kann an Husserls skizzenhaftem Entwurf einer Ethik der Intentionalität vielerlei kritisieren. Aber ihr grundlegender Mangel liegt darin, daß das Ethos der Humanität eine Leerformel bleibt, weil Husserl weit davon entfernt war, bis zu dem gerade formulierten Gedanken vorzudringen. Erst der Begriff der eigentlichen Erfüllung, wie er sich von Heidegger her bestimmen läßt, macht es möglich, den Gedanken phänomenologisch zu konkretisieren.

Mit der Fülle der Existenzerfüllung, die die „Lebensform echter Humanität" bringen soll, ist der Reichtum der Handlungsmöglichkeiten angesprochen, für die die Welt den Spielraum eröffnet. Jede Handlungsmöglichkeit ist begrenzt, aber in jeder kann, wenn sie zum Brennpunkt wird, die Welt als die

[18] Vgl. Erneuerung, S. 29, S. 33 ff.

Dimension aufblitzen, die in ihrer Verborgenheit die Fülle der Existenzmöglichkeiten bereithält. Nur durch die Beschränkung auf einen bestimmten Umkreis von Handlungsmöglichkeiten, also nur durch die Wahl einer Lebensform kann die Welt als verborgene Fülle erfahren werden. Die Voraussetzung
für diese Erfahrung aber ist die eigentliche Existenz; denn erst in ihr gewinnt
der Mensch die Bereitschaft, die durch die Lebensform gegebenen Handlungsmöglichkeiten als Geschenke aus der Verborgenheit zu empfangen.

Den Aufsatz *Erneuerung als individualethisches Problem*, auf den ich mich
zuletzt bezogen habe, hat Husserl 1924 als dritten Aufsatz einer Artikelserie
über 'Erneuerung' in der japanischen Zeitschrift *Kaizo* veröffentlicht.[19] In
einer Zeit, da die Problematik der Interkulturalität für die zusammenwach-
sende Menschheit immer bedrängender wird, erscheint es angezeigt, abschließend die Aufmerksamkeit auf den Titel und den außereuropäischen Veröffent-
lichungsort dieser Artikelserie zu lenken.

Was zunächst den Titel angeht, so signalisiert er, daß der Grundzug eines
Ethos der praktischen Intentionalität die 'Erneuerung' ist. Dieser Grundzug
ergibt sich aus dem Gedanken, daß die passiv auftauchenden praktischen Intentionen durch den vernünftigen Willen kontrolliert werden müssen, wenn
sie sich bewähren sollen. Diese Kontrolle kann nicht den Sinn haben, das
passiv vorgegebene Streben zu beseitigen; denn damit würde dem Handeln
seine Motivation genommen. Aber das Streben bekommt eine neue Gestalt, es
wird 'erneuert'. Diese Erneuerung verbessert die Aussicht auf dauerhafte Erfüllung wesentlich, ohne sie freilich jemals absolut garantieren zu können.
Deshalb besteht die Erneuerung in einer Arbeit des Menschen an sich selbst,
für die kein Ende abzusehen ist.[20] Wegen dieser Endlosigkeit braucht die Erneuerung einen unendlichen Zukunftshorizont. Dadurch steht das im Geist
der Erneuerung geführte Leben nach Husserl unter der regulativen Idee der
Unsterblichkeit.

Das Ethos Europas ist seit seiner ursprünglichen Begründung bei den Griechen vom Willen zur Erneuerung, von der unendlichen Aktivität der Vernunft
geprägt. Dies ist Husserls Überzeugung, die er 1936 in seinem letzten Werk:
Die Krisis der europäischen Wissenschaften und in der Keimzelle dieses
Werks, dem 1935 in Wien gehaltenen Vortrag: „*Die Philosophie in der Krisis
der europäischen Menschheit*", zum Ausdruck gebracht hat.[21] Im ersten Ent-

---

[19] Näheres dazu vgl. in der Einleitung der Herausgeber von Husserliana, Bd. 27,
S. X ff.
[20] Vgl. Erneuerung, S. 34 ff.
[21] Vgl. E. Husserl: Die Krisis der europäischen Wissenschaften und die transzendentale Phänomenologie, hrsg. v. W. Biemel, Den Haag 1954 (Husserliana, Bd. 6). Der
Wiener Vortrag ist in diesem Band unter dem Titel ›Die Krisis des europäischen Menschentums und die Philosophie‹ S. 314 ff. abgedruckt.

wurf einer Erneuerungsethik in den Kaizo-Artikeln bereiten sich diese späten Arbeiten vor. Daß Husserl diese Artikel für ein außereuropäisches Publikum schreiben konnte, zeigt, welchen Anspruch er mit der phänomenologischen Erneuerungsethik verbindet. Das europäische Ethos intentionaler Existenzerfüllung soll mit diesem Entwurf eine Gestalt und Rechtfertigung erhalten, durch die seine universale Geltung für die Menschheit deutlich zutage tritt. Eben dieser Anspruch erscheint heute vielen Intellektuellen geradezu anstößig. Nicht wenige Philosophen haben sich an den Olympischen Spielen des Kolumbusjahres mit dem neuen Gesellschaftsspiel 'Selbstkritik des Eurozentrismus' beteiligt. Die Verherrlichung der intentionalen Aktivität der Lebensführung und das Pathos der unendlichen Erneuerung aus dem vernünftigen Willen gehören in ihren Augen gerade zu denjenigen hervorstechenden Zügen unserer kulturellen Tradition, die als Maßstäbe für unser eigenes Leben ausgespielt haben und erst recht nicht beanspruchen dürfen, für die Menschheit vorbildlich oder gar allgemeinverbindlich zu sein.

Als Gewährsmann solcher Selbstkritik führen die Philosophen gerne Heidegger gegen Husserl ins Feld. Aber gerade mit den Denkmitteln Heideggers, wie sie in den vorangegangenen Überlegungen vergegenwärtigt wurden, läßt sich für das europäische Ethos der Intentionalität, der Existenzerfüllung durch Erneuerung, eine akzeptablere Rechtfertigung als bei Husserl geben.

In der freudigen Stimmung der eigentlichen Erfüllung erfährt der Mensch die Freigabe und das Hervortreten des Lichtes der Welt aus dem Dunkel der Verborgenheit. Diese Freigabe widerfährt dem Menschen ursprünglich in der Geburt. Durch die Geburt wird die menschliche Existenz, das Möglichsein aller Handlungsmöglichkeiten, anfänglich ermöglicht. Den Spielraum für diese Möglichkeiten eröffnet der Universalhorizont 'Welt'. Mit jeder eigentlichen Sammlung auf ein Mittel seines Handelns wird der Mensch des Erscheinens der Welt als Welt und damit des Möglichseins seiner eigenen Existenz als einer Freigabe aus dem Schoß der Verborgenheit inne. In diesem Sinne 'wiederholt' der Mensch in den echten Erfüllungserlebnissen seine Geburt. Er 'erblickt' noch einmal 'das Licht der Welt', wie der schöne Ausdruck der deutschen Sprache lautet.

Die Freude bei jeder solchen Wiederholung der Geburt ist eine Aufbruchstimmung, in der sich der gebürtliche Anfang der Existenz meldet. Die gebürtliche Hochstimmung gibt dem Menschen den Elan zu immer neuen Anfängen und eröffnet ihm damit einen offenen Zukunftshorizont. Aus diesem Elan aber und der damit verbundenen offenen Zukunft speist sich das Pathos unendlicher Erneuerung, das aus Husserls Kaizo-Artikeln spricht und das für Europa mit seiner Geschichte von immer neuen 'Renaissancen' in der Tat charakteristisch ist.[22]

[22] Vgl. hierzu v. Vf.: Husserls These von der Europäisierung der Menschheit, in:

Husserl hat das gebürtlich gestimmte Immer-neu-anfangen-Können als eine Aktivität des freien Willens interpretiert. Er stellt diese Aktivität als Herrschaft über die Passivität dar. Dadurch kann das Mißverständnis entstehen, als beruhte die Willensaktivität auf einer Einstellung, in der der Mensch glaubt, über alles selbstherrlich verfügen zu können. In Wahrheit nährt sich die gebürtliche Aufbruchsstimmung aus der Erfahrung, daß dem Menschen alle Existenzmöglichkeiten aus einem unverfügbaren Dunkel gewährt sind. Die Überschwenglichkeit des europäischen Freiheitspathos, von dem Husserls Ethik intentionaler Existenzerfüllung getragen ist, entspringt der Dankbarkeit für die Freigabe des Spielraums dieser Freiheit aus der Verborgenheit.

Chr. Jamme u. O. Pöggeler (Hrsg.): Phänomenologie im Widerstreit, Frankfurt a. M. 1989, S. 26 f.

VOM SINN DES STREBENS

Fragen an Husserls personale Ethik

Von GEORG SIEGMANN

Im folgenden soll an einem exemplarischen Text: Husserls drittem *Kaizo*-Artikel über *Erneuerung als individualethisches Problem*[1], der Sinn personaler Selbsterstrebung grundsätzlich geprüft werden. Dabei kann vielleicht etwas von der Konsequenz und Stärke wie von der Grenze und Fragwürdigkeit einer Ethik im Horizont neuzeitlichen Wissens zur Sprache kommen.[2]

Husserls phänomenologische Grundlegung einer Ethik bestimmt und erweist den Menschen als selbstbezogenes, frei tätiges, strebendes, vernünftiges Wesen.[3] Die vier Bestimmungen machen die *„ethische Persönlichkeit"*[4] aus, die sich als „Selbstregelung"[5] des Menschen je anders akzentuiert. (Terminologisch und sachlich können wir etwa die Struktur, das Prinzip, die Dynamik und das Telos ethischer Selbstregelung unterscheiden. Entsprechend konstituiert sich das formale, das personale, das materiale und das universale Moment dieser Ethik.)

Am Grundzug des *Strebens* können wir uns den Charakter einer solchen Ethik näherbringen, insofern das Praktische und Ethische gerade im Moment des Strebens konkret wird. Husserl expliziert diesen Grundzug in drei Sätzen (S. 25, Z. 10–20):

1. Das Leben des Menschen ist durchgängig Streben. Streben aber heißt „letztlich" positives Streben, zielt ab auf positive Werte. Positiv ist das Streben, insofern es auf etwas hinzielt, das von ihm als ein Gutes vorgestellt (vermeint)

---

[1] Husserliana, Bd. 27, Vorträge und Aufsätze (1922–1937), hrsg. von Th. Nenon und H. R. Sepp, Dordrecht/Boston/London 1989, S. 20–43 (zuerst 1924 in japanischer Übersetzung erschienen). Ich zitiere aus diesem Aufsatz nur mit Seiten- und Zeilen-Angabe.

[2] Wesentliche Anregungen zu diesem Versuch verdanke ich der eindringlichen Interpretation und Diskussion des genannten Husserl-Textes im Wuppertaler „Phänomenologischen Kolloquium" (im Wintersemester 1991/92, unter der Leitung von A. Aguirre, K. Held und H. Hüni).

[3] Vgl. besonders S. 23–26.

[4] S. 39, Z. 28–29.

[5] S. 28, Z. 35.

wird und das, wenn es erreicht ist, das Streben befriedigt und 'erfüllt'[6]. Positiv
heißt also: als gut gesetzt. Das als gut Gesetzte ist der Wert. („Positive Werte"
sind insofern ein Pleonasmus.)

2. Alles negative Streben ist nur ein Übergang zu positivem Streben. – Negativ ist ein Streben, das wegstrebt von solchem, das das Leben des Menschen
(sein Streben nach Erfüllung bzw. die Erfüllung seines Strebens) behindert
oder bedroht oder unmöglich macht: das ist das Unwerte, das Schlechte. – Offenbar will Husserl sagen, daß das negative Streben nicht nur die andere Seite
des positiven Strebens ist (alles Streben ist ein Weg-von-einem-Unwert-hin-
zu-einem-Wert), sondern ein eigenes Phänomen, das allerdings ein Übergangs-
phänomen darstellt, also nicht ein zweites gleichrangiges (Konstitutions-)
Prinzip des Strebens abgibt. Die ('negative') Furcht vor dem Tod und die ('positive') Liebe zur Wissenschaft etwa wären, recht verstanden, keineswegs zwei
grundverschiedene Motive des Strebens, sondern lägen zuletzt auf einer Linie,
hätten zuletzt denselben Sinn ('Unsterblichkeit').[7]

3. Alles Streben ist Anspannung *(intentio)*. Kommt diese an ihr Ziel (d.h.,
entkommt sie ihrem Übel oder erlangt sie ihr Gutes), dann entspannt sie sich,
entweder in der Schmerzlosigkeit, wie sie erfahren wird, wenn das gefürchtete
oder gefühlte Übel gewichen ist, oder in der Lustlosigkeit, wie sie sich im
Genuß „bis zur Neige'" einstellt. Husserl denkt hier nicht an den üblen Geschmack des letzten Schlucks, des letzten Rests, des Bodensatzes, der Hefe am
Grunde eines Weinkrugs[8], aber auch nicht an das glückliche Zusammenfallen
des letzten, süßesten Tropfens mit der vollkommen Befriedigung, sondern
einfach daran, daß mit der Lustspannung auch die Lust zu Ende geht. Ist eine
spannungslose Lust, wie sie vielleicht der Mystiker oder der Müßiggänger
'kennen', für Husserl ebensowenig eine mögliche Erfahrung wie der Ekel in
der Sättigung, der Überdruß inmitten der Lebensfülle? Statt dessen sieht Husserl eine doppelt mögliche Indifferenz (Schmerz- oder Lustlosigkeit); diese
„motiviert alsbald neue positive Strebungen", eben um die entstandene (Le-
bens-)Leere mit (Lebens-)Wertem zu füllen.

Offenbar vollzieht sich also nach Husserl das ethische Leben erstens in der
Letztform des positiven Strebens, zweitens in der Vorform des negativen Strebens und drittens in der Leerform übergängiger Entspannungszustände.

Zu diesen grundlegenden Bestimmungen ergeben sich grundlegende
Fragen. Orientiert Husserl seine Vorstellung vom menschlichen Streben an

---

[6] Zur phänomenologischen Weite und Tiefe des „Erfüllungssinns" vgl. K. Held, Intentionalität und Existenzerfüllung, in diesem Band, S. 101–116.

[7] Platons Phaidon hat die philosophische Grundlinie vorgezeichnet, daß wir nicht
den Tod, sondern eigentlich die Furcht vor dem Tod zu fürchten haben, und Husserl
bleibt auf dieser Linie, indem er sie freilich 'erneuert' und begradigt.

[8] Vgl. z. B. Psalm 75, 9.

der elementaren Selbsterhaltung, wie sie negativ durch Flucht und Abwehr, positiv durch Jagd und Einverleibung gelingt? Taugt dieses 'biologische Modell' dazu, auf alle menschlichen Verhaltungen und Verhältnisse als erklärender Grundtypus ausgeweitet zu werden? Ist zum Beispiel trauernde Anteilnahme oder großzügige Nachsicht ein positives oder ein negatives Streben? Wie gehört das negative Streben zum „letztlich"[9] positiven Streben? Als seine Vorbereitung? Als eine zeitweilige Unterbrechung? Als Ausnahme zur Regel? Oder sind 'positiv' und 'negativ' nur Akzentverschiebungen im Streben, je nachdem, ob das Woher oder das Wohin dem Strebenden näherliegt? Hat doch jedes Wegstreben auch einen besseren Zustand als Ziel im Sinn (wie unbestimmt auch immer); und jedes positive Hinstreben ist doch immer auch ein Weg-von-dem-gegenwärtigen-Zustand, in dem das Strebende des Erstrebten noch mehr oder weniger fühlbar ermangelt. Oder ist das Streben an sich positiv und das negative Streben nur ein Selbstmißverständnis, und das sogar im äußersten Fall der selbstmörderischen Verzweiflung, wenn ein Mensch sein Loskommen vom Leben nicht mehr als Lebensziel erkennt?

Oder spricht umgekehrt das unzufriedene 'So wie es ist, soll es nicht bleiben' eher das allgemeine Bestreben der Menschen aus, nicht nur weil die Menschen ihr Leben selten als ungestört erfahren, sondern auch weil das Wohin des Strebens grundsätzlich in einer gewissen Ferne, das Wovonweg des Strebens aber (der Mangel, der Schmerz, der Trübsinn usw.) unmittelbar gegenwärtig ist? Dann wäre das Wegstreben der *Grund*typus, das positive Streben aber eher der *Ideal*typus der menschlichen Bestrebungen?

Es ist offenbar noch komplizierter. Erweist sich doch oft genug das positiv Erstrebte als etwas, das, wenn es 'in Erfüllung geht', nicht erfüllt, was es verspricht. Das Erreichte ist oft eine Enttäuschung. Das Erwünschte kann sich, indem es erlangt wird, allmählich oder plötzlich herausstellen als ein Unerwünschtes, was wir wieder loswerden möchten, oder als ein Gleichgültiges, womit wir nichts anfangen können, oder auch als ein Zweideutiges, was wir genießen *und* verabscheuen und weder ganz bejahen noch ganz verneinen wollen. – Husserl zitiert aus Goethes *Faust*: „'Es irrt der Mensch, solang er strebt'", und kommentiert: „also solang er Mensch ist".[10] Husserl sieht also solche Enttäuschungen nicht nur als gelegentliche Widerfahrnisse, sondern als „faktisch unvermeidlich"[11] an. Geht also das positive Streben selbst in ein negatives Streben über? Dann dürfen wir auch von der noch dunkleren Aussicht nicht absehen, daß es womöglich ein Streben *nach* dem Negativen gibt, ja daß womöglich das positive Streben, das eigentlich Negative, nämlich eine endlose, sinnlose Selbstbeirrung und Selbstverzehrung ist.

---

[9] S. 25, Z. 11.
[10] S. 34, Z. 19–20.
[11] S. 34, Z. 23–24.

Husserl sieht die „spezifischen Gefahren" des Strebens als Weg der indivi-
dualethischen (d. h. personalen) Erneuerung, nämlich „seine möglichen
Typen von Selbsttäuschungen, Selbstentgleisungen, seine dauernden Entar-
tungen, seine Formen habitueller Selbstverlogenheit, der unmerklichen ethischen Kautelen"[12], aber er hält unbeirrt an der positiven Grundrichtung fest.
Die (Selbst-)Kritik des positiven Strebens und seiner möglichen Verirrungen
wird letztlich am absoluten Maßstab absoluter Einstimmigkeit (Dauer, Universalität usw.) möglich. Das Streben feit sich gerade dadurch gegen letzte Enttäuschungen, daß es selbst absolut positiv wird, das heißt, sich das absolut Positive, den absoluten Wert, zum Ziel nimmt. So ist es nur (absolut) konsequent, daß Husserl ('letztlich') das, was Kant 'kritisch' unterscheidet (das
theoretisch Gegebene, das praktisch Gesollte und das bloß subjektiv Empfundene), in eins setzt: ins Positive. Das Positive ist das Erstrebte, das als Erfüllung des Strebens zugleich wirklich, gut und angenehm ist. (Das schlechthin
Positive ist die Einstimmigkeit des universalen Horizontes und der vollkommenen Persönlichkeit.)
    Es ergibt sich aber ein immanentes Dilemma des Strebens nach positiver Er-
füllung. Jedes erreichte Ziel erweist sich im Genuß als Spannungsabbau, führt
zur Entspannung. Die Erfüllung wird so zur Leere. Die Leere wird merklich,
wird zum fühlbaren Mangel (zur Langeweile, zum Gefühl der 'Sinnlosigkeit').
Insofern dies für jede Erfüllung gilt, erscheint das Streben prinzipiell als
sinnlos, weil ohne Letzterfüllung. Erweist sich die absolute Erfüllung als so
etwas wie die absolute Langeweile, als eine absolute Enttäuschung, die das
Streben deshalb – selbsttäuscherisch – ins Unbestimmte aufschiebt, indem es
sich nämlich dem absolut Positiven „unendlich" annähert?[13]
    Wir müssen im Sinne Husserls genauer fragen, welcher Art die im Ausko-
sten einer Lust eintretende Lustlosigkeit ist. Ein zufälliges Resultat? Ein gele-
gentlicher Zwischenzustand? Ein notwendiger Umschlag aller Lustempfin-
dung? Eine unglückliche Fixierung? Oder die alltägliche Indifferenz?[14]
    Wie steht diese Leere der Lustlosigkeit zur Leere, die eintritt, wenn ein
Schmerz abklingt, abgeklungen ist? Entsprechen den zwei Formen der Anspannung (dem positiven und dem negativen Streben) auch zwei Formen der
Entspannung oder fallen beide in der Entspannung in *eine* Indifferenz? Ist die
Indifferenz (Leere an Richtung und Spannung) immer nur die Folge vorherge-
hender Spannung oder eher die aller Spannung vorausliegende, ermögli-

---

[12] S. 39, Z. 4–7.

[13] „Der *absolute Limes* [...] ist das ‚echte und wahre Ich', das [...] jeder Mensch in
sich trägt, das er unendlich ersehnt und liebt und von dem er sich immerzu unendlich
fern weiß." S. 33, Z. 37 bis S. 34, Z. 4.

[14] Heidegger denkt diese Indifferenz als „die oft anhaltende, ebenmäßige und fahle
Ungestimmtheit", in der „das Dasein ihm selbst überdrüssig wird". Sein und Zeit, Tübingen [15]1979, S. 134.

chende Offenheit (als Gleichgültigkeit im Alltag, als Gleichmut in der Sammlung, als Freiheit im Augenblick)? Liegen alle genannten Strebephänomene
auf einer Linie vom Unwert zum Wert: Schmerz – Meiden – Schmerzlosigkeit
= Lustlosigkeit – Suchen – Lust? Oder gibt es eine Unstetigkeit, einen Bruch
auf dieser Strecke, insofern das negative Streben eine andere Leere sucht als
die, die das positive Streben überwinden will?

Sind Schmerzlosigkeit und Lustlosigkeit überhaupt leer – an Schmerz und
Lust? Erscheint nicht Schmerzlosigkeit als ein wünschenswerter, Lustlosigkeit
aber gerade als ein unerwünschter Zustand? Erscheint Spannungslosigkeit
nicht einmal als Seligkeit (als 'Meeresstille der Seele', als 'Ruhe des Gewissens', als 'Friede Gottes'), dann wieder als heimlichste Qual (der Langeweile,
der Monotonie, der Sinnlosigkeit)?[15] Wie kommt es zum Wechsel, zum
Wechsel von Schmerz und Lust, zum Wechsel der Richtung des Strebens? Verursacht gerade die Indifferenz, die Leere diesen Wechsel? Motiviert die Leere
sowohl das negative Streben (die Leere als Ziel, von aller Beeinträchtigung frei
zu werden) als auch das positive Streben (die Leere als Mangel an Lebensspan-
nung, an Lebensfülle)?

Wie aber kann das Nichts an Spannung bewegen, motivieren – noch dazu
in zwei verschiedene Richtungen? Oder spiegelt hier eine 'unmögliche' Fragestellung den Wahn eines Strebens um des Strebens willen, bzw. den Widerspruch eines Strebens, das sich selbst bestimmen will, also sich selbst beenden,
befriedigen und immer neu erzeugen, immer weiter anspannen will, bzw. den
Zirkel einer Ethik des Strebens, die den Wert des menschlichen Strebens voraussetzt, um ihn zu suchen und zu finden.[16]

Ist das Nichts an Spannung, die pure Indifferenz überhaupt eine Erfahrung oder nur ein theoretisches Konstrukt? Liegt nicht im Horizont jedes
Menschenlebens, insofern es sterblich ist, ein Bedrohliches schlechthin,
das wir immer schon fliehen? Und ist der Horizont nicht zugleich auch das
unendlich Verheißungsvolle, wonach wir immer schon verlangen? Lockt
uns das, was uns schreckt? Das offene, leere Versprechen des Horizontes?
Die Schmerz- und Lustlosigkeit des Wissens und des Todes? Motiviert uns
also im eigentlichen Sinne tatsächlich das Unerfahrbare, die Leere, das
Nichts?

---

[15] Zu diesem Doppelsinn sagt Simone Weil: „Die Monotonie ist das Schönste oder
das Entsetzlichste. Das Schönste, wenn sie ein Abglanz der Ewigkeit ist. Das Entsetzlichste, wenn sie eine unaufhörliche Dauer ohne Wechsel anzeigt. Überwundene Zeit
oder unfruchtbar gemachte Zeit." Schwerkraft und Gnade, München ²1954, deutsche
Übersetzung von F. Kemp, S. 290.

[16] Auf dem Hintergrund dieses positiven Zirkels formiert sich der (starke und der
schwache) Nihilismus: Wenn das Streben an sich wertvoll ist, brauchen wir keine Ziele
mehr, wenn es aber an sich wertlos ist, kann es sich selbst auch keinen Wert mehr geben.

Diese Fragen beruhigen sich, wenn wir (mit Husserl) das Leben eindeutig positiv formalisieren. Dann zeigt sich ein Zusammenhang: Jedes
als negativ vermeinte Widerfahrnis determiniert mein Streben unmittelbar (nicht frei gewählt), weg von dieser „Aufnötigung"[17] zu streben und
einen Zustand zu suchen, in dem ich mich (in freier Wahl) selbst motivieren
kann, hin zu Lebenswertem zu streben. Der mittlere Zustand (zwischen −
und +) ist die prinzipielle Leerform (= 0) der Ansprechbarkeit durch Motivation.

Die verschiedenen Strukturmomente des Strebens ('negativ', 'leer', 'positiv') erweisen sich also als Bedingungen der Selbstmotivation: Das negative
Streben ist das Überwinden der (vermeintlichen) Fremdmotivation, die Leere
ist die Motivierbarkeit, das positive Streben ist die eigentliche Selbstmotivation. In ihrem Nacheinander liegt die Zunahme der Freiheit, das sich Befreien
(vom Zwang weg hin zur Freiheit). Es handelt sich aber weniger um zeitlich-
faktische Zustände als um prinzipielle Bedingungen der Möglichkeit von
Selbstmotivation (Selbstbefreiung, Selbstregelung, Selbsterneuerung). Die
Leere ist ein prinzipiell notwendiger Zwischenzustand, der faktisch aber nicht
als solcher erfahren werden muß, vielmehr in der Regel von negativen Störungen oder durch positive Ziele überlagert wird – und als Leere nur auffällig
wird im Grenzfall einer spezifischen Störung: dem Ausbleiben negativer Widerfahrnisse und positiver Zielsetzungen, welche Störung sich zum Gefühl
der Sinnlosigkeit ('Leere') steigern kann. Nicht die Leere motiviert mich, sondern ich motiviere mich durch den positiven Wert, für den ich frei (leer) werde,
indem ich Störungen ausräume. Sinn und Sinnlosigkeit sind nur im Selbstverständnis autonomen Strebens.

In der Ethik Epikurs, die in der Schmerzlosigkeit als solcher schon das
höchste Glück sieht, spricht sich der Grenzfall einer von Leid und Todesfurcht
überschatteten Erfahrung aus, für die die Weisheit sich mit dem negativen
Streben, dem Wegstreben von Schmerzhaftem, schon erfüllt. Das andere Extrem (übrigens aus derselben Erfahrung) formuliert die Stoa: Leid und Lust
berühen den eigentlichen Menschen überhaupt nicht; für den Weisen gibt es
nur das positive Streben der Vernunft nach Vernunft.

Zwischen diesen epikureischen und stoischen Grenzfällen (einer schmerz-
freien Lust einerseits und einer schmerz- und lustfreien Vernunft andererseits)
ist der 'gesunde' Normalfall zu fassen, wie ihn Husserls Ethik zugleich voraussetzt und bestätigt: der Mensch in der Doppelanspannung, sich von schmerz-
hafter 'Fremdbestimmung' zu befreien und dadurch zugleich für positive
Wertschätzungen zu disponieren, um diese positiven Werte dann auch positiv
zu verfolgen. Das menschliche Streben wird nicht in Pathos und Logos,
Schmerz und Lust, Fremdes und Eigenes, Neigung und Pflicht auseinanderge-

---

[17] S. 25, Z. 22.

nommen, sondern diese Momente des Strebens werden als Selbstmotivation[18] zusammengedacht.

Es bleiben allerdings Bedenken, die alle zulaufen auf die Frage: Was ist das Gute am Positiven?

Ist der Mensch wesentlich und primär Streben? Arbeit ist Streben, Politik ist Streben, Wettkampf ist Streben. Aber ist das Streben und Bestreben und Sich-selbst-Erstreben auch das Wesentliche im Spiel, im Gespräch, im Genuß, in der Besinnung, in der Freundschaft? Sind etwa Trauer oder Mitgefühl[19] nur insofern ethisch bedeutsam, als sie die Bestrebung wecken, irgend etwas besser oder wieder gut zu machen? – Ist Streben primär selbstmotiviert? Ist es nicht oft auch zufällig? Oder manipuliert? Oder Gewohnheit? Oder Instinkt? Oder Gnade? – Ist Selbstmotivation primär positiv? Was ist das Positive in der ethischen Motivation eines Entsagenden, eines Verzichtenden? Wozu motiviert sich einer positiv, den Weg des geringsten Widerstandes zu gehen? Was ist das selbstgesetzte Ziel von (selbst)zerstörerischer Arbeit oder (selbst)zerstörerischem Vergnügen?

Alles Streben geht auf etwas. Aber dies Etwas kann schlecht (böse, zerstörerisch, gesetzwidrig, geistlos) sein. Dann wird das Schlechte gewollt und das Gute (z. B. die Freiheit, das Gerechte) wird nicht gewollt. Selbstverständlich hält auch Husserl solches Streben für möglich, für faktisch, ja vielleicht für unvermeidlich – aber nur, weil sich hier das Streben als *Selbsttäuschung* vollzieht, also weil der Strebende das Schlechte für gut und das Gute für schlecht hält. Darin aber beweist sich für Husserl gerade, daß letztlich nur das positive Streben wahr ist.

Das scheint der Fundamentalsatz der (aristotelischen) Ethik zu bestätigen, wonach alles Streben auf solches geht, was sich als gut zeigt *(agathon phainomenon)*, wobei dies freilich nur bei den 'Tüchtigen' auch das ist, als was es sich zeigt, während die anderen sich täuschen, indem sie solchem nachgehen, was nur ihnen als gut erscheint, was aber nicht wirklich gut ist und sich den Besseren auch als nicht wirklich gut zeigt.[20] Nun gilt dieser Satz vielleicht so

---

[18] In immer neuen, immer gleichen Wendungen faßt Husserl diesen aktiv-passiven Selbst-Bezug. Er spricht in diesem Sinne von: „Selbstgestaltung", „Selbstbestimmung", „Selbstwertung", „Selbst-leitung", „Selbsterziehung", „Selbstbildung", „Selbstzucht", „Selbstkultur", „Selbstregierung", „Selbsterhöhung" usw.

[19] Zum Beispiel als „Reaktion" auf die Schrecken des Weltkrieges, die eben für Husserl vor allem nach ethischer „Erneuerung" rufen (vgl. den ersten *Kaizo*-Artikel, Husserliana, Bd. 27, S. 3–13).

[20] Vgl. Nikomachische Ethik 1113 a 15–b 2. Aristoteles versucht mit dieser Bestimmung des Verhältnisses des Strebens zum Guten die Aporien und Einseitigkeiten des (protagoreischen) Relativismus, wonach gut nur das ist, was jedem so erscheint, und des (platonischen) Rigorismus, wonach gut nur das eine Gute an sich ist, zu überwinden.

lange, wie sich ein Gutes *von sich her zeigt*. Wenn aber das Gute sich nicht von sich her zeigt, sondern *von uns gewollt wird, gesetzt wird*, dann ist dies Erstrebenswerte soviel wert wie das Streben nach ihm. Wenn dieses Streben nun selbst böse ist[21], ein lebensfeindliches Ressentiment[22] oder ein destruktiver Trieb[23], so strebt es auch nach Bösem, und zwar als solchem, d. h., nicht weil es das Böse für gut hält, sondern weil es am Bösen (am Verneinen, am Zerstören, an der Rache, am Krieg, am Spott, an der Lüge) seine Freude hat – ja nicht einmal seine Freude, sondern nur noch seinen Willen hat. Dieser 'Eigenwille' ist Selbstsucht im Wiederholungszwang bis zur Selbstzerstörung.

In diesen Auffassungen vom menschlichen Streben zeigt sich allerdings das unbewältigte Dogma der Erbsünde. Und es ist vielleicht die Stärke *und* die Schwäche einer Ethik selbstbestimmten Strebens, daß sie dieses abgründige Lehrstück der traditionellen Theologie und Moral mit der Wurzel ausreißt: „Durch diese freie Urstiftung oder Urzeugung, welche die methodische Selbstentwicklung gegen die absolute ethische Idee hin inszeniert, bestimmt sich der Mensch (bzw. wird er) zum neuen und echten Menschen, der seinen alten Menschen verwirft und sich selbst die Gestalt seines neuen Menschentums vorzeichnet."[24] Oder ist es doch so, daß wir zwar alle vom Guten reden und auch meinen, das Gute zu wollen, aber doch das Böse tun und also (da wir ja offenbar vom Guten unterscheiden) auch tun *wollen*? Denn jeder Mensch, so formuliert es Kant, „ist sich des moralischen Gesetzes bewußt, und hat doch die (gelegentliche) Abweichung von demselben in seine Maxime aufgenommen".[25]

Husserl selbst sieht die Möglichkeit der „Selbstverlogenheit"[26] im Streben. Er faßt sie allerdings nur als eine durch Wiederholung und Gewohnheit befestigte, letztlich unbeabsichtigte Selbstverfehlung. Im eigentlichen Sinne ist Selbstverlogenheit aber nur als *Wille zur Täuschung* wirklich, und zwar zur Täuschung *als solcher*, also nicht, weil ich das Falsche für Wahrheit halte (denn dann würde ich mich nur irren und nicht selbst betrügen). Das Streben ist hier, weil zum Bösen, selbst böse. Das Böse ist also nicht nur das 'Negative'. Es ist eine vielbedachte Erfahrung, daß das Böse mehr ist als die Abwesenheit

---

[21] „Denn das Trachten des menschlichen Herzens ist böse von Jugend auf." Genesis 8, 21.

[22] Einen rachsüchtigen, ohnmächtigen Willen zur Macht sieht Nietzsche besonders in allem Streben nach dem moralisch Guten am (Zerstörungs-)Werk.

[23] „Jenseits des Lustprinzips" bestimmt uns nach Freud eine destruktive Energie, die gerade die Instanz des Gewissens (aber auch die Impulse des 'vernünftigen' Ich-Bewußtseins) vielfach besetzt und beherrscht.

[24] S. 43, Z. 7–12. Vgl. damit Paulus im Brief an die Römer 5, 12–6, 11.

[25] Die Religion innerhalb der Grenzen der bloßen Vernunft, A25 B27. Der Klammerzusatz erst in Auflage B.

[26] S. 39, Z. 6.

des Guten *(privatio boni)*. Es ist Wille, Lust, Verführung, Macht, Zwang, Schicksal, Schuld, Verblendung, Gericht und Geheimnis. Dabei trägt es oft selbst das Gesicht des Guten: als Vernunft, Einstimmigkeit, Konsequenz, Ordnung, Notwendigkeit. Es macht so das Gute selbst zweideutig, selbst böse. Das ist die unverkürzte menschliche Wirklichkeit, gegen die die Annahme eines prinzipiell positiven Strebens wie eine fromme Lüge erscheinen kann.

Die konsequent eingeholte Voraussetzung Husserls aber bleibt es, daß das Streben letztlich ein Streben zum Positiven ist, ein „Kampf um ein ‚wertvolles‘, gegen nachkommende Entwertungen, Wertabfälle, Wertleeren, Enttäuschungen gesichertes, sich in seinen Wertgehalten steigerndes Leben, um ein Leben, das eine fortlaufend einstimmige und sichere Gesamtbefriedigung gewähren könnte".[27] Diese Grundannahme mag ‚neuzeitliche Hybris‘ oder ‚neuzeitliches Vernunftvertrauen‘ heißen. Sie schiebt das ‚Positive‘ jedenfalls unendlich auf. Ob das gut oder böse ist, bleibt die Frage.

Es ist ein Vorzug ethischer Entschiedenheit, daß wir mit Husserl nicht bei dieser Frage stehenbleiben, sondern zu ihrer Beantwortung durch die Arbeit an einer fortschreitenden ethischen Erneuerung übergehen. Es wäre eine *andere* ethische Entschiedenheit, wenn wir mit Simone Weil diese Frage selbst als Antwort nähmen und *in ihr* handelten: „Jedes wahrhaft Gute unterliegt einander widersprechenden Bedingungen und ist folglich unmöglich. Wer seine Aufmerksamkeit wirklich auf diese Unmöglichkeit gerichtet hält und dann handelt, der wird das Gute tun."[28]

[27] S. 25, Z. 28–32.
[28] «Tout bien véritable comporte des conditions contradictoires, et par suite est impossible. Celui qui tient son attention vraiment fixée sur cette impossibilité et agit fera le bien.» La pensateur et la grâce, Paris 1948, S. 115. Deutsche Übersetzung wie Anm. 15, S. 192.

KULTUR ALS ASKESE

Eine Deutung ihrer seinsgeschichtlichen Bestimmung

Von CLAUDIUS STRUBE

Kultur ist für Heidegger in erster Linie eine *geschichtliche* Erscheinung und kennzeichnet wie 'die Technik' das Zeitalter der vollendeten Metaphysik, die letzte und längste Epoche der Seinsgeschichte. Von diesem noch zu erläuternden seinsgeschichtlichen Begriff der Kultur ist der ontisch-ontologische Begriff zu unterscheiden. Danach ist die Kultur ein bestimmter Bereich von Seiendem, und zwar nach geläufiger Auffassung der „Bereich, worin sich die geistige und schöpferische Tätigkeit abspielt"[1]. Insofern auch in diesem Bereich sich der Glaube an die unbedingte Machbarkeit eingeschlichen hat, so daß die Kultur wesentlich zum Kultur-Betrieb wird, gehört die Kultur zur 'Technik'. Diese umfaßt „alle Bezirke des Seienden, die jeweils das Ganze des Seienden zurüsten: die vergegenständlichte Natur, die betriebene Kultur, die gemachte Politik und die übergebauten Ideale. 'Die Technik' meint hier also nicht die gesonderten Bezirke der maschinenhaften Erzeugung und Zurüstung. Diese hat freilich eine näher zu bestimmende Vormachtstellung, die in dem Vorrang des Stofflichen als des vermeintlich Elementaren und in erster Linie Gegenständigen begründet ist."[2]

Der Vorrang des 'geschichtsphilosophischen' vor dem ontisch-ontologischen Begriff von Kultur findet sich bei Heidegger schon in den ersten Vorlesungen nach dem 1. Weltkrieg. Mit dem Begriff der Kultur habe sich, so heißt es dort, das 19. Jahrhundert seinen typischen geistigen Gehalt und dessen Struktur zu Begriff gebracht, wenn auch nicht zu wissenschaftlicher Bestimmtheit. Als vieldeutiges gedankliches Ferment leite der Kulturbegriff „jede allgemeine Besinnung auf die Ganzheit bestimmter Lebensgebiete und des Lebens überhaupt".[3]

Dieser funktionalen, weltanschaulichen Bedeutung entspreche die inhalt-

---

[1] M. Heidegger, Wissenschaft und Besinnung, in: Vorträge und Aufsätze, Pfullingen 1954, S. 45.

[2] M. Heidegger, Überwindung der Metaphysik, in: Vorträge und Aufsätze, a. a. O., S. 80.

[3] M. Heidegger, Phänomenologie und transzendentale Wertphilosophie. Frühe Freiburger Vorlesung SS 1919, hrsg. v. Bernd Heimbüchel, in GA Bd. 56/57, S. 129.

liche Bedeutung, in der man vor allem zwei Momente ausmachen könne. „Der heutige Begriff der Kultur hat in sich zunächst das Bedeutungsmoment des *'Historischen'*. Kultur ist ein geschichtliches Phänomen. Man setzt die Begriffe 'kulturloses Volk' und 'geschichtsloses Volk' geradezu gleich. Die Verknüpftheit des Kulturbegriffes mit der Idee der Geschichtlichkeit – Kulturgestaltung ist geschichtlicher Prozeß – macht die gedankliche Herrschaft des Kulturbegriffes zu Ende des 19. Jahrhundert verständlich: Nur da, wo geschichtliches Bewußtsein erwacht ist, kann sich die Idee der Kultur als Gestaltungsprozeß und Gestaltungsziel menschheitlichen, schaffenden Lebens und Leistens ins reflektierende Bewußtsein drängen. … Der historische Begriff der Kultur trägt in sich als das zweite meistbeachtete Bedeutungsmoment das der *'Errungenschaft'*, der Leistung, der Verwirklichung eines Wertvollen – und zwar jeweils einer bedeutsamen, charakteristischen, überwältigenden, einem historischen Zeitalter sein Gepräge verleihenden, wertvollen Leistung."[4] Diesen geschichtlichen Komplex der zunehmenden Orientierung der Kultur an idealen Werten, hervorbringbaren Leistungen und darstellbaren Entwicklungen hat Heidegger später in die seinsgeschichtliche Betrachtung aufgenommen und darin ursprünglicher interpretiert.

Die ontisch-ontologische Problematik der Kultur

Diese spezielle Problematik ist von Heidegger nur selten und ganz beiläufig angesprochen worden. Einer der angedeuteten Problemaspekte betrifft das ontologische Verhältnis von Natur, Kultur und existierendem Dasein. Ein Kriterium scheint die Innerweltlichkeit zu sein. Die Natur *kann* innerweltlich begegnen, sei es vortheoretisch insgesamt als 'die Natur draußen', sei es theoretisch aufgeteilt als Gegenstand der Physik, Chemie, Biologie und speziellerer Disziplinen. Gleichwohl eignet dem *Sein* der Natur die Innerweltlichkeit nicht. Denn wenn uns Natur in den genannten Formen begegnet, dann „verstehen wir, daß dieses Seiende *ist* als Vorhandenes, als Seiendes, auf das wir stoßen, an das wir ausgeliefert sind, das von sich her immer schon ist. Es ist, ohne daß wir es entdecken, d.h. ohne daß es innerhalb unserer Welt begegnet. Innerweltlichkeit *fällt* diesem Seienden, der Natur, dann lediglich *zu*, wenn es als Seiendes *entdeckt* ist."[5]

Dem existierenden Dasein eignet ebenfalls nicht die Innerweltlichkeit, wohl das In-der-Welt-sein. Daneben gibt es freilich noch „Seiendes, zu dessen Sein in gewisser Weise Innerweltlichkeit gehört. Dieses Seiende ist alles das,

[4] A.a.O., S.129f.
[5] M. Heidegger, Die Grundprobleme der Phänomenologie. Marburger Vorlesung SS 1927, hrsg. v. Friedrich-Wilhelm von Herrmann, GA Bd. 24, S. 240.

was wir das *geschichtlich* Seiende nennen, geschichtlich in dem weiteren
Sinne des Weltgeschichtlichen, d. h. all der Dinge, die der Mensch, der im
eigentlichen Sinne geschichtlich ist und existiert, schafft, bildet, pflegt, die
Kultur und die Werke. Dergleichen Seiendes ist nur, genauer entsteht nur und
kommt nur zum Sein *als* Innerweltliches. Kultur *ist* nicht so wie Natur. Andererseits müssen wir sagen, daß, wenn Werke der Kultur, sogar das primitivste
Zeug, einmal als Innerweltliches ist, es zu sein vermag, auch wenn kein geschichtliches Dasein mehr existiert. Es besteht hier ein merkwürdiger Zusammenhang, den wir nur kurz andeuten, daß alles geschichtlich Seiende im Sinne
des Weltgeschichtlichen – die Kulturwerke – hinsichtlich seines Entstehens
unter ganz anderen Seinsbedingungen steht als hinsichtlich seines Verfallens
und seines möglichen Vergehens. Das sind Zusammenhänge, die in die Ontologie der Geschichte gehören."[6]

Unter dem ontisch-ontologischen Aspekt der Zugehörigkeit zu *Seinsberei-
chen* lassen sich also das menschliche Dasein und die Kulturwerke zum Bereich der Geschichte vereinigen und sodann streng von dem der Natur abheben. Unter dem rein ontologischen Aspekt der Seins*art* unterscheiden sich
dagegen auch das existierende Dasein und die Kulturwerke: zum einen, weil
das Dasein als weltbildendes das ursprüngliche Welt-Geschichtliche ist und
weil die Kulturwerke dies nur in einem abkünftigen Sinne sind; zum anderen
aber, weil die Seinsart des Kulturwerks und die des Naturseienden eine gewisse Ähnlichkeit zeigen. Wenn das weltbildende Dasein nicht mehr existiert,
gibt es auch *Welt* nicht mehr, wohl aber „das vormals *Innerweltliche* jener
Welt"[7]. Phänomenal gesehen schließt dieser Fall natürlich auch den ein, daß es
bereits vor dem jeweiligen Dasein Kulturwerke gibt. Und genau um dieses
Phänomen geht es bei der merkwürdigen ontologischen Ähnlichkeit von
Natur und Kultur. Beide zeigen sich in ihrem Sein im Modus der Vorgegebenheit, so daß sich in dieser Hinsicht nicht nur für die ontologische Beschreibung des Naturseienden, sondern auch für die der Kulturwerke der ontologische Titel der Vorhandenheit aufdrängt.[8] Heideggers Andeutung dieses merkwürdigen Tatbestandes der *Vorhandenheit* der Kulturwerke kann nur interpretiert werden als ontologischer Hinweis auf ein Phänomen, das von Simmel
als „Tragödie der Kultur" bezeichnet worden ist.[9]

[6] A. a. O., S. 241; vgl. Sein und Zeit, Tübingen [9]1960, S. 379 f.

[7] Sein und Zeit, S. 380.

[8] Auf dieser sich aufdrängenden ontologischen Bestimmung beruht offensichtlich
das Vorurteil, „als sei die Ontologie der Naturgegenstände oder eine dieser parallel lau-
fende der Kulturgegenstände (Ontologie der Natur- und Geistdinge) die einzige oder gar
die prototypische Ontologie" (M. Heidegger, Ontologie. Hermeneutik der Faktizität.
Frühe Freiburger Vorlesung SS 1923, hrsg. v. Käte Bröcker-Oltmanns, GA 63, S. 51.).

[9] Vor allem die ›Frühen Freiburger Vorlesungen‹ verraten eine intensive Auseinandersetzung mit Simmels geschichts- und kulturphilosophischen Auffassungen.

Der Begriff der Kultur bei Georg Simmel

Kultur ergibt sich nach Simmel auf dem „Weg der Seele zu sich selbst"[10], allerdings nur, wenn der Weg über Werte geht, die selbst nicht subjektiv seelisch sind. Diese findet die Seele in den „objektiv geistigen Gebilden" wie „Kunst und Sitte, Wissenschaft und zweckgeformte Gegenstände, Religion und Recht, Technik und gesellschaftliche Normen"[11]. Soweit ist der Vorgang schon oft genug beschrieben worden. Doch Simmel gibt sich damit nicht zufrieden; er ist weit davon entfernt, im Objektivwerden des Geistes einen puren Gewinn zu sehen. Man kann seine pessimistische Wende folgendermaßen rekonstruieren.

Nur solange das menschliche Dasein primär von der Vernunft her interpretiert wird, erscheint die Schaffung objektiver Gebilde als eine Elevation des menschlichen Geistes. Schon an einem basalen Akt wie dem Urteilen lassen sich leicht die intellektuellen Vorteile erkennen, die eine gedankliche Investierung in einem – darum erst 'objektiv' genannten – Gebilde (hier im Urteil) hat, nämlich Reproduzierbarkeit des Urteilsgehaltes, dann die Kontrollierbarkeit der Mitteilung und schließlich die Unabhängigkeit vom jeweils Urteilenden. Diese Vorteile bleiben auch bei einem erweiterten Vernunftbegriff bestehen, so daß nicht nur theorie-dominante Gebilde wie Wissenschaft und Technik, sondern auch davon mehr oder weniger entfernte Gebilde wie Recht, Sitte, Religion und Kunst als Verwirklichung der Vernunft oder Objektivation des Geistes beschrieben werden können.

Ganz anders verhält es sich, wenn man die für diese Auslegungsperspektive nötige *Isolierung* eines solchen rein intellektuellen Vermögens gegenüber dem geistigen Leben insgesamt nicht mitzumachen bereit ist. Wird das menschliche Dasein dagegen von vornherein vom *Leben* her ausgelegt, dann wird das für die Entstehung der Kultur immer noch als notwendig angesehene Objektivwerden des Geistes stets auch als eine Minderung des Lebens erfahren. „Es ist das Paradoxon der Kultur, daß das subjektive Leben, das wir in seinem kontinuierlichen Strome fühlen, und das von sich aus auf seine innere Vollendung drängt, diese Vollendung, von der Idee der Kultur aus gesehen, gar nicht aus sich heraus erreichen kann, sondern nur über jene, ihm jetzt ganz formfremd gewordenen, zu selbstgenügsamer Abgeschlossenheit kristallisierten Gebilde."[12] Simmel sieht nun gerade – und hier unterscheidet er sich vom Bildungsoptimismus des Deutschen Idealismus oder dem des Neukantianismus – in der Bindung an die Objektivität der geistigen Gebilde die Möglichkeit einer tragischen Entwicklung.

[10] Georg Simmel, Der Begriff und die Tragödie der Kultur, in: Philosophische Kultur, Potsdam 1919, S. 236.
[11] A. a. O., S. 240.
[12] Ebd.

Die Seele, der subjektive Geist überantwortet sich nämlich mit dieser Bindung auch der Eigendynamik der objektiven Gebilde. Deren beliebige Vermehrbarkeit und Grenzenlosigkeit gestatten ein Entwicklungstempo, hinter dem das des subjektiven Geistes in wachsendem Maße zurückbleibt. Auch die Geschlossenheit seiner Form vermag der subjektive Geist kaum noch gegenüber der Masse der Kulturgüter zu bewahren. „Was man als die Behangenheit und Überladung unseres Lebens mit tausend Überflüssigkeiten beklagt, von denen wir uns doch nicht befreien können, als das fortwährende 'Angeregtsein' des Kulturmenschen, den all dies doch nicht zu eigenem Schöpfertum anregt, als das bloße Kennen oder Genießen von tausend Dingen, die unsere Entwicklung nicht in sich einbeziehen kann und die als Ballast in ihr liegen bleiben – all diese oft formulierten spezifischen Kulturleiden sind nichts anderes, als die Phänomene jener Emanzipation des objektivierten Geistes."[13] Die Seele muß ihre Selbstvollendung wegen der unvermeidlichen Verselbständigung der objektiven Inhalte „mit der tragischen Chance bezahlen"[14], daß die Inhalte der Kultur immer schneller und immer weiter vom Zweck der Kultur wegführen.

In einer bestimmten Hinsicht ist auch Simmels Kulturphilosophie noch viel zu optimistisch. Er sieht zwar die Möglichkeit eines nie und nicht völlig zu vermeidenden Scheiterns der Kultur, aber die zunehmende „Übermacht des Objekts über das Subjekt"[15] erscheint ihm nicht derart, daß das Subjekt dadurch korrumpiert werden könnte. Für das Entstehen und Gelingen der Kultur fordert er die Möglichkeit der Assimilation der objektiven Inhalte des Geistes. Das Subjekt „muß diese in sich einbeziehen, aber es muß sie auch in sich einbeziehen, darf sie nicht einfach als objektive Werte bestehen lassen"[16]. Daß gerade diese Assimilation das Dasein durchgehend modifizieren und seiner Eigentlichkeit berauben kann, bleibt für Simmel undenkbar.

Die existenziale Genese der Kultur

Diese analytische Konsequenz zieht erst Heidegger: „Das alltägliche Dasein versteht sich aber zunächst und zumeist aus dem her, was es zu besorgen pflegt. ,Man ist' das, was man betreibt."[17] Es gibt bei Heidegger kein neutrales Subjekt, das sich in seinem Kulturwillen an die objektiven Inhalte und deren Eigengesetzlichkeit ausliefern muß, sondern es hat sich immer

---

[13] A.a.O., S.267.
[14] Ebd.
[15] Ebd.
[16] A.a.O., S.240.
[17] Sein und Zeit, S.239.

schon von selbst ausgeliefert und kann daher wiederum sein Selbst von daher auslegen. Wird diese Bewegung des menschlichen Daseins – vom frühen Heidegger *Reluzenz* genannt[18] – ausdrücklich und öffentlich vollzogen, dann entsteht Kultur. In Abwandlung der Auffassung Simmels könnte man die Heideggers so formulieren: Kultur entsteht auf dem Weg des alltäglichen Daseins *vom Man zum Man.*

Die Reluzenz führt Heidegger in seiner 'lebensphilosophischen' Phase als Bewegungskategorie des Lebens ein. Die Bewegung von der *Neigung* bzw. Geneigtheit des Lebens aus, womit Heidegger offensichtlich zum Ausdruck bringen will, daß dem sorgenden Leben wesenhaft eine gewisse Schieflastigkeit eignet. „Dem sich zerstreuenden Leben begegnet seine Welt als 'Zerstreuung', als zerstreuend, vielfältig, ausfüllend, beschäftigend, leerlassend, eintönig. Das heißt, die Neigung zeigt sich als etwas, was sich auf sich selbst zu bewegt. Das Leben, in diesem Bezug sich sorgend, leuchtet auf sich selbst zurück, bildet aus die Umgebungserhellung für seine jeweilig nächsten Sorgenzusammenhänge. Die so charakterisierte *Bewegung des Lebens in der begegnishaften Richtung auf es selbst* bezeichnen wir als Reluzenz. Was das faktische Leben jeweils in seine Welt hineinsorgt, begegnet ihm von da als Sorge."[19] Keineswegs bedeutet Reluzenz eine passive Widerspiegelung. Das sorgende Leben „baut aus dieser Welt und für diese vor; es richtet sich ein im Sinne seiner Vor-namen und seiner zugeeigneten *Vorhabe*; ... in seiner Reluzenz ist es *zugleich praestruktiv*"[20]. Diese zirkuläre Einheit von Praestruktion und Reluzenz[21] ist nun konstitutiv für das Entstehen von Kultur. „Die Sicherung, Behütung, das Neuerwerben und Aus-der-Hand-geben jeweiliger führender oder mindestens zerstreuender, irgendwie ausfüllender Vorhaben kann ausdrücklich ergriffen, als Aufgabe abgesetzt, mitweltlich gemeinschaftlich organisiert sein als sorgendes Leben in Kulturgütern, Herstellen, Fertigmachen von Kulturobjekten, Mitteln und Wegen, zum Teil vollzogen in einem ausdrücklichen, wirkenden Wissen um die betreffenden Kulturwerte und Ziele: *Kulturleben* als die praestruktiv organisierte Geneigtheit der weltlichen Reluzenz des sorgenden Lebens."[22]

---

[18] Unter Verwendung seiner optischen Bedeutung kann Heidegger auch den Ausdruck 'Reflexion' aufgreifen. „Reflektieren heißt hier: sich an etwas brechen, von da zurückstrahlen, d. h. von etwas her im Widerschein sich zeigen" (Die Grundprobleme der Phänomenologie, a. a. O., S. 226).

[19] Phänomenologische Interpretationen zu Aristoteles. Einführung in die phänomenologische Forschung. Frühe Freiburger Vorlesung WS 1921/22, hrsg. v. Walter Bröcker und Käte Bröcker-Oltmanns, GA Bd. 61, S. 119.

[20] A. a. O., S. 119 f.

[21] Diese phänomenologisch sinnvolle Differenzierung geht in ›Sein und Zeit‹ im eigentlichen Bewegungsbegriff des Verfallens unter.

[22] A. a. O., S. 120.

Das Zentrum des Kulturlebens sieht Heidegger also in der öffentlichen Ver-
fügbarmachung von weltlichen Möglichkeiten. Daher hat Kultur den Charakter einer bewußten Pflege, Bildung und Sicherung solcher Tätigkeiten und
Verhaltensweisen, in denen weltliche Möglichkeiten verfolgt werden. Von
daher ist auch das aufdringliche Interesse an 'Leistungen' und 'Errungenschaften' zu verstehen. Solche Tätigkeiten sind durchaus schöpferisch, allerdings immer nur im Sinne einer Besitzsteigerung, einer Aussicht auf neue Leistungen und Errungenschaften. „Das Dasein legt sich ... in sein Besorgen
derart, daß es sich in seinem Verhalten von dem her bestimmen läßt, was es besorgt. Damit ist gesagt, daß das Dasein in diesem Aufgehen bei dem Besorgten
bei diesem verharrt, d. h. was es besorgt und wofür es sorgt ist das, wobei es
sich aufhält, seine Habe, um deren Besitz und Besitzsteigerung es geht. Alles
Erwerben und Beschaffen im weitesten Sinne, wozu wir auch Erwerben und
Beschaffen von Kenntnissen über Dinge rechnen müssen, alles solches setzt
schon in sich einen bestimmten Besitz voraus; und gerade der, der schon
besitzt, ist imstande, seinen Besitz zu vermehren."[23]

Man könnte meinen, Heidegger wolle damit desillusionierend sagen, daß
alle Kulturwerte nur bestimmten praktischen Zwecken entspringen und daß
es demgemäß gar keine reinen Kulturwerte geben könne, Werte, die zu einem
kulturellen Schaffen um seiner selbst willen veranlassen. Man könnte also
meinen, er wolle beispielsweise den Unterschied zwischen der „Wissenschaft
als Kulturwert an sich" und der „Wissenschaft als technisch-praktischem Be-
rufswissen" aufheben.[24] Das ist immerhin soweit richtig, als Heidegger – wie
sich leicht explizieren läßt – die übliche hierarchische Einteilung der Kulturtätigkeiten in 'freie' und 'zweckgebunden' für phänomenal unangemessen hält.
Selbst wenn man den für diese Einteilung leitenden Begriff des Zwecks als ab-
künftiges Phänomen des ursprünglicheren existenzialen Phänomens der *weltlichen Möglichkeit* aufweisen könnte, ein ganz wesentlicher Unterschied
bliebe bestehen. Möglichkeit im existenzialen Sinne steht stets in einem Struk-
turzusammenhang mit dem Selbstsein; im Falle einer *weltlichen* oder *wirklichen* Möglichkeit ist es eben das Man-selbst.[25] Aus diesem Strukturzusam-
menhang kann sich die Kultur nicht lösen. Nur die phänomenal nicht gerecht-

[23] M. Heidegger, Logik. Die Frage nach der Wahrheit. Marburger Vorlesung WS
1925/26, hrsg. v. Walter Biemel, GA Bd. 21, S. 232.
[24] Vgl. M. Heidegger, Einführung in die Metaphysik. Frühe Freiburger Vorlesung SS
1935, hrsg. v. Petra Jaeger, GA Bd. 40, S. 51 (1. Ausg. Tübingen 1953, S. 36).
[25] Das Bestehen bzw. Vergessen dieses Strukturzusammenhanges ist das primäre
Kriterium für den Unterschied von Existenzialien und Kategorien. Daher sind alle Bestimmungen, auch wenn sie ursprünglich nur dem Menschen eignen sollten, wie das
z. B. in der Moderne vom Begriff des Zwecks behauptet wird, nichts anderes als Kategorien, also Seinsbestimmungen der Vorhandenheit im weiteren Sinne.

fertigte Annahme eines neutralen Selbst läßt die Idee höherer, abgelöster Kulturtätigkeiten entstehen. Freilich wird von Heidegger die Suche nach einem wesentlichen und schöpferischen Dasein nicht geleugnet. Ein solches, eigentliches Seinkönnen ist zwar nicht in der Lage, das Man-selbst zu überwinden und unter sich zu lassen, wohl aber existenziell zu modifizieren. Solche Modifikation *kann* ansetzen an demjenigen reluzenten Selbstverhältnis des Daseins zur Welt, das wir *Besitz* nennen. „Soll das Dasein sich selbst in seiner Eigentlichkeit gewinnen, also nicht ausschließlich und primär an seine Welt verfallen sein", so ist es notwendig, „daß das Dasein, um sich zu gewinnen, zuvor schon sich verloren haben muß; es muß sich verloren haben nämlich in dem Sinne, daß es in der Möglichkeit steht, aufgeben zu können allen weltlichen Erwerb und Besitz"[26]. Die Einübung dieser Möglichkeit wird hier, nicht von Heidegger selbst, als Askese bezeichnet.

Es ist wirklich beachtenswert, daß Heidegger neben der vorlaufenden Entschlossenheit noch einen anderen Weg zur „existenziellen Modalisierung"[27] angibt. Sein Motiv ist auch leicht zu erkennen. Zwar überholt das Vorlaufen zur äußersten Möglichkeit alle weltlichen Möglichkeiten und erweist diese reluzenten Formen des Seinkönnens als nichtig, aber damit bringt es auch jeden Inhalt des Seinkönnens zum Verschwinden. „Das vorlaufende Sichentwerfen auf die unüberholbare Möglichkeit der Existenz, den Tod, verbürgt nur die Ganzheit und Eigentlichkeit der Entschlossenheit. Die faktisch erschlossenen Möglichkeiten der Existenz sind doch nicht dem Tod zu entnehmen."[28] Nein, das wäre ja auch eine phantastische Behauptung. Die Inhalte des Seinkönnens können vielmehr nur aus der gewordenen Kultur entnommen werden. Und auch nur durch ihre Modalisierung und niemals durch ihre Überwindung wird der Weg frei für ein wesentliches, d. h. schöpferisches Seinkönnen. „Das eigentliche existenzielle Verstehen entzieht sich der überkommenen Ausgelegtheit so wenig, daß es je aus ihr und gegen sie und doch wieder für sie die gewählte Möglichkeit im Entschluß ergreift."[29]

Die Askese ist genau diejenige existenzielle Möglichkeit, die diese scheinbar paradoxe Struktur des 'aus', 'gegen' und 'für' erfüllt. Sie geht wesenhaft nie aufs Ganze des Daseins, sondern bleibt faktisch partiell; und als Bewegung des Daseins ist sie stets eine Gegenbewegung. Wie aber läßt sich ein derartiges Verhalten deuten? Offenbar nur so, daß die Askese der Radikalisierungstendenz des Verfallens entgegenwirkt, was wiederum nur so möglich ist, daß sie auf den Gewinn der sich als Steigerung darstellenden Radikalisierungsten-

[26] M. Heidegger, Logik, a. a. O., S. 232.
[27] Sein und Zeit, S. 305.
[28] Sein und Zeit, S. 383.
[29] Ebd.

denz verzichtet. Wo anders sollte eine existenzielle Modalisierung, die *inner-halb* der Kultur bleibt, auch ansetzen? Die Gegenbewegung kommt ja nicht, wie man vielleicht naiverweise meinen könnte, aus einem ontischen Gegen-prinzip. Die Gegenbewegung kann nicht die konstitutive Bewegung des Ver-fallens rückgängig machen, also das Aufgehen in der Welt, das Mitgehen mit den Anderen und das Überliefern der Tradition. Eine Gegenbewegung, die selbst eine kulturelle Möglichkeit ist, kann lediglich bei der Radikalisierung einer Seinsbewegung ansetzen. Allein diese kann sie unwirksam machen, Be-schleunigungen aber werden *daseinsmäßig* durch Verzicht und Enthaltung außer Kraft gesetzt, gewissermaßen ausgezehrt.

Für diese Deutung spricht, daß Heidegger vor allem bei den Formen der ver-fallenden Auslegung (Gerede, Neugier, Zweideutigkeit) selber gerne auf die Möglichkeit dieser spezifischen Gegenbewegung hinweist. „Sofern nun aber die Zeit des sich einsetzenden Daseins in der Verschwiegenheit des Durchfüh-rens eine andere ist, öffentlich gesehen eine wesentlich langsamere als die des Geredes, das schneller lebt, ist dieses Gerede längst bei einem anderen, näm-lich dem jeweilig Neuesten angekommen, … So sorgt das Gerede und die Neu-gier dafür, daß das eigentliche und echt Neugeschaffene (Geschöpfte) eo ipso für die Öffentlichkeit veraltet ist und daher zumeist erst dann in seinen posi-tiven Möglichkeiten frei wird, sich durchsetzt, wenn das verdeckende Nieder-halten des Geredes in seiner Funktion unwirksam geworden … ist."[30]

Kultur braucht also nicht „abzustürzen". Obwohl Kultur als *Widerschein* des ursprünglich-konstitutiven Verfallens diesem verhaftet bleibt, ist sie doch nicht zugleich den „subjektiv-reflexiven" Formen des Verfallens ausgeliefert. In diese Freiheit versetzt sich Kultur, wenn sie als ständige Einübung des Ver-zichts auf die *bloße* Kultur*tätigkeit* vollzogen wird: Kultur als Askese vom Kulturbetrieb.

Das Seinsgeschick der Kultur

Die hier freigelegte, nur in Umrissen sich abzeichnende existenzialontologi-sche Theorie der Kultur hat eine erkennbare Schwäche. Sie kann die typischen 'Kulturleiden' der Moderne nicht in ihrer Geschichtlichkeit verständlich ma-chen. Erst Mitte der dreißiger Jahre hat sich Heidegger dies zur Aufgabe ge-macht.

Das gegenwärtige Zeitalter diagnostiziert Heidegger nun als Zeitalter der *Machenschaft*, d.h. als bestimmt durch diejenige Auslegung des Seienden, in der dieses zu einem für das rechnende Denken restlos Vorstellbaren und für das kausalmechanische Handeln idealiter vollständig Herstellbaren wird.

---

[30] M. Heidegger, Prolegomena zur Geschichte des Zeitbegriffs. Marburger Vorle-sung SS 1925, hrsg. v. Petra Jaeger, GA Bd. 20, S. 386.

M. a. W., in dieser Auslegung wird das Seiende zu einem *Gegenständlichen* und *Wirklichen*, so daß sich im Bewußtsein die Meinung festsetzen kann, daß alles gemacht wird und daß sich auch alles machen lasse, sofern man nur den Willen dazu aufbringt. Indem der Mensch dem Seienden ständig so nachstellt, daß es als dasjenige erfahren wird, das nur noch als bloße *Durchgangsstation* immer weitergehender Berechenbarkeit und Herstellbarkeit fungiert, dann verliert es immer mehr seine ursprüngliche selbstverständliche Kraft zu *sein*. Das Zeitalter der Machenschaft ist „Fortschritt ins Unseiende als wachsende Verlassenheit vom Seyn"[31].

Von hier aus kann man sehr gut Heideggers Vorliebe für die bäuerliche Kultur verstehen. „Das in der modernen Technik waltende Entbergen ist ein Herausfordern ... Ein Landstrich wird ... in die Förderung von Kohle und Erzen herausgefordert. Das Erdreich entbirgt sich jetzt als Kohlenrevier, der Boden als Erzlagerstätte. Anders erscheint das Feld, das der Bauer vormals bestellte, wobei bestellen hieß: hegen und pflegen. Das bäuerliche Tun fordert den Ackerboden nicht heraus. Im Säen des Korns gibt es die Saat den Wachstumskräften anheim und hütet ihr Gedeihen."[32] Keineswegs beschreibt Heidegger hier ein *Ideal*. Auch er weiß, daß die bäuerliche Welt nicht der Technik entgehen kann. Was ihn aber an dieser Kultur interessiert, sind die Grundhaltungen der Gelassenheit und Genügsamkeit. In ihnen sieht er wie in der 'Askese' ein Gegengewicht zum überall vordringenden Betrieb, freilich nicht wie diese *innerhalb* des Betriebs.

Wie ist es zu einem derartigen Kulturbetrieb gekommen, daß die moderne Kultur diesen Begriff selber zu einem der Haupttitel ihres Daseins wählen konnte? Den Grund hierfür sieht Heidegger eben in der zur Herrschaft gelangenden Auslegungsart der Machenschaft, der 'Technik'. Diese bewirkt, daß der Geist zur Intelligenz bzw. zum Instrument der Berechnung und Herstellung der Dinge umgedeutet wird.[33] „Sobald diese werkzeugliche Mißdeutung des Geistes einsetzt, rücken die Mächte des geistigen Geschehens, Dichtung und bildende Kunst, Staatsschaffung und Religion in den Umkreis einer möglichen *bewußten* Pflege und Planung. Sie werden zugleich in Gebiete aufgeteilt. Die geistige Welt wird zur Kultur, in deren Schaffung und Erhaltung zugleich der einzelne Mensch sich selbst eine Vollendung zu erwirken sucht. Jene Gebiete werden Felder freier Betätigung, die sich selbst in der Bedeutung, die sie gerade noch erreicht, ihre Maßstäbe setzt.

---

[31] M. Heidegger, Beiträge zur Philosophie, hrsg. v. Friedrich-Wilhelm von Herrmann, GA Bd. 65, S. 119.

[32] M. Heidegger, Die Frage nach der Technik, in: Vorträge und Aufsätze, Pfullingen 1954, S. 22.

[33] Vgl. M. Heidegger, Einführung in die Metaphysik, GA Bd. 40, S. 50 (1. Ausg. S. 35 f.).

Man nennt diese Maßstäbe einer Geltung für das Herstellen und Gebrauchen die Werte."[34]

Das Gerede von den Werten macht nun dasjenige Kulturverhalten der Moderne aus, das den *Betrieb* der Kultur aufrechterhält und fortgesetzt steigert. Das geschieht dadurch, daß die machenschaftliche Auslegungsart –, die wohlgemerkt nichts Subjektives, sondern das am Ende des Abendlandes allgemein gewordene *Sein* zum Seienden ist – durch dieses Gerede völlig verdeckt wird. Insbesondere die sogenannten höheren Kulturwerte oder auch Kulturwerte *an sich* spielen hier eine verhängnisvolle Rolle; sie „sichern sich im Ganzen einer Kultur nur dadurch Bedeutung, daß sie sich auf ihre Selbstgeltung einschränken: Dichtung um der Dichtung, Kunst um der Kunst, Wissenschaft um der Wissenschaft willen"[35]. Durch die Annahme solcher Werte gibt man sich der Illusion hin, letztlich ein Refugium zu besitzen gegen das Vordringen des Maschinenhaften in den Bereich der Kultur (wie z. B. die Organisation von Herstellung und Verteilung massenhaften Bildungswissens). Das Gegenteil ist der Fall. Die Illusion eines Höheren in der Kultur gegenüber den Niederungen alles Technischen sichert diesem seine Durchsetzbarkeit.

Ebenso glaubt man, daß allein durch die Beschwörung der abendländischen Werte Verbindlichkeit ins Dasein kommt. Im Verzicht auf diese Werte sieht man die Heraufkunft des Nihilismus. Auch hier ist das Gegenteil der Fall. „Das Denken gegen ‚die Werte' behauptet nicht, daß alles, was man als ‚Werte' erklärt – die ‚Kultur', die ‚Kunst', die ‚Wissenschaft', die ‚Menschenwürde', ‚Welt' und ‚Gott' – wertlos sei. Vielmehr gilt es endlich einzusehen, daß eben durch die Kennzeichnung von etwas als ‚Wert' das so Gewertete seiner Würde beraubt wird. Das besagt: durch die Einschätzung von etwas als Wert wird das Gewertete nur als Gegenstand für die Schätzung des Menschen zugelassen. ... Alles Werten ist, auch wo es positiv wertet, eine Subjektivierung. Es läßt das Seiende nicht: sein."[36] Die Seinsverlassenheit ist das eigentliche Wesen des Nihilismus. Indem die dauernde Beschwörung der Werte gerade diese Seinsverlassenheit und in deren Folge die Seinsvergessenheit bzw. völlige Fraglosigkeit aller Dinge gar nicht erst zur Erfahrung kommen läßt, bleibt der Nihilismus das Schicksal der modernen Kultur.

Die eigentliche Zielgründung, die nötig ist, wenn der Mensch in seinem Wesentlichen werden soll, ist die Verwandlung des Menschen in das *Da-sein*, ein Sein, in dem er seine *Zugehörigkeit* zum *Seyn* selbst erfährt und in dem umgekehrt das Seyn sich die Wahrheit *er-eignet*. Für diese Zielgründung bedarf es mehr und anderes als bloß der Askese, nämlich der Erweckung einer neuen Grundstimmung, der Besinnung auf das anfängliche Denken (des ersten wie

---

[34] A. a. O., S. 51 (1. Ausg. S. 36).
[35] Ebd.
[36] Über den Humanismus, Frankfurt a. M. o. J., S. 34; GA Bd. 9, S. 349.

des anderen Anfangs) und der Ahnung des letzten Gottes. Andererseits kann *man* durch die Askese *innerhalb* der modernen Kultur die Not der Seinsverlassenheit erfahren, so daß die Notwendigkeit immer deutlicher wird, daß „die Geschichte aus dem Seyn ihren anderen Anfang nimmt"[37]. Auch hier sagt Heidegger eindeutig, ohne den Ausdruck zu verwenden, daß die Askese die einzige Weise ist, wie wir dem Kulturbetrieb seine vermeintliche Notwendigkeit nehmen können. „Was geschähe, wenn wir einmal Ernst machen wollten und aus allen Gebieten der scheinbaren 'Kulturtätigkeit' uns zurückzögen in das Eingeständnis, daß hier *keine* Notwendigkeit mehr waltet? Müßte da nicht eine Not an den Tag und in die Macht kommen, die nötigte. Wohin und wozu ist schwer zu sagen. Aber es wäre doch eine Not und ein Grund der Notwendigkeit. Warum haben wir nicht den Mut zu diesem Rückzug, und warum erscheint er uns sogleich als Unwertiges? Weil wir längst uns im Anschein des Kulturmachens beruhigt haben und ungern darauf verzichten, weil, sobald auch dieses genommen, nicht die Notwendigkeit des Tuns, sondern dieses selbst fehlt."[38] Erst diejenigen, die diesen Mut haben, werden den „*Rückweg* aus der erfahrenen Seinsverlassenheit finden"[39].

---

[37] Beiträge zur Philosophie, a.a.O., S.26.
[38] A.a.O., S.113f.
[39] A.a.O., S.411.

LEIBLICHE SINNERFAHRUNG

Die Phänomenologie Merleau-Pontys

Von JOCHEM HENNIGFELD

Die Frage des Menschen nach sich selbst ist von der Frage nach der Sinnerfahrung nicht zu trennen. Darauf hat Georg Scherer eindringlich hingewiesen.[1] Der Vorrang dieser Fragestellung leuchtet ein, wenn gezeigt wird, daß das Problem der Sinnkonstitution von der Frage nach der Identität des Menschen mit sich selbst nicht zu trennen ist.[2] Nun erfährt der Mensch sich selbst nicht als reines Bewußtseinswesen, sondern als leibhafte Existenz.[3] Dann aber stellt sich die Frage, ob die Konstitution von Sinn bereits in dieser ursprünglichen Erfahrung der Leiblichkeit aufzuweisen ist. Das ist die Aufgabe, der sich Merleau-Ponty in seiner *Phänomenologie der Wahrnehmung*[4] stellt. – Die folgenden Darlegungen versuchen, den Grundgedanken der Phänomenologie Merleau-Pontys herauszuarbeiten und die Tragfähigkeit dieses Ansatzes aufzuweisen.[5]

---

[1] *Strukturen des Menschen. Grundfragen philosophischer Anthropologie*, Essen o.J. (1976), S.16. Zu Recht betont Scherer, daß die Selbstkonstitution der Frage des Menschen nach sich selbst den Sinn und die Möglichkeit allen Fragens überhaupt eröffne (27).

[2] Georg Scherer, *Identität und Sinn*, in: Studien zum Problem der Identität, Opladen 1982 (Forschungsberichte des Landes Nordrhein-Westfalen; Nr. 3098), S.1–203, 531–554.

[3] Die allem Selbstbewußtsein vorgängige Einheit des Menschen als leibhafter Geist legt Scherer im Anschluß an den Begriff der *anima* bei Thomas von Aquin dar.

[4] Maurice Merleau-Ponty, *Phénoménologie de la perception*, Paris 1945; dt.: Phänomenologie der Wahrnehmung, übers. und eingel. von R.Boehm, Berlin 1966. Bei den folgenden Zitatbelegen wird zuerst die Seitenzahl der Übersetzung angegeben.

[5] Ich halte mich fast ausschließlich an die ›Phänomenologie der Wahrnehmung‹, weil sie für die hier zu exponierende 'anthropologische' Problemstellung am ergiebigsten ist. Im übrigen bleibt dieses Werk auch für die späteren Arbeiten Merleau-Pontys maßgebend. – Eine aufschlußreiche Gesamtdarstellung der Philosophie Merleau-Pontys gibt B.Waldenfels, Phänomenologie in Frankreich, Frankfurt a.M. 1983, S.142–217 (mit Literaturangaben). Als Einführungen sind auch zu empfehlen: X.Tilliette/A.Métraux, M.Merleau-Ponty: Das Problem des Sinnes, in: J.Speck (Hrsg.), Grundprobleme der großen Philosophen, Philosophie der Gegenwart II, S.181–299; E.Ch.Schröder, Maurice Merleau-Ponty. Phänomenologie an den Grenzen der Subjek-

I. Die Beschreibung des Leibes

Wird Philosophie verstanden als die möglichst vorurteilsfreie Erkenntnis dessen, was uns in der Welt auf evidente Weise erscheint, dann ist die Analyse der Wahrnehmung kein beiläufiges Thema, sondern von wirklich grundlegender Bedeutung. (Die Phänomenologie der Wahrnehmung nimmt damit einen ähnlichen Rang ein wie Heideggers *Sein und Zeit* oder Sartres *Das Sein und das Nichts*.) Nun hatte Husserl aufgewiesen, daß für uns nur deshalb etwas als Gegenstand erscheinen kann, weil das Bewußtsein – aller konkreten Welterfahrung zuvor – auf mögliche Gegenstände bezogen ist ('Intentionalität'). Und Husserl hatte weiterhin erklärt, daß sich die Identität eines Gegenstandes – also das, was sich im mannigfaltigen Wechsel seiner Erscheinungsweisen durchhält – nur erklären läßt durch eine Rückwendung der Phänomenologie auf das *Bewußtsein* (durch Transzendentalphilosophie). Wird mit diesem Schritt nicht die Kluft zwischen Bewußtsein und Gegenstand, zwischen Ich und Welt, wieder aufgerissen? Ist unser Leib nur als Werkzeug an der Konstitution von Gegenständen der Wahrnehmung beteiligt? Welche Funktion hat unser Leib für den Vollzug unserer Existenz überhaupt? Das sind die zentralen Fragen, die Merleau-Ponty in seiner *Phänomenologie der Wahrnehmung* zu beantworten versucht. Die These, die er der idealistischen Tradition entgegenstellt, lautet: Weit entfernt davon, bloßes Instrument zu sein, ist der Leib konstitutiv für die Wahrnehmung und für die menschliche Existenz überhaupt.

Diese These muß sogleich vor einer naheliegenden Trivialisierung geschützt werden. Natürlich – so wird man sagen – können wir ohne die entsprechenden körperlichen Organe (Auge, Ohr usw.) nichts wahrnehmen; und wenn unser Organismus nicht mehr funktioniert, existieren wir nicht mehr. Das ist selbstverständlich richtig, entspricht aber gar nicht dem ursprünglichen Phänomen, das es aufzuklären gilt. Wahrnehmend achte ich nicht auf meine Wahrnehmungsorgane; vielmehr bin ich bei den Dingen, die ich wahrnehme. (Wenn ich z.B. sage: „Das habe ich doch mit meinen eigenen Augen gesehen", dann meine ich nicht, daß ich Auge, Pupille, Netzhaut usw. aktiviert habe; sondern es bedeutet, daß ich mich für einen Gegenstand oder Tatbestand verbürge.)

Worin aber – wenn nicht in dieser vordergründigen Hinsicht – besteht dann die Besonderheit des Leibes? – Nicht nur die Ergebnisse der klassischen Psychologie,[6] sondern unsere eigenen Erfahrungsmöglichkeiten verweisen auf

tivitätsphilosophie, in: M. Fleischer (Hrsg.), Philosophen des 20. Jahrhunderts, Darmstadt 1990, S. 171–190.

[6] Die Auseinandersetzung mit verschiedenen Formen der Psychologie bestimmt – neben der philosophischen Diskussion – weitgehend die Argumentation der ›Phä-

verschiedene Eigentümlichkeiten, die den Leib von anderen Dingen der Wahrnehmung abheben:

1. Mein Leib ist *nicht zu beobachten* wie andere Dinge der Wahrnehmung. Diese These soll auf folgende Besonderheiten der Leiberfahrung verweisen:

a) Ein Gegenstand der Wahrnehmung – etwa ein Haus – zeigt sich mir immer nur unter einer bestimmten Perspektive. Dieses Objekt kann ich erkunden, indem ich es von verschiedenen Seiten betrachte, um das Gebäude herum-, in es hineingehe. Dabei bin ich mir bewußt, daß es sich um ein und dasselbe Gebäude handelt. Das heißt: Durch den perspektivischen Wechsel hindurch sehe ich den Gegenstand als etwas Identisches, als ein Objekt mit invariabler Struktur. Nur als etwas auf diese Weise Beobachtbares habe ich einen Gegenstand vor mir. Ganz anders bei meinem eigenen Leib: Er ist für mich nicht unter wechselnden Perspektiven zu erkunden; mein Leib bietet mir einen unveränderlichen Blickwinkel, ein 'absolutes' Oben und Unten, ein unverrückbares Links und Rechts, ein ständiges Vorne und Hinten.

b) Gegenstände der Wahrnehmung sind nicht immer in meinem Blickfeld. Was ich gegenwärtig sehe, ändert sich, sobald ich mich umdrehe – oder entschwindet ganz meinen Augen. Mein Leib dagegen ist beständig anwesend und gerade deshalb kein Objekt meiner Beobachtung. „Daß er [der Leib] stets bei mir und ständig für mich da ist, besagt in eins, daß ich niemals ihn eigentlich vor mir habe, daß er sich nicht vor meinem Blick entfalten kann, vielmehr immer am Rand meiner Wahrnehmung bleibt und dergestalt *mit* mir ist" (115/ 106). Gewiß: Auch die Wahrnehmungsgegenstände zeigen mir immer nur *eine* Seite; aber ich *könnte* die Perspektive wechseln. Der Leib hingegen widersetzt sich diesem Wechsel. Die Präsenz des Leibes – so drückt Merleau-Ponty sich aus – ist nicht von physischer, sondern von metaphysischer Notwendigkeit.

Die These, daß der Leib nicht zu den beobachtbaren Gegenständen der Wahrnehmung gehört, setzt sich sogleich folgendem Einwand aus: Ich kann mich doch im Spiegel von verschiedenen Seiten betrachten! Indessen: Das Spiegelbild bleibt – im wahrsten Sinne des Wortes – vordergründig. Denn gemeinhin heißt 'beobachten': im Wechsel der Standpunkte den Gegenstand festhalten und fixieren. Das jedoch gelingt nicht beim Spiegelbild. Es äfft gleichsam meine Bewegungen nach und hält dem Wechsel der Blickpunkte nicht stand. Deshalb kommt man sich bei diesen Beobachtungsversuchen im Spiegel so fremd vor. Besonders den eigenen Blick kann man im Spiegel nicht erfassen; die eigenen Augen betrachtend, stößt man ins Leere. Als Resultat

nomenologie der Wahrnehmung‹ (wie auch das 1942 erschienene Buch über ›Die Struktur des Verhaltens‹/›La structure du comportement‹). Man vgl. zu diesem Themenkomplex: S. de Chadarevian, Zwischen den Diskursen. Maurice Merleau-Ponty und die Wissenschaften, Würzburg 1990.

dieser Analyse ist somit festzuhalten: Zwar kann ich meinen Leib mit meinen Sinnesorganen wahrnehmen; aber *als* der die Welt wahrnehmende entzieht sich mein Leib der Beobachtung.[7]

2. Mein Leib gibt mir *doppelte Empfindungen.*

Wenn ich z. B. mit der rechten Hand meine linke Hand berühre, dann empfindet auch die linke Hand die Berührung (und zwar als berührte, nicht als berührende). Diese Empfindung kann ich – in schnellem Wechsel – umkehren: die zuerst berührte Hand wird zur berührenden. 'Doppelte Empfindung' meint dann: In diesem Übergang wechselseitiger Berührung erfährt sich die berührte Hand als dieselbe, die im nächsten Augenblick die berührende Hand sein kann – d. h. diejenige, die selbst etwas erkunden und erkennen kann. Anders formuliert: In diesem Experiment wird die tastende Erkundungsfähigkeit zurückgebogen vom Gegenstand auf das Vermögen selbst. Solche Zurückwendung kann man 'Reflexion' nennen. Zwar liegt hier noch keine bewußte (Selbst-)Reflexion vor; aber das Reflexionsvermögen des Menschen kündigt sich bereits in seiner Leiberfahrung an.

3. Der Leib ist ein *affektiver* Gegenstand.

Damit soll nicht bloß – was ziemlich trivial wäre – festgestellt werden, daß der Mensch von Affekten ergriffen werden kann und diese Affekte bestimmte Auswirkungen auf die körperliche Verfassung haben. Wenn ich beispielsweise sage 'Mein Fuß schmerzt', dann will ich damit nicht in dem Sinne auf eine Ursache verweisen, wie wenn ich sage 'Die engen Schuhe schmerzen'. Vielmehr verweist die Äußerung 'Mein Fuß schmerzt' auf den Ort, von dem aus mein gesamter Körper vom Schmerz betroffen ist. Auch dies ist nach Merleau-Ponty ein deutlicher Beleg dafür, daß sich mein Leib nicht zeigt wie die üblichen Gegenstände der Wahrnehmung. Eher könnte man umgekehrt sagen, daß sich die Gegenstände so zeigen, wie sie auf dem Boden der Affekte erscheinen – nämlich anders, wenn ich Schmerz, anders, wenn ich Lust empfinde.

4. Mein Leib ist durch *kinästhetische* Empfindungen ausgezeichnet.

Unter 'Kinästhesien' versteht man gemeinhin diejenigen Empfindungen, die uns die Kontrolle unserer Körperbewegungen ermöglichen und uns ein Gefühl für die Lage des Körpers und seiner Gliedmaßen vermitteln. Das Problem der Kinästhesien ist in der Physiologie und Psychologie zeitweise heftig diskutiert worden. In unserem Zusammenhang interessiert nur soviel: Ich kann

---

[7] Was hier für das Sehen dargelegt ist, gilt auch für das Fühlen bzw. Tasten: Wenn ich mit der linken Hand meine rechte Hand, die etwas festhält, berühre, dann erfasse ich meine Hand nicht als berührende, sondern als ein bestimmtes Ineinander von Knochen, Muskeln, Sehnen.

einen Gegenstand – etwa einen Stuhl – aufheben und an einen anderen Platz stellen. Dann bewege ich diesen Gegenstand mit Hilfe meines Leibes so, daß ich den Gegenstand zunächst an einem bestimmten Ort fixiere, um ihn dann an den von mir vorgestellten anderen Ort hinzustellen. Die Bewegung des eigenen Leibes jedoch geschieht *unmittelbar*. Bereits im Anfang der Bewegung wird das Ziel antizipiert: „... ich muß ihn [den Leib] nicht erst suchen, er ist schon bei mir – und ich muß ihn selbst nicht zum Ziel der Bewegung erst hinführen, er berührt es von Anbeginn, und er selbst ist es, der sich ihm entgegenwirft. Das Verhältnis zwischen meinem Entschluß und meinem Leib in der Bewegung ist ein magisches" (119/110).

All dies – so Merleau-Ponty – ist seit langem bekannt. Aber man hat daraus nicht die richtigen Konsequenzen gezogen. Wenn mein Leib nicht wie die anderen Dinge Gegenstand meiner Wahrnehmung sein kann, dann ist daraus zu folgern, daß er selbst Bedingung für die Möglichkeit aller Wahrnehmung ist – nicht in physiologischer oder psychologischer Bedeutung, sondern in strikt philosophischer. Der Leib selbst – und nicht erst der Intellekt – ist Grundlage dafür, daß mir etwas als etwas erscheint. Der Leib ist die Grundlage aller Konstitution von Sinn. Methodisch folgt für Merleau-Ponty daraus, daß die psychologische Beschreibung des Leibes durch eine existentielle Analyse ergänzt werden muß.

II. Die existentielle Analyse des Leibes

Merleau-Ponty stellt die existentielle Analyse dem 'unpersönlichen Denken' der Wissenschaften, dem sich auch die klassische Psychologie unterworfen hat, entgegen. Sich der Forderung nach objektiv gesichertem Wissen unterwerfend, machte man die Leiberfahrung zur bloßen psychischen Tatsache und verdrängte so die ursprüngliche Erfahrung seiner selbst und des Anderen. Damit bleibt die Psychologie dem Cartesianismus verhaftet und läßt die Einheit von Seele und Leib unaufgeklärt. Allein die existentielle Analyse überwindet den Gegensatz von Empirismus und Intellektualismus.

Mit *Empirismus* ist das Vorgehen der Wissenschaften gemeint, die sich an den Kausalnexus (von Reiz und Reaktion) halten und die eigene Leistung des Subjekts (beim Wahrnehmen, Fühlen, Denken, Sprechen) außer acht lassen. – Der *Intellektualismus* dagegen erhebt das Denken (das Bewußtsein als reines Bedeutungsvermögen) zum Prinzip und verkennt die leibliche Basis der menschlichen Selbst- und Welterfahrung. Beide Positionen werden der dem Menschen eigentümlichen Seinsweise nicht gerecht.

Merleau-Ponty weist die Unzulänglichkeit des Empirismus und des Intellektualismus zunächst anhand eines Krankheitsfalles nach.[8] Diese ausführ-

---

[8] Es handelt sich um den vor allem von dem Neurologen Kurt Goldstein und dem

lichen und subtilen Analysen können hier nicht wiedergegeben werden. Aber das Ergebnis sei herangezogen, weil es den Grundgedanken der existentiellen Leibanalyse deutlich macht: Der Empirismus (die klassische Psychologie) kann nicht erklären, warum das Bewußtsein *als ganzes* von der krankhaften Veränderung betroffen ist. Der Intellektualismus (die klassische Philosophie) kann nicht erklären, warum in dieser Krankheit das Bewußtsein von einer bestimmten Seite angegriffen wird, warum es noch in gewisser Weise funktioniert und nicht total ausgeschaltet ist. Allein die existentielle Analyse wird dem pathologischen Fall gerecht, weil sie davon ausgeht, daß der Mensch ein einheitliches Vermögen der Sinnstiftung – nicht hat, sondern *ist*. Allem bewußten Wahrnehmen und Denken zuvor schafft der Mensch einen Sinnhorizont, der eine bestimmte Situation konstituiert. Dazu gehören: unsere Vergangenheit, Gegenwart und Zukunft, unsere Umwelt, unsere körperliche Verfassung, unsere Wertvorstellungen. Merleau-Ponty nennt dieses Einheit stiftende Vermögen den intentionalen Bogen (*arc intentionnel*; 164/158). Der intentionale Bogen darf nicht als Leistung eines reinen Bewußtseins verstanden werden. Die These von der 'Intentionalität des Bewußtseins' greift nämlich zu kurz, wenn sie die *ursprüngliche* Intentionalität des Leibes, seiner sensorischen und motorischen Fähigkeiten, nicht sieht.

Die existentielle Analyse geht somit von der ursprünglichen Intentionalität unseres Leibes aus. Sie versucht, den intentionalen Bogen als einheitliches Band unseres leiblichen Seins-zur-Welt aufzuweisen. Dies sei an drei Erfahrungsbereichen konkretisiert.

1. Die Raum- und Zeiterfahrung
Unser Leib existiert nicht in Raum und Zeit, sondern er 'bewohnt' Raum und Zeit. Das soll heißen: Der Leib hat eine ursprüngliche Raum- und Zeitstruktur, die unsere unterschiedlichen Raum- und Zeiterfahrungen allererst ermöglicht. Wenn ich etwa mit der Hand eine Bewegung in der Luft mache, dann muß ich nicht die verschiedenen Hier-Punkte und Jetzt-Momente aneinanderreihen und durch eine eigene Bewußtseinsoperation synthetisieren; sondern in jedem Moment der Bewegung sind die vorangegangenen und künftigen Augenblicke, die vorhergehenden und folgenden Positionen unmittelbar gegenwärtig. Die ausgeführte Bewegung ist nur die Entfaltung einer Synthesis, die bereits den Anfang der Bewegung bestimmt. Sicherlich beziehen sich unsere Raum- und Zeitvorstellungen nicht nur auf solche Bewegungen des Leibes; aber die Erfahrung unserer leiblichen Bewegungen *eröffnet* uns den Zugang zur Welt und zu den räumlich-zeitlich erscheinenden Gegen-

Gestaltpsychologen Adhémar Gelb beschriebenen 'Fall Schneider', bei dem eine Hirnverletzung zu bestimmten Störungen – vornehmlich Apraxie und Aphasie – geführt hat.

ständen. Erst wenn wir durch unseren Leib in Raum und Zeit eingeführt worden sind, können sich Denken und Wahrnehmen von der Bindung an die leibliche Motorik lösen und Raum und Zeit auf die Gegenstandserfahrung beziehen.

2. Das Erwerben einer Gewohnheit (Habitus)

Der Erwerb einer neuen Gewohnheit verlangt die Umbildung des Körperschemas, d. h. ein neues Gefühl für die Einheit des Körpers im Bewegungsspiel seiner Glieder. Eine mechanistisch-empiristische Erklärung dieses Vorgangs scheidet sogleich aus, weil sie das Systematisch-Sinnhafte dieser Versuche nicht sieht. Soll man deshalb sagen – so die intellektualistische Position –, der Lernvorgang werde von Verstandesakten koordiniert? Diese Auffassung wird jedoch folgenden Phänomenen nicht gerecht:

– Wenn man einen Tanz erlernen will, dann kann man sich die Schrittfolgen theoretisch klarmachen; man kann sie aufzeichnen und sich einprägen. Aber tanzen – diesen bestimmten Tanz – kann man dann immer noch nicht. Wirklich tanzen kann man erst, wenn der *Leib* die Bewegungen erfaßt, sie sich so angeeignet hat, daß er sie ohne Vermittlung irgendwelcher Verstandestätigkeiten vollzieht. Verallgemeinert: Wir erlernen eine Gewohnheit, wenn wir eine Bedeutung erfassen, aber nicht durch einen intellektuellen Vorgang, sondern als „motorische Erfassung einer Bewegungsbedeutung" (172/167).

– Ein anderes Beispiel: Jemand, der perfekt Schreibmaschine schreibt, muß nicht 'auswendig' angeben können, in welcher Reihenfolge die Buchstaben auf der Tastatur angeordnet sind. Vielmehr ist das Wissen in den Händen, in einer bestimmten körperlichen Fähigkeit, die weder automatisch abläuft noch der Vermittlung begrifflicher Vorstellungen bedarf. – Ganz ähnlich verhält es sich beim Musiker, der sich in kurzer Zeit auf ein anderes Instrument einstellen kann (etwa der Organist auf eine andere Orgel, der Geiger auf eine Geige anderer Mensur). Das ist nicht Resultat neu erlernter Reflexe, nicht Resultat einer intellektuellen Analyse. Es ist Resultat eines *leiblichen* Ausdrucksvermögens, seiner 'Gesten', die einen ursprünglichen Ausdrucksraum konstituieren.[9]

Die analysierten Beispiele belegen: Der Leib erwirbt eine Gewohnheit, wenn er das Neue versteht, wenn er sich von einer neuen Bedeutung durchdringen läßt. In diesem Sinne eignet dem Leib eine ursprüngliche Intentionalität. Die Erfahrung unseres Leibes „gibt uns Einblick in eine Form der Sinn-

---

[9] Als leibhafte Wesen sind wir auf unterschiedlichen Ebenen auf der Welt: a) Wir kümmern uns um die Erhaltung unseres Lebens und schaffen so eine biologische Welt. b) Wir erlernen Bewegungsabläufe (z. B. einen Tanz) und schaffen einen neuen Sinn der Gesten. c) Wenn die natürlichen leiblichen Mittel nicht genügen, verfertigen wir Werkzeuge und entwerfen eine Welt der Kultur.

stiftung, die nicht die eines universalen konstituierenden Bewußtseins ist, und in einen Sinn, der bestimmten Inhalten selber anhängt" (177/172).

3. Die Einheit des Leibes

Auch hier zunächst ein einfaches Beispiel: Ich sitze am Schreibtisch und will ein Buch aus dem Bücherschrank holen. Diese Aktion umfaßt eine ganze Reihe unterschiedlicher Aspekte: Ich muß aufstehen, bestimmte Muskeln spannen sich, andere werden entspannt, mein Blick richtet sich auf den Gegenstand, ich fühle etwas usw. Diese verschiedenen Tätigkeiten müssen von mir aber nicht so koordiniert werden, daß ich die Glieder meines Körpers zu bestimmten Wahrnehmungsbefunden in Beziehung setze und dann zur Einheit zusammenfüge. Alles bewußte Koordinieren kommt hier zu spät, weil der Leib selbst die Einheit immer schon vollzogen hat. Er *ist* diese Tätigkeit des Einigens. Die verschiedenen Aktionen sind geeint auf der Grundlage einer gemeinsamen Bedeutung, die ursprünglich vom Leib gestiftet wird. Was ich bei einer solchen Aktion fühle, gewinnt seinen Sinn im Zusammenhang dessen, was ich sehe – und umgekehrt. Was ich wahrnehme, gewinnt seinen Sinn im Zusammenhang meiner Körperbewegungen – und umgekehrt. So ist der Leib ein „Knoten lebendiger Bedeutungen" (182/177), der die verschiedenen perzeptiven und motorischen Aspekte in ein sinnvolles Gleichgewicht zu bringen versucht. Dieses Gleichgewicht drückt sich in einem individuellen Stil der Gesten, der Bewegungen, der Körperhaltung aus. – Grundsätzlich gilt: „Unser Leib [...] ist kein Gegenstand für ein 'Ich denke': er ist ein sein Gleichgewicht suchendes Ganzes erlebt-gelebter Bedeutungen" (184/179).

Damit sind die Grundlinien der Leib-Analyse Merleau-Pontys nachgezeichnet. Mit der These von der ursprünglichen Intentionalität unseres Leibes ist der systematische Ausgangspunkt für Merleau-Pontys Phänomenologie freigelegt. Es bleibt zu fragen, wie dieser Grundgedanke weiter entfaltet wird.

Es ist bereits darauf hingewiesen worden, daß die existentielle Analyse Merleau-Pontys anhand bestimmter Krankheitsfälle eingeführt wird und ihre Überlegenheit gegenüber klassischen Erklärungsmustern dokumentieren kann. Diese Auseinandersetzungen liegen auf dem Grenzgebiet zwischen Philosophie und Psychologie, zwischen Physiologie und Medizin. Sie werden hier ausgeklammert, um statt dessen auf die Konsequenzen der Analyse des Leibes für genuin philosophische Fragestellungen hinzuweisen.

III. Die systematische Anwendung der Phänomenologie des Leibes

1. Die Theorie der Wahrnehmung

Bereits die Beschreibung unserer Leiberfahrung hatte nahegelegt, den Leib als Bedingung der Möglichkeit für alle unsere Wahrnehmungen zu setzen. Sodann wurde in der existentiellen Analyse die ursprüngliche Intentionalität des Leibes, d. h. eine Sinnstiftung vor aller bewußten Reflexion aufgewiesen. Damit ist im Kern bereits die Theorie der (ursprünglichen) Wahrnehmung gegeben. Es kommt nur darauf an zu sehen, daß Leibwahrnehmung und Dingwahrnehmung zwei Aspekte *eines* Aktes sind.

So wie die verschiedenen Sinne und Glieder Vermögen *eines* Leibes sind, so konstituieren die sensorischen Eigenschaften die Identität eines Dinges. Leib und Ding entsprechen einander, und zwar so, daß die Synthese des Gegenstandes sich durch die Synthese des eigenen Leibes herstellt. Betaste ich z. B. die Oberfläche eines Dinges (etwa die eines Tisches), dann werde ich gleichsam aufgefordert, auch die anderen Sinne auf ihn hin ins Spiel zu bringen – beispielsweise dadurch, daß ich den Tisch genauer ins Auge fasse, indem ich zurücktrete oder um ihn herumgehe. So wird mein Leib als System verschiedener Wahrnehmungsvermögen auf den Gegenstand polarisiert. Wollen wir dieses Verhältnis von Leib und Ding beschreiben, dann drängen sich anthropomorphe Wendungen auf: Wir befragen die Dinge; die Dinge teilen sich uns mit; sie zeigen sich oder verbergen sich ... Darin wird greifbar, daß das Ding als Korrelat des Leibes ein Phänomen des *Ausdrucks* ist. Dem Ding wohnt ein Sinn inne; es offenbart eine Bedeutung, die in den wahrnehmbaren Eigenschaften selbst liegt. Diese Ausdruckseinheit können wir nur erkennen, indem wir uns das Ding in der Wahrnehmung zu eigen machen – wie wir uns auch unseren Leib zu eigen machen müssen, um seine Einheit zu erfahren. „Die natürliche Wahrnehmung ist keine Wissenschaft, sie setzt nicht die Dinge, auf die sie bezogen ist, sie entfernt sie nicht, um sie zu beobachten, sie lebt mit ihnen ..." (372/371).

Freilich geht das Ding nicht darin auf, bloßes Korrelat unseres Leibes zu sein. Wahrgenommen erscheint es als etwas, das in sich selbst ruht, als 'Ding an sich'. Das wird besonders deutlich, wenn die Dinge als fremd erscheinen, bisweilen sogar als bedrohlich. Denn das Ding wird erst dadurch zum Ding, daß wir uns in ihm *nicht* selbst erkennen. Wie aber ist es möglich, daß das Ding sowohl Korrelat des Leibes als auch das ganz Andere für den Leib ist? Das ist nur deshalb möglich, weil wir mit unserem Leib die Grundstrukturen der Welt, der das Ding angehört, in uns tragen. Oder: Das Ding ist deshalb etwas, das uns transzendiert, weil unser Leib selbst von einer Bewegung auf die Welt zu bestimmt ist. Menschliche Existenz bedeutet nämlich zuerst und ursprünglich: leibhaftes Zur-Welt-Sein. Und Phänomenologie der Wahrnehmung heißt: den Leib als einen erkennenden begreifen.

2. Die Theorie der Sprache
Auch Merleau-Pontys Sprachphilosophie schließt unmittelbar an die existentielle Analyse des Leibes an. Denn der Leib ist dargelegt als Bewegung des Ausdrucks (176/171), die in sich sinnhaft ist. Diese ursprüngliche Intentionalität und dieses originäre Bedeutungsvermögen gilt es auch bei der Sprache aufzudecken. Nicht erst ein sprachunabhängiges Denken konstituiert die Bedeutung, sondern das Wort selbst ist sinnhaft – hierin aufs engste leiblichen Gesten und Gebärden verwandt. Eine Gebärde – etwa der Ausdruck des Zorns im Gesicht – ist nicht bloß äußeres Zeichen eines inneren Zustandes; sondern die Gebärde selbst drückt den Sinn aus; das Gesicht *ist* zornig. Ebenso machen wir beim Sprechen nicht einen Umweg über das Denken, sondern das Denken selbst vollzieht sich im Sprechen; das Wort selbst gibt dem Sinn Existenz. Und wie es unterschiedliche Gesten gibt, so gibt es auch unterschiedliche Sprachen. In ihnen manifestieren sich die verschiedenen Möglichkeiten unseres leiblichen Seins zur Welt. Pointiert formuliert: „Der Sprechakt [parole] ist eine Geste, seine Bedeutung eine Welt" (218/214).

3. Die Theorie der Kunst
Die Ausdruckseinheit, die die Motorik des Leibes leitet – die Sinneinheit, die im Vollzug der Wahrnehmung und in der sprachlichen Verständigung aufgezeigt wird –, diese Einheit wird in besonderer Weise in der Kunst offenbar. In der *Phänomenologie der Wahrnehmung* betont Merleau-Ponty, daß der Leib als Einheit lebendigen Sinns am ehesten mit einem Kunstwerk zu vergleichen sei. Beide seien Individuen, „in denen Ausdruck und Ausgedrücktes nicht zu unterscheiden sind, deren Sinn nur in unmittelbarem Kontakt zugänglich ist und die ihre Bedeutung ausstrahlen, ohne ihren zeitlich-räumlichen Ort zu verlassen" (181/177). Die Kunstwerke manifestieren in höchster Weise die Macht des Ausdrucks, die für die menschliche Existenz überhaupt konstitutiv ist (vgl. 216 f./212 f.).
Freilich bleiben solche Hinweise in der *Phänomenologie der Wahrnehmung* eher peripher. Erst die späteren Essays – vor allem *Das Auge und der Geist* (1961) und *Das mittelbare Sprechen und die Stimmen des Schweigens* (1951–1953) – zeigen deutlicher die Verflechtung der Phänomenologie des Leibes mit Merleau-Pontys Philosophie der Kunst. Gegen die von Malraux (und anderen) ins Feld geführte Subjektivierung der modernen Malerei legt Merleau-Ponty dar,[10] daß der Maler zu allen Zeiten nicht sein unmittelbares Empfinden im Bild festhält, sondern seinen *Stil*, der durch die Auseinandersetzung mit der *Welt* gewonnen wird. Stilbildend jedoch ist nicht erst das künst-

---

[10] ›Le langage indirect et les voix du silence‹, in: Signes, Paris 1960, S. 49–104; dt.: Das mittelbare Sprechen und die Stimmen des Schweigens, in: Das Auge und der Geist. Philosophische Essays, hrsg. und übers. von H. W. Arndt, Hamburg 1984, S. 69–114.

lerische Schaffen, sondern unsere leibliche Existenz überhaupt. „Die Bewegung des Künstlers, der seine Arabeske in die unendliche Materie zeichnet, bereichert und verlängert das einfache Wunder der gelenkten Fortbewegung oder der zugreifenden Gesten" (97/83). Wir verstehen ein Kunstwerk, wenn wir die Geste nachvollziehen, die es geschaffen hat und die in ihm zum Ausdruck kommt. Und wir können Kunstwerke – auch die sog. abstrakten – verstehen, weil sie anknüpfen an die ursprüngliche Ausdruckstätigkeit unserer leiblichen Existenz. Kunst *und* Leben werden von diesem Ausdrucksverlangen beseelt und angetrieben (vgl. 105/93). Das Unersetzbare der Kunst liegt darin, daß sie uns neue Erfahrungsbereiche erschließt, daß sie uns lehrt, neu zu sehen und zu hören, daß sie uns zu einem neuen Denken anregt. Hier treffen sich Kunst und Philosophie. Die *Phänomenologie der Wahrnehmung* will eben dies: aufs neue lehren, unseren Leib zu empfinden; ein ursprüngliches Wissen aufdecken, das wir als leibhafte Wesen immer schon haben; eine Erfahrung der Welt zu neuem Leben erwecken (242 f./239). Das ist – wie alle große Philosophie – mühevoll, aber erhellend. Die Phänomenologie „ist mühsam wie das Werk von Balzac, von Proust, Valéry oder Cézanne: in gleichem Aufmerken und Erstaunen, in gleicher Strenge der Forderung an das Bewußtsein, in gleichem Willen, den Sinn von Welt und Geschichte zu fassen in statu nascendi" (18/XVI).

VERANTWORTUNG UND SINNBEWAHRUNG

Zur Zukunftsethik von Hans Jonas

Von MARGOT FLEISCHER

In Hans Jonas' Schrift ›Das Prinzip Verantwortung‹[1] wird der in unserem Zeitalter der Hochtechnologie „endgültig entfesselte Prometheus" (7) konfrontiert mit der „Frage nach dem Wert, dem Der-Mühe-Wert-sein des ganzen menschlichen Unternehmens" (52). Die Frage radikalisiert sich unter dem Aspekt, daß das 'ganze menschliche Unternehmen' auf Sinnzerstörung zusteuert, wenn wir ihm seinen Lauf lassen. Neue Dimensionen für Verantwortung tun sich auf. Sinnbewahrung für die Zukunft (ja schon für die Gegenwart) stellt sich als eine vorrangige moralische Aufgabe. – Ich lasse im folgenden zunächst in komprimierter Form Jonas selbst mit Darlegungen zu Wort kommen, die weitgehend meine Zustimmung haben und denen größtenteils eine breite Anerkennung dringend zu wünschen ist. Sodann gebe ich eine kritische Skizze seiner Grundlegung der Ethik. Schließlich biete ich, Positives aufnehmend und über die Kritik hinausdenkend, ein von eigener Position mitbestimmtes Fazit zur Diskussion an.

Grundzüge der Situation

Jonas diagnostiziert, „daß wir in einer apokalyptischen Situation leben, das heißt im Bevorstand einer universalen Katastrophe, wenn wir den jetzigen Dingen ihren Lauf lassen" (251). Diese 1979 getroffene Feststellung bestätigt sich fortgesetzt (und dürfte doch, wo sie vernommen wird, häufig genug lediglich Verdrängungsmechanismen in Gang setzen). „Die Gefahr geht aus von der Überdimensionierung der naturwissenschaftlich-technisch-industriellen Zivilisation" (ebd.). Durch Wissenschaft und moderne Technik sind dem Menschen „nie gekannte Kräfte" (7) zugewachsen, die ungeahnte, aus der Perspektive früherer Zeiten gesehen ans Utopische streifende Erfolge möglich gemacht haben. In ihrem Übermaß jedoch überfordern die Erfolge nunmehr den Menschen als Handelnden und die Natur als das Objekt seiner Unterwer-

---

[1] Zuerst erschienen 1979. Bloße Seitenangaben im folgenden beziehen sich auf die Taschenbuchausgabe, Frankfurt a. M. 1984.

fung. Die Ausbeutung der Natur hat eine unvermutete Verletzbarkeit der Natur, und zwar im Ausmaß der ganzen Biosphäre, ans Licht gebracht (26 f.). Die Natur 'straft' menschlichen Zugriff mit dem Treibhauseffekt und seinen zu erwartenden Folgen (333 f.), mit ihrer Reaktion auf die Verseuchung der Gewässer u. ä. (331). Die Folgen der Kernenergienutzung bleiben als Umweltbedrohung (vor allem durch Atommüll) wirksam (335). Katastrophengefahr geht aus nicht nur vom ökonomischen Erfolg (gesteigerter Wohlstand zunehmend vieler Nutznießer), sondern auch – und langfristig jenem entgegenwirkend – vom biologischen Erfolg, der Vermehrung der Bevölkerung (251 f.). „Die Bevölkerungsexplosion, als planetarisches Stoffwechselproblem gesehen, [...] wird eine verarmende Menschheit um des nackten Überlebens willen [...] zwingen [...] zur immer rücksichtsloseren Plünderung des Planeten, bis dieser sein Machtwort spricht und sich der Überforderung versagt. Welches Massensterben und Massenmorden eine solche Situation des 'rette sich, wer kann' begleiten werden, spottet der Vorstellung", desgleichen auch, wie „danach ein Menschheitsrest auf verödeter Erde neu beginnen mag" (252 f.). „Dies ist die apokalyptische Perspektive, die berechenbar in der Dynamik des gegenwärtigen Menschheitskurses angelegt ist" (253). In weniger weiter Zukunft schon glaubt Jonas die verwandte Gefahr zu erkennen, daß die Armut in den Mangelländern „in internationaler Gewalttätigkeit" explodieren könnte (321).

Die Handlungen der technologischen Zivilisation sind neuartig nach ihrer Größenordnung, ihren Folgen, teils auch ihren Objekten (26). So ist der Mensch neuerdings technisch herstellend auch an sich selbst und seiner Natur tätig geworden (10), zur Lebensverlängerung (47 ff.), durch genetische Manipulation (52 f.), auf dem Feld der Verhaltenskontrolle (50 ff.).[2] Durch die neuen Möglichkeiten ist der homo faber vielfältig überfordert. Zur Anwendung der Technik auf ihn selbst wäre ein hohes Maß an Weisheit nötig, solche Weisheit aber fehlt, ja Weisheit ist überhaupt in Mißkredit geraten (s. u.). Allgemein ist für das neuartige Handeln zu konstatieren ein „Exzeß unserer Macht zu tun über unsere Macht vorherzusehen und über unsere Macht zu werten und zu urteilen" (55). Die Wirkungen unseres Tuns reichen weiter als unser Vorwissen (214). Das Tempo, mit dem die Folgen eintreten, läßt keine Zeit für Korrekturen (71). Und für unser Werten gilt, „daß der heilsame Abstand zwischen alltäglichen und letzten Anliegen [...] stetig schrumpft" und wir „ständig mit Endperspektiven konfrontiert" sind, ohne ihnen gewachsen zu sein (54). – Von solchen Reflexionen ist die Realität weitgehend unberührt. Noch immer wohnt dem Prozeß wissenschaftlich-technischer 'Weltbeherrschung' eine gewaltige vorwärtstreibende Dynamik inne. Sie manifestiert sich

---

[2] Vgl. auch Hans Jonas, Technik, Medizin und Ethik. Zur Praxis des Prinzips Verantwortung, Frankfurt a. M. 1985.

als grenzenloser „Vorwärtsdrang der Gattung" (31). Das durch Technologie Geschaffene „erzwingt deren immer neuen erfinderischen Einsatz in seiner Erhaltung und weiteren Entwicklung und belohnt sie mit vermehrtem Erfolg – der wieder zu dem gebieterischen Anspruch beiträgt" (ebd.); „Stolz auf die Leistung" (32) vermehrt die Treibkraft. Hinzu kommt der Antrieb der Wirtschaft (7).

Man sollte Jonas wegen des gezeichneten Szenarios nicht dem Vorwurf der Technikfeindlichkeit aussetzen. Er selbst spricht ja gerade auch von den Erfolgen der Technik. Und er sieht klar, daß angesichts der entstandenen weltweiten Probleme „*jede* konstruktive Lösung einen hohen Einsatz von Technologie verlangt (die bloßen Ziffern der heutigen Erdbevölkerung schließen eine Rückkehr zu älteren Zuständen aus), und die *davon* der Umwelt geschlagenen Wunden verlangen nach neuem technischen Fortschritt zu ihrer Heilung, also schon defensiv nach verbesserter Technologie" (323). Entscheidend ist aber, „Macht über die Macht" zu gewinnen, ist „die Überwindung der Ohnmacht gegenüber dem selbstgenährten Zwang der Macht zu ihrer progressiven Ausübung" (253 f.). Das ist um so schwerer, als es sich bei der Hochtechnologie um kollektive Praxis handelt (7) und der Täter hier ein kollektiver Täter ist (32). Wenn denn die moderne Technik die Natur menschlichen Handelns verändert hat (15), derart, daß eine 'neue' Ethik nötig geworden ist, so wird es nicht genug (wenn auch freilich unerläßlich) sein, daß diese von Individuen angeeignet und befolgt wird; den kollektiven Täter erreicht sie erst über die Politik (32).

Das Unternehmen einer 'neuen' Ethik in der gegebenen Situation sieht sich auch folgenden, sie keineswegs begünstigenden Tatbeständen gegenüber: Im Bereich technologischer Zivilisation hat bei vielen eine Verarmung menschlicher Möglichkeiten stattgefunden und ein dementsprechend verkürztes Selbstverständnis Platz gegriffen.[3] Mit Stolz erlebter Erfolg in Wissenschaft und Technik „nährt die wachsende Überlegenheit einer Seite der menschlichen Natur über alle anderen, und unvermeidlich auf ihre Kosten"; die Ausdehnung menschlicher Macht, „indem sie mehr und mehr die Kräfte des Menschen an ihr Geschäft bindet, [ist] begleitet von einer Schrumpfung seines Selbstbegriffs und Seins. In dem Bilde, das er von sich unterhält [...] ist der Mensch jetzt immer mehr der Hersteller dessen, was er hergestellt hat, und der Tuer dessen, was er tun kann – und am meisten der Vorbereiter dessen, was er demnächst zu tun imstande sein wird" (32). Demgemäß hält der zeitgenössische Mensch nichts von Weisheit, ja leugnet „die Existenz ihres Gegen-

---

[3] Zur Klage über eine Bruchstückhaftigkeit der Menschen haben auch frühere Zeiten schon Anlaß gegeben, wie sie denn auch früher schon erhoben worden ist (etwa von Schiller im 5. und 6. Brief seiner Schrift ›Über die ästhetische Erziehung des Menschen‹ und von Nietzsche im Kapitel ›Von der Erlösung‹ in seinem ›Zarathustra‹).

standes [...], die Existenz nämlich absoluten Wertes und objektiver Wahrheit" (54 f.). Moderne Naturwissenschaft hat „die Grundlagen fortgespült, von denen Normen abgeleitet werden konnten, und hat die bloße Idee von Norm als solcher zerstört. Zwar zum Glück nicht das Gefühl für Norm und sogar für bestimmte Normen; aber dieses Gefühl wird seiner selbst unsicher, wenn das vermeintliche Wissen ihm widerspricht" (57). Zur Situation gehört ein Nihilismus, in dem „größte Macht sich mit größter Leere paart, größtes Können mit geringstem Wissen davon, wozu" (ebd.). Die vorherrschende wissenschaftliche Auffassung der Natur hat diese „aller Würde von Zwecken entkleidet" (29).

Erfordernis und Charakter einer 'neuen' Ethik

Die Situation mit ihrem apokalyptischen Zukunftspotential erlaubt nicht, daß 'wir den jetzigen Dingen ihren Lauf lassen'. Eine durchgreifende moralische Besinnung ist dringlicher denn je. Jonas stellt sich in ihren Dienst mit seinem „Versuch einer Ethik für die technologische Zivilisation" (Untertitel) – einer Zukunftsethik, die die gegenwärtigen und die folgenden Generationen aufs herbste in die Pflicht nimmt.[4] In den vom Wohlstand begünstigten Weltregionen sind Wohlstandsverzichte gefordert (265), Einschränkung der Produktionskapazitäten und des Konsums (322). Es handelt sich um eine Ethik der „Selbstbescheidung der Menschheit" (266) und der freiwilligen Machtzügelung (7). Als solche ist sie anti-utopisch und das Gegenbild marxistisch geprägter Zukunftsethik (46), gegen die sie antritt (Jonas' „Prinzip Verantwortung" versus Blochs „Prinzip Hoffnung"). Bedroht sind die Existenz der künftigen Menschheit, das Wesen des Menschen und eine menschenwürdige Welt als Stätte seines Aufenthalts; die Ethik der Ehrfurcht gebietet hier Bewahrung (8; 9). Sie ist eine „Ethik der Erhaltung, der Bewahrung, der Verhütung und nicht des Fortschritts und der Vervollkommnung" (249). Sie rechnet auf selbstlose Furcht (289). Auch setzt sie (dies freilich in Übereinstimmung mit Denkern des Tradition) Freiheit als sittlichen Wert an sich (304). Allem zuvor tritt sie als Ethik der Verantwortung (388), der Fernverantwortung (63) und geschichtlichen Verantwortung (229) auf. Jonas sieht zwar klar, daß Verantwortung „kein neues Phänomen in der Sittlichkeit" ist, doch habe sie „noch nie ein derartiges Objekt gehabt, auch bisher die ethische Theorie wenig beschäftigt" (8). Jetzt zuerst hat verantwortliches Handeln „die entferntere Zukunft in die Voraussicht und gar den Erdkreis in das Bewußtsein der eigenen Kausalität einzubeziehen" (ebd.); „ein Gegenstand von gänzlich neuer Ord-

---

[4] Er nennt sie auch „Ethik des Überlebens" und „Notstandsethik der bedrohten Zukunft" (250).

nung, nicht weniger als die gesamte Biosphäre des Planeten [ist] dem hinzugefügt worden [...], wofür wir verantwortlich sein müssen" (27). „Natur als eine menschliche Verantwortlichkeit ist [...] ein Novum" (ebd.). Diese neue Verantwortlichkeit für Natur könnte in einer anthropozentrischen Ethik eine Stelle haben. Jonas zielt aber (auch) auf eine nicht-anthropozentrische ökologische Ethik ab. Er denkt für die „Biosphäre als Ganzes und in ihren Teilen [...] so etwas wie einen moralischen Anspruch an uns [...] um ihrer selbst willen und aus eigenem Recht" (29). Das bedeutet, „die Anerkennung von ‚Zwecken an sich selbst' über die Sphäre des Menschen hinaus auszudehnen", und die Übernahme einer „Treuhänderrolle" (ebd.).

Das Neue einer Ethik für die neue Situation des Menschen im Zeitalter der Hochtechnologie wird von Jonas zu Recht hervorgehoben. Allerdings ist zu vermerken, daß er die Leistungsfähigkeit bisheriger Ethik auch für die räumliche und zeitliche Fernsphäre unterschätzt, beispielsweise wenn er die „alten Vorschriften" der Gerechtigkeit und Barmherzigkeit in ihrer Gültigkeit eingeschränkt auf „die nächste, tägliche Sphäre menschlicher Wechselwirkung" und von ihrer „intimen Unmittelbarkeit" spricht (26). Vor allem aber unterschätzt er den kategorischen Imperativ Kants (wie er denn mit Kant, soweit er ihn überhaupt zur Kenntnis nimmt,[5] auf Kriegsfuß steht). Die 2. Formel des kategorischen Imperativs lautet in Kants ›Grundlegung zur Metaphysik der Sitten‹: „Handle so, daß du die Menschheit, sowohl in deiner Person, als in der Person eines jeden andern, jederzeit zugleich als Zweck, niemals bloß als Mittel brauchest."[6] Berücksichtigt man, daß wir die Zukünftigen nicht als Mittel brauchen, und tilgt man diese Bestimmung, dann ist die Formel für die Zukunftsethik offen, indem sie fordert, die Menschheit in der eigenen Person sowie in der Person eines jeden anderen jederzeit als Zweck zu achten (was für die Gleichzeitigen dann eben jedenfalls bedeutet, sie niemals bloß als Mittel zu brauchen). In dieser Gestalt kann sie dem Jonasschen kategorischen Imperativ (s. u.) sogar zugrunde gelegt werden, und eine besondere Pointe ergibt sich hier noch, wenn man beachtet, daß Kant auf dem Weg zu dieser Formel behauptet, der Mensch existiere als Zweck an sich selbst.[7]

---

[5] Kant als Transzendentalphilosoph und Autor einer Kritik der teleologischen Urteilskraft scheint spurlos an ihm vorübergegangen zu sein, und die politische Dimension und Zukunftsdimension der Schrift ›Zum ewigen Frieden‹ ignoriert er bei seiner Einschätzung Kants gänzlich.

[6] Immanuel Kant, Werke in 6 Bänden, hrsg. v. Wilhelm Weischedel, Darmstadt 1983, Bd. 4, 61 – bei Kant hervorgehoben.

[7] Kant, a. a. O., 59: „Gesetz aber, es gäbe etwas, *dessen Dasein an sich selbst* einen absoluten Wert hat, was, als *Zweck an sich selbst*, ein Grund bestimmter Gesetze sein könnte, so würde in ihm, und nur in ihm allein, der Grund eines möglichen kategorischen Imperativs [...] liegen. / Nun sage ich: der Mensch [...] *existiert* als Zweck an

Begriff und Phänomen der Verantwortung

Die ins Zentrum der Ethik gerückte Verantwortung ist zu bestimmen. „Bedingung von Verantwortung ist kausale Macht" (172); Verantwortung ist nach Umfang und Art ein „Korrelat der Macht" (230). Ebenso konstitutiv wie Macht ist für Verantwortung Vernunft (248). Das Feld der Verantwortung ist das Veränderliche (226).[8] Beim Veränderlichen setzt Jonas den Akzent der Vergänglichkeit; „von Verderbnis und Verfall Bedrohte[s]" ist Gegenstand von Verantwortung (ebd.; 242). „Die bindende Kraft geht vom Anspruch eines *Gegenstandes* aus" (166). Damit unterscheidet sich die in Rede stehende Verantwortung von einem Begriff von Verantwortung, der lediglich „die ex-post-facto Rechnung für das Getane" (174), das Einstehen für schon eingetretene Folgen des Handelns meint; dem Tun voraus anerkennt sie den Anspruch der Sache. „Der Begriff der Verantwortung impliziert den des Sollens, zuerst des Seinsollens von etwas, dann des Tunsollens von jemand in Respons zu jenem Seinsollen. Das innere Recht des Gegenstandes geht also voran" (234). 'Gegenstand' von Verantwortung sind primär Menschen (184). Das Verantwortungsverhältnis zwischen Mensch und Mensch ist nach Jonas' Auffassung – zufolge des Ansatzes von kausaler Machtüberlegenheit auf der einen, Verletzbarkeit und Anspruch auf Bewahrung auf der anderen Seite – in jedem Einzelfall einseitig (was so strikt sicher nicht gilt), immerhin aber ist es „umkehrbar"; und „generisch ist die Gegenseitigkeit immer da, insofern ich, der für jemand Verantwortliche, unter Menschen lebend allemal auch jemandes Verantwortung bin. Dies folgt aus der Nicht-Autarkie des Menschen" (184). Gegenstand von Verantwortung sind auch die „Treueverhältnisse [...], auf denen die Gesellschaft und das Zusammenleben der Menschen beruht", handelt es sich hier doch um ein „in seiner Existenz immer unverbürgte[s], ganz und gar von uns abhängige[s] Gut" (179). Den Gegenstandsbereich von Verantwortung begrenzt Jonas auf Lebendiges (185). Insofern die Zerstörung der Biosphäre Lebendigem die Existenzbedingungen rauben müßte, ist 'globale' Verantwortung – der anscheinenden Einschränkung zum Trotz – gerade auch gegeben. Verantwortung für die Bewahrung von Kunstwerken subsumiert Jonas unter die für Lebendiges mit dem schlichten Argument, die „Anwesenheit" des Kunstwerks gehöre „zum Bestand der [vom Menschen] selbstgeschaffenen Welt, in der allein menschliches Leben seine Stätte haben kann" (188). – Immer schon war Verantwortung „eine Funktion von Macht und

---

sich selbst." – Zu Jonas' problematischem Verhältnis zu Kant äußern sich auch Sève und Wendnagel in ihren hier in Anm. 12 genannten Arbeiten.

[8] Bis hierhin stimmt die Analyse überein mit dem, was Aristoteles in seiner ›Nikomachischen Ethik‹ über die Entscheidung ausführt; vgl. Margot Fleischer, Hermeneutische Anthropologie. Platon – Aristoteles, Berlin–New York 1976, 287 und 288.

Wissen"; diese aber waren früher vergleichsweise begrenzt (222). In ihrer heutigen Entgrenzung gefährden sie die Zukunft (243), so daß der Verantwortung der Fortbestand der Menschheit als Gegenstand zugewachsen ist. – Für Verantwortung als ein zum Menschen wesentlich gehörendes Phänomen steht die (von Ausnahmen abgesehen) je schon wirklich übernommene Verantwortung von Eltern für ihre Kinder ein – der „Archetyp aller Verantwortung" und wohl auch „genetisch der Ursprung aller Disposition für sie, gewiß ihre elementare Schule" (189). Ob allerdings die von 'jedem' in seiner Kindheit erfahrene elterliche Fürsorge zu Recht von Jonas ohne weiteres als Erfahrung von Verantwortung angesprochen und in das Konzept eingebracht werden kann (vgl. 185), dürfte fraglich sein.

Konstitutiv für das Phänomen Verantwortung ist nach Jonas das Verantwortungsgefühl. Dieses ist „eine Tatsache der Erfahrung" (166). Ihm ist es „jeweils um eine als Gut und Pflicht erkannte Sache" zu tun (225). Es geht über die schon erwähnte Ehrfurcht hinaus, „denn solche Gefühlsbejahung der wahrgenommenen Würde des Gegenstandes [...] kann doch ganz untätig bleiben. Erst das hinzutretende *Gefühl der Verantwortung*, welches *dieses* Subjekt an dieses Objekt bindet, wird uns seinethalben handeln machen" (170). „Das Heischen der Sache einerseits, in der Unverbürgtheit ihrer Existenz, und das Gewissen der Macht anderseits, in der Schuldigkeit ihrer Kausalität, vereinigen sich im bejahenden Verantwortungsgefühl des aktiven, immer schon in das Sein der Dinge übergreifenden Selbst" (175).

Begriff des Menschen

Der volle Begriff des Menschen muß dem 'geschrumpften Selbstbegriff' unserer Zeitgenossen (s. o.) entgegengestellt und gegen ihn neu zur Geltung gebracht werden. Mit der Explikation von Verantwortung ist ein wichtiger Schritt dahin schon getan. „Für irgendwen irgendwann irgendwelche Verantwortung de facto zu haben [...] gehört so untrennbar zum Sein des Menschen, wie daß er der Verantwortung generell fähig ist" (185). Diese Fähigkeit schließt, wie sich zeigte, das Verantwortungsgefühl ein. Allgemeiner vielleicht spricht Jonas vom Pflichtgefühl, davon, daß wir „mindestens nach Anlage, *empfänglich* sind für den Ruf der Pflicht durch ein antwortendes Gefühl" (163). So gilt, „daß Menschen potentiell schon ‚moralische Wesen' *sind*, weil sie diese *Affizierbarkeit* besitzen, und nur dadurch auch unmoralisch sein können" (164). Die grundlegendste anthropologische Bestimmung Jonas' dürfte die „*Zulänglichkeit für Wahrheit, Werturteil und Freiheit*" (74, Hervorhebung M. F.) sein. Diese Zulänglichkeit ist für Jonas „ein *Unendliches*" (das wir „bewahren", aber auch „verlieren" können); sie ist „ein, bei aller physischen Herkünftigkeit, metaphysischer Tatbestand [...], ein *Absolutum*" (ebd.). Physisch herkünftig ist sie, insofern der Mensch Ergebnis der Evolution ist (deren Wichtigkeit bei Jonas nicht überschätzt werden kann); ein Unendliches und Absolutes und insoweit metaphysisch ist sie nach Jonas' Auffassung, weil sie den Menschen gegenüber allem übrigen Gewordenen und dessen unzweifelhaftem Selbstwert (s. u.) schlechthin auszeichnet. Freilich, das Sichten „der Aufführung der Menschheit auf Erden" ergibt einen „Katalog fortwährender Scheußlichkeiten", und „die Erbärmlichkeit des Menschen hat mindestens das Maß seiner Größe"; aber: „der ontologische Befund hat mit solchen Wertrechnungen nichts zu tun" (186). Im Blick auf Größe und Erbärmlichkeit spricht Jonas von der vom Menschen „unzertrennlichen *Zweideutigkeit*" (382). Der ontologische Befund der Zulänglichkeit für Wahrheit, Werturteil und Freiheit andererseits dürfte seiner (im Kontext der Utopie-Kritik geäußerten) These von der immer gegebenen Vollgültigkeit zugrunde liegen: „Seine [sc. des Menschen] Gegenwart [...] ist jeweils vollgültig *als die fragwürdige*, die sie *ist*" (383). Moralisch gesehen, ist der Mensch „von Natur ('an sich') weder gut noch schlecht [...]: er hat die *Fähigkeit* zum Gut- *oder* Schlechtsein, ja, zum einen *mit* dem andern" (385); aber eben diese Fähigkeit ist für Jonas ontologisch ein höchstes Gutes. – Aus der Perspektive der Geschichtlichkeit ergibt sich zum einen, daß der Mensch ist, „was er in Jahrtausenden der Kulturbemühung aus sich gemacht hat" (250), zum andern, daß die Antwort auf die „*Frage, was* der Mensch sein soll" (im Sinne anzustrebender geschichtlich-konkreter Existenz), „wandelbar ist" (249). Da das Resultat jener langen Kulturbemühung nunmehr bedroht ist, ist die genannte Frage nach Jonas, angesichts der dringlicheren Aufgabe von Bewahrung, derzeit nicht zu stellen.

Imperative, Pflichten, Tugenden

Gefahr ist im Verzuge für die bloße Existenz künftiger Menschheit, für das Menschsein (Zulänglichkeit für Wahrheit, Werturteil und Freiheit) etwa künftig Existierender, für die erreichte Kultur und eine ein menschenwürdiges Dasein ermöglichende Welt (33). Die Ethik der Bewahrung und Fernverantwortung gründet sich für diesen Bereich auf einen kategorischen Imperativ: „der kategorische [Imperativ] gebietet einfach, *daß* es *Menschen* gebe, mit der Betonung gleicherweise auf dem Daß und auf dem Was des Existierensollens"; Jonas fügt hinzu, für ihn sei „dieser Imperativ der einzige, auf den die Kantische Bestimmung des Kategorischen, das heißt Unbedingten, wirklich zutrifft" (91 f.). Der Imperativ artikuliert die „*unbedingte Pflicht* der Menschheit zum Dasein" (80) – zum Dasein *als* Menschheit, gemäß dem Wesen des Menschen; er artikuliert damit die „Pflicht zur Zukunft" (84). Dies „ontologische Gebot" (187) hat als Gebot für unser Handeln die Form: „'Handle so, daß die Wirkungen deiner Handlung verträglich sind mit der Permanenz echten menschlichen Lebens auf Erden'" – oder auch: „'Schließe in deine gegenwärtige Wahl die zukünftige Integrität des Menschen als Mit-Gegenstand deines Wollens ein'" (36). Das verbietet nicht nur jedes „Mittel" kriegerischer Auseinandersetzung, „das die Menschheit vernichten kann", sondern ebensosehr alle diejenigen Werke der Technologie, „die kumulativ eben diesen globalen Umfang und Tiefgang haben, nämlich entweder die ganze Existenz oder das ganze Wesen des Menschen in der Zukunft gefährden zu *können*" (80). Man beachte die Hervorhebung der *möglichen* Gefährdung (darauf ist zurückzukommen).

Das Gebot des 'Daß des Existierensollens' künftiger Menschen beinhaltet die „Pflicht [...] zur Fortpflanzung (wenn auch nicht notwendig die jedes Einzelnen)" (86). Das Gebot des „Was des Existierensollens" künftiger Menschen fordert von uns, zu „wachen" über ihre Pflicht „zu wirklichem Menschentum: also über ihre *Fähigkeit* zu dieser Pflicht, die Fähigkeit, sie sich überhaupt zuzusprechen" (89). Die Pflicht zu wirklichem Menschentum ist die eine und selbe für alle Menschen zu allen Zeiten; die Pflicht, über die Fähigkeit Künftiger zu dieser Pflicht zu wachen, ist neu. Die Fähigkeit ginge in dem Augenblick verloren, in dem (durch genetische Manipulation, 'Verhaltenskontrolle' oder wie immer) die Zulänglichkeit für Wahrheit, Werturteil und Freiheit unterminiert würde. 'Über das Recht künftiger Menschen auf Glück zu wachen' (bzw. über ihre „Glücksmöglichkeiten"), ist für Jonas eine nachgeordnete Pflicht; hier bringt er auch, auf Kants Spuren, den „schwankenden Begriff des Glücks" ins Spiel (89; 90).

Da der Imperativ, es solle Menschen geben, für Jonas der einzige ist, der als kategorischer auftritt, hat man für unser Verhalten zur Natur *kein kategorisches* Gebot zu erwarten. Jonas spricht hier von Pflichten bzw. Tugenden – von der 'wahlentzogenen' (d. h. gebotenen) „Solidarität mit dem Übrigen", dem Nicht-menschlichen (248), sowie der Treue gegenüber der Natur: „Als von ihr hervorgebracht schulden wir dem verwandten Ganzen ihrer Hervorbringungen eine Treue, wovon die zu unserem eigenen Sein nur die höchste Spitze ist" (246). Die Äußerung gibt zugleich, von der Natur aus, eine *Verbindung* zu verstehen zwischen anthropozentrischer (und anthropozentrisch-ökologischer) Ethik einerseits, rein ökologischer Ethik andererseits, die zunächst einmal durchaus zu unterscheiden sind: In der Pflicht zur Zukunft der Menschheit „ist die Zukunft der Natur als *sine-qua-non* offenkundig mitenthalten, ist aber auch unabhängig davon eine metaphysische Verantwortung an und für sich" (245). –

Der möglichen Gefährdung künftiger Menschheit durch moderne Technik, Produkte und Produktionsverfahren korrespondieren zwei Pflichten, mit denen verantwortliches Handeln in dieser Sphäre zu beginnen hat. Die eine ist die der 'Beschaffung der Vorstellung von den Fernwirkungen' (64). Das heißt zunächst, daß Tatsachenwissen von den Fernwirkungen gefordert ist (62).

Dieses Tatsachenwissen bleibt aber in der gegenwärtigen Situation auch bei
größter Anstrengung hinter „dem kausalen Ausmaß unseres Handelns" zurück (28; vgl. 66). Deshalb ist hier „Anerkennung der Unwissenheit" (28) entscheidend, und die zu beschaffende Vorstellung von den Fernwirkungen muß
über gesicherte Vorhersagen hinausgehen und alle Eventualitäten einbeziehen. Die andere Pflicht ist die 'Aufbietung des dem Vorgestellten angemessenen Gefühls' (65). Gemeint ist die schon erwähnte selbstlose Furcht. Vorge-
stellter möglicher Bedrohung der künftigen Menschen durch technische Pro-
jekte ist angemessen eine Furcht eigener, „geistiger Art", an deren Entstehen
der Verantwortliche selbst mitzuwirken und die er zu einer „Haltung" zu verfestigen hat (65) – im Gegensatz zu einer den Menschen ohne sein Zutun über-
kommenden Furcht vor einer ihn selbst betreffenden Gefahr. „Die Einnahme
dieser Haltung" ist die „Selbstbereitung zu der Bereitschaft, sich vom erst ge-
dachten Heil und Unheil kommender Geschlechter affizieren zu *lassen*"
(ebd.). Diese beiden Pflichten gründen in Jonas' kategorischem Imperativ. Sie
entlassen aus sich die „Vorschrift, [...] daß der *Unheilsprophezeiung mehr
Gehör zu geben ist als der Heilsprophezeiung*" (670). Hier resultieren das
„Gebot der Bedächtigkeit" (71) und des Ausschlusses von Mutwillen und
Leichtfertigkeit (77) sowie die Pflicht zur „Wachsamkeit über die Anfänge"
(72). Die „konkreten neuen Pflichten" (und Tugenden) in ein System zu
bringen, hält Jonas jedenfalls für verfrüht (390). Den soeben erwähnten
stehen zur Seite: die ebenfalls schon genannte Ehrfurcht, ferner eine neue
Demut. Die Ehrfurcht enthüllt „uns ein ‚Heiliges', das heißt unter keinen Umständen zu Verletzendes" (393). Als „Gefühlsbejahung der wahrgenommenen Würde des Gegenstandes" wird sie – unter dem Aspekt der Motivation
zum Handeln – vom Verantwortungsgefühl übertroffen (s. o.). Die neuartige
Demut ist „eine Demut nicht wie frühere wegen der Kleinheit, sondern wegen
der exzessiven Größe unserer Macht", und sie verwirklicht sich als „verantwortliche Zurückhaltung" (55). Hier schließt sich der Kreis zu jenen Charak-
teristika der 'neuen' Ethik, die als freiwillige Machtzügelung, Selbstbescheidung und Forderung von Wohlstandsverzichten benannt worden sind.

Ethik und Politik – das Problem der Durchsetzung[9]

Furcht kann Pflicht nur sein in Verbindung mit Hoffnung, nämlich auf Abwendung der drohenden Übel (392). Solche Hoffnung wäre begründet, dürfte
man annehmen, daß die 'neue' Ethik das Handeln aller Macher und Nutz-

[9] Vorweg sei angemerkt, daß nach meiner Einschätzung die noch zu erörternden
Versuche Jonas', seine Ethik zu begründen, keine Schubkraft für deren Durchsetzung
haben.

nießer moderner Technologie durchgreifend zu revolutionieren imstande wäre. Angesichts der von Jonas so hellsichtig analysierten Situation und aufgrund seiner Einschätzung der bisherigen Geschichte (die dem Betrachter menschliche Größe zwar auch, aber doch zu einem „Katalog fortwährender Scheußlichkeiten" sich addierende Erbärmlichkeit präsentiert – s. o.) kann er das nicht für wahrscheinlich halten. Da ohnehin, wie schon vermerkt, das Tun des kollektiven Täters nur über Politik bestimmt werden kann, verfällt Jonas auf folgenden Ausweg zur Durchsetzung des Gebotenen: Eine Elite bestimmt die Politik im Stil einer Tyrannis, die „eine wohlwollende, wohlinformierte und von der richtigen Einsicht beseelte Tyrannis sein muß" (262); „nur eine Elite [kann] ethisch und intellektuell die [...] Zukunftsverantwortung übernehmen" (263). Freilich, das Problem der Durchsetzung des ethisch Gebotenen ist damit nicht zureichend gelöst. Denn immerhin fragt es sich: „wie wird eine solche Elite erzeugt und wie mit der Macht ausgestattet, sie [sc. die Verantwortung] auszuüben?" (ebd.). Man sieht: Jonas' Lösungsversuch hat utopische Züge. Unabhängig davon hat er Jonas heftige Kritik eingebracht, bekundet er doch einen „Zweifel an der Zulänglichkeit repräsentativer Regierung, nach ihren normalen Grundsätzen und mit ihren normalen Verfahren den neuen Anforderungen gerecht zu werden" (55; vgl. 269). Daß dieser Zweifel alles andere als weltfremd ist, werden auch entschiedene Anhänger der Demokratie einräumen müssen. Und was Jonas' Ausblick auf eine wohlwollende Tyrannis betrifft, sollten seine späteren Zurücknahmen zur Kenntnis genommen[10] und die nötige Diskussion über 'neue' Ethik und Politik auf eine positive Bahn gelenkt werden. Zur Durchsetzbarkeit des von der Zukunftsethik Gebotenen ist inzwischen zu sagen: Das rasante Fortschreiten von Forschung und Technologie hat die Situation seit 1979 derart verändert, daß die Zukunft schon begonnen hat. Damit kann die von der Ethik der Fernverantwortung geforderte selbstlose Furcht teilweise, wo nicht gar weitgehend, durch die Furcht um uns selbst und unsere unmittelbaren Nachkommen ersetzt werden. *Sie* könnte diejenigen, deren sittliche Einsicht das jetzt und künftig zu Bewahrende zwar erkennt, aber nicht im Handeln wirksam wird, zu Gefahren abwendenden Handlungen und Verzichten motivieren, d. h., sie könnte dem Verantwortungsgefühl aufhelfen. Und sie könnte einer entsprechenden Politik zur notwendigen allgemeinen Akzeptanz in demokratischen Gemeinwesen und in der Völkergemeinschaft verhelfen. Sollte allerdings irgendwann nackte Furcht ums pure Überleben Platz greifen und kluges Handeln diktieren, wäre die von Jonas entworfene Ethik überflüssig geworden.

---

[10] Hans Jonas, Technik, Freiheit und Pflicht. Dankesrede anläßlich der Verleihung des Friedenspreises des Deutschen Buchhandels am 11. Oktober 1987 in Frankfurt/ Main, in: Ders., Wissenschaft als persönliches Erlebnis, Göttingen 1987, 42. Ferner: Interview in: Der Spiegel, Nr. 20/46. Jahrgang, 11. Mai 1992, 99 f.

Vorerst aber sieht Jonas, ziemlich pessimistisch geworden, die Aufgabe des Moralisten darin, im Mahnen nichts unversucht zu lassen.[11]

Problematische Begründungsversuche

Jonas stellt sich der Aufgabe, die Imperative, Pflichten und Tugenden der Zukunftsethik zu begründen. Dieser Teil seiner Schrift hat nicht von ungefähr in besonderem Maß Kritik hervorgerufen; manche der gegen ihn vorgebrachten Argumente ließen sich allerdings entschärfen.[12]

Sein *Begründungsansatz* rekurriert ausdrücklich nicht auf Religion und nicht auf Schöpfungsmetaphysik. „Die Frage eines möglichen Seinsollens ist unabhängig von der Religion zu beantworten" (99, Zwischentitel); denn „eine Religion, die nicht da ist, kann der Ethik ihre Aufgabe nicht abnehmen" (58; vgl. 94). Und: „die Frage des Seinsollens einer Welt läßt sich *trennen* von jeder These bezüglich ihrer Urheberschaft" (98 f.). Solche Trennung ist angezeigt, wenn auch diejenigen von der Zukunftsethik begründet in die Pflicht genommen werden sollen, die heute für eine Schöpfungsmetaphysik nicht zu gewinnen sind; sie bedeutet für Jonas selbst durchaus eine Epoché.[13] Der Be-

---

[11] Vgl. das ›Spiegel‹-Interview, a. a. O., 107: „Es geht um eine Erziehung des Menschen zu Lebenseinstellungen, die weniger gierig und gefräßig sind, dafür aber vielleicht anspruchsvoller in anderer Hinsicht. Man darf nicht fragen: Wird denn das helfen? [...] aufgeben ist das letzte, was man sich erlauben darf. [...] Eines der Elemente, die das Unheil verzögern können, ist der Glaube daran, daß es abwendbar ist. [...] man muß die Pflicht und die Verantwortung erkennen und so handeln, als ob eine Chance da wäre, sogar, wenn man selber sehr daran zweifelt."

[12] Einschlägige Literatur kann hier nur genannt, nicht diskutiert werden: O. P. Obermeier, Technologisches Zeitalter und das Problem der Ethik, in: Philosophisches Jahrbuch 88 (1981), 426–441 (Rezension). Wolfgang Erich Müller, Der Begriff der Verantwortung bei Hans Jonas, Frankfurt a. M. 1988. Matthias Rath, Intuition und Modell. Hans Jonas' „Prinzip Verantwortung" und die Frage nach einer Ethik für das wissenschaftliche Zeitalter, Frankfurt a. M. usw. 1988. Bernard Sève, Hans Jonas et l'éthique de la responsabilité, in: Esprit 10 (1990), 72–88. Johannes Wendnagel, Ethische Neubesinnung als Ausweg aus der Weltkrise? Ein Gespräch mit dem „Prinzip Verantwortung" von Hans Jonas, Würzburg 1990.

[13] Seine eigentümliche, in anderen Schriften ansatzweise vorgeführte Schöpfungsmetaphysik stellt 'Auschwitz' in Rechnung: Hans Jonas, Der Gottesbegriff nach Auschwitz, Frankfurt a. M. 1987. Ders., Materie, Geist und Schöpfung. Kosmologischer Befund und kosmogonische Vermutung, Frankfurt a. M. 1988. – Jonas geht sowohl mit jener Epoché als auch mit dem Inhalt seiner Schöpfungsmetaphysik andere Wege als Georg Scherer, der sich mit seinem Buch ›Welt – Natur oder Schöpfung?‹ (Darmstadt 1990) um Mitdenkende für Schöpfungsmetaphysik bemüht und in seinem Schlußkapitel ökologische Ethik als durch Schöpfungsmetaphysik begründet darstellt.

gründungsansatz versteht sich als 'metaphysisch' im Sinne von ontologisch. Dem zu erwartenden Vorwurf des naturalistischen Fehlschlusses sieht Jonas gefaßt ins Auge (92 f.). In der Metaphysik als der „Lehre vom Sein" muß die Zukunftsethik, ja „alle Ethik letztlich gegründet sein" (30; vgl. 8 und 35). So war ja schon zu vermerken, daß 'die bindende Kraft vom Anspruch eines Gegenstandes ausgehe'. „Als bloßes Geschöpf des Willens mangelt das Gute der Autorität, die den Willen bindet. [...] Erst seine Gründung im Sein stellt es dem Willen gegenüber. Das unabhängig Gute verlangt, Zweck zu werden", es nötigt den Willen zur Anerkennung der Pflicht, „es zu seinem Zweck zu machen" (161).[14] – Auf die Wahrheit philosophischen Wissens kommt hier alles an (62). Man wird von Jonas, jedenfalls soweit es einen kategorischen Imperativ zu begründen gilt, apodiktisches Wissen verlangen dürfen. Seiner großzügigen Vorstellung von Apodiktizität ist allerdings nicht zuzustimmen. Er hält philosophische Aussagen für apodiktisch, deren Wahrheit „ihre letzte Beglaubigung in der Selbstevidenz der Vernunft oder einem Apriori des Glaubens oder einem metaphysischen Willensentscheid hat" (67). Der metaphysische Willensentscheid wird im folgenden thematisch werden. Apodiktische Wahrheit kann er gerade nicht fundieren; er springt vielmehr für sie ein, weil sie unerreichbar ist. Das Auftauchen eines Apriori des Glaubens in diesem Zusammenhang ist verwunderlich. Noch verwunderlicher sind die Äußerungen, unsere in Jonas' kategorischem Imperativ formulierte Pflicht gegenüber den Zukünftigen sei „theoretisch garnicht leicht und vielleicht ohne Religion überhaupt nicht zu begründen" (36), und „der Glaube, auf dem das Wertwissen mit all seinen Ansprüchen vielleicht doch letztlich ruht", müsse „ein wohldurchdachter Glaube sein" (61). Solch mißliches Vor-und-zurück begegnet mehrfach auch in der Durchführung der Begründungen.

Für die *Begründung des kategorischen Imperativs* Jonasscher Prägung (wie für seine weiteren Begründungen von Gesolltem) ist Jonas' Leitvorstellung soeben genannt worden: Eine den Willen bindende Autorität hat das Gute (Gesollte) einzig als im Sein gegründetes; das in seinem Sein Gute verpflichtet den Willen, es zu seinem Zweck zu machen (überall, wo menschliches Handeln sich auf es erstrecken kann). Der kategorische Imperativ – bzw. die *„unbedingte Pflicht* der Menschheit zum Dasein" gemäß dem Wesen des Menschen (s. o.), einschließlich der neuen Pflicht, über die Fähigkeit Künftiger zu dieser Pflicht zu wachen – muß im Sein (Wesen) des Menschen gegründet werden, und dies Sein muß ontologisch (und apodiktisch) als ein Gutes zu erkennen sein. Als *Sein des Menschen* wurden gedacht die Zulänglichkeit für Wahrheit, Werturteil und Freiheit sowie – damit engstens verbunden – die Fähigkeit zu Verantwortung und das faktische Haben von Verantwortung, die Anlage zum

---

[14] Die Alternative 'bloßes Geschöpf des Willens – Gründung im Sein' erschöpft nach meiner Auffassung nicht die Möglichkeiten – s. den Schlußteil dieses Beitrags.

Vernehmen des Rufs der Pflicht, die 'Fähigkeit zum Gut- oder Schlechtsein, ja zum einen mit dem andern' (s. o.). Jene Zulänglichkeit wird von Jonas, wie gezeigt, als ein Unendliches und ein Absolutum angesprochen. Diese Bezeichnungen sind hier reine Wertprädikate. Sie sollen das Sein des Menschen als ein *schlechthin* Gutes, ein Gutes *an sich*, erscheinen lassen, das den kategorischen Imperativ ontologisch zu begründen vermag. Das von Jonas vorgeführte *Sein* des Menschen, schlicht als solches und herausgelöst aus Kontexten traditioneller Metaphysik wie auch der praktischen Philosophie Kants, gibt solche Wertung aber keineswegs her. So überzeugt schon deshalb die These nicht: „Die ontologische Idee [des Menschen] erzeugt einen kategorischen [...] Imperativ (91, Zwischentitel), und „mit dem abstrakten Sollen, das vom ontologischen Anspruch der Idee des Menschen [...] insgeheim [!] an alle ergeht" (185), ist es wohl nichts.

Von einer *apodiktischen Erkenntnis* der Idee des Menschen (die hier zu fordern wäre) ist Jonas auch nach seinem Selbstverständnis weit entfernt. Es gilt ihm nämlich die „Vergangenheit als Quelle des Wissens vom Menschen" (384, Zwischentitel): „Man wird sich also damit abfinden müssen, daß wir von der *Vergangenheit* lernen müssen, was der Mensch 'ist', das heißt im Positiven wie Negativen sein *kann*", und Jonas spricht bezüglich dieses aus der Geschichte geschöpften Wissens von dem „einzigen Wissen, das wir vom Menschen haben" (ebd.). Man könnte vielleicht argumentieren, an dieser Stelle gehe es Jonas nicht ontologisch um die Idee des Menschen (sondern, wie der Kontext ausweise, darum, utopische Entwürfe des Menschseins zu unterminieren). Denn bliebe immer noch als Problem Jonas' ganz andere Verlautbarung über unseren Zugang zur Idee des Menschen: „Erst die vorausgesehene Verzerrung des Menschen verhilft uns zu dem davor zu bewahrenden Begriff des Menschen" (8), „und wir brauchen die *Bedrohung* des Menschenbildes – und durchaus spezifische Arten der Bedrohung – um uns im Erschrecken davor eines wahren Menschenbildes zu versichern" (63). Es fragt sich, wie die Voraussicht einer Verzerrung des Menschen bzw. Bedrohung des Menschenbildes möglich sein soll, ohne daß ein Begriff vom Menschen (oder mindestens ein Vorbegriff) schon vorhanden ist. Eine Durchklärung des 'Wissens vom Menschen' wäre zur Begründung des Imperativs erforderlich gewesen. Sie hätte wohl auf ein Auslegen und – in Konsequenz davon – zur Preisgabe des kategorischen Status des Gesollten geführt. Erinnert sei auch daran, daß Jonas mit dem für sein Ethikkonzept unverzichtbaren Verantwortungsgefühl eine „Tatsache der Erfahrung" (s. o.) in Anspruch nimmt. Übrigens räumt er die Möglichkeit ein, daß Menschen, wo sie de facto Verantwortung haben, sie gar nicht fühlen (185). Ja, er äußert ein „vermutlich", das ebenfalls zum Kategorischen nicht passen will: „Dies *faktische* Gegebensein des Fühlens, vermutlich ein allgemein menschliches Potential, ist demnach das kardinale Datum der Moral und als solches auch im 'Soll' schon impliziert" (164). – Am Rande sei vermerkt, daß die *„unbedingte Pflicht* der Menschheit zum Dasein"

(s. o.) mit der naturwissenschaftlichen Vorhersage eines Endes menschlichen Lebens auf der Erde kollidieren würde.

Jonas geht die *Begründung unserer Pflicht gegenüber den Zukünftigen* auch noch *auf anderem Wege* an, nämlich umfassend ontologisch. Die Frage „Soll der Mensch sein?" geht ein in die viel weitere Frage, „ob überhaupt etwas – anstatt nichts – sein *soll*" (96).[15] Es ist die *Frage nach dem Vorrang des Seins vor dem Nichts*, die, wenn sie zur ontologischen Begründung von Ethik führen soll, Sein als an sich gut erschließen muß. Nunmehr ist die *Natur* im Vordergrund, in der Vielfalt des durch Evolution Gewordenen, mit „der sehenden Freiheit des Menschen [...] als höchstes Ergebnis der Zweckarbeit der Natur" (157). Wie erwähnt, gilt für Jonas auch hier: Das in seinem Sein Gute verpflichtet unseren Willen, es (bewahrend oder fördernd) zu seinem Zweck zu machen, wo immer es in einem Verhältnis zu unserem Handeln steht. Statt dessen ließe sich sagen: Das Seiende als Gutes verpflichtet uns. Man ist tatsächlich ganz in der Nähe des 'omne ens est bonum', das innerhalb christlicher Schöpfungsmetaphysik wohlbegründet ist, auf die Jonas ja aber nicht zurückgreift. Das 'alles Seiende ist ein Gutes' fungiert offensichtlich für ihn als Zielvorstellung bei der Beantwortung der Frage, ob überhaupt etwas sein soll. Der Durchführung sind das gesamte 3. Kapitel und ein Teil des 4. Kapitels gewidmet. Einige Zwischentitel des 4. Kapitels bezeichnen präzis, wohin die Reise geht: „Zweckhaftigkeit als Gut-an-sich"; „Selbstbejahung des Seins im Zweck"; „Das Ja des Lebens emphatisch als Nein zum Nichtsein"; „Sollenskraft des ontologischen Ja für den Menschen".

Verantwortung des Menschen gegenüber dem Seienden als solchem ergibt sich nach Jonas, wenn erstens Zweckhaftigkeit als elementare Seinsstruktur von allem aufgezeigt werden kann, und wenn zweitens diese Zweckhaftigkeit als Gut-an-sich zu begreifen ist.

Zum ersten: Seiendes ist zweckhaft, das meint: es erstrebt Zwecke und erstrebt darin vor allem und je schon sich selbst als Zweck – seinen Fortbestand, sein Gedeihen, beim Menschen das Glück (oder was er dafür hält) und etwa auch die Verwirklichung seines Wesens. Seiendes bejaht sich selbst in seinem Sein und ist in diesem Sinn 'Zweck an sich selbst'. Besonders nachdrücklich ist das ontologische Ja im Lebendigen – als aktives Nein zum stets drohenden Vergehen. Also: „die Wirksamkeit von Zwecken [ist] nicht an Rationalität, Überlegung und freie Wahl, also an den Menschen gebunden" (128). Und die „Frage, die für eine letztlich ontologische Basierung von 'Wert' und damit von ethischer Obligation fundamental ist", lautet, ob auch „im bewußtlosen und unwillkürlichen Lebensgeschehen (zu schweigen von dem, was noch unter-

---

[15] Es ist dies „der einzig vertretbare Sinn", den Jonas der „Leibnizischen Grundfrage der Metaphysik, warum schlechthin ‚etwas und nicht nichts' *ist*", abgewinnen kann (97 f.). Vgl. dagegen zur 'Leibnizischen' Frage: Scherer, a. a. O., 43 ff. und 84 ff.

halb davon ist, der das Leben tragenden Natur im allgemeinen), so etwas wie 'Zweck' am Werke ist" (129). Jonas bejaht die „Zweckkausalität auch in der vorbewußten Natur" (136, Zwischentitel).

Anders als Leibniz, der Streben (appetitus) *und* Vorstellung (perceptio) in allen Monaden ansetzt, vermutet Jonas in niederen, mit spezifischen Sinnesorganen nicht ausgestatteten Tieren ein Streben mit „Sinnlichkeit überhaupt", aber ohne Vorstellung, und unterhalb dieser Seinsebene ein Streben, dem auch diese Sinnlichkeit, jedoch nicht ein „,psychischer' Aspekt" fehlt (141). Mit dem 'Appetitiven mit Sinnlichkeit überhaupt' ist man noch „bei der ,Subjektivität', aber bereits bei einer so ausgebreiteten, daß der Begriff eines individuellen Subjektes dabei allmählich verschwindet, und irgendwo verliert sich die Reihe im Subjektlosen"; dafür, daß sie sich damit nicht auch im Zweckfreien verliert, rekurriert Jonas auf die Evolution – das „subjekthafte Streben" muß durch etwas „schon von seiner Art [...] aus dem Dunkel in die größere Helle emporgetragen" worden sein (ebd.). Damit zeigt sich, daß Jonas „Zweck- oder Zielimmanenz [...] auch im Evolutionsprozeß" für gegeben hält (141). Zum subjektlosen Streben ist zu ergänzen, daß Jonas hier „an die Streuung keimhafter appetitiver Innerlichkeit durch zahllose Einzelelemente" 'glaubt', im Sinne einer „gestreuten Zielung" (142). „Die vorsichtige Aussage ist, daß Zielorientierung da ist, die ihre Gelegenheiten wahrnimmt", wobei es „besser" oder „jedenfalls noch vorsichtiger" wäre, „von Zieldisposition statt von Zielorientierung zu sprechen" (143). (Vgl. zum vorigen besonders noch 122; 138 f.; 140 f.; 144.)

Zum zweiten: Im Erstreben von Zwecken und im Sich-selbst-erstreben des Seienden (im Seienden als Selbstzweck) ist Zweck ein Gutes, ein Wert. Zweck wie Wert zeigen sich hier freilich zunächst als subjektiv, relativ. Um ein Sollen ontologisch begründen zu können, bedarf Jonas aber objektiver Zwecke und Werte im Seienden, bedarf er des Guten-an-sich. Zum Guten-an-sich erklärt er die Zweckhaftigkeit als solche bzw. „das Werte-Haben als solches" (150), die Fähigkeit zu Wert: „Die Fähigkeit zu Wert ist selber ein Wert, der Wert aller Werte, damit sogar auch die Fähigkeit zu Unwert" (100).[16] Zweckhaftigkeit, Fähigkeit zu Wert, macht das Seiende „von sich her seinswürdig" (162), so daß es unserem Handeln mit seinem Eigenrecht gegenübertritt. Um die Begründung solchen Rechtes aber geht es gerade. Jonas läßt hier die Vorstellung vermitteln, daß Universalität eines Strebens Recht begründet. Das allen Menschen wesentlich eigene Streben nach Glück dient ihm dafür als „Beispiel" (147). Als universales läßt dies Streben seine Berechtigung vermuten; als berechtigtes ist es jedem erlaubt, fordert es aber auch von jedem, es in allen an-

---

[16] Hier scheint bei Jonas untergründig eine Analogie wirksam zu sein. Von menschlicher Freiheit als der Fähigkeit, zwischen Gut und Böse zu entscheiden, läßt sich sagen, daß sie als 'Wert' die Fähigkeit zum Bösen einschließt.

deren als Recht anzuerkennen, begründet also eine Pflicht (146 f.). Entsprechend ist die universale, allem Seienden zukommende Zweckhaftigkeit als berechtigt zu denken; sie fordert vom Menschen, sie als Recht anzuerkennen
und begründet unsere Pflicht gegenüber dem 'Sein'. Sie hat objektiven Wert,
ist gut an sich. Man sieht, warum für Jonas Zweckhaftigkeit als universale
Seinsverfassung so wichtig ist.

Ob das „Beispiel" Glücksstreben seine eigenen Probleme hat, mag hier auf
sich beruhen. Die analog aus der Universalität der Zweckhaftigkeit hergelei-
tete ontologische Verpflichtung menschlichen Handelns gegenüber der Natur,
der Evolution und dem Menschen selbst (als allem Natürlichen verwandt und
höchstem Ergebnis der Evolution) ist keineswegs zwingend. Die umfassend
ontologische Begründung der Zukunftsethik schwankt schon an der Basis,
und zwar zum einen, weil der Schritt von jener Universalität zum Recht und
zur Pflicht nicht notwendig ist, und zum anderen, weil Jonas im Bereich des
Subjektlosen bezüglich des Strebens auf Vermutung angewiesen ist und in
seiner Aussage Vorsicht walten läßt (s. o.; vgl. auch 129; 143; 145). Das heißt,
die Universalität ist nicht gesichert. Das müßte sie aber sein für diese Begründung von Ethik aus dem Sein.

Andere Probleme kommen hinzu. Jonas möchte uns der Zweckhaftigkeit
des Seienden als einem Guten-an-sich verpflichten, aber doch nicht damit
auch allem zweckhaft Seienden selbst. „In der Wahl zwischen Mensch und
Natur, wie sie sich im Daseinskampf von Fall zu Fall immer wieder stellt,
kommt allerdings der Mensch zuerst und die Natur, auch wenn ihre Würde zugestanden ist, muß ihm und seiner höheren Würde weichen. Oder, wenn die
Idee irgendeines 'höheren' Rechtes hier bestritten wird, so geht doch, gemäß
der Natur selbst, der Egoismus der Art immer voran und die Ausübung der
Menschenmacht gegen die übrige Lebenswelt ist ein natürliches, aus dem
Können allein begründetes Recht" (246). Natürliche Zweckhaftigkeit zeigt
sich hier im Anblick des Egoismus der Arten. (Vgl. auch 156.) Schopenhauer,
indem er allen Erscheinungen 'Zweckhaftigkeit' bzw. Streben als den Willen
zum Leben zugrunde legte, ging noch einen Schritt weiter zum Egoismus der
Einzelwesen; Welt als Kampf aller Willenserscheinungen galt ihm als erfüllt
von Leiden und als die schlechteste aller möglichen Welten. Dem soll hier keineswegs das Wort geredet werden. Es zeigt aber, daß der Schritt von der
Zweckhaftigkeit zum objektiv Guten nicht unumstritten ist. Hier greift auch
die von Jonas selbst erwähnte, immerhin in einer Weltreligion beheimatete
Vorstellung des Nirvana. Jonas allerdings erklärt kategorisch: „In der Ziel-
strebigkeit als solcher [...] können wir eine grundsätzliche Selbstbejahung des
Seins sehen, die es *absolut* als das Bessere gegenüber dem Nichtsein setzt. In
jedem Zweck erklärt sich das Sein für sich selbst und gegen das Nichts. Gegen
diesen Spruch des Seins gibt es keinen Gegenspruch" (155; vgl. 96 f.). Dem
Gegenspruch der „Lehre vom Nirvana [...], die den Wert des Zweckhabens

verneint" (154), versucht Jonas das Recht zu entziehen mit dem Argument, daß diese Lehre den „Wert der Befreiung" vom Zweckhaben „bejaht und seinerseits zum Zweck macht" (ebd.). Demnach würde sich also auch in den Anhängern der Lehre vom Nirvana und ihrem religiösen Leben noch das zweckhafte Sein 'für sich selbst und gegen das Nichts erklären'. Hier dürfte wohl das Postulat schlechthin universaler Zweckhaftigkeit Jonas dazu geführt haben, daß er mit seinem Argument dem tieferen Verständnis buddhistischer Erlösungslehre und dem gestuften 'Verlöschen' zuvorgekommen ist. Immerhin aber vollzieht Jonas just in demselben Absatz den Rückzug auf einen „metaphysischen Willensentscheid" (s. o.): Nachdem er in dem fraglichen Absatz der Einsicht, daß die Fähigkeit zu Zweck bzw. Wert ein Gut-an-sich sei, intuitive Gewißheit, Selbstevidenz und den Status eines ontologischen Axioms zuerkannt hat, erklärt er sodann, bei der Anerkennung des Axioms, „einem Akt zunächst der reinen Theorie", möge es sich „um eine letzte metaphysische Wahl handeln, die sich nicht weiter ausweisen kann" (154 f.). Ein theoretisch als unumstößlich anzuerkennendes ontologisches Axiom über das Sein als Gut-an-sich steht wohl kaum für eine *metaphysische* Wahl offen, von der überdies noch gesagt werden könnte, daß sie sich nicht weiter auszuweisen vermag. (Daran ändert sich nichts durch den offensichtlich eine Abschwächung bezweckenden Zusatz, die metaphysische Wahl verfüge „doch über ihre eigene evidenzielle Intuition" – 155.) Aber mit der Wahl ist ein Stichwort gegeben, das positiv aufgegriffen werden kann.

Einsicht, Wahl, Entscheidung

In meiner abschließenden, um die Sache der Zukunftsethik bemühten Überlegung knüpfe ich an die zentrale anthropologische Bestimmung, die Zulänglichkeit für Wahrheit, Werturteil und Freiheit, an. Von dieser dreifachen Zulänglichkeit ist für die Zukunftsethik (wie für Ethik überhaupt) Gebrauch zu machen – eben in Einsicht, Wahl und Entscheidung. Die Einsicht hat Jonas außerordentlich viel zu verdanken: die Analyse der Situation mit der Bedrohung sinnhaften Menschseins wie auch der Natur; die Dokumentation der Dringlichkeit moralischer Besinnung angesichts der 'technologischen Zivilisation'; wichtige Hinweise zu Begriff und Phänomen der Verantwortung und zum anthropologischen Selbstverständnis; die Formulierung eines grundlegenden (wenngleich allerdings nicht 'kategorischen') Imperativs, der unsere Verantwortung gegenüber den Zukünftigen an der Wurzel faßt; den Aufweis weiterer Imperative, Pflichten und Tugenden; das Bewußtsein für das Durchsetzungsproblem bzw. für die Angewiesenheit der Ethik auf Politik, soll der kollektive Täter wirkungsvoll in die Schranken gewiesen werden. Entgegen dem Anschein, der im vorigen Abschnitt meiner Darlegung entstanden sein mag, profitiert die Einsicht auch von Jonas' Ontologie, dann nämlich, wenn diese von der ihr zugemuteten Begründung der Ethik, von der Einführung des Guten-an-sich sowie von dem Anspruch auf Apodiktizität bzw. axiomatisches Wissen befreit wird. Die Ontologie artikuliert dann eine 'teleologische' Seinsauffassung, die außer an Leibniz vor allem (und weit mehr als an Aristoteles) an Augustin erinnert.[17] Sie sollte sich als wahre Auslegung verstehen, die auf sie nicht angewiesene Modelle naturwissenschaftlicher Erkenntnis neben sich zulassen kann.[18] Dem Fundus der Einsicht ist demnach zuzuschlagen, daß Seiendes (mindestens vom niedersten Lebendigen an 'aufwärts') Zwecke erstrebt und darin vor allem sich selbst erstrebt, d. h. sich selbst bejaht – daß aber der Mensch (als höchste Stufe der Evolution) die Freiheit auch zum Nein gegenüber sich selbst und dem übrigen hat.

Der Mensch ist zulänglich für Wahl, für Werturteil, für das gegründete Vorziehen von etwas, für das Setzen von Gutem aufgrund von Einsicht. Am Ursprung der Bewährung dieser Zulänglichkeit steht der freie Akt, in dem ein Mensch sein Wesen bejaht, also die Bejahung eben der dreifachen Zulänglichkeit selbst, damit der Fähigkeit zu Verantwortung und Moralität, der Zugehörigkeit zu Natur und Kultur, ja der Angewiesenheit auf diese im In-der-Welt-sein. Die Wesensbejahung *ist* Daseinsbejahung, und zwar bezogen auch auf andere Individuen dieses Wesens – die gleichzeitigen und (noch unbestimmte) zukünftige. Sinnerfahrung stützt die Wahl, und die emotionale Seite, die Jonas in seiner Ethik zur Geltung bringt (s. o.; vgl. 391), ist im Spiel. Die Wahl ist frei – sie kann auch unterbleiben. Sie ist dem beharrlichen Nihilisten und Weltverneiner nicht abzuringen. Und sie kann von niemandem erwartet werden, der von der Verwirklichung des so verstandenen Wesens des Menschen abgeschnitten ist.[19] Die Bejahung des eigenen Wesens als eines Guten macht ange-

[17] Vgl. Augustins (gegenüber seiner Schöpfungsmetaphysik sachlich neutrale) Äußerungen über das Seinwollen, die in De civitate Dei, Buch XI, Kap. 26 (Ende), 27 (1. Hälfte) und 28 (in der 1. Hälfte) enthalten sind. (Manche weiteren Bezüge zwischen Jonas und Augustin ließen sich herstellen.)

[18] Vgl. das Schlußkapitel in: Margot Fleischer, Wahrheit und Wahrheitsgrund, Berlin–New York 1984.

[19] Jonas hat hier zu Recht die Aufgabe der Bewahrung möglicher Verwirklichung gestellt; zu Recht allerdings reklamiert Apel 'sozial-emanzipativen Fortschritt' als Aufgabe überall dort, wo das 'zu Bewahrende' überhaupt noch nicht erreicht ist. Vgl. Apels Auseinandersetzung mit Jonas in dem (zuerst 1986 erschienenen) Aufsatz: Verantwortung heute – nur noch Prinzip der Bewahrung und Selbstbeschränkung oder immer noch der Befreiung und Verwirklichung von Humanität?, in: Karl-Otto Apel, Diskurs und Verantwortung, Frankfurt a. M. 1990, 179–216, hier besonders auch 184 und 185. – Übrigens bestehen manche Berührungspunkte Jonas' mit Gedanken Apels in der (für Apels Diskursethik grundlegenden) Arbeit: Das Apriori der Kommunikationsgemeinschaft und die Grundlagen der Ethik, in: Karl-Otto Apel, Transformation der Phi-

sichts der Einsicht, daß das übrige Lebendige im Vollzug der Selbstbejahung existiert, dafür offen, 'grundsätzlich' das Sichselbsterstreben in der Natur als Gutes zu setzen. Auch dabei ist Sinnerfahrung hilfreich („Wahrnehmung von Wert in der Welt" – 99)[20], und wiederum kann dem von Jonas betonten Gefühl eine Stelle eingeräumt werden. Von hier führt ein Weg zur Bejahung des Naturganzen und der Vielfalt, die die Evolution hervorgebracht hat – als eines Guten nicht nur um unsertwillen.

Die im vorigen umschriebene Wahl ist Voraussetzung von Ethik, nicht mehr. Zur Ethik bedarf es der Entscheidung, die – aufgrund von Einsicht und der Wahl – in Akten der Freiheit Imperative und Pflichten als Gesolltes in Kraft setzt und Tugenden als Tugenden anerkennt.[21] Von der Selbstbejahung des Menschen in seinem Wesen aus gelangt solche Entscheidung zu anthropozentrischer Ethik, zum Prinzip der Anerkennung der Daseins-, Wesens- und Glücksmöglichkeiten aller (der gleichzeitigen und zukünftiger Personen) im Handeln. Die Ethik enthält heute und als Zukunftsethik selbst schon ökologische Komponenten von größtem Gewicht. Die Wahl, die das Sichselbstbejahen in der Natur grundsätzlich als Gutes setzt, kann Grundlage für eine durch Entscheidung eingesetzte (nicht-anthropozentrische) ökologische Ethik sein, die Verantwortung für Dasein und Sosein des übrigen Lebendigen, ja für die Natur als ganze und ihre Vielfalt, zur Pflicht macht und dem Menschen die „Treuhänderrolle" (s.o.) auferlegt. (Ihre Probleme sind mannigfaltig – so hätte sie etwa eine Stufung des Lebendigen zur Geltung zu bringen sowie einen Ausgleich herzustellen zwischen Pflichten der Zurückstellung des Nutzens der Natur für den Menschen und dem Recht auf Beseitigung des ihn Schädigenden.)

Das Durchsetzungsproblem bleibt für die Zukunftsethik gravierend. Die

losophie, Bd. 2, Frankfurt a. M. 1973. Was Apels Diskursethik selbst betrifft, so erscheint sie mir – des Kategorischen entkleidet, kritisch weiterbedacht und eingeschränkt – als mit den von Jonas zu gewinnenden Einsichten auf fruchtbare Weise vereinbar. (Über den Schritt, den der Diskursethiker Wolfgang Kuhlmann in Richtung Jonas getan hat, vgl. Wendnagel, a.a.O., 85 ff.)

[20] Scherer schreibt: „In die verschiedensten Auslegungen der Natur geht die Erfahrung des Naturschönen ein, der Lebensfülle der Natur, ihres Gestaltenreichtums, ihrer Stimmungsqualitäten, ihrer wechselnden Verhältnisse von Licht und Schatten, ihrer Kraftgeladenheit, ihrer mathematisierbaren Strukturen oder das Gleichgewicht von Standfestigkeit und Zartheit in vielen ihrer Erscheinungen. Die Entdeckung des 'Wunders des Seins' gerade in der Natur gehört zu den immer wiederkehrenden Erfahrungen, welche den Menschen in ihrer Welt möglich sind" (a.a.O., 205 f.). Vgl. ebd., 163, und – zur Kontingenz der Sinnerfahrung – ebd., 51; ferner Augustin, De civitate Dei, Buch XXII, Kap. 24.

[21] Vgl. Margot Fleischer, Der „Sinn der Erde" und die Entzauberung des Übermenschen. Eine Auseinandersetzung mit Nietzsche, Darmstadt 1993, 262 ff.

Verbindung zur Politik wurde akzentuiert, Furcht als motivierend ins Feld geführt. Entscheidend dürfte es ankommen auf 'Bildung' oder 'Erziehung' (im Sinne der von Platon im Höhlengleichnis als 'Umwendung der ganzen Seele' bestimmten Paideia), und zwar der Politiker selber und derer, die von der 'Basis' her 'Druck' auf sie ausüben können, also letztlich aller Bürger in demokratischen Gemeinwesen.

VERSUCH EINER TYPOLOGIE DES GLÜCKS

Von Helmut Girndt

Das Wort Glück umfaßt ein Spektrum von Bedeutungen. Die große Menge versteht darunter etwas anderes als die Einsichtigen[1], worin daher das Glück besteht, kann nur eine begründete Theorie entscheiden.

Bevor wir uns auf das Gebiet der Theorie begeben, ist es angezeigt, zunächst den Phänomenbestand zu sichern, auf den sich Theorien vom Glück beziehen.

Es gibt eine Reihe von Glücksphänomenen, die in der philosophischen Literatur nicht oder selten diskutiert wurden und die dem ersten Anschein nach z. B. nicht in die traditionsreichen klassischen Konzeptionen des Glücks hineinzupassen scheinen, etwa zu einer ihrer Hauptthesen, alle Menschen strebten nach Glück, wie Platon und Aristoteles meinten.[2]

Als erstes möchte ich daher ohne jede wertende Stellungnahme oder Anspruch auf Vollständigkeit eine Bestandsaufnahme dessen vornehmen, was alles von Menschen zum Glück erklärt wird oder erklärt worden ist.

In einem zweiten Schritt gedanklichen Sortierens dieser Meinungen werde ich versuchen, eine Theorie des Glücks zu entwickeln, die es erlaubt, die genannten Glücksauffassungen, legitime wie illegitimen, in einen einsichtigen Zusammenhang zu bringen. Dabei bemühe ich mich, diese Theorie soweit wie möglich am Phänomenbestand zu orientieren und nicht mit metaphysischen Vorannahmen zu befrachten.

---

[1] „Bei der Benennung dessen, welches das höchste Gut von allen Gütern sei, die man durch Handeln erreichen kann, stimmen fast alle überein: ‚Das Glück' – so sagen die Leute und so sagen die feineren Geister, wobei gutes Leben und gutes Handeln in eins gesetzt werden mit Glücklichsein. Aber was das Wesen des Glückes sei, darüber ist man unsicher und die Antwort der Menge lautet anders als die des Denkers. Die Menge stellt sich etwas Handgreifliches und Augenfälliges darunter vor, z. B. Lust, Wohlstand, Ehre: jeder etwas anderes. Bisweilen wechselt sogar ein und derselbe Mensch seine Meinung: wird er krank, so sieht er das Glück in der Gesundheit, ist er arm, dann im Reichtum" (Aristoteles, *Nikomachische Ethik*: I, 2).

[2] Platon, *Symposion*, 206 A FF.

1. Verschiedene Auffassungen vom Glück

1. Die populärste Auffassung vom Glück ist zweifellos, daß Glück ausschließlich oder primär in äußeren, mehr oder weniger zufälligen und daher von Menschen nicht oder kaum beeinflußbaren Gegebenheiten besteht oder von diesen äußeren Umständen abhängt. Man hat Glück, wenn man mit materiellen Gütern, Gesundheit, guter Herkunft, sozialem Ansehen, gewinnendem Charakter, mit Schönheit, Jugend, vielseitigen Fähigkeiten ohne eigenes Zutun begabt ist.

2. Nach einer anderen Meinung ist es so, daß das Glücklich- oder Unglücksein abhängt von der inneren psychisch/organischen Konstitution eines Menschen. Jemand ist glücklich veranlagt und geboren, jemand anders nicht, und an einer solchen Veranlagung läßt sich im wesentlichen nichts verändern.

3. Man kann drittens darauf verweisen, daß das Glück im Sinne eines Glücksgefühls darin besteht, sich plötzlich und unvorhersehbar einzustellen, um bald darauf wieder zu verschwinden.

4. Eine häufig vertretene Auffassung ist, man müsse sich ausleben, um glücklich zu sein, entweder vital, den Freuden der Tafel oder des Bettes hingegeben, oder in expressivem Verhalten wie Tanz und Sport, oder toxisch, durch Konsum berauschender Mittel, Alkohol oder anderen bewußtseinsverändernde Drogen.

5. Oder man läßt sich bewußt – und ggf. rational sorgfältig geplant – auf gefährliche Abenteuer ein, wie Expeditionen, Bergersteigungen, Ozeanüberquerungen etc. oder auch, sozial destruktiv, in Randale, Spionage oder Einbrüche etc., um Glück zu erfahren.

6. Oder man erlebt das Glück als Leben im Kreis von Gleichgesinnten, von Freunden, Verwandten, in der Gemeinschaft mit einem Liebespartner oder in Ehe und Familie.

7. Ohne dabei andere Glücksbestrebungen auszuschließen, sucht die größere Zahl der Menschen während der überwiegenden Zeit ihres Daseins ihr Glück darin, sozial anerkannte Ziele zu erreichen. Man versucht zu Wohlstand und damit verbundenem Ansehen zu kommen, in der Annahme, daß es der Besitz von Gütern sei, der uns – direkt oder indirekt – glücklich macht. Oder man strebt des Glückes wegen nach sozialer Anerkennung, nach respektierten Positionen, Ämtern, Ehren und Auszeichnungen, ohne damit ein unmittelbar materielles Interesse zu verbinden.

8. Schließlich stoßen wir auf eine Glücksquelle, aus der sich eine große Zahl von Menschen nährt, allerdings häufig ohne sich ihrer direkt bewußt zu werden. Diese Glücksquelle besteht in der alltäglichen Hingabe an tatsächlich oder vermeintlich rationale oder moralische Ziele, also im Handeln selbst, sofern es nur mit Ernst und Selbstaufgabe und in der Überzeugung des Wertes der verfolgten Ziele betrieben wird. Im Grenzfall mag es dabei sogar zur Ver-

nachlässigung des eigenen Vorteils kommen, ohne daß dadurch das erfahrene Glück beeinträchtigt würde. Jeder engagiert Arbeitende, sei er Handwerker oder Unternehmer, vom Pflichtgefühl erfüllter Beamter, jede liebevolle Hausfrau oder ein von wissenschaftlichem Ergeiz getriebener Forscher oder Erfinder, aber auch die von einem politischen, künstlerischen, pädagogischen, sittlichen oder religiösem Ideal inspirierten Menschen erfahren in der Erfüllung ihrer oft entbehrungsreichen Aufgabe ein so starkes Glücksgefühl, daß demgegenüber sogar das Glück sozialer Wertschätzung und Anerkennung zu zweitrangiger Bedeutung herabsinkt.

9. Wer allerdings ein endgültiges, allen Wechselfällen des Lebens entzogenes und insofern höchstes und vermeintlich sicheres Glück erlangen möchte, der sucht es im Bereich des Ideellen, in lebensmäßiger Orientierung an den Glücksverheißungen von Religionen oder auch in der Ausrichtung seines Lebens auf Weltanschauungen und Glaubenssätze säkularer Ideologien.

10. Last not least müssen auch noch jene erwähnt werden, die unter den Glückssuchern die verschwindende Minderheit ausmachen, aber aus philosophischer Sicht die Interessantesten sind, die großen Weisen und Weisheitslehrer, die Seher, Mystiker, Gottessucher, Gottergebenen oder Gottbegeisterten, wie wir sie zu allen Zeiten und in allen Kulturen, wenn auch als seltene Ausnahmeerscheinung des gewöhnlichen Lebens finden. Es sind die von Jesus selig Gepriesenen, die Armen im Geiste und diejenigen, die einen Frieden suchen und bringen, der höher ist als alle Vernunft.

Wir haben damit, zunächst unkritisch, wohl die häufigsten Formen der Glückserfahrung genannt und damit die Antworten auf die Frage einigermaßen erschöpft, die die Menschen, Weise und Toren, auf die Frage geben könnten: „worin besteht das Glück?".

2. Glück und Handeln

2.1 Die Erreichbarkeit des Glücks im Streben und Handeln

Was einem beim Durchmustern der verschiedenen als Glück bezeichneten Lebensweisen, Lebensziele und Erlebnisse sogleich auffällt, ist, daß ein Teil von ihnen im Zusammenhang mit zielstrebigem Handeln und Sichverhalten steht, ein anderer Teil es aber ausschließt. Drei der hier genannten Glücksvorstellungen *verneinen* ausdrücklich einen ursächlichen Zusammenhang zwischen Handeln und Glück, weitverbreitete Vorstellungen hingegen bejahen einen positiven Zusammenhang zwischen beiden. Diesen wollen wir uns als ersten zuwenden!

2.1.1 Das mittelbare Streben nach Sinnesglück

Die größte Zahl aller Menschen müht sich tagtäglich und während der weit überwiegenden Zeit ihres Lebens, die vorgefundenen physischen, i. e. diätischen, hygienischen, ökonomischen und die damit direkt oder indirekt zusammenhängenden sozialen Gegebenheiten auf eine Weise zu erhalten oder zu verbessern, die ihnen glückversprechend erscheint. Direkt oder indirekt hängen diese Bemühungen mit dem physischen Dasein zusammen und insofern mit dem Glück der Sinne. Dieses Streben verstärkt sich auf immense Weise, wenn sich ein zweiter entscheidender Antrieb menschlichen Glücksstrebens, die in den Bereich des Mentalen gehörige soziale Anerkennung aufgrund ökonomischen Erfolgs, und damit Macht und Einfluß mit dem Sinnesglück verbinden, also mit Gegebenheiten, die ihrerseits und indirekt wiederum zu einer entscheidenden Verbesserung der physischen Lebensbedingungen führen.

Zwar scheint das bekannte Phänomen der Wohlstandsverwahrlosung und der psychischen Verelendung mancher sozialökonomisch erfolgreichen Menschen für die Ansicht zu sprechen, daß Reichtum und ökonomische Prominenz allenfalls als Bedingungen und Mittel des Strebens nach Glück von indirektem philosophischen Interesse seien, nicht aber an sich selbst, doch greift diese Sicht isoliert und für sich genommen zu kurz. Denn die sprichwörtlich bekannte Tatsache, daß Wohlstand nicht glücklich macht, hindert Menschen nicht, einen großen Teil ihrer Lebensenergie in ökonomische Zielsetzungen zu investieren. Das gilt mit Einschränkungen sogar für diejenigen, die aufgegeben haben, ihr Glück in erhofftem Wohlstand zu suchen (etwa dauerhaft Arbeitslose, Vaganten usw.). – Warum ist das so? – Es ist die Furcht vor physischer Not und sozialem Elend, die sie dazu zwingt, wenigstens ein gewisses Maß an Energie in die Aufrechterhaltung ihrer leiblichen Existenz durch Vorsorge zu investieren, um nicht ein spärliches Lebensglück durch massives Unglück in Form von Hunger, Kälte, Schmerzen oder Krankheiten zu gefährden. Zum Glücksstreben im ökonomischen Bereich als die eine Seite gehört also komplementär die Furcht vor physischer und damit verbunden sozialer Verelendung.

Trotz dessen ist es richtig, daß das Streben nach Wohlstand nur mittelbar zum Glück beitragen kann, da es nur dessen Bedingungen direkt oder indirekt befördert.

2.1.2 Das unmittelbare Streben nach Sinnesglück

Das indirekte Streben nach Glück durch Sicherung und Verbesserung der materiellen und mittelbar sozialen Lebensbedingungen, respektive das Streben aus Furcht vor ökonomischen Deprivationen, zielt wesentlich, direkt oder indirekt, auf das mit der Physis des Menschen zusammenhängende Sinnenglück. Die Ökonomie säkularer Gesellschaften ist darauf angelegt, auf alle möglichen Weisen die Befriedigung der Sinne und die Verfeinerung des Geschmacks bis hin zum vermeintlich interesselosen Wohlgefallen an erlesener Kunst zu kultivieren. Das aller sinnlichen Kultur gemeinsame Streben nach schönen Körpern, Wagen, Räumen, Häusern und Umgebungen und Werken der Kunst verfolgt dabei nicht nur sein offensichtliches Ziel, es ist zugleich ein Mittel, das gefürchtete Los der Minderglücklichen und den allgegenwärtigen Gedanken an Alter, Krankheit und Tod vergessen zu machen. Allerdings zwingt die charakteristische Kurzlebigkeit des Sinnenglücks zu stets erneuter Abwechslung und dem Verlangen nach immer anderen und weiteren Zerstreuungen und Befriedigungen. Denn jederzeit von Langeweile bedroht und, im Übermaß genossen, von Widerwille, Abscheu, Reue und Lebensüberdruß verfolgt, bleibt dem Interesse an Sinnesglück gar keine andere Wahl als Abwechslung.

Diese von Philosophen und Theologen meist als moralisierende Kritik am oberflächlichen und flüchtigen Charakter sinneshaften Glücks vorgebrachte Erkenntnis übersieht allerdings allzu leicht, daß es kein Lebewesen gibt, das auf das Sinnenglück in Form von Gesundheit, körperlicher Befriedigung und Unversehrtheit gänzlich verzichten könnte. Zudem wird in einer überwiegend abschätzigen Bewertung des Sinnesglücks ein wichtiges Phänomen übersehen. Bedürftige, am Ziel ihres Begehrens angelangt, erleben nämlich häufig ein durchdringendes Glücksgefühl und sei es auch für einen kurzen Augenblick. Ein solches Glücksgefühl ist mit einiger Aufmerksamkeit deutlich vom sinnlichen Lustempfinden unterscheidbar, das die Befriedigung physischer Bedürfnisse unmittelbar begleitet. Der Verdurstende, der Verhungernde, der Alkoholiker oder der von physischem Schmerz Verfolgte etc. erleben ein über bloßes Lustempfinden hinausgehendes Glück ganz intensiv. Doch auch in weniger extremen Fällen sinnlicher Befriedigung vermag die momentane Befriedigung der Sinne gelegentlich ein Gefühl des Glücks auszulösen, das die sinnenhafte Lust übersteigt und überdauert.

Darüber hinaus scheint offensichtlich, daß ohne ein Mindestmaß an Sinnesbefriedigung ein höherstufiges Glück mindestens schwer vorstellbar ist. In diesem Sinne gilt, daß unsere Sinnenexistenz Unfreiheit, ja Sklaverei bedeutet, die darin besteht, abhängig von äußeren Gegebenheiten zu sein, über die wir keine Macht haben und die über uns herrschen. Es ist die Sklaverei der Sinne, welche die Menschen aller Zeiten veranlaßt hat, nach höheren und das heißt zugleich auch dauerhafteren Formen des Glücks zu suchen.

2.2 Die Nichterreichbarkeit des Glücks durch Handeln

2.2.1 Unter den Glückserfahrungen, die *nicht* durch zielstrebiges Handeln erlangt werden können, ist als erstes das bekannte Glück in der Bedeutung

Fortunas zu nennen. Unverhofft, unberechenbar und launisch wie die römische Göttin, läßt es sich durch kein Mittel zwingen. Selbst Aristoteles räumt ein, daß, wäre ein Mensch von aller Fortune verlassen, sein Glück schwer vorstellbar sei. Arm, verlassen, sozial verachtet wie die indischen Shudras, häßlich, alt und krank und ohne Bildung im Elend leben zu müssen, das läßt sich kaum in Verbindung bringen mit geläufigen Begriffen von Glück. Es scheint so, als läge das Glück nicht oder mindestens nicht gänzlich in unserer Hand.

2.2.2 Die zweite Auffassung, die keinen Zusammenhang zwischen Handeln und Sichverhalten und Glückserfahrung anerkennen will, ist die z. B. von dem materialistischen Philosophen Lamettri vertretene Theorie, das Glück sei konstitutionell bedingt, und rationale Mittel wie Erziehung und Bildung könnten an der inneren und natürlichen Vorgegebenheit der menschlichen Konstitution nur Weniges und Oberflächliches ändern. Nach allem, was wir heute aus der Somatik und Tiefenpsychologie wissen, muß diese Auffassung ernst genommen werden.

2.2.3 Das hier als drittes zu nennende Glücksphänomen bleibt zu Unrecht im Gedränge alltäglicher Anforderungen und Zerstreuungen weitgehend unbeachtet und wird schnell vergessen. Es handelt sich um das Erleben eines Glücks, das auf völlig unvorhersehbare Weise überrascht, plötzlich und spontan aufsteigend von nirgendwoher aus der abgründigen Tiefe der menschlichen Seele. Häufig schwindet es ebenso plötzlich, wie es gekommen ist, allem Anschein nach ganz unabhängig von äußeren Gegebenheiten. Solche Glückserfahrungen können unmöglich Ergebnis eines zielstrebigen Handelns und Verhaltens sein.

Der Erlebnisqualität nach verwandt mit ihm sind die anscheinend durch äußere Ereignisse ausgelösten Glücksmomente, wie sie in unerwarteten Begegnungen liegen, im Lächeln eines Kindes, der Versöhnung mitten im Streit, dem Gewahrwerden einer Naturschönheit, eines Klanges, einer mathematisch vollkommenen Figur usw. – solche und ähnliche Erfahrungen können spontane Glückserlebnisse hervorrufen, die ebenso rätselhaft auftauchen wie sie verschwinden, auch wenn sich die sie auslösenden Gegebenheiten nicht verändert haben.

Schließlich macht der von Schulmännern unbeachtete, weil scholastisch ungeschulte indische Philosoph Krishnamurti, den ich hier mit einem Satz zitieren möchte, auf ein meist übersehenes Phänomen aufmerksam, wenn er sagt: „Sie wissen [sehr wohl], wenn Sie leiden, [etwa] wenn Sie körperlichen Schmerz erleiden. [... Aber] können Sie jemals sagen, Sie seien glücklich? – Erst später, einen Augenblick oder eine Woche später ist es, daß Sie sagen können, ‚wie glücklich war ich doch, wie freudvoll bin ich gewesen‘! Im aktuellen Moment sind Sie des Glückes *nicht* bewußt – und das ist das Schöne daran!" – Auch aus dieser Beobachtung geht hervor, daß Glück nicht Ziel und Gegenstand eines Handelns sein kann.[3]

2.2.4 Ergänzend ist auf eine bekannte Tatsache aufmerksam zu machen, daß das Streben nach Glück gerade *da nicht* Motiv des Handelns ist und auch nicht sein kann, wo wir uns in unseren besten Fähigkeiten herausgefordert sehen. In Engagements, die vollständige Aufmerksamkeit und Hingabe fordern, um erfolgreich durchgeführt werden zu können, ist wegen der erforderten Konzentration kein Raum für Glücksgedanken. Anspruchsvollen Anforderungen, die alle anderweitigen Gedanken absorbieren, sehen wir uns alltäglich gegenübergestellt, gleich ob in der Arbeit oder zweckfreiem Sport oder Spiel. Nicht nur der Feuerwehrmann, der einen Menschen unter Lebensgefahr rettet, ist, während er seine Aufgabe erfüllt, nicht gleichzeitig in der Lage, an sein eigenes Glück zu denken.

2.2.5 Wir schließen diese Zusammenstellung von Glücksphänomenen mit der verallgemeinernden Beobachtung, daß Glück anscheinend *nicht* Gegenstand zweckmäßigen Handelns sein und deshalb auch nicht als Ziel erstrebt werden könne. Diese Beobachtung steht allerdings im Gegensatz gerade zu den am häufigsten vertretenen Vorstellungen vom Glück. Sie scheint auch im Widerspruch zu dem von den philosophischen Klassikern vertretene These zu stehen, der Mensch strebe von Natur aus nach Glück. Das Glück, so heißt es bei Aristoteles, ist „ein Endziel der Menschennatur".[4]

Ein wesenhaftes Streben nach Glück als Endziel menschlichen Daseins wäre aber absurd, wenn es sich so verhielte, daß das Glück durch ein zielstrebiges Handeln und Sichverhalten gerade *nicht* erreicht werden könnte, wie obige Beispiele anscheinend demonstrieren. Nicht einmal Camus, der Denker des Absurden, hat das behauptet. Nach ihm ist selbst in einer objektiv absurden Welt genuines Glückserleben als Folge eines Strebens möglich.

Wir müssen deshalb entweder davon ausgehen, daß die alltägliche wie die klassische Theorie vom Glück als einem Ziel des Handelns, nach dem alle Menschen streben, falsch ist, oder dieser Auffassung eine andere und differenziertere Bedeutung geben.

---

[3] How can we live happily? *The Krishna Murti Reader,* 1954 ff., Middlesex, England.

[4] Aristoteles, *Nikomachische Ethik,* X, 6.

3. Das mentale Glück

Der Philosoph Max Scheler hat auf ein von vielen übersehenes Phänomen aufmerksam gemacht: daß von allen Gefühlen das sinnliche Gefühl am wenigsten durch Zuwendung der Aufmerksamkeit darauf geschädigt wird. Ein Schmerz wird durch Abwendung der Aufmerksamkeit von ihm leichter erträglich, ein Gefühl der Lust intensiviert sich entsprechend dem Grad der ihm zugewandten Aufmerksamkeit. Ganz anders verhält es sich aber mit rein seelischen Gefühlen. Sie haben die Tendenz, vor den Strahlen der Aufmerksamkeit völlig zu zergehen. Gefühle zu haben oder nicht zu haben ist um so mehr dem Wollen und Nichtwollen unterworfen, je mehr sie sich der Stufe sinnlicher Gefühlszustände nähern. Wenn aber nur die Ursachen der sinnlichen Lust unmittelbar praktisch lenkbar sind, wie Scheler bemerkt, dann muß sich die zuvor schon angeschnittene Frage verschärft stellen, in welchem Sinne *nicht* sinnenhaftes Glück durch willentliches Sichverhalten erlangt werden könne. Die Antwort kann nur lauten: wenn überhaupt, dann kann solches Glück nur *indirekt* und nur als *Folge* intentionalen Sichverhaltens erreicht werden.[5]

Daß tatsächlich zwischen willensbestimmtem Verhalten und *mentalen* Glück ein solcher – aber eben nur *mittelbarer* – Zusammenhang besteht, belegt eine gerade erschienene Arbeit des Psychologen Csikszentmihalyi.[6] Eine seiner zentralen Thesen ist, (mentales) Glück könne nicht direkt erlangt werden, sondern stelle sich als *Folge* ernsthaften Engagements an eine Sache ein. Dabei ist die Tiefe des stets erst *nachträglich* empfundenen Glücksgefühls abhängig von der Intensität der Hingabe an eine Sache. Deshalb ist auch das Lebensglück eines schöpferischen Menschen höher einzuschätzen, als das von solchen geringer Fähigkeit, sich uneingeschränkt, konzentriert und ganzen Herzens einem Vorhaben zu widmen. Die Intensität der Hingabe und – in Abhängigkeit von ihr – das darauffolgende Glücksgefühl ("flow") kann in besonderen Fällen einen solchen Grad annehmen, daß nicht zur Sache Gehöriges bewußtseinsmäßig weithin ausgeblendet wird: die Umwelt wird dann kaum wahrgenommen und Zeit- und Raumbewußtsein verändern sich. Dem Glücklichen schlägt keine Stunde, wie es im Sprichwort heißt. Vom sogenannten Sinnesglück aber unterscheidet sich mentales Glück nicht nur dadurch, daß es durch direkte Zuwendung zu ihm gerade *nicht* erlangt werden kann, sondern auch durch seine relative Dauerhaftigkeit und Intensität, die es von der Flüchtigkeit und Wechselhaftigkeit sinnlichen Glücks deutlich unterscheidet.

[5] Max Scheler, *Der Formalismus in der Ethik und die materiale Wertethik*, Bern 1954, S. 348 f.

[6] Mihaly Csikszentmihalyi, *Flow / Das Geheimnis des Glücks*, Stuttgart 1992.

Die mehr oder weniger intensive und selbstvergessene Hingabe, auf der mentales Glück beruht, kann in erhöhter Aufmerksamkeit auf eine Wahrnehmung, in Aufopferung für das Wohl von Mitmenschen, in der Konzentration auf eine zu meisternde Situation oder im intensiven Engagement an technische, praktische, theoretische, spielerisch/sportliche oder künstlerische oder anderweitige Aufgaben bestehen. Aber auch und nicht zuletzt besteht mentales Glück in der Bejahung eines nicht auf seinen unmittelbaren Vorteil bedachten engagierten Lebens in den natürlichen Daseinsformen wie Freundschaft und Familie.

Csikszentmihalyis psychologische, empirisch gut belegte Beobachtungen stimmen überein mit der von Aristoteles entwickelten Theorie des Glückes, nach der die Eudämonia auf der Ausübung der dem Menschen spezifischen und ihm wesensmäßig zukommenden Fähigkeiten *(areté)* beruht. Eudämonia besteht in einem Leben, daß diese Fähigkeiten aktiviert und kultiviert.[7]

Diese befriedigende Übereinstimmung von modernen empirischen Forschungsergebnissen und Aristotelischen Beobachtungen erhellt einen für eine Glückstheorie entscheidenden Sachverhalt und stellt auch schon die Auflösung der oben herausgestellten Paradoxie von Erreichbarkeit und Nichterreichbarkeit des Glücks durch Streben und Handeln in Aussicht. Diese Aussicht wird eine noch tiefere Form der Glückserfahrung bestätigen und verdeutlichen, die ich 'spirituelles Glück' nenne.

---

[7] In anregender Weise hat der Rechtstheoretiker John Rawls die Aristotelische Theorie des Glücks wiederaufgenommen und in einer Weise differenziert, die im Ergebnis mit Csikszentmihalyis Untersuchungen völlig übereinstimmt. Als von ihm so genannten 'Aristotelischen Grundsatz' formuliert Rawls: „Unter sonst gleichen Umständen möchten die Menschen gern ihre (angeborenen und erlernten) Fähigkeiten einsetzen, und ihre Befriedigung ist um so größer, je besser entwickelt oder je komplizierter die beanspruchte Fähigkeit ist. Der intuitive Gedanke ist hier der, daß Menschen etwas lieber tun, wenn sie es besser können, und daß sie von zwei gleich gut beherrschten Tätigkeiten diejenige vorziehen, die mehr und kompliziertere und scharfsinnigere Urteile verlangt" (464/5). „Wahrscheinlich machen komplizierte Tätigkeiten mehr Freude, weil sie das Bedürfnis nach neuen und vielfältigen Erfahrungen befriedigen und der Erfindungsgabe Raum lassen." „Nach dem Aristotelischen Grundsatz sind also die wesentlichen Antriebskräfte der Menschen nicht nur körperliche Bedürfnisse, sondern auch der Wunsch, Dinge zu tun, an denen man einfach um ihrer selbst willen Freude hat, jedenfalls wenn die unabweisbaren Bedürfnisse befriedigt sind. Derlei angenehme Tätigkeiten haben viele Merkmale, von der Art ihrer Ausführung bis zu der Beständigkeit, mit der man sich ihnen später wieder zuwendet. Man gibt sich ihnen ohne den Anreiz einer eindeutigen Belohnung hin; oft können sie für etwas anderes eine Belohnung bilden." (470) John Rawls, *Eine Theorie der Gerechtigkeit*, Frankfurt a. M. 1990 (5).

4. Das spirituelle Glück

Charakteristisch für die heutige Diskussionslage ist, daß kaum einer der zeitgenössischen Autoren etwas über *spirituelles Glück* zu sagen weiß, ein Thema immerhin, das die philosophische Reflexion mehr als zweitausend Jahre lang beherrschte – von ihren Anfängen bis hin zur Renaissance-Philosophie. Auch die heiligen Schriften Indiens, orthodoxe wie nichtorthodoxe, die aus historisch älteren Traditionen erwachsen sind als die Anfänge griechischen Philosophierens, haben spirituelles Glück zum zentralen Thema philosophischen Lebens und Lehrens gemacht.

Spirituelles Glück ist völlig unabhängig von allen Formen des Genusses oder Mangels, ebenso unabhängig auch vom gemüthaften 'natürlichen' Leben in Freundschaft und Liebe und auch von allen Arten selbstvergessener Hingabe an lebenspraktische Ziele. Auch ist es nicht identisch mit den mentalen Begleiterscheinungen spirituellen Lebens, wie Verehrung, Andächtigkeit, Rührung, Ergriffenheit, Begeisterung etc.

Spirituelles Glück beruht auf einer Form rein geistiger Aktivität, die sich dadurch auszeichnet, auf kein außer ihr liegendes Ziel bezogen zu sein oder als bloße Folge der Hingabe an einen erstrebten Gegenstand in Erscheinung zu treten. Eine solche rein geistige Tätigkeit schließt, wie es bei Aristoteles heißt, wesensmäßig vollendete Lust in sich, die ihrerseits wieder die geistige Tätigkeit intensiviert. Spirituelles Glück besteht nicht etwa in passivem (wenn auch durch Aufmerksamkeitszuwendung gesteuerten) Aufnehmen, welches das Sinnesglück charakterisiert, vielmehr im Gegenteil in einer Höchstform geistiger Aktivität, Intensität und Bewußtheit. Diese geistige Höchstform des Lebens ist das Gegenteil mentalen Erregtseins, da es in sich vollkommen friedvoll ist. Der tiefe Geistesfriede spirituellen Lebens ist andererseits aber auch „kein Zustand der Ruhe, [sondern höchster Wachheit], denn sonst könnte es auch dem gehören, der ein Leben lang schläft, der das Leben einer Pflanze lebt", wie Aristoteles treffend bemerkt.[8]

Ein rein sich selbst genügendes geistiges Leben liegt in dem, was griechisch *theoria* (lateinisch *contemplatio*[9]) heißt, einer Tätigkeit die sich etwa mit rein geistigem, d. h. begehrenslosem Sehen, Schauen, Bewußtsein, Gewahr- oder Innewerden übersetzen läßt. *Theoria* ist nach Aristoteles *die* Lebensform, in der das vollendete Menschenglück besteht, und von der er sagt: „wie umfassend sich also die geistige Schau entfaltet, so weit auch das Glück,

---

[8] Aristoteles, *Nikomachische Ethik*, X, 6.
[9] Das heutzutage in diesem Zusammenhang stets gebrauchte Wort 'Meditation' ist sachlich falsch. Denn meditieren heißt, einen Gedanken in seinem Gemüt hin- und herbewegen.

und je eindringlicher der Akt des Schauens, desto tiefer ist das Glücklichsein
[…]"¹⁰

Ein solches Leben, das frei von allen Mängeln besteht, verleiht Autarkie,
d.h. völlige Freiheit im Sinne der Unabhängigkeit von allen äußeren Gegebenheiten und Verhältnissen.¹¹ Von ihm darf man, wie es bei Aristoteles weiter
heißt, „aber geradezu sagen, daß dieses Höchste unser wahres Selbst ist,
nachdem es den entscheidenden und besseren Teil unseres Wesens darstellt.
Und so wäre es also unverständlich, wenn wir uns nicht für unser ureigenes
Leben, sondern für das eines fremden Wesens entscheiden wollten. […]. Für
den Menschen ist [deshalb das Höchste und das Lustvollste] das Leben des
Geistes, nachdem dieses vor allem das wahre Selbst des Menschen darstellt,
und dieses Leben ist denn also auch das Glücklichste."¹²

Um den weder objektivierbaren noch objektivierenden Charakter dieses
geistigen Seins und Lebens sprachlich zum Ausdruck zu bringen, beschreibt
auch das indische Denken die höchste Aktivität des Geistes als das Leben unseres wahren 'Selbst' – nicht, wie sich versteht, das Leben des individuellen
persönlichen Ichs, sondern das *über*individuelle geistige Leben *im* individuellen Bewußtsein, das im indischen Denken durch die Termini *sat* (Sein), *chit*
(Bewußtheit) und *ananda* (Glückseligkeit) charakterisiert wird.

5. Das Glück aus philosophischer Sicht

Geht man von der Definition des Glückes als eines höchsten Gutes aus, das,
frei von Mängeln, allein sich selbst genügt, dann sind es nur Menschen als ver-
nunftbegabte Wesen oder ggf. übermenschliche Wesen, denen Glück zuteil
werden kann, nicht aber unvernünftige Lebewesen wie die Tiere. Das sinnliche Glück des Menschen darf dann, wenn überhaupt, nur in einem sehr eingeschränkten Sinne Glück genannt werden, nämlich nur insofern, als es in

¹⁰ *Nikomachische Ethik*, X,8. Die klassische deutsche philosophische Tradition
nach Kant hat diese geistige Aktivität mit 'intellektueller Anschauung' übersetzt, ohne
dabei dem ursprünglich gemeinten Sachverhalt gerecht zu werden. Von dem für die
Theoria oder Kontemplatio charakteristischen Glückserleben ist nur in Fichtes popu-
lärwissenschaftlicher Schrift ›Anweisungen zum seeligen Leben‹ die Rede, in den theoretischen Schriften der Idealistischen Philosophie fehlt die Glücksdimension geistiger
Anschauung so gut wie vollständig. Auch in der z.B. von Kant und Schelling behandelten ästhetischen Anschauung ist nicht von Glück die Rede.
¹¹ Ein solches Leben in der Theorie setzt, wie Aristoteles ebenfalls bemerkt, *Muße*
voraus (N.E., X,7). Muße ist das Gegenteil von Müßiggang und Zerstreuung, vielmehr schließt sie ein erhöhtes Bewußtsein und konzentrierte geistige Aktivität des Geistes mit ein.
¹² *Nikomachische Ethik*, X,7.

einem aufweisbaren Zusammenhang mit der geistigen Existenz des Menschen steht; ansonsten und *als solches* sollte es nicht zu den Formen des Glücks gezählt werden.

Verfolgen wir nun zunächst die beiden zweifelsfreien Formen des Glücks, das *mentale* und das *spirituellen* Glück, und fragen nach dem, was beiden gemeinsam ist!

1. Erstens ist festzustellen, daß die zwei Formen der Glückserfahrung an bestimmte Bedingungen geknüpft sind. In beiden Fällen bedarf es, damit es zu einem Glückserlebnis kommt, höchster geistiger Konzentration, Wachheit, Aufmerksamkeit und insofern auch Anstrengung[13], wie sie allen Formen kreativen menschlichen Lebens gemeinsam ist. Glückserfahrungen sind jedenfalls das Gegenteil passiven Genusses und mentaler Zerstreuung.

2. Trotz ihres Charakters höchster geistiger Aktivität und Wachheit haben Glückserfahrungen den Charakter von Klarheit und Friede, stellen insofern das Gegenteil mentaler Erregung, Aufregung, Beunruhigung und Verwirrung dar, deren Folge mentale Erschöpfung ist.

3. Beiden Formen des Glückes kommt mindestens eine gewisse zeitliche Beständigkeit zu, wobei wir offenlassen, ob nicht durch bestimmte Höchstformen, z. B. mystischer Ekstase, das Ideal eines zeitlos ewigen Glückes erreicht werden kann, das in einem vollständigen Vergessen von Raum und Zeitgegebenheiten besteht, wie es schön und ergreifend z. B. von dem großen Mystiker Plotin beschrieben[14] oder von dem indischen Heiligen Rama Krishna[15] berichtet worden ist. Jedenfalls ist es charakteristisch für authentische intensive Glückserfahrungen, langfristig nachzuklingen und zu einer allgemeinen Befriedung des gesamten intellektuellen und mentalen Lebens zu führen. Im Bewußtsein der Unabhängigkeit der Glückserlebnisse von äußeren Ereignissen stellt sich weiterhin eine gewisse unerzwungene Gelassenheit und Besonnenheit gegenüber den Wechselfällen des Lebens ein *(ataraxia)*.

4. Weiteres Kriterium der Glückserfahrung ist, daß es an die Bedingung

---

[13] Im selben Sinne auch Aristoteles: N. E., X, 6.

[14] „Immer wieder, wenn ich aus dem Leib aufwache in mich selbst, lasse ich das andre hinter mir und trete ein in mein Selbst; sehe ich eine wunderbar gewaltige Schönheit und vertraue, in solchem Augenblick ganz eigentlich zum höheren Bereich zu gehören; verwirkliche höchstes Leben, bin in eins mit dem Göttlichen und auf seinem Fundament gegründet; denn ich bin gelangt zur höheren Wirksamkeit und habe meinen Stand errichtet hoch über allem, was sonst geistig ist: nach diesem Stillestehen im Göttlichen, wenn ich da aus dem Geist herniedersteige in das Überlegen – wie immer muß ich mich dann fragen: wie ist dies mein jetziges Herabsteigen denn möglich? und wie ist einst meine Seele in den Leib geraten, die Seele, die trotz dieses Aufenthaltes im Leibe mir ihr hohes Wesen eben noch, da sie für sich war, gezeigt hat?" Plotin, IV, 8, 1, *Der Abstieg der Seele in die Leibeswelt.*

[15] Romain Rolland, *Der Göttermensch Ramakrishna* […], Erlenbach 1931.

einer mehr oder weniger vollständigen Selbstvergessenheit der eigenen Person und ihres momentanen Wohlbefindens gebunden ist, eine Einstellung, die mit erhöhter geistiger Aktivität, Bewußtseinshelle und konzentrierter Aufmerksamkeit verbunden ist: In dem einen Fall *mentalen* Glücks in der Hinwendung an einen als Aufgabe empfundenen Sachverhalt, im anderen Fall *spirituellen* Glücks in einem objektlosen Inne- oder Gewahrwerdens eines vom Akt der Kontemplation ungetrennten geistigen Lebens.

Als Bestätigung dafür, daß beide Glückserfahrungen adäquat beschrieben wurden, verweise ich nochmals auf eine Beobachtung Max Schelers über das Glück. „Völlig jeglicher Willensherrschaft entzogen sind diejenigen Gefühle, die aus der Tiefe unserer Person selbst spontan herausquellen, und die eben damit die am wenigsten ‚reaktiven Gefühle‘ sind: das Seligsein, das Verzweifeltsein der Person selbst."[16] Seelische Gefühle werden, wie schon oben bemerkt, durch den Akt der Aufmerksamkeitszuwendung auf sie zerstört, denn bei einer solchen Zuwendung handelt es sich um die *Objektivierung* eines Sachverhalts, der sich einer solchen Form der Veräußerung gerade entzieht. Glück kann aus diesem Grund kein Gegenstand oder ein Ziel von Handeln sein oder werden.

Der Beobachtung Schelers entspricht die schon zitierte Krishnamurtis, daß Glückserlebnisse erst in einem auf sie gerichteten rückgewandten Akt der Aufmerksamkeit – als etwas *Vergangenes* und Erinnertes also – reflexiv bewußt werden. Zu sagen, ich bin glücklich, heißt genaugenommen, ich erinnere mich, gerade glücklich *gewesen* zu sein. Erinnert werden kann aber nur, was in irgendeiner, in diesem Fall in nicht objektivierter Weise zuvor bewußt gewesen ist. Mit dem Glück verhält es sich daher wie mit der Gesundheit oder dem tiefen Schlaf. Solange man gesund ist oder schläft, ist man sich dieser Zustände und Befindlichkeiten nicht *reflexiv* bewußt, denn es gibt für den Ge-

---

[16] Max Scheler bemerkt in diesem Zusammenhang weiterhin: „[Bentham] wie seine utilitaristischen Nachfolger sind niemals zu der für die Ethik so bedeutsamen Einsicht gelangt, daß der *Wert* und die sittliche Bedeutung der Glücksgefühle als *Quelle* sittlichen Wollens, zu ihrer *Erreichbarkeit durch Wollen und Handeln* überhaupt geradezu in einem *umgekehrten* Verhältnis stehen. Sie sahen nicht, daß es von Hause aus nur die *wertniedrigsten* Freuden sind, die wesensnotwendig durch alle mögliche ‚Reform‘ sozialer und rechtlicher Systeme, und durch sozialpolitisches Tun überhaupt, praktisch beeinflußbar sind, und daß sich die Freuden (und Leiden) mit dem Fortschritt in ihre *Tiefenschichten* in immer stärkerem Maße einer möglichen Beeinflussung notwendig entziehen. Die Einsicht aber in diesen Tatbestand scheint mir – bewußt oder unbewußt – alle diejenigen Ethiker geleitet zu haben, die – von Sokrates bis Tolstoi – diesen Bestrebungen gegenüber immer wieder Einkehr der Person in sich selbst, das heißt Rückgang auf die tieferen Schichte ihres Seins und Lebens gefordert haben, und in keiner Änderung bloßer ‚Systeme‘, sondern allein in der inneren Wiedergeburt der Person das sittliche ‚Heil‘ erblickten" (Max Scheler, *Der Formalismus in der Ethik und die materiale Wertethik*, Berlin 1954, S. 350).

sunden keinen Grund, seiner körperlichen Befindlichkeit Aufmerksamkeit zu schenken, für den Schlafenden aber keine Fähigkeit der Reflexion. Ebeno gibt es für den Glücklichen keinen Grund, sich seines Glückes reflexiv bewußt zu werden. Das empfundene reflexive Glücksgefühl tritt ebenso nachträglich ein, wie das Glücksgefühl nach Genesung von Schmerz und Krankheit oder nach dem Erwachen aus tiefem Schlaf.

Zusammenfassend können wir festhalten: Glück ist an die Bedingung völliger Hingabe und Absorbtion des eigenen Ichs gebunden. In einem Akt konzentrierter, durchdringender Aufmerksamkeit und Wachheit bleibt kein Gedanke an das Wohlsein der eigenen Person, wie es für weniger fordernde Aktivitäten charakteristisch ist. Aus diesem Grunde kann man über die Glücksbefindlichkeit des eigenen Ichs auch erst in einem zweiten, nachfolgenden und rückwärts gerichteten, Reflexionsakt etwas erfahren. Das ursprüngliche Glück vor aller Vermittlung weiß (im reflexiven Sinne von 'Wissen') nichts von sich und nichts von einem glückserfüllten individuellen Ich.

An dieser Stelle erweist sich die Wahrheit der tiefsinnigen Interpretation Meister Eckeharts, die er den Worten Jesu der Bergpredigt gegeben hat: *„beati pauperes spiritu, quia ipsorum est regnum coelorum."* Glück im Sinne himmlicher Seligkeit erlangen nur die Armen im Geiste, von denen Eckehart sagt, daß die Voraussetzung ihrer Seligkeit vollkommene Armut im Sinne gänzlicher Abwesenheit jeden objektivierenden Gedankens ist, sogar der Abwesenheit des Gedankens an Gott, von der eigenen Person ganz zu schweigen. Denn „das ist ein armer Mensch, der nichts will und nichts weiß und nichts hat".[17]

6. Das alltägliche Glücksstreben aus philosophischer Sicht

Wenn diese These des nicht objektiven und nicht objektivierbaren Charakters des Glücks, von dem das reflexive Glücks*erleben* nur ein zeitlich nachfolgender Reflex ist, zu recht besteht, dann muß als Konsequenz dieses Gedankens das verbreitet vorfindbare Streben nach Sinnenlust, Macht, Reichtum und Ehre als vermeintlich glücksbringenden Zielen, falsch gerichtet sein. Statt von Glück muß man in diesem Fall von Vergnügen oder Genuß sprechen. Auch die naivste aller Vorstellungen vom Glück als *Fortuna* ist dann hinfällig. Denn Glück in diesem äußerlichsten Sinne fällt einem ja gerade zu, ohne in irgend ersichtlicher Weise an Akte erhöhter geistiger Tätigkeit geknüpft zu sein. Ebensowenig kann das billigste Glück, z.B. aus der Flasche oder Kanüle mehr nur als ein ferner Abglanz wirklichen Glückes sein, denn es beruht auf einer Dämpfung (damit auf mentaler Beruhigung) normaler geistiger Aktivität, statt auf der Intensität höchster Bewußtseinsklarheit.

[17] Meister Eckehart, *Deutsche Predigten*, Nr. 32, München 1977 [5].

Wie aber steht es im Hinblick auf die anfangs genannte Auffassung vom Glück, nach der es von somatischen und innerpsychischen Faktoren bestimmt wird? Nach dem, was über die beiden genuinen Glückserfahrungen, das mentale und das spirituelle Glück, gesagt wurde, kann jene Auffassung nicht zutreffen. Denn Glück beruht auf einer bestimmten geistigen Haltung und Einstellung auch gegenüber veränderlichen oder unabänderlichen äußeren und inneren Gegebenheiten und liegt deshalb grundsätzlich im Bereich der menschlichen Freiheit. Ein glückliches Leben führt, wovon uns Camus überzeugte, selbst Sisyphus. Glücks- und damit Sinnerfahrungen sind im Prinzip jedermann jederzeit unmittelbar zugänglich, denn Gegenwärtigkeit und Unvermitteltheit ist ihr Charakteristikum.

Trotz alledem muß jedoch auch ein Zusammenhang zwischen dem Glück in seiner wahren Bedeutung und der Meinung der großen Menge bestehen. Zumindest wäre zu erklären, warum die Mehrzahl der Menschen über die Verschiedenheit aller kulturbedingten Ansichten hinweg dazu kommt, auch *das* Glück zu nennen, was aus philosophischer Sicht diesen Namen nicht verdient, nämlich in erster Linie das Glück der Sinne, und außer Ansehen, Macht und Ehre der Umgang mit Freunden und Familie. Besteht nicht doch ein Zusammenhang zwischen diesen allseits erstrebten Zielen und der geistigen Existenz des Menschen?

Der Verdurstende, der in der Wüste auf eine Quelle trifft, der Asthmatiker, der plötzlich wieder durchatmen kann etc., sie erfahren doch, wie schon bemerkt, außer der Befriedigung der Sinne, zugleich auch genuines Glück! Wenn es sich tatsächlich so verhält – und das zu entscheiden ist eine Frage konzentrierter Achtsamkeit auf solche Erlebnisse –, dann muß der Grund solcher Glückserfahrungen im folgenden liegen: Im Moment der Befriedigung eines stürmischen Verlangens, das alle anderen Wunschvorstellungen verdrängt, tritt das ein, was antike Philosophen die 'Windstille der Seele' nannten, eine innere Stille, die mit dem Glück identisch ist. Im kurzen Augenblick erfüllten Begehrens legen sich die mit ihm verbundenen mentalen Erregungen und mit dem Verebben der Begierde fällt der Glanz des Geistesfriedens in das menschliche Gemüt. Ein solches Glück erlebt der Verdurstende beim ersten Stillen des Verlangens, der Liebende in der Umarmung der Geliebten etc. – Allerdings ist solches Glück von kurzer Dauer. Bald schon, im nächsten Augenblick, beginnt das alte Spiel von vorne, neue Entwürfe vermeintlichen Glücks erfüllen die Phantasie, erregen das Gemüt und überlagern jenen kurz erfahrenen Frieden.

Nur auf diese Weise können auch spontane Glückserlebnisse erklärt werden, die anscheinend durch nichts motiviert spontan aus den Tiefen des Bewußtseins steigen. Dabei kann es sich z. B. um das plötzliche Innewerden der Schönheit eines Naturgebildes handeln oder um den geistigen Affekt des Staunens, wie er von Philosophen mehrfach beschrieben wurde.

Solche spontanen Glückserlebnisse sind von gleicher Erlebnisqualität wie die Freuden, die der Seelenstille befriedigter Begierden innewohnt. Spontane Glückserlebnisse, ob ausgelöst von außen oder nicht, müssen daher als 'Erinnerungen' im platonischen Sinne des Wortes gedeutet werden: In ihnen berühren wir die Dimension nicht objektivierenden intuitiven Denkens.

Mit diesen Erklärungen haben wir auch die Grundlage des Verständnisses gewonnen, warum die große Menge der Menschen quer durch alle kulturbedingten Denkweisen Glück ganz anders versteht, als es der philosophichen Einsicht entspricht, nämlich – abgesehen vom außeralltäglichen Begegnungen mit geliebten Personen – überwiegend als Streben nach Reichtum und Besitz und weiterhin Ansehen und Macht.

Grund solchen Strebens nach Glück kann nur sein, daß wir bestimmte Umstände und Dinge für begehrenswert halten, weil wir von ihnen genuine Glückserlebnisse erwarten. Das ist im Falle ersehnten Umgangs mit geliebten Menschen verständlich, denen man nicht nur anfänglich in echter Zuneigung und gesteigerter Bewußtseinstätigkeit zugetan ist. Im Falle einer Identifikation des Glücks mit Genuß, Reichtum, Macht und Ehre kann eine Erklärung nur darin liegen, daß wir – zu Unrecht – Glückserwartungen mit diesen Dingen verbinden, sei es aufgrund privater Ideosynkrasien, sei es aufgrund individueller oder kollektiver Erfolgs- oder Sozialisierungserlebnisse. Wir erinnern oder bilden uns Umstände ein, die in zeitlicher und räumlicher Nähe oder vermeintlich kausalem Zusammenhang zu authentischen Glückserfahrungen standen oder vermeintlich stehen und versuchen dann, sie zu erlangen oder wiederherzustellen. So strebt der Arme nach Reichtum, der Kranke nach Gesundheit, der Liebende nach der Geliebten etc.

Die andere Seite des Glücksstrebens ist jedoch die *Furcht* vor Entbehrungen, Einsamkeit, Nichtbeachtung, Hilflosigkeit und Krankheit, überhaupt alle Arten von Entbehrungen. So sind es also das Verlangen nach mittelbarem oder unmittelbarem Genuß einerseits, Furcht vor physischen und damit verbundenen sozialen Deprivationen andererseits, die den Motor gewöhnlichen Glücksstrebens treiben. Diese Erklärung stimmt mit Schelers Beobachtung zusammen, daß nur die Ursachen der sinnlichen Lust unmittelbar praktisch lenkbar sind, und das heißt in erster Linie die von ökonomischer Betätigung abhängigen Besitzverhältnisse und damit verbunden Macht und Ehre.

An die Stelle genuiner Glückserfahrungen tritt also im gewöhnlichen Streben nach Glück ein vorstellbares und intendierbares Ziel. Doch ist es gerade dieser Charakter gewöhnlichen Glücksstrebens, welcher das Erreichen des ersehnten Glücks verhindert. Unabweislich wie ein Schatten folgt ihm die Furcht vor dem Verlust, anwachsend im Maße des Erfolgs, so daß es nicht zuletzt die *Sorge* ist, die das Erlangen wirklichen Glücks verhindert. Auch das direkte Begehren nach sinnlichem Genuß wird von seinem Schatten, Lange-

weile und Abscheu, verfolgt. Das von Begierde und Furcht motivierte Streben
nach Genuß und die mit ihm verbundenen Zerstreuungen zerstören zudem
die notwendigen Bedingungen genuiner Glückserfahrungen, die gerade in den
durch Konzentration erhöhten Bewußtseinsformen bestehen. Um das Ganze
auf eine scheinbar paradoxe Formel zu bringen: man muß, um glücklich zu
sein, aufhören, glücklich sein zu wollen.

Wenn dieser Sachverhalt so offensichtlich ist, wie er sich nun darstellt, bedarf es einer Erklärung, warum die überwiegende Zahl der Menschen sich der
Vergeblichkeit ihres Glücksstrebens und der Misere des alltäglichen, von
Sorgen und Furcht getrübten Lebens in der Regel nicht deutlich bewußt wird.
Was hindert sie zu erkennen, daß die von ihnen entworfenen Glücksziele uto-
pisch und ihre existentielle Situation insofern aussichtslos ist? Einerseits ist es
sicher die ungewöhnliche Anstrengung, derer es bedarf, sich über sich selbst
und den Sinn alltäglichen Treibens klar zu werden. Überdies ist es aber auch
der (nach dem zuvor Gesagten) erstaunliche Umstand, daß den meisten Menschen das Leben trotz des illusionären Charakters ihrer Glücksvorstellungen
und aller daraus resultierenden Frustrationen nicht nur überhaupt erträglich,
sondern zu großen Teilen manchmal auch erfreulich scheint. – Der Ursprung
ihres meist bescheidenen Glücks, das sie daran hindert, ernsthaft mit sich zu
Rate zu gehen, liegt in der selbstvergessenen Hingabe an die alltäglichen
Pflichten und an eine sachbedingte, strenge Disziplin, welche die Voraussetzungen von Erfolg und sozialer Anerkennung bilden. Abgesehen von der stets
wechselhaften Erfüllung des Lebens in sozialen Bindungen und den seltenen
Begegnungen der Schönheit der Natur ist es gerade der vielbeklagte 'Streß',
aus dem die meisten Menschen echtes, wenn auch nur vorübergehendes
Glück gewinnen. Aus diesem Grund werden auch Arbeitslosigkeit und unfrei-
williger Ruhestand in einer Erwerbsgesellschaft von vielen als sehr quälend
empfunden, denen mit der Hingabe an Aufgaben und Pflichten die wichtigste
Quelle ihres Glücks versiegte, hauptsächlich weil ihnen der Wert kontemplativen Lebens nie vermittelt wurde.

7. Sinn, Heil, Ideologie und Glück

Neben allen anderen Strebungen suchen oder finden die meisten Menschen
ein beständiges und vermeintlich sicheres Glück in Religionen und Ideologien. Diese teils dem leiblichen, teils dem gemüthaftem, teils dem spirituel-
lem Leben angehörenden Formen der Daseinsgestaltung haben allerdings in
krassem Gegensatz zu den mit ihr verbundenen Heilserwartungen auch ent-
setzliches Unglück in Form von Kriegen und Verfolgung über die Menschheit
gebracht. Ihre Repräsentanten und Führer versprechen Sinn und Heil und
appellieren, um des Erfolges willen, häufig an Vorstellungen vom Glück der

großen Menge. Ihren Versprechungen zu folgen hat sich jedoch überwiegend als verhängnisvoll erwiesen.

Mehr noch als von den historischen Religionen gilt das von den zeitgenössischen Religionssubstituten in Gestalt säkularer Ideologien. Sieht man von den zum Teil verheerenden und bisher unabsehbaren Unglücksfolgen des neuzeitlichen Rationalismus und Liberalismus für die natürlichen Lebensgrundlagen der Menschheit ab, so haben allein in diesem Jahrhundert Rassismus, Nationalismus und Sozialismus, einschließlich ihrer Mischformen, zusammen wohl an die hundert Millionen Menschen gewaltsam zu Tode gebracht, vom unermeßlichen Leiden durch Mißwirtschaft, von Gulags, Terror, physischen und psychischen Verwundungen und Zerstörungen privater Lebensentwürfe zu schweigen.

Die Frage ist, besteht hier nicht ein innerer Zusammenhang, der diese Extreme gegebener Versprechungen und ihrer Erfüllung, diesen schreienden Gegensatz zwischen höchster Glückserwartung und unermeßlichem Unglück miteinander verknüpft?

Was Religionen in Aussicht stellen, ist eine alle Lebensbereiche tangierende Form beständigen Glücks. Ein solches Glück ist in religiöser Diktion 'Heil', in philosophischer: 'Sinn'. Hochreligionen insbesondere beruhen auf Erfahrungen spirituellen Glücks. Wie alle Glückserfahrungen tendieren auch diese dazu, sich *im nachhinein* an bestimmte äußere Gegebenheiten, historische Ereignissen, Orte und charismatische Persönlichkeiten und deren Lehren anzuheften. Sobald sich solche Tendenzen zu Traditionen in Form von wiederkehrenden Versammlungen, Lesungen heiliger Texte, dogmatischen Fixierungen ihres Lehrgehalts, zu moralischen Vorschriften, ritualisierten Verhaltensweisen etc. verfestigen, wächst die Gefahr der Verflüchtigung authentischer Glückserfahrungen zugunsten leerer Formen.[18]

Je weiter entfernt von authentischer Erfahrung, je stärker wachsen mit der Entfernung von ihr auch die irrationalen Projektionen eines von äußeren Formen und historischen Gegebenheiten abhängigen Glücks. Verbindet sich mit solchen Projektionen noch zusätzlich die Idee eines Heilsmonopols der eigenen Tradition, wächst notwendig auch die Angst vor ihrem Niedergang und damit des Verlustes vermeintlich sicherer Heilsgratifikationen. Mit dieser Angst wächst dann der Wahn von der Unvermeidlichkeit des Kampfes gegen Bedrohungen der 'reinen' Lehre und Moral durch Heiden, Ungläubige, ketzerische Irrlehrer, Klassenfeinde, Immoralisten und Anarchisten. Und je forcierter das sich Festklammern an fixierte Vorstellungen vermeintlich gefähr-

---

[18] Ein gutes Beispiel für diese Entwicklung ist die Rama-Krishna-Mission, eine etwa einhundert Jahre alte religiöse Bewegung des Neuhinduismus, deren Entwicklung zu einer Kultgemeinschaft in den beschriebenen Aspekten historisch leicht nachvollziehbar ist.

deten Heils, um so irrationaler auch die Angst vor diesen (in Wahrheit selbst-
erzeugten) Gegenkräften und um so notwendiger der kompromißlose und fa-
natische Kampf gegen sie. Auf diese Weise schlagen projektive Veräußerungen
und Fixierungen eines höchsten Glücks in ihr dialektisches Gegenteil um: in
Angst, Gewalt und Terror.

Was für die religiösen Fundamentalisten und ihre Heilsfiktionen zutrifft,
gilt gleichfalls für moderne Ideologen. Auch sie versprechen ein höchstes und
beständiges Glück, wenn auch weniger bescheiden als jene, ein nicht durch
göttliche Gnade vermitteltes, sondern ein diesseitiges, ein machbares und daher angeblich menschenfreundlicheres Glück. Überzeugt von der Herstellbarkeit des Glücks durch menschliche Aktionen, gehören die modernen Ideologen zu jenen Menschen, die, wie Nietzsche ironisierend bemerkte, das
Glück 'erfunden' haben.

Für beide Arten von Propagandisten liegt charakteristischerweise die Einlösung ihrer Heilsversprechen in einem Jenseits, entweder einem Jenseits über-
zeitlicher Transzendenz oder einem Jenseits historischer Zukunft, z. B. in
sozialistischen Utopien. Diese beiden Spielarten alten und modernen Jenseits-
glaubens spiegeln eine letzte Ahnung vom ursprünglichen Glück, das, allen
objektivierten Vorstellungen und Fixierungen entzogen, in einer vergegen-
ständlichenden Diesseitigkeit grundsätzlich nicht erreichbar ist.

Gegen die mörderischen Glücksutopien von Fundamentalisten und Ideologen gibt es eine radikale Medizin: die stoische wie buddhistische Einsicht,
daß alle menschlichen Probleme bis hin zum Sinnverlust der Existenz, welche
Fundamentalisten und Ideologen zu heilen versprechen, ausschließlich Produkte unseres eigenen, von Begehren und Furcht motivierten *reflexiven* Vor-
stellens und Denkens sind. Nicht die Tatsache unseres Todes z. B. ist es, die uns
ängstigt, nicht die nahende Gefahr oder die ungewisse Zukunft, sondern allein
die auf sie projizierten Vorstellungen von ihnen sind das Problem. Nicht die
Dinge selbst bedrohen oder versprechen Glück, sondern allein die ihnen gegenüber eingenommene Sicht der Dinge, für die wir allein verantwortlich sind.

Leider ist die bloße Erinnerung an diesen einfachen Sachverhalt, welche
darauf hinausläuft, die in uns liegende und stets präsente Möglichkeit eines
glücklichen und sinnerfüllten Lebens tatsächlich entschlossen wahrzunehmen, als solche nicht genügt, Glücksillusionen wie Ängste zu zerstreuen.
Aber diese Erinnerung an die in uns liegende unmittelbare Gegenwärtigkeit
authentischen Glücks jenseits phantastischer und gedanklicher Projektion ist
ein Anfang. In der Tat bedarf es einer besonderen und langwierigen geistigen
Disziplin und Kultur des Geistes, die im alltäglichen Denken verfestigten, von
Generation zu Generation vermittelten uralten Menschheitsgewohnheiten
wahnhaften Denkens, die im Unbewußten behausten chimärischen Vorstellungen vom Glück der Sinne, von Reichtum und Ansehen, mit denen wir
sogar unsere Paradiesesvorstellungen schmücken, endgültig zu überwinden,

deren unvermeidliche und immer verdrängte Kehrseite Langeweile, Furcht, Sorge, Angst, Leid, Verzweiflung und Sinnleere ist. Die geistige Kultur kontemplativen Denkens haben wir verlernt. Es ist die Aufgabe der Philosophie, daran zu erinnern, da Kontemplation ursprünglich zu ihr gehörte, bevor sie zur Magd der Wissenschaft wurde. –

Am Ende dieser Ausführungen steht eine schematische Übersicht der verschiedenen Arten von Glück, die allerdings nur in ihren Erscheinungsweisen, ihrer Dauer und Intensität, jedoch nicht ihrem Wesen nach verschieden sind. Ich habe diese Übersicht, ebenso wie diese Abhandlung, eine Typologie des Glücks genannt, weil die genannten Formen in der lebendigen Wirklichkeit, abgesehen vielleicht von mystischer Ekstase, nie in Reinkultur bestehen. Die hier und im vorigen herausgestellten Unterscheidungen sind, entsprechend dem Sinn einer Typologie, einseitig und im Hinblick auf die Komplexität menschlichen Lebens 'überzogen'. Sie sollen lediglich der Erhellung der in Wirklichkeit miteinander verwobenen und z. T. ungeschiedenen Phänomene dienen. Das gleiche gilt für die Fehlformen des Glücks, die sich aus den jeweiligen Veräußerungen authentischer Glückserfahrungen in reflexiver Haltung ergeben. Als fiktive Setzungen beziehen sie sich notwendig auf einen Gegensatz.

Glück

O. Lust:
Alle Tätigkeiten und Strebungen begleitend
derivativ: Unlust

1. Sinnesglück:
   (zum Bereich des Empfindens gehörig)
kurzfristig: Freude
derivativ: Begierde nach Genuß, Vergnügen, Annehmlichkeit, Spaß, Zerstreuung
komplementär: Furcht vor Schmerz, Überdruß, Abneigung, Langeweile, Abscheu, Ekel

2. mentales Glück:
   (zum Bereich des Fühlens, Denkens, Wollens gehörig)
längerfristig   Glück im engeren Sinne, (happiness), Erfüllung in selbstvergessener Hingabe an Personen und Tätigkeiten
derivativ: Streben nach Sicherheit, Erfolg, Gütern, Macht und Anerkennung
komplementär: Furcht vor Armut, Mißerfolg, Ohnmacht und Nichtachtung

3. spirituelles Glück:
    (zum Bereich geistiger Intuition gehörig)

zeitlos: Glück im Sinne von Seligkeit, Glückseligkeit,
(bliss, felicitas), vollkommene Selbstvergessenheit
in Höchstformen geistiger Präsenz und Bewußt-
seinshelligkeit

derivativ: Glaube im Sinne gedanklicher Fixierung auf tran-
szendente oder säkulare Heilsvorstellungen

komplementär: Angst vor Sinnlosigkeit oder Sinnleere

III.

INTERDISZIPLINÄRE PERSPEKTIVEN

ERKENNTNIS VON GUT UND BÖSE IN THEOLOGISCHEN UND PHILOSOPHISCHEN REFLEXIONEN ZU GEN 2–3

Von CHRISTA BAUER-KAYATZ

Anstoß zu folgenden Erkundungen und Überlegungen war mein Erstaunen über Paul Tillichs Interpretation der Paradieserzählung (*Gen* 2–3) im Vergleich zu Auslegungen alttestamentlicher Exegeten. Wie ist es möglich, daß ein und derselbe Text so unterschiedlich verstanden werden kann? Gründe für die überraschende Variationsbreite der Interpretationen lassen sich aus der Eigenart des Textes und aus dem jeweiligen Standort des Auslegers aufweisen: Weil der biblische Erzähler uralte Motive und Vorstellungskomplexe aus seiner Umwelt aufgenommen hat, die dann durch den Bezug auf Jahwe dem israelitischen Glaubensverständnis entsprechend uminterpretiert bzw. polemisch bearbeitet wurden, ist *Gen* 2–3 ein in sich spannungsreicher, vielschichtiger und mehrdeutiger Text. Daraus ergibt sich die Aufgabe, die Aussageintention des biblischen Erzählers zu eruieren, nicht selten gerade im Unterschied zu den Perspektiven des vorgegebenen Traditionsstoffes. Dazu gehört die oft betonte Forderung, *Gen* 2–3 nicht isoliert, sondern im Kontext des Gesamtzusammenhangs der biblischen Urgeschichte zu interpretieren.

Ein zentrales Problem für den Menschen der Neuzeit liegt in der ihn besonders provozierenden Frage, warum Gott den Menschen ausgerechnet die Erkenntnis von Gut und Böse vorenthalten will und inwiefern diese Erkenntnis ein „Wie-Gott-Sein" verleiht (3,5; 3,22a). Tatsächlich hat im Erzählungszusammenhang von *Gen* 2–3 die Erkenntnis von Gut und Böse die Bedeutung eines Leitthemas (Exposition 2,17, Höhepunkt 3,5, Rückblick 3,22). Es zeigt sich, daß die Deutung dieser Wendung in der Auslegungsgeschichte der Paradieserzählung höchst umstritten ist, weil offenkundig gerade angesichts dieser Fragestellung das Vorverständnis und das leitende Interesse des Interpreten eine maßgebliche Rolle spielen. Im folgenden konzentriere ich mich auf die skizzierte, für das Gottes- und das Menschenverständnis ausschlaggebende Fragestellung und ihre Beantwortung in einigen ausgewählten Auslegungen und Reflexionen zur Paradieserzählung im 20. Jahrhundert. Bei einem vergleichenden Überblick wird deutlich, wie stark sich bis in die Gegenwart hinein Auslegungen und Paraphrasen zu *Gen* 2–3 im Kontext philosophisch-anthropologischer Entwürfe des 18. und 19. Jahrhunderts in theologisch-systematischen und in humanwissenschaftlich-anthropologischen

Reflexionen auswirken, die sich gerade dadurch von bibeltheologisch orientierten Beiträgen erheblich unterscheiden.

Für die Denker der Aufklärung und der idealistischen Philosophie war der Text von Interesse vor allem im Blick auf das Problem der menschlichen Freiheit und Autonomie. Ihnen ging es, wie z. B. Kant[1] ausdrücklich feststellt, nicht um Erfassung der Aussageintention des biblischen Erzählers, nicht um das alttestamentliche Gottes- und Menschenverständnis, infolgedessen auch überhaupt nicht primär um die Bedeutung der Gottesbeziehung für den Menschen, sondern um eine möglichst realitätsgerechte Rekonstruktion der Anfänge des Menschengeschlechts als Erwachen des Geistes aus dumpfer Naturgebundenheit und als Beginn einer fortschreitenden Entwicklung zu immer vollständigerer Herrschaft über die Natur und zu immer größerer Freiheit vernünftiger Lebensgestaltung. Dabei bezogen sie sich auf Textelemente der biblischen Paradieserzählung, die sich von ihrer mythischen Vorgeschichte her im Sinne kulturhistorischen Fortschritts bzw. im Sinne des individuellen Reifungsprozesses verstehen ließen. Sie bewerteten die Erzählung vom 'Sündenfall' als eine mythologische Darstellung der Anfänge menschlicher Freiheit und Selbstverantwortung. Vor dem Ereignis in *Gen 3* seien Adam und Eva noch als 'große Kinder' bzw. noch auf der Stufe von Tieren ohne Verantwortung und Freiheit zu denken. Das eigentliche Thema von *Gen 3* ist für sie die Menschwerdung des Menschen durch den Abfall von der Herrschaft des Instinkts. Die Stimme Gottes wird als Symbol für die dominierende Macht der Natur bzw. für die Instinktgebundenheit des Menschen verstanden, die Wirklichkeit Gottes nicht als von der Natur unterschiedenes, souveränes Gegenüber des Menschen gesehen. Das hat zur Folge, daß die eigentliche Menschwerdung des Menschen erst mit der Abwendung Adams und Evas von diesem Gott beginnt. Diese Denker verfremden bewußt den biblischen Text, um ihn so als Basis ihrer Einsichten und Intentionen zu verwenden. Das erscheint ihnen möglich und sachgemäß aufgrund ihres gewandelten Gottesverständnisses.[2]

I. Bibelwissenschaftliche Ansätze im 20. Jahrhundert

Im Gegensatz zu diesen Bezugnahmen der Aufklärung und des Idealismus bemüht sich die Bibelwissenschaft im 20. Jahrhundert darum, die ursprüngliche Aussageintention des biblischen Erzählers zu erfassen, den Sinn der Wendung 'Erkenntnis von Gut und Böse' aus der Gesamtstruktur der Erzählung

---

[1] Die Religion innerhalb der Grenzen der bloßen Vernunft, hrsg. v. Karl Vorländer, Hamburg 1956, S. 47.

[2] Aus Raumgründen muß auf einen Exkurs zu Kants, Hegels, Schellings und Schillers Bezugnahmen auf Gen 2–3 verzichtet werden.

verständlich zu machen. Das im Kontext des Alten Testaments geläufige Orientierungsmuster von Gut und Böse stammt vor allem aus dem Erfahrungs- und Denkbereich der weisheitlichen Weltorientierung. Das Unterscheidungsvermögen von Gut und Böse zeichnet den weisen Menschen aus (vgl. 1. *Kön.* 3,9; *Dtn* 1,35; *Jes.* 7,15).

Doch dem Gesamtduktus von *Gen* 2–3 nach muß es hier um etwas anderes gehen als um das in den Bereich des Ethos gehörige Denkmuster von Gut und Böse, als um die ethische Entscheidung des Individuums. Erwogen wurde die Deutung des Gegensatzpaares als konkrete Umschreibung für 'alles', im Sinne göttlicher Allwissenheit, doch sie ist nicht vereinbar mit der Bestätigung Gottes in 3,22a „der Mensch ist geworden wie einer von uns…" und hat auch genauerer Prüfung des hebräischen Sprachgebrauchs nicht standgehalten. Häufig ist die Deutung vertreten und wieder bestritten worden, der Erwerb der Erkenntnis von Gut und Böse, der faktisch zur Erkenntnis der Nacktheit und zur Scham voreinander führte (3,7), beziehe sich auf das Erwachen der Geschlechtlichkeit. D. Michel[3] vermutet, daß hinter den im jetzigen Text noch durchschimmernden älteren, aber durch den Jahweglauben abgelehnten Vorstellungen „ein alter Mythos über die Erlangung vergöttlichender Sexualität" (77) steht. Nach dieser mythischen Auffassung gab es für die Menschen zwei Möglichkeiten, 'wie Götter zu werden': durch Sexualität mit ihren Möglichkeiten von Schöpfung und Lust und durch die Erlangung ewigen Lebens durch den Zugang zum Lebensbaum. Die erste göttliche Möglichkeit ist dank der klugen Schlange den Menschen bekannt geworden. Doch der Zugang zum Lebensbaum wird den Menschen aus dem Motiv des Götterneids für immer verwehrt. Für die mutmaßliche Vorstufe des Textes wäre die sexuelle Deutung der Erkenntis von Gut und Böse höchst plausibel. Doch sie ist unvereinbar mit dem Gottesverständnis des biblischen Erzählers. Für ihn gilt Sexualität als Gabe Gottes (2,23 f.), die zum Menschsein gehört und gerade nicht 'wie Gott werden' läßt. – Weitgehende Zustimmung hat der sprachlich mögliche Übertragungsvorschlag 'dem Leben förderlich bzw. schädlich' im Sinne funktionalen Erkennens gefunden. Eine Bestätigung dieser Deutung ließe sich in der Interpretation der Wendung durch die Frau in 3,6 sehen: „begehrenswert, um klug zu werden". Das Selber-Klug-Sein-Wollen erscheint als das verlockende Ziel, das zur Gebotsübertretung treibt. Es geht um „jene Eigenmächtigkeit, die es dem Menschen verstattet, über das ihm Heilsame und Schädliche selbst zu entscheiden…, damit tritt er heraus aus dem Umfangensein von Gottes Fürsorge" (63)[4]. Viele Ausleger[5] sehen darin den Ausdruck eines bewußten Autonomiestrebens des Menschen

---

[3] D. Michel, Ihr werdet sein wie Gott, in: D. Zeller (Hrsg.), Menschwerdung Gottes – Vergöttlichung von Menschen, Göttingen 1988.
[4] G. v. Rad, Das erste Buch Mose, [10]1972.
[5] Vgl. z. B. O. H. Steck, Die Paradieserzählung, Neukirchen 1970.

Gott gegenüber. Der Duktus der Verhörszene mache deutlich, daß der Mensch in seinem Bestreben, 'wie Gott zu werden', sich gegen Gott richtet, die in dem Verbot ihm gesetzte Grenze überschreitet, daß er seine Geschöpflichkeit und damit sein Menschsein durch Verweigerung der Anerkennung dieses Grundverhältnisses von Schöpfer und Geschöpf verfehlt. Im Gesamtkontext der Urgeschichte ist die Grundaussage des biblischen Erzählers eindeutig: Das 'Sein-Wollen wie Gott' ist der Inbegriff des Widerspruchs gegen Gott; dem Bruch der Gottesbeziehung folgen die Verfehlungen in den Beziehungen der Menschen untereinander.

II. Bibelorientierte Auslegungen: Martin Buber, Dietrich Bonhoeffer

Von dem Gottes- und dem Menschenverständnis des biblischen Erzählers ausgehende Auslegungen werden in je besonders akzentuierter Ausprägung von M. Buber und D. Bonhoeffer entfaltet. Für M. Buber[6] ist es eine unumstößliche Gewißheit, daß es in der Wendung 'Erkenntnis von Gut und Böse' im Erzählungszusammenhang von *Gen 2–3* nicht um die Erwerbung des sittlichen Bewußtseins des Menschen geht – dieser Deutung „steht das Wesen dieses Gottes entgegen" (14) –, sondern um Vermögen und Funktion Gottes, der der Mensch nicht gewachsen sein kann. Das Begriffspaar meint „die Gegensätze und die Unterscheidung zwischen ihnen" (15) – „in der Terminologie des modernen Denkens umschrieben: zureichendes Bewußtsein der in der Schöpfung latenten Gegensätzlichkeit" (16). Der Sinn des Verbots ist also, den Menschen vor der Erfahrung maßloser Überforderung, vor Versagen und Scheitern, zu bewahren: „der Erkenntnis von Gut und Böse preisgegeben zu sein, ohne ihrer Gegensätzlichkeit überlegen werden zu können" (32). M. Buber betont: „Ein volles Verständnis ist jedoch nur zu gewinnen, wenn wir der Grundkonzeption aller alttestamentlichen Theo- und Anthropologie, nämlich der... unwandelbar bestehenden Differenz und Distanz zwischen Gott und Mensch auch für die Erkenntnis von Gut und Böse unverkürzt eingedenk bleiben" (16 f.). Der Mensch hat sich „dem Willen Gottes und seiner Hut in einem entzogen... immer wieder wird er sich nackt finden und nach Feigenblättern Ausschau halten..." (20). Die Feststellung Gottes: „Adam ist geworden wie einer von uns..." (3,22a), „kann hier nur noch in der ironischen Dialektik geäußert sein. Aber nun ist es die Ironie eines göttlichen Mitleidens" (20). Im Blick auf die umstrittene, immer wieder Anstoß erregende Aussage von Vers 22 urteilt Buber: „Dem biblischen Bericht von dem sogenannten

---

[6] M. Buber, Bilder von Gut und Böse, Heidelberg 1986 (auf Arbeiten aus dem Jahre 1935/36 zurückgehend).

Sündenfall mag ein uralter, von Götterneid und Götterrache erzählender Mythos zugrunde liegen, dessen Inhalt wir nur zu ahnen vermögen: die niedergeschriebene und uns erhaltene Geschichte hat ganz anderes zu sagen bekommen" (11). Charakteristisch für den jüdischen Religionsphilosophen Buber erscheint mir sein doppeltes Anliegen, einerseits vom spezifisch biblisch-jüdischen Gottes- und Menschenverständnis aus zu denken und gleichzeitig den Aussagegehalt von *Gen* 2–3 in einen universalen menschlichen Erfahrungshorizont zu stellen, ihn als einen 'Mythos der frühen Menschheit' zu verstehen, der erzählt, wie die Menschen durch Richtungslosigkeit in das Böse gleiten und fallen.

In der starken Konzentration auf die Verhältnisbestimmung Gott – Mensch als Schöpfer und Geschöpf steht D. Bonhoeffers[7] Auslegung M. Buber nahe. Bonhoeffer spricht von der Freiheit für Gott, der Freiheit zum Gehorsam als der Bestimmung des Menschen, der „das Leben von Gott und vor Gott" (58) hat. „Adam wird in dem Verbot auf seine Geschöpflichkeit hin angeredet und durch das Verbot auf dieses Sein seiner selbst festgelegt" (59). Das Verbot soll ihn vor der Erfahrung, dem Vertrautwerden mit dem Bösen, bewahren. „Er, der in der Einheit des Gehorsams lebt, begreift das Zwiefache nicht..., er lebt im eigentlichsten Sinn jenseits von gut und böse, nämlich aus dem Leben, das von Gott kommt" (61). Bonhoeffer setzt einen bemerkenswerten Akzent, er erkennt die verführerische List der *sicut-deus*-Verheißung der Schlange darin, daß der Mensch sie mißverstehen kann: „nicht als... Empörung gegen den Schöpfer", sondern „als Möglichkeit des Frömmerseins, des Gehorsamerseins... als eine neue tiefere Art seines Geschöpfseins" – wenn auch „erkauft durch die Übertretung des Gebotes" – (83). So wird die Schlange zum Symbol der Macht der frommen Gottlosigkeit. Sie, die ausdrücklich als von Gott geschaffenes Tier gekennzeichnet wird, hat die Funktion, „zugleich die Unbegreiflichkeit, Unerklärlichkeit, Unentschuldbarkeit der Schuld zum Ausdruck zu bringen" (75). Nach der Überschreitung der Grenze ist das Neue die Scham, das sichtbare Zeichen für die Entzweiung der ursprünglichen Einheit, für die innerste Zerrissenheit der Gemeinschaft von Mann und Frau und die Flucht und Angst vor Gott. „Gut und Böse sind die Begriffe für die tiefste Entzweiung des menschlichen Lebens in jeder Richtung" (61). „Der um gut und böse wissende, der aus der Einheit in die Entzweiung gestürzte Adam kann nicht mehr vor seinem Schöpfer stehen. Er hat die Grenze überschritten, und er haßt nun seine Grenze, ja er leugnet sie ab, er ist sicut deus – grenzenlos" (95). „Der grenzenlose Adam ist auf seine Geschöpflichkeit hin nicht mehr anzureden" (85). „... es ist dieser Abfall als ein dauerndes Fallen, Stürzen ins Bodenlose, ein Losgelassensein... nicht einfach ein ethischer Fehltritt, sondern es ist die Zerstörung der Schöpfung durch das Geschöpf" (89). Bonhoeffer

---

[7] D. Bonhoeffer, Schöpfung und Fall, München 1968.

versteht die Bestätigung Gottes: „Adam ist geworden wie einer von uns…"
(3,22), im Sinne der schweren Belastung für den Menschen: Adam „hat seinen
Willen… er lebt aus sich, … er ist der Herr seiner Welt, aber nun freilich der
einsame Herr und Despot…" (106). Adam erfährt, was das sicut-deus-Sein
für den Menschen bedeutet: „Leben-wollen, Nichtlebenkönnen und Leben-
müssen das heißt Totsein des sicut-deus-Menschen" (107).

In äußerster Radikalität akzentuiert Bonhoeffer – im Wintersemester 1932/
1933 angesichts drohender Umbrüche im geistigen, im politisch-gesellschaft-
lichen und im kirchlichen Raum – die Konsequenzen der Grenzüberschrei-
tung des Menschen, des Menschseins ohne Gott.

III. Symbolische Auslegungen: Paul Ricœur, Paul Tillich

In zeitlicher Nähe zueinander erscheinen zwei Arbeiten,[8] deren Verfasser
sich explizit gegen eine wörtliche, 'literalistische' Auslegung von *Gen 2–3*
wenden, um den symbolischen Sinn des Textes zu erschließen. Trotz dieses gemeinsamen Interesses unterscheiden sich Vorgehensweise und Ergebnisse in
erstaunlichem Maße. Ricœur sieht im Kontext seiner *Symbolik des Bösen*
zwei Aufgaben: die erste biblische Erzählung im Blick auf ihre Verwurzelung
in der Welt des Mythos und im Kontext der Glaubensgeschichte Israels zu verstehen. Er geht davon aus, daß die Paradieserzählung und auch die weiteren
Erzählungen der biblischen Urgeschichte (*Gen* 4–11) als Mythen im Sinne der
neueren Mythos-Forschung ernst zu nehmen und auf ihre Wahrheit hin zu befragen sind. Mythen sind als dramatische Erzählungen Äußerungen einer ursprünglichen, die ganze Lebenswelt des Menschen durchdringenden Dramatik. Er sieht eine besondere Chance für gegenwärtiges Denken und Verstehen: „Gerade weil wir nach der Trennung von Mythos und Geschichte
leben und denken, kann die Entmythologisierung unserer Geschichte um-
schlagen in ein Verständnis des Mythos als Mythos" (186). Das bedeutet, daß
die explikative, ätiologische Leistung des Mythos vergangen ist und er jetzt
seine Symbolfunktion enthüllt, „nämlich sein Vermögen, die Bindung des
Menschen an das ihm Heilige zu entdecken" (11). Ricœur versteht die
Mythen des Bösen als Interpretation der Grundsymbole Fall, Abweichung,
Verirrung, Gefangenschaft. Er fragt zurück nach den elementaren Schulder-
fahrungen des Menschen, der Erfahrung seiner Selbstentfremdung, dem Erleiden von Absurdität und Angst, die ihre allerersten symbolischen Ausdrucks-
formen im Bekenntnis der Verfehlung gefunden haben. Er sieht „diese Ver-
ständnisweise durch die Erfahrung des jüdischen Volkes unterstützt: Keines-

[8] Paul Ricœur, Symbolik des Bösen, Paris 1960, Freiburg/München 1971; Paul Tillich, Symbol und Wirklichkeit, 1962.

wegs ist der Adamsmythos der Ausgangspunkt seiner Sünden- und Schulderfahrung, vielmehr setzt er diese Erfahrung voraus und ist die Gestalt ihrer Reife" (207 f.). Ricœur schreibt den Mythen des Bösen drei Funktionen zu: konkrete Universalität, zeitliche Richtung und ontologische Ergründung (186 f.), d. h., was als exemplarische Geschichte erzählt wird, bezieht sich nicht auf ein singuläres, sondern auf ein universales Geschehen, es gilt von den Menschen aller Zeiten und Räume. Thema ist das Grundrätsel des menschlichen Daseins, der „Mißklang zwischen der Grundwirklichkeit – dem Zustand der Unschuld, dem Urstand des Geschöpfs, der Wesentlichkeit – und der aktuellen Seinsweise des Menschen als eines Befleckten, eines Sünders, eines Schuldigen. Der Mythos gibt Rechenschaft von diesem Übergang in Form einer Erzählung" (187). Ricœur betont: Die in den drei Funktionen beschriebene Leistung des Mythos „ist nur von dem Antrieb her zu verstehen, den der Mythos von der ihm vorausgehenden Erfahrung empfängt und von den Symbolen her, in denen sich diese Erfahrung konstituiert hat" (273). Für Ricœur ist der Adamsmythos der „beherrschende Mythos", der eigentlich anthropologische Grundtyp der Mythen des Bösen, denn „der ätiologische Mythos führt den Ursprung des Bösen auf einen Vorfahren der gegenwärtigen Menschheit zurück, dessen Verfassung der unseren gleich ist, alle Spekulationen über die übernatürliche Vollkommenheit Adams vor dem Fall sind später hinzugekommene Ausschmückungen, die den ursprünglichen, naiven und unverbildeten Sinn tief entstellen" (265 f.). „Die Absicht dieses Mythos ist, einen radikalen Ursprung des Bösen zu begründen, abgehoben vom urgründigeren Ursprung des Gut-Seins der Dinge" (266). Diese Unterscheidung „macht den Menschen zum Anfang des Bösen drinnen in einer Schöpfung, die bereits ihren absoluten Anfang im Schöpferakt Gottes hat" (266). Als Konsequenz des hebräischen Monotheismus stellt Ricœur heraus: Weil Jahwe, der Schöpfer, heilig und vollkommen ist, „muß das Böse durch eine Art Katastrophe des Geschaffenen in die Welt kommen", in einem Ereignis, „darin sich das uranfänglich Böse vom ursprünglich Guten absetzt" (274). Die 'Eifersucht' Jahwes ist nicht mehr die des tragischen Gottes, den die heroische Größe ärgert: es ist die 'Eifersucht' der Heiligkeit gegen die 'Götzen'" (273). In diesem Mythos schlagen sich die Geschichtserfahrungen Israels in ihrer prophetischen Deutung mit ihren Grundvorstellungen von Schuld und Heil nieder: „Der protohistorische Mythos dient also nicht nur dazu, die Erfahrung Israels auf die Menschheit aller Zeiten und Orte zu verallgemeinern, sondern auch die große Spannung zwischen Gericht und Barmherzigkeit, die die Propheten im eigenen Schicksal Israels zu erkennen gelehrt hatten, auf die ganze Menschheit auszudehnen" (276). Sehr erhellend ist Ricœurs Entdeckung eines „zweifachen Rhythmus" in dem „Adamsmythos" mit den daraus resultierenden Folgerungen. Es geht ihm darum, die „Dialektik zwischen dem 'Ereignis' des Sündenfalls und dem 'Ablauf' der Versuchung zu begreifen"

(278). In der Perspektive des Ereignisses ist Adam die Hauptfigur. „In Adam sind wir alle eins: die mythische Gestalt des ersten Menschen konzentriert im Ursprung der Geschichte die vielfältige Einheit des Menschen. Dieser Mensch nun ist in einer einzigen Tat zusammengefaßt: er nahm die Frucht und aß davon" (278). In der Perspektive des Ablaufs der Versuchung sind die Schlange und Eva die Hauptakteure. Durch sie „empfängt der Mythos eine rätselhafte Tiefe, durch die er unterbödig mit den anderen Mythen in Verbindung steht" (268). In dieser Perspektive erfolgt der Übergang von der Unschuld zur Schuld in der Weise eines unmerklichen Gleitens. Die Kontingenz des durch den Menschen in Gang gesetzten Bösen, das nicht sein Menschsein definiert, ist der Akzent, den Ricœur in seiner Reflexion über den Sündenfall als 'Ereignis' setzt: „Indem der Mythos den Fall als ein Ereignis erzählt … liefert er der Anthropologie einen Schlüsselbegriff: die Kontingenz dieses radikalen Bösen … er hindert es daran, sich als böses Urprinzip aufzustellen" (287). Der Akzent in der Perspektive des „Übergangs eines unmerklichen Gleitens", wie ihn die Versuchungsszene darstellt, ist: der Mensch ist nicht „der absolut Böse", er wird böse durch Verführung, „er macht sich böse … durch Einwilligung in eine Quelle des Bösen … Sündigen heißt nachgeben" (296).

Ricœur reflektiert eingehend Bedeutung und Funktion des Verbots im Problemhorizont der fragwürdig gewordenen Geltung von Autorität und Gehorsamsanspruch. Wie kann überhaupt ein Verbot zur Ordnung der ursprünglichen Schöpfung gehören? Gott hat den Menschen als freies Wesen geschaffen, aber als „endliche Freiheit"; „die Endlichkeit dieser Freiheit besteht darin, daß diese Freiheit von Ursprung an eine Richtung hat" (283). Der biblische Erzähler hat den alten Mythos vom Baum und der Frucht in einen neuen theologischen Kontext aufgenommen, „dadurch, daß er die Frucht dem Baum der Erkenntnis von Gut und Böse zuschrieb" (285). „Was verboten ist, ist nicht dies oder das, sondern eine Qualität von Autonomie, die den Menschen zum Schöpfer der Unterscheidung des Guten und Bösen machen würde" (285). Das Problem besteht darin, Anerkennung von Autorität und eigenen Freiheitsanspruch zusammenzudenken, endliche, d.h. begrenzte Freiheit zu akzeptieren:

„… in einer schuldlosen Freiheit würde diese Schranke durchaus nicht als Verbot empfunden werden; aber wir wissen nicht mehr, was diese ursprüngliche Autorität ist, die mit der Geburt der endlichen Freiheit zusammengeht; insonderheit wissen wir nicht mehr, was eine Grenze sein könnte, die nicht unterdrückt, sondern Richtung weist und die Freiheit behütet; zu dieser schöpferischen Grenze haben wir keinen Zugang mehr. Wir kennen nur die Grenze, die Zwang ausübt; denn erst im Reich der entarteten Freiheit wird die Autorität zur verbietenden Macht" (285).

Die Frage der Schlange läßt plötzlich die Grenze als unerträgliches Verbot

erscheinen. „Das Begehren nach Unendlichkeit ist aufgesprungen ... die Endlichkeit wird unerträglich, diese Endlichkeit, die einfach darin besteht, geschaffen zu sein; hinter der Frage der Schlange steht die 'schlechte Unendlichkeit', die in einem Zug den Sinn der Grenze, die der Freiheit eine Richtung
gab, und den Sinn der Endlichkeit dieser durch die Grenze orientierten Freiheit verkehrt" (289). Ricœur betont: „Nicht die menschliche Libido ist Anlaß
zum Fall, sondern die Struktur einer endlichen Freiheit. Eben in diesem Sinn
war das Böse möglich durch die Freiheit. Die Frau versinnbildlicht hier den
Punkt des geringsten Widerstandes der endlichen Freiheit gegen den Lockruf
... der 'schlechten Unendlichkeit'" (291). Zusammenfassend formuliert Ricœur: „Die Schlange symbolisiert etwas vom Menschen und etwas von der
Welt ... das Chaos in mir, zwischen uns und draußen" (295). Besonders aufschlußreich sind Ricœurs Reflexionen zu 3,22a: „Der Mensch wurde wie
einer von uns im Erkennen von Gut und Böse." Er möchte diese bestätigende
Feststellung Gottes nicht ironisch verstehen: „Diese Ähnlichkeit mit den Göttern durch Übertretung ist etwas sehr Tiefes: sobald die Grenze aufhört,
schöpferisch zu sein, und Gott den Weg des Menschen durch seine Verbote zu
versperren scheint, sieht der Mensch seine Freiheit in der Entgrenzung des Exi-
stenzprinzips und hegt den Wunsch, sich als Schöpfer seiner selbst durch sich
selbst ins Sein zu setzen" (289).

Ricœur spricht von der Offenbarungsmacht dieses Mythos für die Menschen, die sich den Rätseln eigener Verschuldung zuwenden und nach Hei-
lungswegen suchen. Es gilt, den Menschen die Jahrhunderte alte Zumutung
einer wörtlichen Interpretation der Adamsgeschichte zu ersparen und sie „zu
einer durch Symbolik vertieften Einsicht in ihre gegenwärtige Verfassung zu
erwecken" (272 f.).

Auch Tillichs Interesse gilt dem 'Fall' als Symbol für die universale menschliche Situation, doch Kontext und Intention der biblischen Erzählung bleiben
in seinen Reflexionen unberücksichtigt. Maßgeblich für seine Interpretation
ist sein existenzphilosophischer Ansatz, sein Symbolverständnis, sein Reli-
gionsbegriff und sein psychologisches Interesse. Tillichs erklärte Absicht ist
die „wechselseitige Durchdringung und Erhellung theologischer und philosophischer Erkenntnisse" (12) von der Voraussetzung aus, daß es in Theologie
und Philosophie um das 'letzte Anliegen des Menschen' geht, um das, 'was uns
unbedingt angeht'. Das kann nicht ein Seiendes sein, sondern der Grund alles
dessen, was ist, das 'Letztwirkliche', die 'Macht des Seins'. Dem entspricht auf
der Ebene religiösen Erlebens die Erfahrung der Ergriffenheit vom 'letzten
Seinsgrund'. Solche Begegnung mit der 'Tiefe der Wirklichkeit' findet ihren
Ausdruck in Symbolen, deren Material der endlichen Wirklichkeit entnommen ist. „Ein religiöses Symbol ist umso wahrer, je mehr es ... der wörtlichen Interpretation widersteht, über sich hinausweist auf ... die tiefste
Mächtigkeit des Seins und Sinns" (11). Lebendige Symbole haben an der

Wirklichkeit teil, auf die sie hinweisen. Religiöse Symbole sind mit Hilfe der Existentialanalyse zu erschließen, „denn die Religion gehört zur existentiellen Situation des Menschen" (27). So „eröffnet sich uns zugleich das grundlegende und allumfassende Symbol der Religion, nämlich das Symbol 'Gott'" (27). Gott als Macht des Seins wird von den Menschen erfahren als Quelle des Muts zum Sein trotz Schuld- und Todesverfallenheit. Entscheidend ist auch für Tillich der Ansatz bei Erfahrungen:

„Wir müssen bei Erfahrungen anfangen, die der Mensch in seiner Situation hier und jetzt macht, und mit den Fragen, die in ihr ihren Grund haben und aus ihr entstehen. Dann erst können wir zu den Symbolen weitergehen, die Anspruch darauf erheben, die Antwort zu enthalten. Aber wir dürfen nicht mit der Frage nach dem Wesen Gottes beginnen, die, wenn man sie als Frage der Existenz oder Nicht-Existenz Gottes behandelt, einen Rückfall darstellt in eine unsymbolische, dinghafte Interpretation" (27).

Tillichs philosophisches Denken und seine Selbsterfahrung führen ihn zu einem tragischen Menschenverständnis. Er bringt es in existenzanalytischen Begriffen zum Ausdruck und setzt diese in Beziehung zu religiösen Symbolen des christlichen Glaubens, um diese für unsere Zeit verstehbar zu machen. Von grundlegender Bedeutung ist für ihn die Unterscheidung von Essenz und Existenz, der Übergang von der Essenz zur Existenz, von der Potentialität zur Aktualität. Die existentialistische Analyse ist „auf die konkrete Situation des Menschen gerichtet, sie ist eine Beschreibung des antiessentiellen, d. h. des entfremdeten Zustandes des Menschen und seiner Welt" (16). Dieser ist gekennzeichnet durch die Erfahrung der Schuld, die „als Widerspruch zu dem, was man wesenhaft ist und darum auch sein sollte" (16), erlebt wird und durch das Gewahrwerden der eigenen Endlichkeit und die dadurch ausgelöste Angst. „Der Mensch fühlt sich entfremdet von dem, was er essentiell ist, er steht in dauerndem Kampf und Widerspruch zu sich selbst" (19). Schuld und Entfremdung sind das schicksalhafte Los des Menschen, denn der Mensch ist in die Entscheidung gestellt, „entweder im Stand nichtverwirklichter Möglichkeiten zu bleiben oder aber sich selbst zu überschreiten, um Möglichkeiten zu verwirklichen. In beiden Fällen geht etwas verloren. Im ersten Fall das voll-verwirklichte Menschsein, im zweiten Fall die 'Unschuld', die die bloße Potentialität ist" (20). Dieser Sachverhalt ist für Tillich das eigentliche Thema der biblischen Paradieserzählung und anderer Mythen vom Fall: „Wie Mythos und Erfahrung wissen, wagt die Menschheit als solche ihre Selbstverwirklichung und befindet sich daher im Stand universaler existentieller Entfremdung. Diese Tatsache führt zur tragischen Schuld, an der jeder trotz seiner persönlichen Verantwortung teilhat" (20). Die Paradiesgeschichte als Mythos des Falls verstanden, wird „zum klaren Bild der menschlichen Situation des Übergangs aus der Unschuld der bloßen Möglichkeit in die tragische Schuld der Selbstverwirklichung" (24).

Eine eingehende Analyse der menschlichen Freiheit mit ausdrücklicher Bezugnahme auf Kierkegaard ist das Hauptthema seiner Beschreibung des Übergangs. Die Voraussetzung für den Übergang von der Essenz zur Existenz ist die Freiheit des Menschen, die ihn vor allen anderen Lebewesen auszeichnet. „Der Mensch ist frei, insofern er die Macht hat, zu überlegen und zu entscheiden und dadurch den Reiz-Reaktionsmechanismus zu durchbrechen … Schließlich ist der Mensch frei, insofern er die Macht hat, sich selbst und seiner essentiellen Natur zu widersprechen" (32). Die Freiheit des Menschen ist 'endliche Freiheit', durch sein 'Schicksal' begrenzte Freiheit. In Anlehnung an Kierkegaard beschreibt Tillich das essentielle Sein als „träumende Unschuld", um auf psychologische Weise den Zustand „des essentiellen oder potentiellen Seins verständlich (zu) machen" (35). Deshalb wird die Möglichkeit des Übergangs als Versuchung erfahren. Weil der Mensch sich in seiner endlichen Freiheit als „stets bedroht durch absolutes Nichtsein" (36) erfährt, ist seine Freiheit mit Angst verbunden. Seine „sich ängstigende Freiheit" motiviert ihn zum Übergang von der Essenz zur Existenz. Für Tillich gilt: „Das göttliche Verbot setzt eine Art Spaltung zwischen Schöpfer und Geschöpf voraus, eine Spaltung, die ein Gebot nötig macht." Dieser Zwiespalt ist der wichtigste Punkt in der Interpretation des Falls, denn er setzt den Wunsch zur Sünde, eine „erregte Freiheit" voraus, d.h. den „Augenblick, in dem die erregte Freiheit ihrer selbst bewußt wird und danach verlangt, aktuell zu werden" (36). Doch „die träumende Unschuld will sich bewahren. Diese Reaktion wird in der Geschichte der Bibel durch das göttliche Gebot symbolisiert, das sich gegen die Aktualisierung der potentiellen Freiheit und gegen das Erlangen von Erkenntnis und Macht richtet" (36 f.). Das göttliche Verbot ist bei Tillich als Symbolisierung des Selbstbewahrungsdrangs negativ akzentuiert, steht es doch dem notwendigen Streben des Menschen nach Selbstverwirklichung im Wege. Der Mensch erlebt seine Freiheit als Gefahr. „Er erlebt eine doppelte Angst – die Angst, sich zu verlieren durch Selbstverwirklichung, und die Angst, sich zu verlieren durch Nichtverwirklichung" (37). Darin liegt die Tragik seines Schicksals.

Der Mensch selbst trifft die Entscheidung, aber er wird beeinflußt von der Schlange. Sie repräsentiert die Dynamik der Natur im Menschen selbst und in seiner Umgebung – „ein mythischer Ausdruck für die Tatsache, daß die Freiheit des Menschen in die Breite eines universalen Schicksals eingebettet ist und daß daher der Übergang von der Essenz zur Existenz nicht nur moralischen, sondern auch tragischen Charakter hat" (43).

So anregend und wirksam Tillichs Versuch, religiöse Symbole des christlichen Glaubens gegenwärtigem Verstehen zu erschließen sich auch erwiesen hat, durch seine konsequent durchgeführte Einzeichnung der Aussagen von *Gen* 2–3 in die eigenen ontologischen Kategorien, in sein Verständnis von Essenz und Existenz, von Potentialität und Aktualität, wird er der Intention des

biblischen Erzählers nicht gerecht. Das von ihm gezeichnete tragische Menschenverständnis entspricht nicht der Aussage in *Gen* 2–3. Im Sinne des biblischen Erzählers setzt das göttliche Verbot keinen Zwiespalt voraus, sondern
bezeichnet die dem Geschöpf gesetzte Grenze. Ihre Mißachtung bedeutet Abwendung von der Quelle des Lebens. Es ist also keineswegs vom tragischen
Geschick des Menschen die Rede, prinzipiell „entweder im Stand nicht ver-
wirklichter Möglichkeiten zu bleiben oder aber sich selbst zu überschreiten,
um Möglichkeiten zu verwirklichen" (20) und dadurch zwangsläufig existentieller Entfremdung zu verfallen. Das 'Paradies' in *Gen* 2–3 ist nicht Symbol
für das Verharren in unentschiedener Potentialität, sondern für die Bestimmung des Menschen zu einem Leben in Nähe und freier Übereinstimmung mit
Gott. Für Tillich scheint Freiheit nur als gegen Gott gerichtete Selbstverwirklichung realisierbar zu sein. Tillich geht nicht auf die der biblischen Erzählung
im Unterschied zum 'Mythos vom transzendentem Fall' eigene Aussage ein.
So kommt er, geleitet durch seine philosophischen Prämissen, nicht zu einer
dem Text entsprechenden Deutung der Funktion des Verbots und damit nicht
zu einer biblisch begründbaren anthropologischen Aussage.

IV. Humanwissenschaftliche Reflexionen: Erich Fromm

Den Abschluß soll eine knappe Skizze einer für gegenwärtiges Bewußtsein
vieler Menschen repräsentativen Reflexion zu *Gen* 2–3 aus der Perspektive
des radikalen Humanismus bilden. Für meine Fragestellung ist von besonderem Interesse, daß sie die prophetische Forderung der Nachahmung Gottes
in Beziehung setzt zu der Verheißung der Schlange: „ihr werdet sein wie
Gott". Aufschlußreich ist außerdem die Verwurzelung dieser Interpretation
im Denken der Aufklärung einerseits und ihre mannigfaltige Nachwirkung in
Entwürfen feministischer Theologie (D. Sölle, E. Sorge u. a.) andererseits.
    Auch für E. Fromm[9] wird die alttestamentliche Erzählung *Gen* 2–3 zum An-
stoß zu einer Reflexion über Freiheit und Autonomie als Wesens- und Zielbe-
stimmung des Menschen, von ihm als Psychoanalytiker konkret verstanden
als aktuelles Freiwerden von primären Bindungen. Faszinierende Spitzenaus-
sage des Textes ist für ihn – wie schon für Hegel[10] – die Verheißung der
Schlange „Ihr werdet sein wie Gott" und die bestätigende Feststellung Gottes
in 3,22a: „Da der Mensch wurde wie einer von uns im Erkennen von Gut und

---

[9] E. Fromm, You shall be as Gods, 1966, dt.: Ihr werdet sein wie Gott, Hamburg
1980.
[10] „Der Austritt aus der Natürlichkeit, die Notwendigkeit des Eintretens des Bewußtseins über das Gute und Böse ist das Hohe, was Gott hier selbst ausspricht." Vorlesungen über die Philosophie der Geschichte 16,76.

Böse …" Fromm skizziert seine Sicht des alttestamentlichen Gottesbildes. In *Gen* 3 kommt ein eifersüchtiger, mißgünstiger Gott zu Wort, der um sein autokratisches Allein-Herrsein besorgt ist und deshalb dem Menschen die Erkenntnis von Gut und Böse vorenthalten will. Der Mensch muß sich gegen seinen unbedingten und unbegründeten Gehorsamsanspruch wenden, um nicht seine eigene Bestimmung zu verfehlen, die in wachsender Selbstbestimmung und Unabhängigkeit, in letzter Konsequenz auch Gott gegenüber, liegt. So kann der in *Gen* 3 erzählte 'Sündenfall' nur als erster unumgänglich notwendiger Schritt auf diesem Wege verstanden werden. Fromm interpretiert ihn kultur- und entwicklungsgeschichtlich als Beginn des Individuationsprozesses. Mit der Erkenntnis von Gut und Böse weicht die Unbewußtheit, ist die ursprüngliche Harmonie mit der Natur zerstört, was gleichzeitig positiv Befreiung von den Fesseln der Natur bedeutet (59). Die Geschichte und die Entfremdung beginnt, nicht sein 'Fall', sondern der Anfang seines 'Aufstiegs':
„Es gibt keinen Weg zurück … Der Mensch ist behaftet mit der existentiellen Dichotomie, der Natur anzugehören und sie trotzdem zu transzendieren, da er sich seiner selbst bewußt ist und die Wahl der Entscheidung hat; er kann diese Dichotomie nur auflösen, indem er vorwärts geht … er muß sich als sich selbst und der Natur entfremdet erleben, um die Fähigkeit zu gewinnen, auf einer höheren Ebene wieder mit sich selbst, mit seinen Mitmenschen und mit der Natur eins zu werden" (72 f.).
Das erfordert einen langen Prozeß des Wachsens menschlicher Freiheit durch schonungslose Selbsterkenntnis und unerbittliche Willensanstrengung. Religion und Gottesgedanke haben auf diesem Entwicklungsweg des Menschen und der Menschheit eine positive pädagogische Funktion. Eine wichtige Rolle schreibt Fromm dem Gottesbild der alttestamentlichen Propheten zu, das für ihn in krassem Gegensatz zu dem patriarchalischen Gott von *Gen* 2–3 steht. Ihr Gott ist ein Gott der Gerechtigkeit und Liebe. Die prophetische Forderung der Nachahmung Gottes durch ein Handeln im Geiste von Gerechtigkeit und Liebe: „Es ist dir gesagt, Mensch, was gut ist und was der Herr von dir erwartet: nichts anderes als gerecht zu sein, Güte und Treue zu lieben und in Ehrfurcht deinen Weg zu gehen mit deinem Gott" (Mich. 6,8) – wird von ihm in direkte Beziehung gesetzt zu der Verheißung der Schlange: „Ihr werdet sein wie Gott." Fromm kommentiert: „Diese Nachahmung Gottes dadurch, daß man so handelt, wie Gott es tat, bedeutet, daß man mehr und mehr wie Gott wird" (56). Doch seinem Vorverständnis und seinem Argumentationsziel zufolge kann Fromm die hier vorausgesetzte Anerkennung der Autorität nur als zu überwindende Übergangsphase werten. Die Verheißung der Schlange ist Ausdruck der eigentlichen Bestimmung des Menschen: eine Gott erübrigende, autonome Erkenntnis von Gut und Böse. Der Mensch ist ein offenes System, das „sich weiterentwickeln kann bis zu einem Punkt, wo er Gottes Macht und Schöpferkraft teilt … das die Fähigkeit zu einer Weiterent-

entwicklung hat, der keine Grenzen gesetzt sind" (58). Gehorsam als be-
wußter Akt der Unterwerfung unter eine Autorität ist das Gegenteil von Unabhängigkeit und deshalb negativ zu werten. Unter pädagogischem Aspekt kann
Fromm dem Gehorsam Gott gegenüber zögernd eine positive Bedeutung zuerkennen: „Im Entwicklungsprozeß der menschlichen Rasse hat es vielleicht
keine andere Möglichkeit gegeben, die dem Menschen geholfen hätte, sich
von den primären Bindungen an Natur und Sippe zu lösen, als das Gebot,
Gott und seinen Gesetzen zu gehorchen" (61). Fromm ist überzeugt, daß es in
der Konsequenz der Entwicklung des alttestamentlichen Gottesgedankens
selbst liegt, auf das „Denkkonzept Gott" (48) schließlich ganz zu verzichten.
Der Mensch „wird zu dem, was er potentiell ist und erlangt das, was ihm die
Schlange – das Symbol der Weisheit und Religion – versprochen hat und was
der patriarchalische und eifersüchtige Gott Adams nicht wollte: daß der
Mensch Gott selbst gleich würde" (101). Wie bei den Denkern der Aufklärung
und des Idealismus erhält die Erzählung im Gegensatz zu ihrer ursprünglichen
Intention ein positives Vorzeichen. Hoffnung auf grenzenlose Weiterentwicklung menschlicher Unabhängigkeit und Selbstbestimmung als höchstes Ziel
widerstreitet prinzipiell der Existenzgründung in freier Anerkennung göttlicher Wirklichkeit und Autorität als tragendem Grund allen Seins.

In allen angeführten Beiträgen zu *Gen 2–3* kommt das Problem menschlicher Freiheit als zentrales Thema zur Sprache. In den höchst unterschiedlichen
Deutungen menschlicher Freiheit zeigt sich die Korrelation von Gottesbild
und Menschenbild, bekunden sich anthropologische und theologische Positionen, die in Rückbezug auf *Gen 2–3* menschlicher Erfahrung und Reflexion
Ausdruck geben. Sie fordern zur Auseinandersetzung und Stellungnahme
heraus und prägen dadurch ihrerseits Bewußtsein und Lebensgestaltung in
der Gegenwart.

DAS VERHÄLTNIS DES TRINITARISCHEN PERSONBEGRIFFS ZUM CHRISTLICH-TRINITARISCHEN VERSTÄNDNIS VON PERSON

Von WILHELM BREUNING

I. Soll der Personbegriff seine Bedeutung in der Trinitätslehre behalten?

Beides bedarf keines längeren Nachweises: Der Trinitätslehre wird für die Möglichkeit, in unserer Zeit sachgerecht von Gott sprechen zu können, eine entscheidende Bedeutung zuerkannt. Das ist das eine. Das andere Datum betrifft die Feststellung, daß der Begriff des Personalen in allen Bereichen der theologischen Reflexion und der Glaubensverkündigung einen hohen Stellenwert hat. Was liegt näher als die Erinnerung daran, daß der Begriff der Person in der Theologie seinen Ausgangspunkt in der Formulierung des trinitarischen Glaubens hatte? Aber es erhebt sich auch entgegengesetzt die Frage, ob es eine innere Kontinuität zwischen dem Personbegriff, wie ihn die Patristik und Scholastik für die Trinitätslehre angewandt haben, und dem modernen Personbegriff gibt. Zwei der bedeutendsten Theologen dieses Jahrhunderts stehen für die Position einer bezweifelnden Frage: Karl Barth und Karl Rahner. Beide gehören auf der anderen Seite zu denen, die die trinitarische Ausrichtung der gesamten Theologie mit in die Wege geleitet und wesentlich geprägt haben. Beide wollen, ohne den Gehalt des altchristlichen Trinitätsdogmas aufzugeben, den darin verwendeten Personbegriff durch einen Begriff ersetzen, der gerade dem ursprünglich Intendierten besser gerecht werde als der neuzeitliche Personbegriff. Barth übersetzt mit Seinsweise, Rahner umgrenzt noch einmal differenzierter: distinkte Subsistenzweise. Beide sind, was diese Übersetzung angeht, inspiriert vom griechischen Begriff der *Hypostase*, der in der Tat im trinitarischen und christologischen Dogma synonym mit *persona/prosopon* gebraucht wird.

Warum die Schwierigkeit mit dem Begriff der Person im trinitätstheologischem Zusammenhang? Bei Rahner heißt es kurz: „Wenn wir heute von Person im Plural reden, denken wir vom heutigen Verständnis des Wortes her fast zwangsläufig an mehrere geistige Aktzentren, geistige Subjektivitäten und Freiheiten. Drei solche gibt es aber in Gott nicht."[1] Rahner hebt im Text selbst

---

[1] Karl Rahner, Der dreifaltige Gott als transzendenter Urgrund der Heilsgeschichte, in: My sal II, S. 387.

das „wir heute" hervor. Sosehr man versteht und zu folgen bereit ist, wenn er
einem handgreiflichen Mißverständnis von primitivem Tritheismus von vornherein den Boden entziehen will, wird man eher nachdenklich, ob das 'heutige' Personverständnis mit seiner Umschreibung wirklich so selbstverständlich getroffen ist. Nicht daß man schlagartig eine andere Formulierung dagegen setzen würde. Man wird sogar eher in einer begründeten Skepsis gegenüber dem Personbegriff verstärkt, wenn man so gezwungen wird, über die
Komplexität dieses Begriffs nachzudenken. Man wird auch der Spannungen
und Gegensätzlichkeiten im heutigen Gebrauch gewahr. Diese führen zumeist
zur Frage nach der theologischen Herkunft des Begriffs zurück oder ob die Bedingungen einer adäquaten Möglichkeit seines Gebrauchs im rein Menschlichen liegen – eventuell noch einmal mit der Nuance, daß der Begriff aufgrund
seiner Begrenztheit auf den Menschen als endlichen Einzelnen auf Gott gar
nicht anwendbar sei.[2] Man wird aber auch – bei allem Verständnis der apolo-
getischen Absicht Rahners gegen einen vulgären Tritheismus, den er nicht einfach als Phantom aufgebaut hat – die bloße Nebeneinanderstellung von Aktzentrum, Subjektivität und Freiheit in seiner Umschreibung bedauern. Gerade
in ihrer Bezogenheit aufeinander führen diese Begriffe, weitergedacht, zu
einem Personverständnis, das nicht geschlossene Selbstbezogenheit eines Aktzentrums auf sich selbst als Inhalt anzeigt, sondern offene Bezogenheit auf Anderes und Freiheit der anderen Person zur Konstitution der eigenen Person fordert.[3] Viel spricht dafür, daß Rahner zeitgenössischen Kritikern des Trinitätsglaubens den Wind aus den Segeln nehmen will und Grund zu ihrer Distanz in
ihrer unzulänglichen Vorstellung vom *Dogma* vermutet: einer tritheistischen
Personvorstellung. Das löst bei ihm eine Art Allergie aus, weil er vermutet,
daß diese falsche Vorstellung durch eine unsensible Darbietung der kirchlichen Lehre gefördert werde.

Damit scheidet jedoch bei Rahner der Bereich personaler Kategorien kei-

---

[2] Vgl. den auch die Bedeutungsgeschichte mit ihren unterschiedlichen Aspekten
wiedergebenden Artikel: J. Werbick, Person, in: NHThG (2/1991) Bd. 4, S. 193–204. –
Zu den nichttheologischen Komponenten in seiner Herkunft: M. Fuhrmann, Persona,
ein römischer Rollenbegriff, in: O. Marquard/K. Stiele (Hrsg.), Identität, Poetik und
Hermeneutik VIII, München 1979, S. 83–106.

[3] Wegen seiner reservierten Einstellung zum Personbegriff in der Trinitätslehre hat
Rahner viel Kritik erfahren, qualifizierte und weniger qualifizierte. Eine sehr kompe-
tente Darstellung des Problems unter Einbeziehung einer ganzen Fülle von wichtigen
Einzelstimmen in der so entstandenen Kontroverse bietet Bernd Jochen Hilberath, Der
Personbegriff der Trinitätstheologie in Rückfrage von Karl Rahner zu Tertullians Ad-
versus Praxean (Innsbrucker theologische Studien, 17), Innsbruck/Wien 1986. Kritische Bemerkungen von B. Studer in: ThR 83 (1987), S. 306–309, zu Einzelinterpreta-
tionen Tertullians schmälern nicht die Bedeutung für die hier zu verhandelnden Probleme der gegenwärtigen Trinitätstheologie.

neswegs aus, weder in der Anthropologie noch in der Gotteslehre. Im Gegenteil, in beiden theologischen Bereichen gehört ein personales Verständnis zum
tragenden Grund. Im *Grundkurs des Glaubens* faßt er es selbst auf eine sozusagen handliche Weise zusammen.[4] Zunächst ist einmal festzustellen, daß in
diesem Anwendungsbereich der Begriff Aktzentrum keine Rolle spielt, wohl
die Begriffe Subjekt und Freiheit. Den Begriff Subjekt fügt Rahner an fast
allen Stellen, wo er über den Menschen als Person handelt, erläuternd hinzu.
Subjekthaftigkeit steht gegenüber Sachhaftigkeit. Die letztere kommt dem
Menschen aufgrund seiner Zugehörigkeit zu so vielen Wirklichkeitsbereichen
zu, die je ihre eigene Bestimmungs- und Prägekraft ausüben. Aber sie alle sam-
melt nicht ein neben ihnen stehendes weiteres Einzelelement, sondern in ihnen
allen und doch auch aufgrund einer wesentlich anderen Eigenart ihnen gegenüber ist = verhält sich der Mensch als Person. In mehreren eingängigen Varia-
tionen entfaltet Rahner das Grundschema der Subjektivität, daß der Mensch,
inmitten der Welt und zu ihr gehörig – vor sich selbst gebracht ist, „daß sich
der Mensch“, so der Originalton, „als ganzer vor sich bringt und in Frage
stellt und die Frage der Fragen noch einmal denkt“ (S. 42). Es muß nicht lange
hervorgehoben werden, daß dieses tiefe und lebendige Personverständnis, das
nicht bei der Vorstellung Aktzentrum ansetzt, das Vor-sich-selbst-gebrachtsein des Menschen in der Tradition biblischer und von daher auch insbesondere durch Augustinus formulierter Anthropologie von seinem Ursprung her
schon als *coram Deo* begreift. Das setzt sich im *Grundkurs* dort noch einmal
fort, wo Rahner ausdrücklich über „Gott als Person“ spricht (S. 79–83). Dort
weiß er um die Schwierigkeiten des heutigen Menschen, Gott gerade dann als
Person zu denken, wenn er sich bemüht, ihn als den absoluten Urgrund zu verstehen. Wenn Rahner beides zusammenhalten will – absoluter Urgrund und
personale Konkretheit –, bringt er das alte Argument, daß der Urgrund nicht
weniger sein kann als das, was er hervorbringt. Die Voraussetzung dafür ist
die positive Wertung der menschlichen Personalität als Subjektivität, die als
reine Positivität Gott nicht fehlen kann. Zu Recht kann man diese Positivität
im Blick auf Gott mit Rahner auf den Gedanken der Freiheit Gottes konzen-
trieren. So tief das Geheimnis Gottes ist: ein Urgrund, der nicht Freiheit
wäre –, das würde das Geheimnis aufheben. Ein solcher sehr philosophisch
formaler Begriff vom Personcharakter Gottes muß sich, so weiß Rahner als
glaubender, betender und vor Gott lebender Mensch, „die Erfüllung dieser
formalen Aussage durch unsere geschichtliche Erfahrung geben lassen und so
eben Gott in der Weise Person sein lassen, wie er uns in der individuellen Geschichte, der Tiefe unseres Gewissens und in der Gesamtgeschichte der
Menschheit tatsächlich begegnet ist“ (S. 82). Das Personhafte Gottes wird

---

[4] Karl Rahner, Grundkurs des Glaubens. Einführung in den Begriff des Christentums, Freiburg/Basel/Wien 1976 u. ö., S. 37–42, 79–83.

also ganz aus der Relationalität des Menschen auf ihn hin entwickelt, aber durchaus so, daß diese vom Menschen auf Gott zielende Bewegung in Gott selbst auf Gottes eigene Wirklichkeit trifft, die gerade erst der Grund für diese Relationalität ist, weil sie Gott schon vorher zu eigen ist. Man wird jedenfalls nicht übersehen, daß ein auf diese Weise auf Gott hin konzipierter Personbegriff wesentlich das Moment der Kommunikabilität in sich schließt: die Macht, sich als über sich selbst verfügend mitteilen zu können. Ferner ist aus diesen wenigen angeführten Stellen auch klar, daß der Begriff der Personalität eine Wirklichkeit anspricht, die das ursprüngliche Verhältnis von Gott und Mensch in seiner innersten Eigenart treffen will und dabei die Priorität des Personalen in Gott exakt erfaßt. Die Vervielfältigung des Menschseins wahrt nicht nur das Individuelle, das es in dieser Konstellation immer nur je einmal gibt. Das gilt für alle Gestalten der Schöpfung. Die Subjektivität des Menschen, wie er je vor sich selbst gebracht ist, hat ihren Grund vielmehr in der je persönlichen Zuwendung Gottes. Das daraus erwachsende Selbstverständnis ist ein Sich-Geschenktsein. Gerade so enthält dies eine letzte Offenbarung über die Eigenart Gottes selbst als persönlich bestimmte Einzigartigkeit. „Die Vorstellung, der absolute Grund aller Wirklichkeit sei so etwas wie ein sich selbst entzogenes sachhaftes Weltgesetz, eine sich selbst nicht gegebene dinghafte Sachstruktur, eine Quelle, die sich selbst entleert, ohne sich zu besitzen, Geist und Freiheit aus sich entläßt, ohne selbst Geist und Freiheit zu sein, eine Vorstellung gleichsam von einem blinden Urgrund der Welt, der uns nicht anblicken kann, auch dann nicht, wenn er wollte, ist eine Vorstellung, deren Modell aus dem Zusammenhang der sachhaften Weltdinge genommen ist (...) und nicht von der subjekthaften freien Selbsterfahrung des endlichen Geistes, der sich (...) als von einem anderen her Zugesagter erfährt, (...) (was) er nicht als sachhaftes Prinzip mißdeuten kann" (S. 83).

Aufseufzen möchte man schon, daß Rahner dieses von ihm so einfühlsam entwickelte Personverständnis nicht von dieser Seite her in seine Trinitätslehre aufnimmt, sondern durch den in diesem Zusammenhang wenig sagenden Begriff des Aktzentrums verstellt. Auch wenn dem Aktzentrum Bewußtsein und freie Handlungsmächtigkeit als Merkmale zugesellt werden, holt das die Ursprungsbeziehung, aus der die Personhaftigkeit quillt, nicht mehr ein. Denn wenn Rahner recht hat, steht die Personhaftigkeit auch des Menschen erst in sich selbst, wenn und weil sie aus der besonderen Ursprungsbeziehung lebt.

II. Doch mehr als ein auswechselbarer Begriff

Personalität als Ursprungsbeziehung zu denken eröffnet die Möglichkeit, von vornherein von der Trinität als der einzigen Wirklichkeit des lebendigen Gottes her auszugehen. Man spürt die Schubkraft des trinitarischen Personbegriffs selbst im Rücken, denn gegen Rahners Argwohn eines verschleierten Tritheismus weiß der Theologe, daß nur die beherzte Anwendung des Relationsbegriffs den Personbegriff für die Aussage des Trinitätsglaubens tragbar macht. Aber der Theologe sollte auch wissen, wieviel Mühe diese trinitarische Begrifflichkeit in der Geschichte gekostet hat. Die Begriffe hatten gerade bei den großen Ausprägungen trinitarischer Theologie nur eine Hilfsfunktion. Nicht erst Barth und Rahner hatten Schwierigkeit mit dem Personbegriff in der Trinitätslehre. Augustin ist bereits beredter Zeuge. Zweifelsohne hat Rahner auch recht, wenn er anmahnt, daß der Begriff nicht einfach in der autonomen Verfügung der Kirche steht.[5] Andererseits läßt sich der Theologe, der die eigene Geschichte kennt, nicht so leicht ausreden, daß auch der moderne philosophische Gebrauch im Zusammenhang mit der theologischen Arbeit an diesem Begriff steht, mag sein gegenwärtig aktueller Gebrauch auch durchaus noch von anderen Zuflüssen gespeist werden.[6] Ein Bindeglied stellt auf jeden Fall die wirkungsgeschichtlich überaus einflußreiche Persondefinition des Boethius dar: *naturae rationabilis individua substantia.* In philosophisch-logischer Methodik entworfen für den analogen Gebrauch in der Theologie, wurde sie ein Musterbeispiel für die Problematik des Begriffs, sowohl in der Trinitätslehre wie auch in der Christologie. Das zugrundeliegende Modell ist doch das der menschlichen Einzelperson, und gerade das hat seine Grenzen, wenn der Einzelne als in sich stehendes Individuum den Richtpunkt bildet. Ihm gegenüber sind Rahners Bedenken berechtigt.

Aber die Frage nach der Bedeutung des Personbegriffs hat noch eine andere Dimension. Diese wird eher verstellt, wenn man sich zu eng an die Frage nach seiner Definition bindet. Ein Teilstück der Skepsis Rahners liegt wohl überhaupt in der Einsicht, daß man diesen Begriff nicht überschätzen soll. „Die christliche Lehre (gebraucht), wenn sie zur Aussage der göttlichen Dreifaltigkeit die Worte 'Hypostase', 'Person', 'Wesen', 'Natur' verwendet, nicht in sich schon klare und deutliche Begriffe, die hier in ihrer Deutlichkeit angewendet würden. Diese Begriffe sind vielmehr nur langsam und mühevoll zur Aussage des Gemeinten voneinander in der kirchlichen Sprache einigermaßen abgegrenzt und auf diese Sprachregelung festgelegt worden, obwohl die Geschichte dieser Festlegung zeigt, daß auch andere Möglichkeiten für die asymptotische Aussage des Gemeinten bestanden hätten."[7]

Der Gedanke einer 'Sprachregelung' für unvermeidbare Aussagen über die Trinität findet sich bereits bei Augustin. Richtig ist vermutlich auch die Ein-

5 Grundkurs, S. 39.
6 Vgl. J. Ratzinger, Dogma und Verkündigung, München/Freiburg 1973, S. 205–223, für die theologische Fracht in der Bedeutungsgeschichte und Fuhrmann (vgl. Anm. 2) für anders verlaufende Komponenten.
7 Grundkurs, S. 140.

sicht, daß es auch andere Möglichkeiten des Ausdrucks derselben Sache gegeben hätte. Aber das sollte keinen resignativen Unterton haben. Von höchstem Interesse ist vielmehr die Frage, ob der Gebrauch der Begriffe nur
Zeugnis einer mühevollen Gedankenarbeit ist. Das ist sie zwar zweifelsohne
auch. Sagt das Finden einer verbindlichen Sprache jedoch auch etwas über
eine Erfahrung des Glaubensinhalts, der auf diese Weise zur Sprache kommt?
'Erfahrung' hat in diesem Zusammenhang nicht die Bedeutung eines Erlebnisses von Einzelnen, sondern die Frage besteht darin, ob der Glaubensgemeinschaft ihr reflex formulierter Glaube so bewußt geworden ist, wie es
seiner Sache entspricht: daß er das sagt, was er als Wirklichkeit mitteilt.

Hier möchten wir dem Personbegriff für die Trinitätslehre eine Bedeutung
zusprechen, die seine geschichtliche Kontingenz im Sinn Rahners nicht
leugnet, aber mehr in ihm sieht als eine Möglichkeit, wie es auch kommen
konnte, und bei aller Anerkennung, daß die Autorität verbindlicher kirchli-
cher Verkündigung hinter ihm steht, nicht darin – zumindest nicht allein –
seinen Wert für heute verteidigt, sondern weil er etwas über den Glaubenssinn
erschließt.[8] Für ein Gelingen dieser Absicht scheinen mir zwei ineinander-
greifende Fakten hilfreich zu sein. Einmal ist das der Entdeckungszusammenhang, in dem der Begriff eine Hilfsfunktion übernimmt, für die er sozusagen
eigens konstruiert wird. Zum andern ist es die Wahrnehmung, daß der Hilfs-
begriff für eine zunächst enger umgrenzte Einzelabsicht in Zusammenhänge
verweist, die über seinen ursprünglichen Gebrauch hinausreichen, deren
Wahrnehmung auch keineswegs nur mit Hilfe des Personbegriffs vor sich
geht, die aber doch dem heute möglichen Gebrauch des Personbegriffs eine
überraschende innere Konsistenz geben. Gerade damit haben wir wieder im
Sinn, was wir bei Rahner in theologischer Anthropologie oder meinetwegen
auch anthropologisch gewendeter Theologie dort über das Personsein erfahren haben, wo ihn nicht seine Opposition gegen den vermeintlich su-
spekten dogmatischen Gebrauch bestimmt.

---

[8] Noch einmal sei zustimmend auf Hilberath, wie Anm. 3 (S. 15), hingewiesen, der
die interessante Bemerkung Richards von St. Viktor zitiert, der bekanntlich die exi-
stenztheologische Seite des Personbegriffs so klar erfaßt hat: „In jenem so hohen und
über alles ragenden Geheimnis der Trinität ist der Person keineswegs ohne göttliche
Eingebung und das Lehramt des Heiligen Geistes ihr Begriff zugeschrieben worden"
(De Trin. VI,5 = SC 63, S. 238).

III. Der Entdeckungszusammenhang in der Grundlegung
   einer ökonomischen Trinitätslehre

Der Entdeckungszusammenhang, in dem der theologische Personbegriff seine ersten Konturen gewinnt, ist die dogmengeschichtlich grundlegende Auseinandersetzung um den Monarchianismus. Die Kenntnisse, die wir darüber besitzen, sind uns – wie so vieles andere auch aus der frühen Dogmengeschichte – durch die Schriften derer übermittelt, die die Monarchianer bekämpfen. Man wird den umstrittenen Sachverhalt richtig treffen, wenn man die Richtung, welche die Monarchianer vertreten, etwa folgendermaßen charakterisiert: Die Differenzierungen im christlichen Glaubensbekenntnis, die von Vater, Sohn und Geist sprechen, beziehen sich lediglich auf Äußerungsweisen des in sich selbst undifferenzierten, einheitlichen Gottes. Der Ton auf der in Gott selbst undifferenzierten Einheit ist als Widerspruch und Mißtrauen gegen eine Theologie zu verstehen, die sich soviel Gedanken um das Heraustreten des Logos aus dem Vater machte und dabei gleichzeitig in Gefahr geriet, dieses Heraustreten doch nur im Zusammenhang mit der Schöpfung zu sehen, sozusagen als deren Bedingung in der Bewegung Gottes zur Welt hin. Biblisch-jüdisches Erbe war für die Reserve ebenso wirksam wie die damit zusammenhängende Abwehr heidnischer Mittelwesenvorstellungen. Die Frontstellung richtet sich gegen eine kosmologisch interessierte Theologie bzw. Christologie, wie sie die Apologeten in geistig aufgeschlossener Auseinandersetzung mit der Philosophie bestritten hatten. Die reservierte Einstellung gegen wissenschaftliche Theologie atmete andererseits aber auch einen anderen Geist als die stärker von der Glaubenstradition bestimmte Theologie eines Irenäus, der einen so wachen Sinn für die Realistik der Heilsgeschichte hatte: die innere Einheit von Mitteilungsweise und dem sich darin in der Geschichte selbst mitteilenden Gott hat er in einer für die Theologie bahnbrechenden Weise erfaßt. Seine Theologie weist in die Richtung, die im Prinzip der Einheit von ökonomischer und – in heutiger Begrifflichkeit – immanenter Trinität ihre Fortsetzung findet.[9]

Für die Theologie war es eine entscheidende Stunde, die *Oikonomia* als Selbstmitteilung Gottes reflex zu erfassen und gleichzeitig die Art der Mitteilung nicht als bloßes technisches Mittel eher beiseite liegen zu lassen. Aufs Ganze der späteren Geschichte hin gesehen hat sich die Erkenntnis, daß Gott sich selbst mitteilt, sogar stärker in den Brennpunkt des Glaubensbewußtseins eingeprägt, als die ihr eigentlich entsprechende Einsicht, daß die Mitteilungsweise demgegenüber nicht sekundär, sondern genaue verwirklichte Ent-

---

[9] Vgl. B. Studer, Gott und unsere Erlösung im Glauben der alten Kirche, Düsseldorf 1985, S. 78–89. Zu beachten bleibt, daß Irenäus keine Lehre der immanenten Trinität im eigentlichen Sinn bietet.

sprechung der Liebe ist, kraft derer Gott sich selbst mitteilt. Das Ringen um die Bedeutung der Menschwerdung und des bleibenden Menschseins des Sohnes jedenfalls legt es nahe, daß diese doch häufig eher als Mittel zum Zweck der Vereinigung der Menschheit mit Gott angesehen wird, wobei nicht begriffen ist, daß das Mittel – im heutigen Verständnis – personales Geschehen von Liebe ist, dessen Aktualität nie überholt sein kann. Anderseits steht die Mitteilungsweise, die Geschichte und Erhöhung Jesu Christi, im Zentrum des Glaubens und seiner Verkündigung – von allem Anfang an. Das *Neue Testament* gibt davon Kunde. Was als das eigentlich Lebendige der Verkündigung durch die Zeiten empfunden werden muß, ist die Aktualität, wie Jesus Christus darin gegenwärtig ist.

Für die historische Rückbesinnung auf diesen Vorgang ist es spannend und eine Bedingung für das richtige Verständnis, wie die Identität der Ur-Sache durch Transformation in anderen Kulturräumen jeweils in Aneignung und gleichzeitiger Unterscheidung gewahrt worden ist. Es macht aber die Eigenart des Glaubenden im Unterschied zum lediglich von historischen Voraussetzungen ausgehenden Religions- oder Kulturwissenschaftler aus, daß er in den geschichtlichen Traditionszeugnissen nach einer gewissermaßen Selbstauslegung Jesu Christi sucht. Historisch-kritischer Sinn soll ihn darin vor Ideologisierung bewahren. Aber es gibt auch Zeichen für eine gelingende Erfassung der Entsprechung zwischen dem alles begründenden und tragenden Ereignis des Lebens, Sterbens und Erhöht-Werdens Jesu Christi und dem jeweils neuen und manchmal tieferen Bewußtwerden seiner inneren Dimensionen. Ohne daß man spätere Zeiten darin zurücksetzen dürfte, scheinen die trinitarischen und christologischen Einsichten der frühen Zeit hierin eine Funktion zu behalten, die für jede Zeit fundamentale Bedeutung hat. Dem wird oft eine Relativierung entgegengestellt, die immer noch das altkirchliche Dogma als „Werk des griechischen Geistes auf dem Boden des Evangeliums" (Harnack) mit dem Unterton einer Verfremdung abwertet oder ihm doch allenfalls nur eine Bedeutung für die damalige Aneignung des Glaubens zugesteht. Es ist zwar auch wichtig zu sehen, wo die dogmatischen Begriffe dieser Zeit, die wir bis heute benutzen, ihre Narben haben, aber die Hauptarbeit dieser Zeit besteht nicht in der Transferierung des ursprünglichen Evangeliums in den hellenistischen Kulturbereich, sondern in dem Dienst für die Glaubensgemeinschaft, durch den sie den eschatologischen Realitätsgehalt des Ereignisses Jesus Christus in einer Weise herausgearbeitet hat, die nicht nur für eine bestimmte kulturelle Konstellation maßgebend ist. So ist ein Grundtext entstanden, der zwar immer der Übersetzung in die jeweils gesprochene Sprache bedarf, an dem vorbei aber nicht immer gleichrangige Texte erstellt werden können. Wenn man jedenfalls bedenkt, daß es in den Phasen der frühen Theologie um die christlich alles entscheidende Einsicht geht, die Mitteilung Gottes an uns Menschen in Jesus Christus als im strengen Sinn Selbstmitteilung zu glauben, sind Trinitätslehre und Inkarnationslehre mehr als nur geschickt gedachte Brennpunkte. Ihre geschichtliche Entfaltung spiegelt gerade in ihrer menschlich-kontingenten Weise der Annäherung die gestaltende Kraft eines Glaubenssinns, der von seiner Realität wie von einem Magneten her angezogen ist. Wir hatten bereits vermerkt, daß die Konturierung des Personbegriffs in diesem Zusammenhang beginnt. Die Spitze bei seiner frühen Anwendung richtet sich gegen die Monarchianer. In der Gotteslehre soll er in Gegenüberstellung zum nur in der Einzahl verwendeten Wesensbegriff helfen, die Unterscheidung von Vater und Sohn, im Gefolge davon auch des Heiligen Geistes sprachlich sachgemäß auszudrücken. Seine Erkenntnisgrundlage besteht – in Anwendung der soeben umschriebenen Gedanken über den Glaubenssinn – darin, daß das Verhältnis Jesu Christi zum Vater zu Recht als die den Glauben begründende Ur-Sache erfaßt ist, daß diese aber zugleich nicht abstrakt in sich selbst betrachtet werden kann, sondern wieder durch Christus so vermittelt ist, daß wir in dieses Verhältnis selbst hineingenommen werden. So wenig Mensch-Werdung des Sohnes und seine Mittlerschaft auf uns hin das Leben Gottes begründen, so wenig gibt es für uns eine Möglichkeit, diese Art der Selbstmitteilung Gottes hinter uns zu lassen, um dann bei Gott an und für sich zu sein. Aber es gibt die zunächst etwas paradoxe Möglichkeit, die Mitteilungsweise als die *Communio* mit dem Gott zu erfassen, wie er streng in sich selbst ist. Gedanklich kann das Paradox nur durch die Brücke überwölbt werden, daß es vor der Geschichte Jesu Christi schon ewig die Möglichkeit Christi in Gottes Wesen gibt, und zwar nicht als leer-unerfüllte Möglichkeit, sondern als eine aktuelle Wirklichkeit, die für Gott in seinem ewigen Gottsein Bedeutung hat – und nicht zuerst nur eine Möglichkeit Gottes für uns ist.

Die Anwendung des Personbegriffs zur realen Unterscheidung von Vater und Sohn, und davon abhängig auch vom Heiligen Geist, gehört in diese Problematik. Seine Anwendung gegen die Monarchianer bei Tertullian, bei Hyppolit, bei Novatian nimmt zunächst einmal sozusagen unmittelbar wahr, daß die reale und nicht nur modale Unterscheidung von Vater, Sohn und Geist die Dramatik und damit den überwältigenden Gehalt der Heilsgeschichte ausmacht. Der historische Theologe ist vor allem bei Tertullian davon äußerst beeindruckt, mit welcher Instinktsicherheit dieser den Personbegriff sowohl in der Trinitätslehre als auch in der Christologie richtig einsetzt, im zweiten Blick zugleich darüber verwundert, wie das bei der wohl nicht zu Ende erfaßten Hintergründigkeit der Probleme so brillant gelingen konnte.[10]

[10] Vgl. dazu A. Grillmeier, Jesus Christus im Glauben der Kirche, Bd. 1, Von der Apostolischen Zeit bis zum Konzil von Chalcedon (451), Freiburg/Basel/Wien 1979, S. 240–257; B. Studer, Gott und unsere Erlösung, S. 90–101.

*IV. Der Zusammenhang mit dem durch Nizäa bewußt
gewordenen Glaubensinhalt*

Die tiefere Problematik wurde auch nicht mit Hilfe einer tieferen Erarbei-
tung des Personbegriffs, auch nicht seiner griechischen Äquivalente *prosopon*
und *hypostasis* angegangen (wiewohl der letztere Begriff auch eine gewisse
Bedeutung hatte). Seit den Tagen der frühen Apologeten lag das Heraustreten
des Logos aus dem Vater in einem Zwielicht. Sosehr es als unmittelbares Heraustreten aus Gott selbst verstanden war, wurde es doch auch kosmologisch
eingeordnet. Der Logos bekam nicht nur eine Mittlerrolle, sondern eine Zwi-
schenposition.[11] Das erwies sich als der Krisenpunkt in der Begegnung mit
der hierarchisierten Gott- und Weltauffassung des platonisch ausgerichteten
Hellenismus. An dieser Stelle ist aber vor Nizäa auch das eigentliche Problem
einer immanenten Trinitätslehre noch nicht mit letzter Schärfe ins Bewußtsein
gedrungen. Gibt es eine ewige Bezogenheit von Vater und Sohn, die für Gott in
seinem Leben eine Bedeutung hat?

Muß diese Frage überhaupt beantwortet werden? Wenn einmal das Problem des Verhältnisses von ökonomischer und immanenter Trinität wach geworden ist, scheint sie mir nicht umgehbar. Der noch nicht voll entwickelte
Problembewußtseinsstand schließt andererseits nicht aus, daß auch in der
frühen Zeit eines in seinen Konsequenzen noch nicht durchschauten Subordi-
natianismus das im Glauben, Sakrament und Leben mitvollzogene Verhältnis
von Christus zum Vater, das das Für-Uns Christi einschließt, immer die lebendige Mitte des christlichen Glaubens war und ist. Die reflex bewußt gewordene Hinwendung zum Problem der innertrinitarischen Bezogenheit geschieht im Kräftefeld der arianischen und nizänischen Auseinandersetzung,
besonders auch von den unterschiedlichen Dimensionen her, die das *Homousios* in sich schließt. Auch das *Homousios* ist kein Vorstoß in eine immanente
Trinität, die den Zusammenhang mit der Erfahrung der ökonomischen verloren hätte. Zumindest von heute her gesehen ist es sogar eine betonte Ver-
schärfung der Glaubens „einsicht" in die Tragweite der Mitteilung Gottes, wie
er wirklich ist. Weil der Erfahrungszusammenhang der *Oikonomia* bleibt,
drängt die durch das *Homousios* bestimmte Erfassung der Selbstmitteilung
darauf hin, diese als das dynamische Geschehen der *Communio* mit dem
Vater durch den Sohn im Heiligen Geist in letztem Ernst zu begreifen. Gerade
der Begriff *Homousios* verrät auf diese Weise, daß sich nicht alles um ihn als
begriffliche Hochleistung dreht, sondern, daß er ein – allerdings brauchbares
– Kriterium für das Verständnis des Vorganges ist, um den es in der Selbstmitteilung Gottes geht. Darin hat er allerdings auch eine Bedeutung für die inhaltliche Füllung des Personbegriffs. Die Theologie eines Athanasius zum Beispiel

[11] Vgl. Grillmeyer, L. c. S. 225–231.

macht das auf wünschenswerte Weise deutlich.[12] Die auf ihren wahren Gehalt gebrachte Tiefendimension der *Oikonomia* läßt Athanasius aber auch eine Trinitätslehre ausprägen, die wirklich Neues über Gott zu sagen weiß. Wolfhart Pannenberg bringt das so auf den Punkt: „Wie der Vater (nach Athanasius c. Arianos) nicht Vater ist ohne Sohn, so hat er auch seine Gottheit nicht ohne ihn. Mit diesen kühnen Gedanken hat Athanasius das geläufige Verständnis der Gottheit des Vaters tiefgreifend infrage gestellt, wonach die Gottheit des Vaters ohne jede Bedingung feststeht, während sie dem Sohn und dem Geist nur in abgeleiteter Weise zukommt. Die Gottheit des Vaters hat vielmehr ihre Bedingung im Sohn…"[13]

Es ist richtig, daß in dieser sprachlichen Vermittlung die Differenzierung der Personen wichtiger ist als der präzise Ausdruck ihrer Einheit. Die Einheit ist insofern Anliegen, als die Differenz nicht aus einer Unterordnung entspringt, aber auch an keine Nebeneinanderstellung denken lassen darf. Wenn die Einheit in der sprachlichen Fassung auch nicht im Vordergrund steht, so ist sie doch gleichsam als Lebenswirklichkeit Gottes bewußt. Man möchte an das Johannesevangelium denken. Dies kannte zwar die Probleme nicht in der Problemlage des 4. Jahrhunderts, aber es vermittelt doch die Einheit von Vater und Sohn als Einheit, in der das Gegenüber nicht sekundär für die Einheit, sondern im Gegenteil, sozusagen letzter Grund ihrer Tiefe wird. Der Vorteil dieses Angangs liegt darin, daß personhafte Differenzierung und Einheit nicht unverbunden nebeneinander stehenbleiben, sondern die Richtung einer Einheit in den Blick genommen werden kann, über die hinaus 'keine größere Einheit gedacht werden kann' (um Anselm zu variieren), die dennoch personal, und zwar nicht in Selbstreferenz, geschieht.

Zeugnis für dieses Suchen geben in der Zeit nach Athanasius die Kappadozier mit der folgenden östlichen Theologie, aber auch der Westen mit Hilarius und noch stärker Augustinus. Wieder spielt im sprachlich kurz gefaßten Ergebnis der Personbegriff eine wichtige Rolle. Osten und Westen kommen überein im Bekenntnis der unterschiedenen Personen im streng einen, durch die Personen nicht vervielfältigten Wesen. Wieder empfiehlt den Personbegriff nicht die an ihm vollzogene begrifflich-logische Arbeit, sondern seine Bedeutung, die er für den Ausdruck der Zentralrealität der Selbstmitteilung gewinnt und deren Voraussetzung im immanenten Leben Gottes. Es geht also um seine theologische Laufbahn. Das für die Sprachfindung historisch wichtige Datum der Synode von Alexandrien (362), die eine Verständigung zwischen Alexandrien und Kleinasien über die Anwendung des *Hypostase*-Begriffs für die Differenziertheit von Vater, Sohn und Geist gegenüber dem Wesensbegriff als Aus-

[12] Vgl. Grillmeier, L. c. S. 460–479; Studer, Gott und unsere Erlösung, S. 147–150, M. Tetz, Athanasius von Alexandrien, in: TRE 4, S. 333–349.
[13] W. Pannenberg, Systematische Theologie, Bd. 1, Göttingen 1988, S. 350.

druck der Einheit brachte, stellte eher erst die Aufgabe, als daß es selbst schon
als reife Frucht einer sachlichen Durchdringung dessen angesehen werden
könnte, was in den Durchbrüchen von der Überwindung des Modalismus bis
zu Nizäa geschehen ist. Diese Aufgabe der Durchdringung übernehmen in der
ersten Phase die Kappadozier. Die in diesem Prozeß erfaßte Kongruenz des im
Griechischen mehrdeutigen *prosopon* mit *hypostasis* und die gleichzeitige
Äquivalenz dieser Begrifflichkeit mit der lateinischen *persona* zeigen, daß es
nicht lediglich um Sprachregelungen ging, sondern daß auch eine tiefere Einsicht in die Funktion der Begriffe erfolgte. Was im Westen terminologisch
schon bei Tertullian erfolgt war – die Anwendung des Personbegriffs für Trinität und Christologie –, zeigt im Osten erste Spuren bei Gregor von Nazianz
mit seiner verblüffend einfachen, aber wegweisenden Formulierung, bei den
jeweils Anderen in der Trinität handele es sich in ihrem Gottsein nicht um je
ein Anderes, während bei Christus das je Andere von Gottsein und Menschsein nicht einen Anderen begründe.[14]

V. Die Unvollkommenheiten des Begriffs und
die Wirklichkeit der Sache

Eigentlich ist es bezeichnend, daß die Klärungsprozesse in der Anschaulich-
keit der Sache selbst verlaufen, in der Aufnahme der real-konkreten Selbstmitteilung Gottes durch Christus im Geist. Darüber kann die teilweise
äußerst formal-abstrakte Ausdrucksweise leicht hinwegtäuschen. Die Rah-
nersche Zwiespältigkeit gegenüber den Begriffen, besonders dem Personbegriff, findet deshalb in der Geschichte auch wieder mancherlei Bestätigung. Ich finde zwar die Art, wie der Wesensbegriff sowohl in der Gotteslehre wie auch in der Christologie gebraucht wird, noch mehr von Fragen
umstellt. Aber die frühen Versuche, sich über den Personbegriff Rechenschaft zu geben und ihn irgendwie auch in einer Ontologie zu verankern,
mutet auf langen Strecken geradezu kontraproduktiv an, wie Alois Grillmeier an wiederholten Beispielen zeigen kann. Das zieht sich bis in die
schon zitierte Boethius-Definition durch. Während der Sache nach die Ei-
gentümlichkeit personalen Existierens gesucht wird, bleibt doch das einzelne Naturding der Ausgangspunkt für das analytische Verständnis des Aufbaus von Person.[15]
    Aus diesem Grund ist es auch verständlich, daß die wesentliche Einsicht in
die Differenz von Vater, Sohn und Geist nicht aus einem tieferen Verständnis einer personalen Ontologie erwuchs, sondern in der konkret wahrneh-

---

¹⁴ Ep. S. 102, PG. S. 37, 180 AB, vgl. Grillmeier, Jesus der Christus 1, S. 538 f.
¹⁵ Grillmeier, I. c., u. a. S. 255 f.; S. 541–545.

menden Beobachtung der differenzierenden Eigenheiten von Vater, Sohn und Geist. Bezeichnenderweise kommt Gregor von Nazianz auf diese Beobachtung, als er die Frage aufwirft, ob einer Person am Gottsein nicht etwas fehlt, weil sie nicht das *Proprium* der anderen besitzt. Er tastet sich eher an eine Antwort, als daß er wagt, die volle Konsequenz durchbrechen zu lassen. „Es besteht ein Unterschied… in ihrer gegenseitigen Verhaltensweise."[16] Wenn dann nicht den anderen Personen noch etwas fehlen soll, muß die gegenseitige Verhaltensweise selbst wieder die gemeinsame Gottheit „aller" ausmachen. Man möge die auf mein Konto gehende Ausdrucksweise entschuldigen, denn trotz der je Anderen, Vater, Sohn und Geist, läßt sich von „allen" allenfalls mit Anführungszeichen sprechen. Es war dann insbesondere Augustinus, der die ganze Problematik eines Personbegriffs aufwies, wenn man die gegenseitige Verhaltensweise im Sinn der gewohnten logischen *differentia specifica* verstehen würde und damit doch wieder – gegen alle Absichten – einen trinitarischen Allgemeinbegriff-insinuierte. Augustinus tat hier das Seine, um den von Gregor angebotenen Gedanken der Relation nicht von der abstrakten Allgemeinheit einer einordnenden Kategorie her anzuwenden, sondern das konkret so und nicht anders geschehende Zueinander als das im wahren Sinn Ursprüngliche zu erahnen. In der Konsequenz davon kann dann allerdings auch dem Vater eine Ursprünglichkeit zugedacht werden, die Sohn und Geist nicht subordiniert. Hier liegt die eigentliche Revolution im Gottesverständnis, die Walter Kasper in seiner Gotteslehre so eindrücklich herausgemeißelt hat.[17]

VI. Für einen theologisch konsistenten Gebrauch des Personbegriffs

Liegen hier nicht die tiefsten Wurzeln, das Verhältnis von Vater, Sohn und Geist personal zu verstehen? Im einen Leben Gottes finden sich real Geben und Empfangen, und beides ist gleich göttlich. In diesen Lebensbereich Gottes vorzudringen, heißt ja nicht spekulativ über die „sozialen" Verhaltensweisen Gottes Bescheid zu wissen, sondern sich aus der konkret-geschichtlich verwirklichten Selbstmitteilung Gottes durch Christus im Heiligen Geist zum Vater mitnehmen zu lassen. In ihm begegnet dann nicht eine Allgemein-Personalität Gottes, wie man einen solchen Begriff aus der Analogie vom Menschen bilden könnte, sondern eben der Vater, wie er durch seinen Sohn Vater ist und wie diese Abkünftigkeit das Geheimnis des Geistes einschließt.[18] Bei allem Ver-

---

[16] Oratio 5.31. Ed. J. Barbel (Düsseldorf 1963) = Testimonia 3.
[17] W. Kasper, Der Gott Jesu Christi, Mainz 1983.
[18] Meines Wissens hat W. Pannenberg diesen Gedanken des – jetzt doch wieder eigentlich unerlaubt so ausgedrückt! – Personseins in Gott durch Personsein der jeweils

220 Wilhelm Breuning

ständnis für Herbert Vorgrimlers Eintreten für Karl Rahner – auch wenn meine Gedanken anders laufen, glaube ich gezeigt zu haben, daß Rahners Skepsis gegen den trinitarischen Personbegriff eine positive Bedeutung hat –) erreicht seine Kritik an den „Theologen, die einen irreführenden Begriff 'Person' für die Trinitätsauffassung nach wie vor unentbehrlich halten" gerade nicht die Ebene auf der die zugestandenen Aporien des Begriffs (die sich nirgendwo stärker zeigen, als wenn man seiner Geschichte nachgeht) in eine Sachdiskussion führen, die selbst weit bedeutsamer ist als die Frage nach der Eignung des Begriffs. Letztlich geht es um den Ernst der Selbstmitteilung Gottes, also um die Frage, wieviel ich von Gott gerade vom Glauben an seine ganze Selbstmitteilung durch Jesus Christus her sagen muß, um seine Selbstmitteilung nicht doch zwischen ihn und uns zu stellen, das Anliegen, dem kein anderer besser Ausdruck verliehen hat als Rahner. Vorgrimler greift es mit Recht wieder auf.[19]

Unsere Absicht war, Rahners anthropologisches und theologisches Personverständnis mit dem trinitarischen Personbegriff zusammenzubringen. Er vertritt zwar ausdrücklich die entgegengesetzte Tendenz. Meine Hauptabsicht zielt nicht darauf, ihn zu widerlegen. Er hat in diesem Punkt ohnehin, wie schon vermerkt, vielfältigen Widerspruch erfahren. Ich versuchte Konsequenzen zu finden, die die nicht zu leugnenden Differenzen doch auch wieder relativieren. Der Streitpunkt nach der Eignung des Personbegriffs erweist sich als anregend. Aber er bleibt doch auch wieder an der Oberfläche. Der Kernpunkt ist, worum es in der Dogmatik letztlich immer ging und geht: das Verhältnis von *Oikonomia* und Gott als Gott. Es konnte nur ein Ausschnitt beleuchtet werden, die Problematik des Personbegriffs in Anthropologie und Trinitätslehre. Mit Rahner bin ich der Überzeugung, daß das Personsein des Menschen in einem inneren Verhältnis zur trinitarischen Selbstmitteilung Gottes steht. Trotz aller ihm zugestandenen Aporien, die der Gebrauch des

Anderen am mutigsten in seine Gotteslehre aufgenommen: Vgl. die trinitarischen Partien seiner zitierten Dogmatik.
[19] H. Vorgrimler, Zum Gespräch über Jesus, in: M. Marcus, E. W. Stegemann, E. Zenger, Israel und Kirche heute. Beiträge zum christlich-jüdischen Dialog. FS für E. L. Ehrlich, Freiburg 1991, S. 148–160. Er erinnert für Rahner noch einmal an den wichtigen, relativ späten Beitrag: Einzigkeit und Dreifaltigkeit Gottes im Gespräch mit dem Islam, in: K. Rahner, Schriften zur Theologie XIII (1978), S. 129–147. – Mir ist nie recht klargeworden, wie Rahners – tendenziell eher apersonale – Subsistenzweise gerade innerhalb seiner ganz auf der Selbstmitteilung Gottes aufbauenden Theologie zu dem von ihm mit Nachdruck wahrgenommenen Interesse an der Inkarnation eben der *Person* des Logos stehen. Beispiele immer wieder ab Schriften zur Theologie I, z. B. dort S. 204. Im selben Aufsatz beschäftigt er sich allerdings auch mit Schwierigkeiten des Personbegriffs in der Christologie! Dennoch empfinde ich hier eine Reibungsstelle, die genau in das Problem ökonomischer und immanenter Trinität weist.

Personbegriffs in der Trinitätslehre mit sich bringt, weist die Geschichte seines Gebrauchs aber darauf hin, daß der Personbegriff in der Trinitätslehre einen hohen Anteil daran hat, die *Oikonomia* als wirkliche Selbstmitteilung Gottes zu erfassen und umgekehrt eine Entsprechung des personalen Charakters des Menschen mit Gott wahrzunehmen, dessen Liebe nur personal richtig zu beschreiben ist. Das Vor-sich-selbst-Gebrachtsein des Menschen als Person ist darin nicht ein statisches Abbild des Personseins Gottes. Es antwortet schon dem personalen Geschehen von Liebe, das die eine Wirklichkeit Gottes selbst schon als Zueinander von Vater, Sohn und Geist ist. Der entscheidende Grund, Rahners Reserve gegen den Personbegriff in der Trinitätslehre nicht mitzutragen, liegt darin, daß der Begriff gerade in der Theologie der *Oikonomia* seine Bedeutung gewonnen hat, nicht in einer von ihr lediglich abstrahierten Lehre von der immanenten Trinität.

In dieser Sicht des Personalen weiß ich mich auch dem Adressaten der Festschrift verbunden und habe von ihm gelernt.[20] Die faktische Einengung dieses Beitrags auf die Beziehung Anthropologie – Trinität darf natürlich nicht vergessen lassen, daß für den vollen Zusammenhang die Funktion des Personbegriffs in der Christologie in engerem Sinn ebenso aufschlußreich ist. Darüber hinaus stellt es immer schon eine Abstraktion dar, in der theologischen Anthropologie vom Person-Sein des Menschen zu sprechen, ohne einen Blick auf seine Rechtfertigung zu werfen. Denn gerade hier macht die konkrete Entsprechung des Menschen als berufene und erwählte Person auf den hin, der trinitarisch der Sohn ist, klar, wie in einer Theologie der Person alles zusammengehört: Trinität, Inkarnation, das Geschöpf Mensch: denn Gott hat uns „dazu bestimmt, an Wesen und Gestalt seines Sohnes teilzuhaben" (Röm 8,21).[21]

---

[20] Insbesondere weise ich auf sein Werk hin: Georg Scherer, Ehe im Horizont des Seins. Zu einem neuen Verständnis der Sexualität, Essen 1967.

[21] Eine konsistente Darstellung des inneren Zusammenhangs von Gotteslehre, Christologie, Rechtfertigung/Anthropologie sowie der Konvergenz mit neuerer Philosophie findet sich bei J. Werbick, vgl. Anm. 3. – Eine umfassende Einbindung der Sicht des Menschen als Person in die zusammenhängenden Bereiche der Dogmatik bietet W. Pannenberg: Systematische Theologie, Bd. 2, Göttingen 1991. – Auf einen wichtigen Einzelbeitrag sei ausdrücklich verwiesen: L. Oeing-Hanoff, Trinitarische Ontologie und Metaphysik der Person, in: W. Breuning (Hrsg.), Trinität. Aktuelle Perspektiven der Theologie, Freiburg i. Br. 1984, S. 143–182. – Für die Auseinandersetzung mit Rahner siehe darin auch den Beitrag von W. Löser, Trinitätstheologie heute. Ansätze und Entwürfe, S. 19–45.

EINE NEUE RELIGIÖSE DIMENSION IN DER MUSIK?

Von HEINZ-ALBERT HEINDRICHS

Ach, als sich alle einer Mitte neigten
und auch die Denker nur den Gott gedacht,
sie sich den Hirten und dem Lamm verzweigten,
wenn aus dem Kelch das Blut sie rein gemacht,

und alle rannen aus der einen Wunde,
brachen das Brot, das jeglicher genoß –
oh ferne zwingende erfüllte Stunde,
die einst auch das verlorne Ich umschloß.

So endet ein Schlüsselgedicht unseres Jahrhunderts – Gottfried Benns Gedicht *Verlorenes Ich.*[1] Rückschauend klagt es um den „Verlust der Mitte"[2], beschwört es die ferne Stunde eines noch heilen Weltbildes – es artikuliert den Bewußtseinsstand der Moderne: Gottesferne und Identitätsverlust – und dennoch ist, in der Negation, das Verlorene noch einmal anwesend.

Um das zersprengte Bündnis von Kunst, Wissenschaft und Glaube zu beschwören, müssen wir weit zurück in unseren Kulturkreis – ins 14. Jahrhundert der Spätgotik: hier sind die Bilder noch auf Goldgrund gemalt – und in der Motette, der musikalischen Hauptform des Mittelalters, ist der gregorianische Choral noch das fraglose Fundament; er ist der Tenor, der Halter, der Cantus firmus, über dem sich dann freilich weltliche und geistliche Stimmen gleichzeitig entfalten dürfen – etwa ein französisches Liebeslied im Kontrapunkt mit einem lateinischen Marienhymnus – klingendes Symbol dafür, daß „sich alle einer Mitte neigten".

Mit der Renaissance aber – mit dem Anbruch der Neuzeit – beginnt, in welchen Bereichen auch immer, die Spaltung des sakralen Bündnisses: seit dem 15. Jahrhundert säkularisieren sich die ehemals sakralen Inhalte und Formen der Musik in zunehmendem Maße; überdies schreiben Konzile den Stil liturgischer Musik fest und unterbinden so eine musikalische Weiterentwicklung im kirchlichen Raum. An der Geschichte neu aufkommender Gattungen – an der des Oratoriums etwa – ließe sich veranschaulichen, wie selbst religiöse Inhalte sich dem Einfluß der Kirche entwinden und den Freiraum des Konzertsaals suchen (Beispiel: Händels *Messias*). Spätestens seit der Aufklärung begegnen

---

[1] Gottfried Benn: Gesammelte Gedichte, Wiesbaden 1956, S. 230.
[2] Hans Sedlmayr: Verlust der Mitte, Salzburg 1948, 8. Aufl. 1965.

wir einer religiösen Bekenntniskunst zunehmend außerhalb der Kirchen: Wer auf der Höhe der Zeit komponiert, der sprengt den liturgischen Rahmen, entfremdet selbst den Ordinariumstext seiner Funktion und kleidet ihn ins Gewand weltlicher Ästhetik (Paradebeispiele: Beethovens *Missa solemnis*, Verdis *Requiem*).

Am Beginn unseres Jahrhunderts signalisieren die Künste einen ersten Ausbruch, einen ersten Schub aus den Bindungen des abendländischen Kulturkreises: im Spätwerk Nietzsches, im Expressionismus, Dadaismus, Surrealismus erscheinen die Bewußtseinskrisen vorausformuliert, die Europa insgesamt – durch zwei Weltkriege hindurch – schmerzlich zu erleiden hat. In der Musik ist dieser erste Schub gekennzeichnet durch den Ausbruch aus der Dur-Moll-Tonalität, aus dem harmonischen System, das für die gesamte Neuzeit – von der Frührenaissance bis ins 20. Jahrhundert – einen Bedeutungszusammenhang verbindlich garantierte. Der Ausbruch war euphorisch; aber ihm folgte die Desillusion: aus dem alten Bedeutungszusammenhang gestürzt, gaben die Künste nun hoffnungslose Auskünfte: Isolation – Abstraktion – Kommunikationsverlust: Die Ränder des abendländischen Bezugssystems waren erreicht, es gab keinen Weg mehr zurück in die Mitte. Das ist die Perspektive von Benns *Verlorenem Ich*, von Kafkas absurden Parabeln, von Musils *Mann ohne Eigenschaften*[3], der mit dem Abstraktwerden der Welt seine Identität verliert – das ist die Perspektive von Strawinskis *Psalmensinfonie*, von Schönbergs Opernfragment *Moses und Aaron*[4], das mit dem Ruf abbricht: „O Wort, du Wort, das mir fehlt!" Wo in diesen Kunstwerken der Moderne Religiosität aufscheint, da wird die Abstraktion als Gottesferne, der Identitätsverlust als Glaubensverlust erfahren.

Nach der Jahrhundertmitte aber beginnen die Künste, die lange Phase der Abstraktion zu durchbrechen: sie signalisieren einen zweiten, weit größeren Schub, der über die Peripherie des Kulturkreises hinausträgt. In der informellen Phase erleben wir zunächst die Zerstörung der Abstraktion, in der Monochromie ihre Auslöschung – und in der Musik stehen seit dem Ende der fünfziger Jahre gleich alle Parameter europäischen Musikdenkens zur Disposition – vorübergehend löste sich jeder Kompositionszusammenhang auf, und mit ihm die alten Formen einschließlich ihrer Notation (Beispiel: John Cage). Das Bewußtsein dieses totalen Schubs, der in den Künsten begann, hat seit dem Ende der sechziger Jahre die gesamte westeuropäische Gesellschaft und seit den achtziger Jahren auch Osteuropa erfaßt: die Auflösung der Vergangenheitsstrukturen ist nicht mehr aufzuhalten, aber sie wird, nach dem Erschrecken über ihren rasanten Schwund, nun andere, verschüttete, bislang

---

[3] Robert Musil: Der Mann ohne Eigenschaften, in: Gesammelte Werke, Bd. 1–5, Hamburg 1978.
[4] Arnold Schönberg: Moses und Aaron – Opernfragment 1930–32, UA 1957.

gebundene Kräfte freisetzen können. Mit der experimentell hektischen Ausbruchsphase, die am Ende der sechziger Jahre kulminierte, scheint die 'Moderne' zu Ende gegangen, das „Ende der Neuzeit"[5] vorbei. Seitdem ist im musikalischen Material die Befreiung vom Fortschrittszwang zu erkennen, wie ihn Adornos Philosophie der neuen Musik[6] noch postulierte; seitdem artikulieren die Künste offene Positionen: der zweite Schub hat sie in die Lage versetzt, aus dem Kulturkreis hinauszublicken, nicht mehr nur in ihn hinein – die alten Wahrnehmungsweisen erscheinen relativiert, die neuen aber öffnen sich zu außereuropäischen Aspekten, und das ist es wohl, was wir, zunächst einmal aus Verlegenheit, mit 'Postmoderne' bezeichnen.

Diese postmodernen Wahrnehmungsweisen sind vielen ein Ärgernis – denn sie schicken sich an, der bislang herrschenden Ästhetik von Hegel bis Adorno zu entwachsen; sie haben den 'Formzwang' (Benn), den Materialzwang der Moderne von sich gestreift, und mit ihm auch jene dialektischen Spielarten der Verneinung, der Verzweiflung, die den späteuropäischen Nihilismus kennzeichneten. Aus der Enge ins Offene geraten – in einen erweiterten Kunstbegriff (Joseph Beuys) –, entdecken die Künste Dimensionen wieder, die lange verschüttet und verdunkelt schienen. Das auffallendste Merkmal aber, das die Kunst der letzten zwanzig Jahre von der 'Moderne' unterscheidet, ist die Wiederentdeckung ihrer ursprünglich religiösen Dimension. Ursprünglich wußten es alle Völker und Rassen, daß die Musik von den Göttern stammt, daß sie die eigentliche Dimension des Menschen ist, mit den Göttern, mit Gott zu kommunizieren. Von dieser Urerfahrung berichten die Mythen der Chinesen und Inder, der Afrikaner und Altamerikaner; uns wurden sie aus der Antike überliefert – in den Erzählungen vom Zeussohn Hermes, der die Leier aus einem Schildkrötenpanzer erfindet – vom Gott Apoll, der sie dem Menschen Orpheus schenkt – von Orpheus, der Kraft der Musik ins Reich der Toten zu dringen vermag. In tibetanischen Mönchsklöstern, in afrikanischen Stammeskulturen ist diese Urerfahrung auch heute noch lebendig: hier gilt die Musik als auserwähltes, oft einziges Medium, um mit den Göttern, um mit Gott in Kontakt zu treten.

Solchen archetypischen Erfahrungen sind die Künste wieder auf der Spur: ins Gespräch mit anderen Kulturen gekommen, die auf anderen Bewußtseinsstufen stehen, haben sie die Entdeckung gemacht, daß Ende und Anfang einer Kultur sich merkwürdig nahe sind – so wie das Greisenalter der Kindheit. „Früheste Zeit und die fernste gleichen sich sehr", heißt es in Ernst Meisters Gedicht *Fermate*[7], das mit dem Titel ja ein Innehalten beschwören will – und so mag es gerade das Gegenteil von Restauration sein, daß die Künste sich

[5] Romano Guardini: Das Ende der Neuzeit, Basel 1950.
[6] Theodor W. Adorno: Philosophie der neuen Musik, Tübingen 1949.
[7] Ernst Meister: Fermate (1957), in: Ausgewählte Gedichte, Neuwied 1979, S. 24.

heute fernsten, mythischen, nichtrationalen Erfahrensweisen zuwenden und sich damit anderen Kulturen öffnen: denn überrascht erleben wir alle, daß Daseinsformen, die wir für überwunden hielten, vor und in uns wiederauftauchen. So ist es nicht verwunderlich, daß Menschen heute in Museen gehen, um in den Bildern und Objekten eines Rothko, Ücker, Rainer, Tapies oder Beuys die religiösen Tiefenerfahrungen zu suchen, die ihnen die Kirche, die gerade einen Entmythologisierungsprozeß hinter sich hat, immer weniger bieten kann. So ist es nicht verwunderlich, daß sich die Künstler selbst von der Kirche fernhalten, von einer Kirchenkunst vor allem, die sich funktionalen, liturgischen Bestimmungen zu unterwerfen hat. Von einer jahrhundertelangen Einengung auf liturgische Dienste ist insbesondere die Musik alltäglich betroffen; so fungierte sie in den Gottesdiensten der katholischen Kirche mehr und mehr als Versatzstück, als Einstimmung, Überleitung, als Dekoration – und sie bezahlte diese Unterwürfigkeit mit dem Verlust ihrer ursprünglich religiösen Dimension: man spannte sie, wie einen Ochsen, vor den Karren.

Dies muß so drastisch gesagt werden, weil von einer christlichen Auftragskunst, die sich nach der Decke streckt, zwar ein Lippenbekenntnis, aber keine Weg-Orientierung zu erwarten ist (– daß durch Aufträge dennoch Kunst entsteht, gehört zu den Überraschungen jedes subventionierten Kulturbetriebs –). Aber jene Frage, ob denn die Kirche – in Umbruchszeiten wie diesen – die Kunst nicht dringend brauche: sie kann ja nur deshalb aufkommen, weil die freie Kunst Auskunft zu geben vermag über eine Spiritualität, die an den Enden unsres Kulturkreises entzündet wird – und zwar außerhalb der Kirche. In den Zeiten der 'Moderne', aus denen Europa nun bald herauswächst, hatte es die Kirche mit Gegnern des Glaubens zu tun – die Frontstellung gegen Nietzsche und Marx, gegen Benn und Brecht war ihr vertraut. Daß sich aber hier und jetzt Formen der Religiosität an ihr vorbeientwickeln könnten, darauf ist sie weit weniger gefaßt: es bringt sie in eine noch nie dagewesene Konstellation.

Wozu also braucht die Kirche die Kunst? Um einen Informationsrückstand einzuholen – um einen abgebrochenen Dialog wiederaufzunehmen – um ein neues Bündnis zu erhoffen? Wozu auch immer – zu alledem bedarf die Kirche eines Lernprozesses, einer Öffnung zu dem hin, was Kunst, Musik und Dichtung über die spirituelle Befindlichkeit des Menschen von morgen zu sagen haben.

Ausgehend von der Vorstellung, daß die Künste an die Peripherie unseres Kulturkreises gekommen sind, werden im folgenden vier grundsätzliche Positionen aufgezeigt und mit musikalischen Beispielen erläutert.

Position I: Zerreißprobe

Dieter Schnebel (*1930) – :! (madrasha)[8] – 1968

„madrasha" bedeutet im Syrischen der ersten nachchristlichen Jahrhunderte Hymnus – aber das Wort soll nur geschrieben, nicht ausgesprochen werden. Schnebel setzt dafür die Interpunktion (:!) – der Doppelpunkt läßt alles hinter sich, ist nur noch Erwartung auf das Eigentliche; „madrasha" ist eine Vokalkomposition, aber eine sprachlose – sie verwendet keine Worte, sondern vorsprachliche Laute, die den Eindruck erwecken, als seien die menschlichen Äußerungen ins Kreatürliche, auf die Stufe der Tiere zurückgefallen; dieser Eindruck wird verstärkt durch Tierstimmen, die vom Tonband eingespielt werden. Es gibt dennoch wenige verständliche Silben, die sich zu Wörtern zusammenhören lassen, die in hebräischer, griechischer und lateinischer Sprache Gott ansprechen (z.B. Ja...we). Was ausgesagt werden soll, bleibt dialektisch offen: was sich da artikuliert, ist es die Spanne zwischen Doppelpunkt und Ausrufezeichen – ist es eine Verfluchung oder ist es ein Lobgesang, der den Psalmvers „Alles, was Odem hat" radikal wörtlich nimmt? Komponiert ist eine Zerreißprobe, durch die Interpreten, Hörer und Stück gleichermaßen hindurch müssen.

In einem Gedicht Ernst Meisters[9], das sprachlos zu werden droht überm Abschiednehmen von der Welt, findet sich eine vergleichbare Stelle: fast gestammelt, kreisen Worte um den in Klammern gesetzten Ausruf: „(– der es erfunden hat, jener Erfundene, sei wahrlich der Höchste genannt –)". Jener Erfundene, er wird verflucht und dennoch der Höchste genannt – das Gedicht dreht sich um diesen Angelpunkt, der aber ist in Klammern gesetzt, als wäre er zu verschweigen. Clemens Hesselhaus hat solche Aussagen in Meisters lyrischem Werk als „symbolum ex negativo"[10] interpretiert – eine Deutung, die sich auch auf Schnebels madrasha anwenden läßt.

Im Stichjahr 1968 komponiert, stellt sich das Stück auch kompositorisch als Grenzfall dar: indem es Sprache, Syntax, Form und Notation an den Rand der Auflösung bringt, spiegelt es einen letzten, agonalen Materialstand der Moderne – zugleich aber sprengt es dieses negative Verständnis auf und setzt, in der Zerstörung, das Erwarten auf ein Kommendes frei. So ist „madrasha" ein eschatologisches Stück: es projiziert den kritischen Zustand, in den die Musik und mit ihr die Gesellschaft geraten ist, in eine religiöse Dimension. Als Schnebel madrasha schrieb, war er als evangelischer Religionspädagoge im Schuldienst tätig.

---

[8] Dieter Schnebel: :! (madrasha), 3. Teil aus: für stimmen – komp. 1968.
[9] Ernst Meister: Im Zeitspalt, Neuwied 1976, S. 47.
[10] Clemens Hesselhaus: Deutsche Lyrik der Moderne, Düsseldorf 1962, S. 441.

Position II: Hinausschau

Karlheinz Stockhausen (*1928) – Michaelsformel[11] – 1977

Bis 1968 spiegelte Stockhausens Entwicklung das Fortschrittsdenken der Avantgarde: auf dem Weg von der seriellen zur postseriellen Musik – auf dem Weg von der Abstraktion zu ihrer Überwindung – markierten seine Stücke die jeweiligen Stadien der Progression. An ihren Titeln läßt sich ablesen, auf welche formalen und materialen Prozesse sich die Avantgarde der Nachkriegszeit konzentrierte.

Seit 1968 aber scheint Stockhausen aus dem Regelkreis der europäischen Moderne ausgebrochen: begünstigt durch lange Aufenthalte in Asien – durch unmittelbare Kontakte mit außereuropäischen Kulturen – hat sich diese Musik kosmisch-religiösen Inhalten geöffnet, und diese Öffnung machen Stockhausens Stücktitel in unmißverständlicher Weise deutlich. Vor '68 hießen die Stücke: Etude – Punkt – Studie – Zeitmaße – Gruppen – Zyklus – Carré – Kontakte – Momente – Mixtur – Mikrophonie. Nach '68 heißen sie: Stimmung – Spiral – Mantra – Aufwärts – Setz die Segel zur Sonne – Kommunion – Litanei – Es – Goldstaub – Für kommende Zeiten – Sternklang – Trans – Anbetung.

Seit dem Ende der siebziger Jahre arbeitet Stockhausen an einem visionären Werk, das zur Jahrtausendwende fertiggestellt sein soll: es heißt Licht, und es soll einmal eine musikalische Schöpfungsgeschichte von universellen Ausmaßen werden – eine Opernheptalogie, die alle sieben Tage der Woche umfaßt. Drei Tage aus Licht sind bislang uraufgeführt und auf Tonträgern dokumentiert.

In Licht verbinden sich archaische, altbiblische, christliche, indische und buddhistische Seinsweisen und Gotteserfahrungen zu einer übergreifenden Anschauung von Welt, und diese wird vom eigenen autobiographischen Standort her intuitiv begriffen. „Glauben", so meint Stockhausen, „ist eigentlich Ausdruck dafür, daß wir sehr viele Erfahrungen haben, die nicht in den Bereich des Wissens passen. Glauben ist bei mir subjektiv wissen. Ich operiere mit allem, was ich aus dem Nicht-Mentalen bekomme und ins Nicht-Mentale projiziere, als ob es mein Wissen wäre."[12]

Drei zentrale Figuren bestimmen das Geschehen in Licht: Michael, das „Gesicht Gottes", der „Schöpfer unseres lokalen Universums" – Luzifer, der rebellierende Lichtträger – Eva, die „liebevolle Helferin für die Neugeburt

---

[11] Karlheinz Stockhausen: Michaelsformel aus der Opernheptalogie ›Licht‹ – komp. seit 1977.
[12] Karlheinz Stockhausen, in: Heinz Josef Herbort: Von Luzifer reden, Die Zeit Nr. 23, 1984, S. 41.

der Menschheit". Musikalisch sind sie anwesend in drei Tonreihen, in drei Formeln, die sich insgesamt zu einer Superformel zusammenschließen können – und diese Formel ist den sieben Licht-Tagen eingegeben wie ein genetischer Code, der alle bisherigen und zukünftigen Abläufe bereits keimhaft enthält und deren Entfaltung bestimmt. Stockhausens Formeltechnik resultiert aus der seriellen Reihentechnik der fünfziger und sechziger Jahre; aber deren damalige Abstraktion erscheint gesprengt und in eine sinnlich-übersinnliche Anschauung umgeschlagen, die nun Assoziation und Öffnung zu außereuropäischen Musikkulturen provoziert. So setzt sich zum Beispiel die dreizehntönige *Michaelsformel* aus fünf Gliedern zusammen, die sich einzeln als ganz elementare, tonale Zellgebilde verstehen lassen – sie sind so allgemein, so archetypisch, daß sie die Formelbildung der gregorianischen Modi und die Formelbildung des indischen Mantra auf einen Nenner zu bringen vermögen.

Mit der *Michaelsformel* hat Stockhausen sein eigenes Wirken in besonderem Maße verknüpft – und betrachtet man die Formel als seinen genetischen Code, so läßt sie sich perspektivisch zurück- und nach vorne lesen: zum einen als späteuropäische Standortbestimmung, sodann aber als Schlüssel zu universellen Möglichkeiten. War Stockhausen vor 68 das Aushängeschild einer Avantgarde, die sich an Adorno orientierte, so scheiden sich heute an ihm die Geister – die einen halten ihn für den 'Sänger eines neuen Glaubens', die anderen verhöhnen ihn als 'Buddha vom Rhein'.

Position III: Innenschau

Wilhelm Killmayer (*1927) – *The woods so wilde*[13] – 1970

Wenn es wahr ist, daß wir an eine Schwelle gelangt sind, an der sich früheste und fernste Zeiterfahrung wiederbegegnen, dann müßte sich unser Verhältnis zur Zeit grundlegend wandeln. Indem wir erkennen, wie die Bilder der Seele sich gleichen, über Zeiten und Räume hinweg, wird sich die Geschichte des eigenen Kulturraums verkleinern, dafür aber teilhaben an einer großen, ganzheitlichen Zeit, in der – im Sinne eines Augustinuswortes – „die Gegenwart des Vergangenen, die Gegenwart des Gegenwärtigen und die Gegenwart des Zukünftigen"[14] zusammenfallen. Eine solche Zeitvorstellung zu haben, sie wieder zu haben, setzt aber wohl den Verlust des Fortschrittsglaubens und die Wiedergewinnung eines zyklischen Welterlebens voraus. Der Dichter Ezra Pound erfuhr diesen Schwellenort als „eine Immerzeit, in der alle Zeitalter ge-

---

[13] Wilhelm Killmayer: The woods so wilde – komp. 1970.
[14] Augustinus: Dreizehn Bücher Bekenntnisse (Confessiones), Werke, Abtl. 3, Bd. 1, Paderborn 1964, S. 312.

genwärtig sind" – der Dichter Ernst Meister beschwörte sie als „Fermate", als Innehalten, als Stillstand von Zeit.

Wilhelm Killmayer – ein Schüler Carl Orffs – stellt seinem Instrumentalstück, statt kompositorischer Erklärungen, die folgenden Worte voran: „Ich gehe durch die tonkargen spätherbstlichen Wälder und ich höre meinen Schritt und ich höre mein Herz schlagen; ich höre die Geräusche der langsam sich ergebenden Natur und den Widerhall eines Vogelschreis in meiner Erinnerung. Immer tiefer gerate ich in das Innere, wo Erschrecken und Ruhe sich nah sind, wo die Furcht stillhält."[15]

Wer sich auf Killmayers Musik einläßt, muß seine eigene kleine Zeit vergessen; er muß eintauchen in ein rituelles Zeiterleben, in dem die Klangereignisse sich wie Perlen an einer Meditationskette reihen – Wiederholung um Wiederholung wird das Ohr daran gewöhnt, nichts zu erwarten, um dann erst wahrzunehmen, daß die Wiederholungen zu wandern beginnen und einer fortschreitenden Verwandlung unterliegen. „Killmayer", so meint Dieter Rexroth, „sieht menschliche Existenz in den Zusammenhang einer geradezu archaischen Welterfahrung gestellt. – Alles ist Wiederholung, ist Regeneration, ist zyklische Struktur der Zeit durch ereignishafte Wiederkehr; aber alles ist zugleich Veränderung und Verwandlung. Werden und Sein fallen ineins."[16]

Position IV: Zurückschau

Arvo Pärt (*1935) – Cantus[17] – 1977

Pärts kurzem Orchesterstück, das durch den Tod Benjamin Brittens ausgelöst wurde, liegt eine musikalische Idee zugrunde, wie sie sich einfacher nicht denken läßt: eine Tonleiter – eine Kirchentonart – steigt von der Höhe in die Tiefe hinab und wird, je tiefer sie steigt, um so langsamer, bis sie in einer tiefen Schwärze stehenbleibt. Dieser Vorgang vollzieht sich jedoch vielstimmig und in verschiedenen Zeitmaßen, so daß sich ein Knäuel von Linien, von Kraftfeldern ergibt, die, wie von einer Wünschelrute gezogen, unter die Erde wollen. Der Hörer wird mit hinuntergezogen – und dennoch erfüllt ihn keine Angst, sondern ein unerklärbar wachsender Trost – rührt er von den zarten Glockenschlägen, die – Sterbeglocken gleich – den Sog in die Tiefe wie einen Lichtschein überwölben?

So einfach der Vorgang zu durchschauen ist, so wenig gibt er das Geheimnis seiner Wirkung preis. „Arvo Pärt muß es gelungen sein, die Ohren so lange vor

---

[15] Wilhelm Killmayer: Text zur Schallplatte ›Killmayer‹, Wergo 60068, 1973.

[16] Dieter Rexroth: Die Perspektive einer 'Großen Zeit', in: Neue Zeitschrift für Musik, Heft 7/8, Mainz 1987, S. 38.

der Welt des Tumults, vor der Welt der Exzesse und der Explosionen zu verschließen, bis sie sich ihm ergab: die Musik der Gegenwelt."[18] Seine Frömmig-
keit, seine subjektive Religiosität hat der Este Arvo Pärt im Widerstand gegen
das Gesellschaftssystem der Sowjetunion entwickelt, aus der er 1980 ausge-
bürgert wurde. Nach langen Jahren der inneren Emigration fand er zu einer
Einfachheit, zu einer Spiritualität, die er der alten, ungebrochenen Kraft des
russisch-orthodoxen Glaubens verdankt. Seine Musik hat alle Modernismen
abgestreift – sie erscheint zeitlos oder auch um Jahrhunderte zurückversetzt –
sie hat das dunkle Leuchten von Ikonen, und sie verwendet, wie diese, den For-
melkanon einer Tradition, die noch unverbraucht scheint.

Weil es im Westen eine solch radikal einfache, geheimnisvoll schöne Musik
nicht gibt, wurde Pärt hier ungewollt als Kultfigur einer neuen Einfachheit begrüßt und eifrig nachgeahmt. Aber Pärts karge Schönheit kommt aus dem Widerstand, sie ist erlitten. Sind seine Mittel auch leicht zu kopieren, seine Tugenden sind es nicht. Nicht zu kopieren ist vor allem „der Geist der russischen
Orthodoxie, die Spiritualität einer Ostkirche, die sich von der Welt weiter entfernt als die römische, die nicht so sehr belehrt, eher lobpreist, die weniger predigt als verklärt und in der die Gläubigen, bevor sie andere zu verbessern
trachten, an sich selbst arbeiten".[19]

Für den Westen ist die Musik Arvo Pärts ein Exempel dafür, daß die Wurzel
christlichen Glaubens sehr wohl noch lebendig ausschlagen. Was wir in seiner
Musik finden, ist das, was uns mangelt: daß nämlich die alten Formeln, die
uns zu Floskeln geworden sind, in seinem Kopf zu neuen Gebeten werden.

Zerreißprobe – Hinausschau – Innenschau – Zurückschau: dies sind vier
grundsätzliche Wahrnehmungsweisen, die sich auf der Peripherie unseres Kulturkreises gewinnen lassen – sie wurden erläutert an vier Stichproben, die es
ermöglichten, jede Perspektive einzeln vorzustellen. Es muß aber gesagt
werden, daß Künstler und Kunstwerke, die den neuen Wahrnehmungsstand
erreicht haben, fast immer mit allen vier Blickrichtungen zugleich befaßt sind
– dies ist ja gerade das Kennzeichen ihrer neuen, postmodernen Konstellation.
Daß alle vier Wahrnehmungsweisen – ob einzeln oder kombiniert – sich
grundlegend von der unterscheiden, die Benns Gedicht *Verlorenes Ich* bestimmt hat – das ist wohl das Wichtigste, was hier erkannt werden kann: alle
vier Wahrnehmungsweisen waren eine Generation zuvor noch nicht möglich
– und dies zeigt an, daß sich unsere Weltanschauung ändern wird. Wir werden

---

[17] Arvo Pärt: Cantus – komp. 1977.
[18] Peter Hamm: Abglanz der Ewigkeit, Beiheft zur Schallplatte ›Arbos‹ von Arvo
Pärt, ECM Records, München 1987.
[19] Wolfgang Sandner: Text zur Schallplatte ›Tabula rasa‹ von Arvo Pärt, ECN
Records, München 1984.

nicht mehr in ein geschlossenes, für immer verlorenes Ganzes zurück-, sondern in ein offenes Ganzes hinausblicken; und wir werden uns in dieses offene Ganze einzubringen haben und daran gewogen werden, wie wir es tun.

Daß es die Kirche schwer hat, in Europa dialogfähig zu bleiben, liegt auf der Hand: ihre hierarchische Struktur – ihre Unbeweglichkeit – ihre 'Verteidigung abendländischer Werte', von denen sie meint, daß es die ihren sind – dies vor allem hindert gerade sie daran, eine spirituelle Veränderung zu begreifen, die diesen Kulturraum übersteigt. In dieser Grenzsituation bedarf die Kirche der Kunst wie nie zuvor – freilich nicht einer, welche die alten Standorte noch einmal bestätigt: sie bedarf ihrer als des Lotsen, der sie übersetzt ins Offene.

Einen solchen Lotsen hätte die katholische Kirche schon früh unter ihresgleichen erkennen können: den Musiker Olivier Messiaen, der – 1908 geboren – als einer der ersten europäischen Geister die oben beschriebenen Positionen des neuen Wahrnehmungsstandes erreichte – zuerst in seinem *Quartett vom Ende der Zeit*[20], das er 1940 in deutscher Kriegsgefangenschaft schrieb. Messiaen hat seiner Kirche, der er zeitlebens diente, einen offenen Katholizismus vorgelebt, der Grenzpfähle zwischen den Kulturen nicht mehr kennt: indem er die Rufe einheimischer und exotischer Vögel, die Melismen gregorianischer Melodik, die altgriechischen Versfüße und die Rhythmen indischer Ragas übereinanderschichtete, gibt er uns zu verstehen, daß sein Christentum nicht an den alten Kulturkreis gefesselt ist – denn wenn es das wäre, müßte es untergehen – so wie die Götter des Mittelmeerraumes mit der Antike.

---

[20] Olivier Messiaen: Quartett vom Ende der Zeit – komp. 1940, Paris 1943.

TRANSZENDENZ UND MALEREI

Methodisches zur Sinnkonstitution

Von CHRISTA SCHWENS

„Das Kunstwerk ist gerade dann ein Zeichen des Unsichtbaren und darin das höchste Zeichen, wenn es das Verhältnis zwischen dem Unsichtbaren und der Entsprechung der Teile zu vergegenwärtigen vermag. Dann stellt sich in ihm etwas von der Art dar, die wir in der Sinnstiftung im Zueinander der Transzendenz und der Konvenienz von Mensch und Welt gefunden haben."[1]

Diese These von Georg Scherer aus dem Zusammenhang seiner philosophischen Gedanken und Analysen zur Sinnerfahrung möchte ich als Herausforderung an die Kunstwissenschaft aufnehmen und konkret so formulieren: Wie kann an einem Kunstwerk aus dem Bereich der Malerei Transzendenz erfahren werden?

Ich stimme mit Scherer in der Grundüberzeugung überein: „Darum kann es (das Kunstwerk) selber zur Sinnerfahrung für Autor und Rezipient werden"[2]; doch mir obliegt es, das 'Darum' seines philosophischen Kontextes aus meinen kunstwissenschaftlichen Einsichten ergänzend zu argumentieren. So möchte ich im folgenden die Konstituenten des 'Wie' dieser möglichen Sinnstiftung und Sinnerfahrung in Form einiger kategorialer Ansätze strukturieren, um damit zu einem Verstehensprozeß beizutragen, der seine Grundlagen aus erkenntnistheoretisch-philosophischen, kommunikationstheoretisch-semiotischen und kunstwissenschaftlichen Kategorien herleitet.

Transzendenz und Malerei

Dieser Ansatz hat zur Folge, daß ich die im Thema genannten komplexen Begriffe 'Transzendenz' und 'Malerei' vorab nur so weit umschreiben und klären kann, daß sie im folgenden nicht Anlaß zu Mißverständnissen geben. 'Transzendenz' steht zunächst im Wortsinn des *transcendere* für das Bemühen des Menschen, sich und die Welt zu 'übersteigen'. Dabei will ich die

---

[1] Georg Scherer, Sinnerfahrung und Unsterblichkeit, Darmstadt 1985, S. 152 f.
[2] A. a. O., S. 153. Vgl. auch: Georg Scherer, Strukturen des Menschen, Grundfragen philosophischer Anthropologie, Essen o. J.

möglichen philosophischen Differenzierungen in metaphysische, erkenntnis-
theoretische oder allgemein anthropologische Argumentationszusammen-
hänge nicht vornehmen. Es genügt hier, Transzendenz allgemein mit den
Worten des Mystikers Nikolaus von Cues zu umschreiben, als das, „was über
menschliche Begriffe hinausgeht"[3]. Dies scheint mir für die folgenden Überlegungen im Anschluß an Scherers Denken hinreichend zu sein.

Anders ist es hingegen mit den notwendigen Begründungszusammenhängen für die Malerei im Zusammenhang mit den Aussagen zum Kunstwerk. Die Frage lautet: Warum kommt gerade der Malerei eine besondere Art
der Sinn- und Transzendenzerfahrung zu? Und welche Art von Malerei eignet
sich aufgrund der Eigenart ihres 'Gegenstandes' in besonderer Weise heute für
eine Sinnerfahrung in bezug auf das, „was über menschliche Begriffe hinausgeht"?[4]

Gegenüber den Autoren, die heute noch versuchen, Transzendenzerfahrung
vorrangig in einer ikonographisch bestimmten Malerei mit religiös/sakralen
Themen und Motiven festzumachen,[5] behaupte ich, daß eine Malerei der 'Abstraktion'[6] den Bedingungen für einen Prozeß des 'Über-Steigens' eher entspricht. Dies hat zur Folge, daß ich die Konstituenten einer so gearteten 'gegenstandslosen Malerei' zunächst erläutere, weil sie grundlegend sind für die
Auswahl des dann zu analysierenden Beispiels.

---

[3] Art.: transzendental, in: Fritz Mauthner (Hrsg.), Wörterbuch der Philosophie,
Bd. 2, Zürich 1980, Sp. 480.

[4] A. a. O., Sp. 480.

[5] Bis auf wenige Ausnahmen wird in dem generell zu umschreibenden Bereich 'Kunst
und Kirche' an eine Malerei, die es mit Religion und Transzendenz zu tun haben könnte,
immer noch unabdingbar der Anspruch einer 'religiösen Ikonographie' gestellt. Diese
Auffassung herrscht von kirchlichen Dokumenten bis hin zu Kunstkommissionen der
Diözesen und entsprechenden Ausstellungen. Als Ausnahmen können nur die beiden
Ausstellungen zu den Berliner Katholikentagen 1980 und 1990 gelten: Zeichen des Glau-
bens – Geist der Avantgarde (Wieland Schmid, Hrsg.), 1980, und: Gegenwart Ewigkeit,
Spuren des Transzendenten in unserer Zeit (Wieland Schmid, Hrsg.), 1990. Begonnen
wurde mit Bildern von Malern der sog. Klassischen Moderne wie Nolde, Schmidt-Rott-
luff, Feininger, Klee, Beckmann, die noch dem Kriterium der religiösen Abbilder und
Symbole in Anteilen verbunden waren, wie z. B. Gauguins ›Polynesische Weihnacht‹ oder
Noldes ›Pfingsten‹ oder Corinths ›Das große Martyrium‹ oder Jawlenskys ›Heilandsge-
sichte‹ etc. Daneben wurden aber bereits die sog. 'Gegenstandslosen' von Graubner, Yves
Klein, Barnett Newman, Mark Rothko und Mark Tobey präsentiert. – Diese 'Öffnung'
der Diskussion von Kunst und Kirche in bezug auf 'Spuren des Transzendenten' ist
wesentlich dem Kunstwissenschaftler Wieland Schmid zu verdanken.

[6] Die Begriffe 'Abstraktion' und 'Gegenstandslose Kunst' leiten sich aus unterschiedlichen Entwicklungen und Argumentationszusammenhängen ab. Im folgenden
stehen beide Begriffe für Kunstwerke, die in der Dimension der Semantik solcherart
Zeichen aufweisen, für die es kein sprachliches Substitut gibt.

Für jedes 'gegenstandslose' Bild gilt zunächst, daß es sich unserer visuellen Anschauung sowohl simultan als ein Ganzes wie sukzessiv in seinen Teilen präsentiert und darin jeweils ein 'sinnlich organisierter Sinn' wahrnehmbar ist, für den aber in der „Sprache der Begriffe kein Substitut existiert."[7] Damit ist einerseits die positiv gegebene Konvergenz von Sinnlichkeit und Sinn angesprochen, die sich im Modus der konkreten Anschauung vollzieht. Andererseits stellt sich aber dringend die Frage nach dem methodischen 'Wie', das noch nirgends systematisch analysiert und ebenfalls nicht in allen seinen in Frage kommenden Kontexten untersucht wurde. Mit den folgenden Überlegungen kann nur ein Teilbeitrag zu diesem Problem versucht werden.

Gegenstandslose Malerei – Ein Beispiel

Da im Zusammenhang dieser Schrift leider keine adäquate Abbildung eines derartigen gegenstandslosen Bildes für die konkrete Wahrnehmung gegeben werden kann, ohne Konkretion sich jedoch meine methodische Argumentation nicht nachvollziehen läßt, muß ich die Vorstellungskraft des Lesers auf ein Beispiel des Malers Mark Tobey verweisen, das andernorts zu sehen ist.[8]
Meine Ausführungen bzgl. des Gegenstandes 'Malerei' nehmen auf dieses Beispiel konkret Bezug, weil es Auslöser war für einen neuen konkreten literarischen Text zur Sinnkonstitution mit der Bezeichnung: *Genau jetzt*. Ihm werden die methodischen Überlegungen im zweiten Teil gelten.
Als erstes ist wahrnehmungsmäßig festzustellen, daß sich ein solches Bild weder als Ganzes, als Superzeichen, noch in seinen Teilen, als Einzelzeichen auf einen zu bestimmenden Gegenstand oder auf einen zu benennenden Sachverhalt außerhalb seiner selbst in der semantischen Dimension beziehen läßt. Es gibt also für das, was es darstellt, kein begriffliches Substitut oder anders gesagt: Die Bezeichnungs- und Benennungsfunktion in bezug auf eine bestimmte abgebildete, hinweisende oder symbolisch festgelegte Realität greift aufgrund der Eigenart des Gegenstandes nicht mehr.[9] Oder kunstwissen-

---

[7] Gottfried Boehm, Bildsinn und Sinnesorgane, in: Neue Hefte für Philosophie 18/19 (1980), S. 119.
[8] Es handelt sich – stellvertretend für viele ähnliche Bilder von Mark Tobey – im folgenden um das 1968 entstandene Bild mit dem Titel «La vie de la nature», auch als ›Meditation I‹ bezeichnet. Es hat die Größe von 25 × 16 cm, ist mit Eitempera gemalt und befindet sich heute in einer Privatsammlung in Bonn. – Abbildung in: Katalog Museum Folkwang Essen/Museo d'arte Mendrisio, Mark Tobey, "Between worlds", Werke 1935–1975, 1989.
[9] Für das Rezipientenverhalten hat dieses Faktum zur Folge, daß mit Methoden der Interpretation gearbeitet werden muß, die sich nicht mehr auf die Benennung ikonographisch/ikonologischer Sachverhalte stützen können. Da aber solche Methoden nur

schaftlich argumentiert: Die Ikonographie wurde ausgeblendet und damit greifen alle Interpretationsmethoden, die Ikonographie und Ikonologie zu ihrer Grundlage machen, nicht mehr. Das Bild verweist damit zunächst auf nichts anderes außer sich selbst. Und damit kann logischerweise auch keine wie auch immer geartete Form eines 'wiedererkennenden Sehens' den Sinngehalt des Bildes erfassen. Der so geartete Gegenstand der Malerei fordert also bereits aufgrund der Verweigerung von inhaltlich Bekanntem oder Benennbarem ein neues „sehendes Sehen".[10]

Die Inhalte sind also ikonographisch mit der Methode eines 'wiedererkennenden Sehens' nicht mehr zu fassen. Doch darüber hinaus gilt für die Form, die Syntax, eine ähnliche Verweigerung: Die planimetrische Komposition stellt sich dar als ein visuell wahrnehmbares Geflecht von Teilen und gleichzeitig Ganzem. Beide entziehen sich der operationalen Analyse, so daß die Prämissen außerweltlicher Vorgegebenheiten in Form von Wiedererkennen und sprachlichem Benennen somit fehlen, d.h., bekannte 'Faßbarkeiten' als da sind Punkt, Linie, Fläche in Form von Quadrat, Kreis oder Rechteck etc. sind auch hier in der Syntax nicht mehr auffindbar, wohingegen sie in gegenstandslosen Bildern der geometrischen Abstraktion noch zu erfahren sind.

Es liegen in diesem Bild von Mark Tobey und ähnlich strukturierter Malerei – kommunikationstheoretisch gesprochen – also 'Texte'[11] vor mit klar wahr-

---

in Ansätzen vorliegen und erst recht nicht generell vermittelt und eingeübt werden, liegen hier Gründe für die Ablehnung oder das Nicht-Verstehen von gegenstandsloser Malerei bei speziellen Rezipientengruppen.

[10] Max Imdahl hat erstmals die Unterscheidung von „sehendem Sehen" und „wiedererkennendem Sehen" getroffen. Wenn also ein Wiedererkennen des Gesehenen nicht vollzogen werden kann, muß – in der Sprache Imdahls – ein Übergang zum „sehenden Sehen" vollzogen werden. Vgl. dazu: Max Imdahl, Cézanne – Braque – Picasso, Zum Verhältnis von Bildautonomie und Gegenstandssehen, in: Wallraf-Richartz-Jahrbuch XXXVI, S.325 ff., und Max Imdahl, Kontingenz – Komposition – Providenz. Zur Anschauung eines Bildes von Giotto, in: Neue Hefte für Philosophie 18/19 (1980), S.151–177. Es wird von Imdahl generell ein Bildsehen gefordert, in dem verschiedene Sehweisen koinzidieren. „Diese lassen sich grundsätzlich nach den Kategorien eines wiedererkennenden und eines sehenden Sehens unterscheiden. Die perspektivische Projektion und die szenische Choreographie bedingen wiedererkennendes, auf die gegenständliche Außenwelt bezogenes Sehen. Dagegen geht die planimetrische Komposition, insofern sie bildbezogen ist, nicht von der vorgegebenen Außenwelt, sondern vom Bildfeld aus, welches sie selbst setzt. Unter der Norm des Bildfeldes als einer Setzung und nicht unter der Norm außenweltlicher Vorgegebenheiten stiftet die planimetrische Komposition und ihre selbstgesetzlichen und selbstevidenten Relationen... eine invariable formale Ganzheitsstruktur, welche ein entsprechendes formales Sehen, nämlich auf jene selbstgesetzlichen und selbstevidenten Relationen gerichtes Sehen bedingt, ... das *sehende Sehen*" (a.a.O., S.174).

[11] Text wird von seiner lateinischen Wortbedeutung des *textus* und *texere* ver-

nehmbaren Daten und von ästhetisch hoher Qualität, die aber zunächst nur auf Relationen untereinander verweisen, nicht aber auf Bekanntes und Benennbares außerhalb ihrer selbst. Damit bieten sie 'Noch-nicht-Dagewesenenes', neue Realität, sinnlich den Sinnen des Betrachters als Sinnbildungskraft an und müssen folglich in der Dimension der Pragmatik untersucht werden.

Wie vollzieht sich nun ein solcher ästhetischer Prozeß des Verstehens, der Sinnkonstitution, den man auch einen Gestaltbildungsprozeß nennen kann, in dem äußere Faktoren eine Fülle von Elementen zur Sinnbildung anbieten, ohne aber Determinanten zu setzen. Für die ästhetischen Texte der Malerei gilt zunächst einmal Ähnliches wie es Wilhelm Köller in der Literatur-Semiotik für fiktionale Texte beschreibt[12]: Sie provozieren einerseits durch ihre Darstellungsweise und andererseits führen sie damit aber zugleich dazu, daß die Strukturierungsenergie der rezipierenden Subjekte angeregt wird, weil die „konventionellen Sinnbildungsstrategien entweder nicht mehr anwendbar sind oder zu unbefriedigenden Ergebnissen führen".[13]

Damit ist der weitere Weg des methodischen Vorgehens gegeben: Da die Bedeutung solcherart Bilder sich auf der syntaktischen und semantischen Ebene dem Rezipienten als 'unbekannt' darbietet, muß folgerichtig die pragmatische Dimension untersucht werden. Das heißt, der sinnlich/sinnenhafte Dialog mit dem lebensweltlichen Kontext des Betrachters muß als entsprechender Verweisungszusammenhang mit vollzogen werden, denn: „Der Mensch braucht das Bild, um sich selbst und die Welt zu erleben und deutend zu verstehen, und das Bild braucht des Menschen Erfahrung, um zu erwachen."[14] Solcherart Erfahrung in bezug auf bereits wahrgenommene und gewußte Lebensvollzüge muß also konstitutiver Bestandteil des methodischen Vorgehens sein. Damit ist dieses, wenn es um ästhetische Sinnkonstitution geht, gleichermaßen

---

standen als *Gewebe*, das sich auf alles erstreckt, was 'zusammenfügend verfestigt' ist. Auf der Grundlage eines solchen Textbegriffes können sowohl verbalsprachliche wie visuelle Zeichen aller Art subsumiert werden. Juri Lotmann führt diesen erweiterten Text-Begriff kultursemiotisch dann folgendermaßen aus: „Der Textbegriff, wie er in einer kultursemiotischen Untersuchung relevant wird, unterscheidet sich von einem entsprechenden linguistischen Textbegriff. Der kulturologische Textbegriff setzt nämlich dort an, wo die sprachliche Realisierung als Tatbestand allein nicht mehr als ausreichend dafür erachtet wird, daß eine Äußerung sich in einen Text verwandelt" (Juri Lotman, Kunst als Sprache, Untersuchungen zum Zeichencharakter von Literatur und Kunst, Leipzig 1981, S. 35).

[12] Wilhelm Köller, Der Peircesche Denkansatz als Grundlage für die Literatursemiotik, in: Literatursemiotik. Methoden – Analysen – Tendenzen., Hrsg. v. A. Eschbach/W. Rader, Tübingen 1980, S. 52 f.

[13] A. a. O., S. 53.

[14] Elias Canetti, Die Fackel im Ohr, München 1980, S. 130.

den Grundlagen der Objektästhetik *und* der Rezeptionsästhetik verpflichtet. Für den Zusammenhang *beider* scheint mir Ch. S. Peirce in seiner pragmatisch ausgerichteten Zeichentheorie gute Grundlagen des Denkens zu bieten.

Pragmatik, die Kategorie der Drittheit als Methode

Wenn also das Prinzip des relationalen Denkens und Wahrnehmens Grundvoraussetzung für Kunstverstehen und Sinnkonstitution ist, dann bietet Peirce in seiner Semiotik als „Theorie der Sinnkonstitution und Sinnzirkulation"[15] kategoriale Ansätze für das methodische Vorgehen. In seinem pragmatischen Ansatz bieten Zeichen als kognitive und kommunikative Werkzeuge Anleitung zum relationalen Handeln in bezug auf wahrnehmendes Denken und denkendes Wahrnehmen.

Angewandt hat dies zur Folge, daß das Bild von Mark Tobey als Zeichen zunächst in seiner *Struktur* interessiert, um zu klären, wie die Zeichen als einzelne und als Gesamtheit der Zeichen untereinander als Vermittlungsinstrumente fungieren. Und andererseits verlangt der pragmatische Ansatz zum Verstehen immer die inbegriffene Handlung, insofern der Betrachter als interpretierendes Bewußtsein in diesem Prozeß der Vermittlung seine eigene Kreativität mit einbringen muß.

Für Peirce besitzt jedes Zeichen ein dreistelliges Relationsverhältnis, indem ein Erstes (Syntax) mit einem Zweiten (Semantik) und mit einem Dritten (Pragmatik) zum Verstehen in Beziehung gesetzt werden muß. Und nur in dieser Drittheit liegt die Grundstruktur des Interpretations- oder Verstehensprozesses, der hier – analog der Hermeneutik – prinzipiell als unabschließbarer Semioseprozeß der Sinnkonstitution verstanden wird.

Dieser theoretische Ansatz läßt mich nun für den konkreten Vollzug die folgenden Unterscheidungen treffen:

Das Bild von Mark Tobey muß als Zeichen in seiner Seinsqualität der Drittheit zunächst selbst als das Ergebnis einer Semiose, einer Sinnkonstitution, angesehen werden. Mark Tobey hat dieses Zeichen aus *seinem* lebensweltlichen Kontext aufgrund *seines* handelnden Verstehens durch *seine* produktive Geistestätigkeit in Form künstlerischer Kreativität geschaffen. Als solches kann es nun wiederum Ausgang sein für einen weiteren Semioseprozeß. Es liegt also nach Peirce aufgrund der Drittheit des Zeichens im Bild bereits eine 'abduktive Sinnkonstitution' vor, die dann wiederum zu neuen analogen Drittheiten führen kann. Das Zeichen bleibt als Mittel zwar unverändert, doch in seinem Relationengefüge bedarf es unabdingbar des Interpretanten, der in der Prag-

---

[15] Vgl. Charles Sanders Peirce, Collected Papers, Vol 1–6, 1931–35, second printing 1960, Vol. 7–8, 1958, Cambridge Harvard University Press.

matik als jeweils konkreter auch *seinen* je neuen lebensweltlichen Kontext
zum Verstehen bzw. zur Sinnkonstitution mit einbringen muß.

Mark Tobey gibt zu diesem Vorgang seiner eigenen Sinnkonstitution, die
sich in Bild-Zeichen vermittelt selbst verbalsprachlich Auskunft, wie und wodurch dieses Verstehen bei ihm selbst als Interpreten ausgelöst wurde. Das hat
methodisch zur Folge, daß das Einbeziehen von Selbstäußerungen der Maler
zum 'lebensweltlichen Kontext' in der pragmatischen Dimension für den Semioseprozeß der abduktiven Sinnkonstitution Interpretations-, d. h. Verstehenshilfe sein kann.

So können aus einer Vielzahl von Interviews und Tagebuchaufzeichnungen
Mark Tobeys zwei kategoriale Erkenntnisse für *seine* Eigenart der Sinnkonstitution herausgestellt werden: Sein eigenes interpretierendes Bewußtsein ist
Konsequenz eines Semioseprozesses, der immer auf die Zeichen der *Natur* gerichtet ist[16] und sich im Methodischen eher auf das *Unbewußte*, Intuitiv-Ein-
fühlende verläßt als auf das Bewußte in Form rational-deduktiven Verstehens.[17] Diese beiden Konstitutiva, die sich durch sein ganzes Werk ziehen, bestimmen einerseits – im traditionellen Sinne gesprochen – den 'eigenen Stil'
und die 'eigene Handschrift' und andererseits auch jede weitere abduktive
Sinnkonstitution, die sich dadurch der Beliebigkeit entzieht.

Bild-Verstehen vollzieht sich als Verstehens-Handlung also analog dem
Bild-Schaffen, das in diesem Fall als vorausgesetzte Semiose fungiert. Beide
unterscheiden sich aber kategorial in der Art ihrer Zeichen: Der Maler 'übersetzt' seine Sinnkonstitution in einen Text visueller Zeichen, in ein 'Bild' mit
allen Spezifika der visuellen Wahrnehmung und der Betrachter 'übersetzt'
seine daraus folgende Sinnkonstitution in den 'literarischen Text' des *gerade
jetzt*.[18] Grundsätzlich kann damit jede Art von Zeichen als Materialisierung
einer Drittheit wiederum zum Ausgang für eine neue abduktive Sinnkonstitution gleicher oder verschiedener Zeichenarten werden.[19]

[16] Mark Tobey, Gedanken: „Am meisten liebe ich es, in der Natur zu sehen, was ich
in meinem Bild möchte. Wenn es uns gelingt, das Abstrakte in der Natur zu finden, so
finden wir die tiefste Kunst." Oder: „Laß die Natur die Führung in deiner Arbeit übernehmen", oder: „Die Natur jagt den Künstler, nicht umgekehrt. Wir sind so mit unserem endlichen Selbst beschäftigt, daß wir vergessen haben, uns mit unserem unendlichen Selbst zu befassen", in: Anm. 8, a. a. O., S. 113.
[17] Mark Tobey, Gedanken: „Mein Werk entwickelt sich mehr unbewußt als bewußt. Ich arbeite nicht aufgrund intellektueller Deduktionen. Mein Werk ist inneres
Betrachten. Die für den schöpferisch Tätigen belangvolle Dimension ist der Raum des
Innern", in: Anm. 8, a. a. O., S. 111.
[18] Es könnten genausogut 'Übersetzungen' vorgenommen werden in Texte akusti-
scher Zeichen in Form von Vertonungen oder in Texte gestischer Zeichen wie Körper-
sprache, Tanz, Mimik etc.
[19] Dem Leser sei empfohlen, im Anschluß an die Überlegungen zu „Methodisches

Strukturelle Eigenarten des Zeichens 'Mark-Tobey-Bild'

Das, was man mit 'Bildanalyse' bezeichnet und was bis heute vorrangig methodisch am Objekt orientiert ist, stellt nach Peirce eine notwendige Voraussetzung dar für die mögliche Sinnkonstitution des ästhetischen Textes in der Drittheit. Mit einer ansatzhaften Konkretion möchte ich einsichtig machen, warum gerade dieses und ähnlich geartete Zeichen der 'Gegenstandslosigkeit' für die Sinnkonstitution in der Drittheit *besonders* geeignet sind.

Ich nehme also das Bild in bezug auf seine *Struktur* intensiver in den Blick.[20] Auf den ersten Blick gibt es auf die Frage nach dem *Was* keine inhaltliche Antwort, denn innerhalb der Semantik verweigern sich alle Versuche eines induktiven Vorgehens in bezug auf Bekanntes oder Gewußtes. Darüber hinaus entzieht sich aber auch die Syntax im traditionellen Sinne jeder Benennung. Die sonst in der Erstheit möglichen Deduktionen verweigern sich, weil sie nur im Rahmen von Prämissen, d. h. von Konventionen möglich sind. Solche sind aber mittels der Anschauung nicht ausfindig zu machen, da die kreative Freiheit des Künstlers aufgrund seiner individuellen Sinnkonstitution hier ein völlig *neues* Zeichen gesetzt hat.

Insofern ergibt sich, daß bereits zur strukturellen Bestimmung in der Erstheit 'Übersetzungen' nötig sind, die ein interpretierendes Bewußtsein der Drittheit zu ihrer Benennung benötigen. So wäre es richtiger zu sagen, daß in diesem Falle eine 'Bild-Beschreibung' nur darin bestehen kann, daß sie für das Wahrgenommene kreativ neue Wort-Bilder oder Metaphern findet und einsetzt, die zur Kennzeichnung der Struktur in aller Vagheit angeboten werden können:

Das Superzeichen bietet sich als ein komplexes Gewebe oder Geflecht aus Linien dar, das sowohl *auf* der Fläche und gleichzeitig in einer räumlichen Tiefe wahrgenommen wird, die aber nicht näher zu bestimmen ist. Damit entsteht im Bild der Eindruck einer 'dimensionslosen Dimension'. Oder eine andere, zweite 'Übersetzung': Eine noch nie gesehene Kalligraphie in Form einer noch nie gesehenen neuen Bild-Schrift füllt die gesamte Fläche wie ein undurchdringliches Netzwerk aus, das sich gleichzeitig verschließt und öffnet.

Bei genauerem Hinsehen in bezug auf eine Differenzierung der Einzelzei-

---

zur Sinnkonstitution" die Semiose auf der Grundlage des Textes „Gerade jetzt" selbst im Vollzug eigener Sinnkonstitution konkret weiterzuführen.

[20] Das Originalformat von 16 cm Breite und 25 cm Höhe entspricht in seiner Größe gerade einem Kopfformat im Gegenüber, d. h., der ideale Betrachterstandpunkt besteht in einer Face-to-face-Relation, die so geartet ist, daß alles Außerweltliche bei der Bild-Wahrnehmung ausgegrenzt ist. Tobey hat diese 'intimen Formate' als sog. 'Ikonen' bewußt auf ein solches Gegenüber hin gewählt.

chen ist festzustellen, daß die Linien als gleichzeitig beginnende und endende, einzelne und sich überlagernde – als nicht näher benennbare 'Kürzel' – diesen imaginären Raum der Wahrnehmung konstruieren. Die bewegende Linie, die 'moving line' ist es, die hier herrscht, aber von jeder Aufgabe der Bezeichnung, Begrenzung oder Umrißbestimmung freigestellt ist.[21] Statt dessen entwickelt sie eine sog. 'optische Energie' mit gleichermaßen zeitlichen *wie* räumlichen Qualitäten.

Anders gesagt: Die 'Energie' der Linie hat einerseits keinen figurativen Eigenwert mehr, sondern zeigt Unüberschaubarkeit und Regellosigkeit, wenn man die Prämissen bisheriger bekannter Linienformen zugrunde legt. Damit öffnet sich aber gleichzeitig dieselbe, negativ bezeichnete 'Unüberschaubarkeit' durch ihre Verweigerung des Bekannten zur positiv bezeichneten Innovation. Durch die eigenartigen Formen der Linien-Überlagerungen als einzelne und im Ganzen entsteht die Konstruktion eines Bildraumes von bisher nicht gesehener Tiefe und Dichte. *Dadurch* öffnet sich bereits in den Relationen der Erstheit der Erscheinung des Zeichens diese fundamental neue Erfahrung als *ein* Wesentliches für die genuin produktive Geistigkeit in der Drittheit der Sinnkonstitution.

Die Wahrnehmung erfährt einerseits diese Linien als optisch unerschließbar, denn das Sehen wird mit optischen Mitteln an die Grenzen der Möglichkeiten bisheriger Unterscheidungen geführt und andererseits wird dadurch die produktive Sinnbildungskraft aufgerufen, weil sich eine Erfahrung vermittelt, die die Kapazität des (reinen) Sehens überschreitet, d. h. transzendiert. Es bietet sich in der Erstheit des Zeichens also bereits eine Realität dar, die aufgrund der Beobachtung des Gegenstandes sich als ein *MEHR* erweist, welches über die Reichweite des Sehens unserer visuellen Wahrnehmung hinausgeht.

Ein Grund dafür liegt nach Peirce generell in der Verweigerung der Deduktion, oder spezifisch kunsthistorisch formuliert: Der Bildraum ist nicht nach Gesetzen oder Konventionen geordnet! Und damit liegen keinerlei Prämissen für die Anschauung vor. Dies hat zur Folge, daß die visuelle Wahrnehmung in der Erstheit des Zeichens – so der Betrachter sich darauf einläßt – bereits auf die Imagination des 'inneren Sehens' oder 'sehenden Sehens' verwiesen wird, indem die am *ortlosen Ort* gemachte Sinnerfahrung produktiv werden kann.[22]

Solcherart Verweise, die in den Paradoxien der Erstheit der Zeichengestalt angelegt sind und das Scheitern der eigenen eindeutigen 'Fest-Stellung' bewirken, leiten den Wahrnehmungsvorgang notwendig auf die Vagheit einer abduktiven Sinnkonstitution.

---

[21] Vgl. hierzu die Ausführungen von: Gottfried Boehm, Das innere Auge. Der Maler Mark Tobey, in: Anm. 8, a. a. O., S. 35–40.
[22] A. a. O., S. 37.

Was hier aus der Struktur der Linie hinsichtlich der 'Nicht-Erfahrung' des *Räumlichen* aufgewiesen wurde, kann hinsichtlich der 'Nicht-Erfahrung' des *Zeitlichen* aus der sich überlagernden Textur analog dargelegt werden: Die einzelnen Bewegtheiten gehen in eine Gesamtbewegtheit über und kommen *darin* zur Ruhe. Die ambivalente Zeit- und Lebenserfahrung von Nacheinander und Gleichzeitigkeit, von fließender Zeit und 'stehender Zeitgestalt', von Vergänglichkeit und Gegenwart sind hier zur Erfahrung der *Zeitlosigkeit* ebenso grundgelegt wie zuvor für die Erfahrung der *Ortlosigkeit*.

Mit dem sog. Bild-Licht, wie es hier eingesetzt ist, wird als Drittes in der *Struktur* des Gegenstandes die mögliche Erfahrung der *Entmaterialisierung* grundgelegt: Das Bild-Licht wird von unendlich vielen und verschiedenen Kontrasten und minimalen Unterschieden *in* der Fläche geweckt. Dadurch erfährt die gesamte Bildfläche eine sinnlich wahrnehmbare Gegenwart des Lichtes, die durch ihre Einbindung in die Erfahrung der gleichermaßen 'raumlosen Räumlichkeit' und 'zeitlosen Zeitlichkeit' die Fläche *zugleich* bewegt und beruhigt.

Diese drei in der Erstheit beschriebenen Strukturen fungieren als Zeichenträger für die Bewegung der Sinne für denjenigen, der mit dem 'inneren Auge' zu sehen vermag.[23] Hierin liegt also die kommunikationstheoretische Erkenntnis begründet, daß bestimmte Konstituenten für die Eignung eines ästhetischen Textes für Sinnkonstitution vorliegen müssen. Mit Georg Scherer zu sprechen heißt das: „Das Kunstwerk ist *gerade dann* (Sperrung, Verf.) ein Zeichen des Unsichtbaren und darin das höchste Zeichen, wenn es das Verhältnis zwischen dem Unsichtbaren und der Entsprechung der Teile zu vergegenwärtigen vermag."[24]

Die 'Entsprechung der Teile' besteht also hier aus 'moving line', Textur und Licht. Sie stehen als einzelne und untereinander im 'Verhältnis' zum Unsichtbaren und ließen aufgrund der 'Beschreibung' erkennen, daß sie abduktive Sinnbildungskraft herausfordern und stärken können.

Oder kommunikationtheoretisch gesagt: Das Bild provoziert durch die Komplizierung der Darstellungsweise und regt damit die Strukturierungsenergie des Betrachters an, weil alle konventionalisierten Sinnbildungsstrategien als mögliche Sinnerfahrungen nicht mehr tragen. Doch dieser Vorteil eines solchen Bildes trägt zugleich die Gefahr in sich, daß die 'Komplizierung' in Form der Fremdheit – bzw. Innovation – der Einzelzeichen derartig groß sein kann, daß das interpretierende Subjekt nicht mehr in der Lage ist, irgend-

---

[23] Alle diese Versuche begrifflicher Umschreibungen eines komplexen Sehvorganges, der Mehr und Anderes ist als physiologisches Sehen, kommen im späteren Zusammenhang des Vorgangs der Sinnkonstitution bei dem Text „Gerade jetzt" zur Sprache.
[24] Vgl. Anm. 1.

welche 'Relationen' zu seinem lebensweltlichen Kontext herzustellen. Dann erfolgen statt möglicher Sinnkonstitution Reaktionen totaler Ablehnung, Aggression oder Resignation.

Solchen Gefahren kommunikationstheoretischen Verhaltens begegnet der Maler Mark Tobey damit, daß er diesem Bild – wie den meisten seiner Bilder – solche Titel beigibt, die die gänzlich offenen visuellen Wahrnehmungsdaten in eine Relation auf Bekanntes hin in Bewegung setzen. Zumeist hat dieses Bekannte aufgrund seines vorausgehenden Verstehensprozesses mit *Natur* zu tun. Für das hier analysierte Bild heißt der Titel: *La vie da la nature*. Damit ist nur die Richtung der kreativen Imagination auf den Bereich der Natur gelenkt, denn auch der Titel läßt kein wiedererkennendes Sehen im Sinne der Denotation zu. Er fungiert somit als methodische Verstehenshilfe in Form einer offenen Textreferenz, weil bildimmant keinerlei ikonographische Referenz mehr vorhanden ist. Die Titel induziert also eine mögliche Relation zu einem lebensweltlichen Kontext, denotiert aber keineswegs den visuellen Bestand der Zeichen.

Strukturelle Eigenarten des Zeichens 'Betrachter-Text'

Mit dem folgenden literarischen Text *Genau jetzt* liegt nun das Zeichen einer neuen Drittheit vor, das aus der Begegnung des Bildes *La vie de la nature* von Mark Tobey mit einem interpretierenden Subjekt entstand.[25] Wieweit es sich hierbei um das Ergebnis einer Sinnkonstitution im beschriebenen Sinne handelt, soll nun abschließend methodisch kommentiert werden.

> *Genau / jetzt /*
> *un/sichtbar /*
> *Flammen, Züngeln, Sprießen,*
> *macht weh*

---

[25] Die Interpretin war eine etwa 50jährige Psychologin. Der Verstehensprozeß vollzog sich im Zusammenhang eines einwöchigen Seminars, in dem unter Einbeziehung anthropologischer, psychologischer und philosophisch-theologischer Ansätze Existenzfragen der Teilnehmer bearbeitet wurden. – Dem Prozeß gingen eine referierende Vorstellung analoger Prozesse und eine methodische Einführung im Plenum voraus. – Die Interpretin befand sich dann eine Stunde allein in einem Raum mit dem Bild (Mark Tobey, La vie de la nature), das aus einer farbgetreuen, mit weißem Karton gerahmten Reproduktion im Originalformat bestand. – Anschließend verlas sie im Plenum den folgenden Text. ›Genau jetzt‹ neben der visuellen Darbietung *des* Bildes. – Die Markierungen im Text wurden von der Autorin durch entsprechende Unterstreichungen (hier: gesperrt) mit begrenzenden Senkrecht-Linien und Sperrungen vorgenommen.

und heil
draußen – drinnen –
helle Nächtigkeit –
ungeheure Sanftmut –
unwiderstehliche Fühlung –
a l l ü b e r a l l,

nur Springen hilft
zum Ertragen
der reißenden Flut.

ich und alles, alles mit mir
durch Es und Dich
genau I j e t z t I
gezeugt – nicht geschaffen.

Nein, nicht so –
ganz anders!
Nicht w i e –
besser, d a ß.

Auch nicht so –
einfach wirklich –

genau I j e t z t I
un I e n d l i c h w i r k l i c h I.

Mit den Worten „Genau jetzt" wird als erstes versucht, die außergewöhnliche Zeitbestimmung des dann folgenden Geschehens einzuleiten. Das „jetzt" als Ausdruck der Plötzlichkeit und Momentaneität wird tautologisch mit einem „genau" verstärkt, um damit das besondere Ereignis in Doppelung des Ausdrucks als einen ganz *spezifischen* 'Augenblick' zu kennzeichnen. Damit ist auf ein sich Vergegenwärtigendes verwiesen, das im Moment seines Vollzuges insofern unfaßbar ist, als es nicht mehr der Vergangenheit, aber auch *noch* nicht der Zukunft angehört.

Da das „jetzt" aber nicht nur den Anfang des Textes bestimmt, sondern inmitten und am Schluß des Textes in derselben Wortfolge des „genau jetzt" wiederauftaucht, hat es konstitutive Bedeutung für das Verstehen der Zeitlichkeit bei diesem Vorgang der Sinnkonstitution.

Damit scheint dieser Text paradigmatisch auf das weite Feld philosophischer Theorien zum 'Augenblick' oder dem 'ästhetischen Augenblick' und der 'ästhetischen Epiphanie' hinzuweisen, das hier zur tieferen methodischen Durchdringung aufgerufen ist.[26]

---

[26] Vgl. „Sinnerfahrung und Augenblick", in: Georg Scherer, Sinnerfahrung und Un-

Wohlfart sagt dazu, daß der Augenblick ästhetischer Epiphanie der 'springende Punkt' ist, den *wir* ins Auge fassen. „Wir erblicken den ästhetischen Punkt, indem er 'sich blicken läßt'. Der Augenblick ästhetischer Epiphanie ereignet *sich*, d. h., er ereignet sich nicht im Augenblick auf einen Punkt, sondern als *Augenblick des Punktes*."[27] Damit bezeichnet der 'Punkt' den 'Kairos', in dem ästhetisches Sein sich konstituiert, als der Augenblick, in dem der lebensweltliche Kontext des interpretierenden Subjekts mit der Drittheit des ästhetischen Zeichens handelnd in einer neuen Drittheit als Sinn aufscheint. Wenn Wohlfart zur Begründung sagt: „Ästhetische Epiphanie ist ästhetische Reflexion (vermittelter ästhetischer Nachschein) des ästhetischen Phänomens"[28], dann handelt es sich um die Formulierung derselben Grundlage, doch der Akzent liegt eher auf der Seite des 'ästhetischen Phänomens' als *Objekt* und der Eigenart der ästhetischen Wahrnehmung als *Reflexion*. Die Eigenart des *Sehens* und die Eigenarten der lebensweltlichen Kontextes des Interpreten scheinen mir dabei als Konstituenten des Prozesses der Sinnkonstitution methodisch zu kurz zu kommen.

Aus diesem im Ansatz eher platonischen Denken Wohlfarts ergibt sich für unseren Zusammenhang aber noch ein Erkenntnisgewinn, daß nämlich die zuvor analysierten 'raum-zeit-losen' Strukturen des ästhetischen Phänomens 'Bild' als Prämissen einer analogen Sinnkonstitution angesehen werden können: „Der ästhetische Augenblick eines Punktes ist nun weder ein fester *Raum*punkt (Blickpunkt) noch ein fester *Zeit*punkt (Augenblick), weder eine Sache des 'äußeren' noch eine Sache des 'inneren Sehens'. Deshalb soll er auch als *Augenblickpunkt* bezeichnet werden."[29]

Eine solche *Genau jetzt*-Umschreibung als 'Augenblickpunkt' legt durch ihre Begrifflichkeit nahe, daß mit diesem 'Kairos' konstitutiv eine *besondere* Art des *Sehens* verbunden ist. Und genau diesen Ansatz verfolgt auch Gottfried Boehm in seinen kunstwissenschaftlich – philosophisch ausgerichteten Fragestellungen des „erinnernden Sehens" oder des „stummen Logos".[30] Er kennzeichnet das 'jetzt' als einen besonderen, 'beherrschten' oder 'erfüllten' Zeitzustand, in dem sich das zeitliche 'Gefälle' eines Bildes zur erfahrenen Gegenwart verdichtet, in dem verschiedene Zeitzustände in die Gegenwart hin-

sterblichkeit, Darmstadt 1985, S. 96–114, und: Günter Wohlfart, Der Punkt. Ästhetische Meditation, Freiburg/München 1986; darin insbesondere: Augenblickpunkt ästhetischer Epiphanie, S. 41–59.

[27] Wohlfart, a. a. O., S. 44 f.

[28] Wohlfart, a. a. O., S. 45.

[29] Wohlfart, a. a. O., S. 46.

[30] Gottfried Boehm, Mnemosyne. Zur Kategorie des erinnernden Sehens, in: Boehm/Stierle/Winter (Hrsg.), Modernität und Tradition. Festschrift zum 60. Geburtstag von Max Imdahl, München 1985, S. 42.

eingeholt werden. Dazu dient Boehm als kategoriales Konstrukt das „erinnernde Sehen".[31] Damit scheint methodisch in diesem 'Sehenden-genau-jetzt' ein konstitutives Charakteristikum für die Eigenart von Sinnkonstitution im Zusammenhang von Transzendenz und Malerei gegeben zu sein. Dies läßt sich sowohl in vielfachen Theorien nachweisen und weiter fundieren wie auch in dem vorliegenden literarischen Text. In immer neuen Begründungszusammenhängen ihrer jeweiligen Kontexte bemühen sich Künstler[32], Kunstwissenschaftler, Philosophen, Psychologen, Theologen und Kommunikationswissenschaftler um die erkenntnismäßig intensivere Erschließung dieses 'ästhetischen Augenblicks'.

Im konkreten Vollzug der Sinnkonstitution ereignet er sich als ein paradoxes 'unsichtbar-sichtbares' und 'endlich-unendliches' Transzendieren der Wirklichkeit.

Wenn man nun weiterfragt, *wie* und wodurch über diesen Prozeß weiterer Aufschluß zu erhalten ist, dann scheint mir Boehm mit seinen Verweisen auf die Grundlagen des Denkens von Merleau-Ponty richtungweisend, weil nämlich bei ihm „die Malerei zum ausgezeichneten Paradigma, ja zum Organon seines Denkens aufsteigt".[33] Wenn Merleau-Ponty in seiner auf phänomenologische, lebensweltliche wie metaphysische Ansätze offenen Reflexionsphilosophie[34] die Problematik der Trennung zwischen isoliertem Subjekt und einer für sich bestehenden Realität bearbeitet, dann ist damit auch die Grundfrage der Kunstwissenschaft in bezug auf Transzendenz und Malerei angesprochen; konkret hieße das: *Wie* entsteht aus der Begegnung von Bild und Betrachter eine *neue* Realität als Sinn?

[31] Vgl. Anm. 30 und Gottfried Boehm, Der stumme Logos, in: Métraux/Waldenfels (Hrsg.), Leibhaftige Vernunft, Spuren von Merleau-Pontys Denken, München 1986, S. 289–304, und Gottfried Boehm, Das Werk als Prozeß, in: W. Oelmüller (Hrsg.), Kolloquium Kunst und Philosophie 3, Das Kunstwerk, Paderborn/München/Wien 1983, S. 326–338, und Gottfried Boehm, Kunsterfahrung und Herausforderung der Ästhetik, in: W. Oelmüller (Hrsg.), Kolloquium Kunst und Philosophie I, Ästhetische Erfahrung, Paderborn/München 1961, S. 13–28.

[32] Es ist auffällig, daß in jüngster Zeit auch bildende Künstler wie der Schweizer Rémy Zaugg (Entstehung eines Bildwerks, Basel 1990) oder die in USA lebende russische Malerin Agnes Martin (Writings, Kunstmuseum Winterthur 1992) verbale Texte über die 'Semiose', wie ein Kunstwerk entsteht und verstanden werden kann, veröffentlichen oder sogar ausstellen. – Da heißt es bei Agnes Martin: „Es gibt nur einen Weg… Um erfolgreiche Kunstwerke herzustellen, die Empfindungen anregen und Augenblicke der Vollkommenheit erneuern, muß ein Künstler diejenigen Werke erkennen, die seine eigenen Augenblicke der Vollkommenheit darstellen", a. a. O., S. 77.

[33] Vgl. Anm. 31, Der stumme Logos, S. 289.

[34] Vgl. Maurice Merleau-Ponty, Das Sichtbare und das Unsichtbare, München 1986.

Auf unser konkretes Beispiel bezogen wird deutlich, daß die zuvor im Bild aufgewiesene Struktur der Syntax von Linie, Textur und Bewegung mit Hilfe des interpretierenden Bewußtseins ein semantisches Potential beinhaltete, das vage als 'immaterielle Raum-Zeitlosigkeit' gekennzeichnet wurde. Die darauf aufbauende zweite Semiose wird durch eine analoge Struktur bestimmt:

Wie beim Bildschaffen die Drittheit *alle* Dimensionen der Bedeutungskonstitution in eigenen Zeichen bestimmt, so auch in dem ihm folgenden literarischen Text des *Genau jetzt*. Das Schrift-Bild mit Unterstreichungen (hier: Sperrungen), Silben und Wörter begrenzenden Linien, Sperrungen, Gedankenstrichen, Zeilen- und Stropheneinteilung konstituiert zunächst die 'eigene Handschrift' und damit den 'eigenen Stil' des interpretierenden Subjekts. Das Verstehen des *Neuen* bedarf hier somit der Deutung struktureller Eigenarten wie z.B. der visuellen Ausgrenzung von Wörtern oder Teilwörtern, die sich nicht auf Konventionen berufen können. Diese innovativen Zeichen der Syntax des Textes entsprechen den neuen Linien im Bild.

Die Paradoxien der Bild-Syntax aus endenden und nichtendenden Linien führten in Form einer Zeichengenerierung unter Einbeziehung des Interpreten zu den vagen semantischen Paradoxien von 'ortlosem Ort' und 'zeitloser Zeit' und 'entmaterialisierter Materie'. In dieser zweiten Semiose hat sich nun in der Syntax strukturell eine ähnliche Paradoxie im Prozeß der 'Übersetzung' materialisiert, doch mit dem lebensweltlichen Kontext der Interpretin neu gefüllt. Die Paradoxien benennen konkret gegensätzliche Gefühle („weh" – „heil"), und gegensätzliche Raumerfahrungen („drinnen" – „draußen"), und gegensätzliche visuelle Wahrnehmungen („Helle" – „Nächtigkeit"), und gegensätzliche Handlungen (aktives „Springen" – passives „Ertragen"), und gegensätzliche Selbsterfahrungen („Ich" – „alles"). Diese gipfeln dann als Ganze im Augenblick des zweiten „genau jetzt" als *neue* Sinnkonstitutionen in der *konventionellen* Paradoxie des „gezeugt – nicht geschaffen", die abendländisch-christlichen Verstehen seit Anbeginn bewegt hat.

Auf diesem Höhepunkt bricht der Text dann semantisch ab. Ist es aus Angst vor der aufgetauchten Konvention, die sich des Augenblicks der Sinnkonstitution ermächtigen könnte, oder ist es aus der Überwältigung der das Wirkliche transzendierenden erlebten Sinnerfahrung? Aus dem deduzierend-rationalen Denken taucht dann plötzlich die Frage nach dem *Wie* auf – wie soll das geschehen? Sie wird von der Interpretin aufgrund der erlebten Sinnerfahrung kategorisch mit „nein" abgetan. Wichtig ist, war und bleibt das „genau jetzt", welches das „daß" einer Wirklichkeit erfahren ließ, die „un/endlich wirklich/" ist, doch in ihrer schriftlichen Erscheinungsform des Zeichens bereits das „endlich wirklich" semantisch wieder impliziert.[35]

---

[35] Der literarische Text der zweiten Semiose gäbe im Zusammenhang mit dem visu-

Die strukturellen Bedingtheiten in Syntax und Semantik des literarischen Textes zur Sinnkonstitution verweisen somit im „un/sichtbar/" und „un/endlich/" zu Beginn und Schluß sowohl in ihren gleichen „Stilelementen" wie in ihren semantischen Implikationen auf die in der Struktur der ästhetischen Wahrnehmung angelegten Ambivalenzen des *Sehens* und der *Realität*.[36] Für die Interpretin konstituierte sich im ästhetischen Augenblick des „Genau jetzt" neuer Sinn und damit wurde für sie Transzendenz offenbar.[37]

ellen Text der ersten noch eine Menge Anstöße zu weiteren methodischen Untersuchungen, die hier leider nicht mehr vorgenommen werden können. Deshalb sollen nur einige Problemfelder benannt werden: Simultane und sukzessive Wahrnehmung; Eigenarten visueller und verbaler Zeichen in bezug auf Sinnkonstitution; Gestaltpsychologie; Kontextualität und Konnotationsbildung.

[36] Das immer wieder in neuen Kontexten auftauchende 'Sehen' verlangte eigentlich nach einer grundsätzlichen Untersuchung der vielfältigen Begrifflichkeiten, die auf ihre Weise alle das *Besondere* dieses Vorganges verdeutlichen wollen. Hier können aber nur abschließend die verschiedenen Begriffe mit ihren Autoren genannt werden, um so evtl. assoziativ auf Zusammenhänge aufmerksam zu machen: „äußeres und inneres Sehen" (Wohlfart); „wiedererkennendes und sehendes Sehen" (Imdahl); „erinnerndes Sehen" (Boehm); „sinnliches Sehen" (Fiedler); „inneres Sehen" (Guardini); „inneres Auge" (Tobey); „nicht sehen, sondern sichtbar machen" (Klee).

[37] Als abschließenden Kommentar möchte ich aus einem Text, den die Interpretin acht Tage nach dem Entstehen des Textes ›Genau jetzt‹ mir mitgeteilt hat, noch einige Ergänzungen machen. Sie scheinen mir seitens der Rezipientin die im Text aufgezeigten Methodenschritte in verschiedenen Kategorien beschreibend zu unterstützen. Die Zitate wurden aus weiteren Zusammenhängen von mir gekürzt:
– „Die aufgeschriebenen Wörter haben mir geholfen, die anfängliche Gefühlsüberschwemmung zu durchdringen..."
– „Für den ersten Schritt genügte die Korrespondenz mit dem Bild auf den ersten Blick";
– „Zum letzten Schritt war Schreiben notwendig."
– „Um nicht zu ertrinken, mußte ich schreiben."
– „Unter dem Eindruck der gemalten Fläche (Tobey) habe ich erst die Gefühlsschwemme und dann die bereits vorhandenen Vorstellungsbilder (Gedanken-bilder?) *durcheilen* müssen."
– „Ich habe Fühlung aufgenommen mit meinen lautlosen Innenbildern ..."
– „So ein Bildwort war *gezeugt – nicht geschaffen*."
– „Jetzt, acht Tage später *weiß* ich, daß diese Meditation mich an den spirituellen Weg des Johannes vom Kreuz erinnert: Wirklichkeitserfahrung jenseits der Gefühle, jenseits der Vorstellungen" (R. S.).

BILDUNG HEUTE?

Zur Wiederentdeckung von Wilhelm von Humboldt in unserer Zeit

Von FRANZ-JOSEF WEHNES

Die Bildungstheorie Wilhelm von Humboldts ist in ihrer 200jährigen Geschichte – je nach den Interessen und Maßstäben der Zeit – sehr unterschiedlich rezipiert worden. Das begann schon bei Humboldt selbst, als er 1809 zum 'Kultusminister' Preußens berufen wurde (Humboldts genaue Amtsbezeichnung lautete 'Geheimer Staatsrat u. Direktor der Sektion f. Kultus u. Unterricht'). Durch die totale Niederlage des Landes hatten die reformwilligen Kräfte erkannt: Wir müssen geistig zurückgewinnen, was wir physisch verloren haben! Hierfür schien ihnen Humboldt als der geeignete Mann, eine grundsätzliche Reform des gesamten Bildungswesens theoretisch zu begründen und praktisch einzuleiten, um so eine wichtige Voraussetzung für die Erneuerung Preußens zu schaffen; denn die geplanten und teilweise schon eingeleiteten Reformen für Regierung und Heer, Kommunalverwaltung und Landwirtschaft konnten auf die Dauer nur gelingen, wenn der Großteil der Bevölkerung Verständnis und Engagement für das Neue aufbrachte.

Aber bekanntlich waren die traditionellen Kräfte des Landes stärker, so daß Humboldts Bildungs- und Schulreform, die er vor allem in seinem Königsberger und Litauischen Schulplan vorgelegt hatte, trotz mancher Einzelerfolge – z. B. der Neugründung der Berliner Universität – letztlich scheiterte. In der Tat hatte seine Idee einer dreistufigen 'Einheitsschule' zum Ziele gehabt, auf längere Sicht die Auflösung der alten ständischen Gesellschaftsstruktur herbeizuführen. Dies hatte Humboldt in seiner Konzeption eines völlig neuen Schulwesens mit aller Deutlichkeit zum Ausdruck gebracht:

> Die Organisation der Schulen bekümmert sich... um keine Kaste... denn der gemeinste Tagelöhner und der am feinsten Ausgebildete muß in seinem Gemüt ursprünglich gleichgestimmt werden, wenn jener nicht unter der Menschenwürde roh und dieser nicht unter der Menschenkraft sentimental, chimärisch und verschroben werden soll... Alle Schulen, deren sich nicht ein einzelner Stand, sondern die ganze Nation oder der Staat für diese annimmt, müssen nur allgemeine Menschenbildung bezwecken.[1]

---

[1] W. v. Humboldt, Werke in 5 Bänden, hrsg. v. A. Flitner/K. Giel, Bd. IV: Schriften zur Politik u. zum Bildungswesen, Darmstadt 1964, S. 188 f.

'Allgemeine Menschenbildung' für jedermann bedeutet hier: Die ersten Stufen des schulischen Lernens (im Elementarunterricht, Schulunterricht, Universitätsunterricht[2]), müssen immer 'allgemein' d.h. nicht von Anfang an oder zu früh auf etwas Spezielles ausgerichtet sein: weder auf einen Beruf noch auf einen Unterricht bloß zum 'äußeren Bedarf' etwa einem Lateinunterricht, der lediglich zur Fertigkeit führt, antike Texte lesen zu können. Humboldt betont dagegen: „Der allgemeine Unterricht geht auf den Menschen überhaupt."[3] Das heißt für ihn konkret: Nur wenn der einzelne vorweg die notwendigen geistig-individuellen Kräfte – eigenständiges Aufnehmen, Denken, Urteilen und Entscheiden – in sich entfaltet hat, nur dann kann er sich in den täglichen Anforderungen von Sache und Mitmensch wirklich menschlich bewähren. Darum lautet Humboldts immer wiederholter Grundsatz:

Was das Bedürfnis des Lebens oder eines Einzelnen seiner Gewerbe erheischt, muß abgesondert und *nach* (FJW) vollendetem allgemeinen Unterricht erworben werden. Wird beides vermischt, so wird die Bildung unrein, und man erhält weder vollständige Menschen noch vollständige Bürger einzelner Klassen.[4]

Das bedeutet mit heutigen Begriffen: Erst Denken lernen in sprachlicher, mathematischer und historischer Hinsicht, moralisch-politische Urteilsfähigkeit und Handlungskompetenz im Leben erwerben, Freiheitsbewußtsein und kreative Potenz grundlegen, mündige Entscheidungskraft, Kritikvermögen und persönliche Verantwortlichkeit zur individuellen Entfaltung bringen, nicht zuletzt einen Blick für das Menschlich-Wesentliche in den konkreten Belangen und Zwängen der Lebenswirklichkeit erlangen! Humboldt spricht das Gleiche (im Königsberger Schulplan) abstrakt aus: „... allgemeine Übung der Hauptkräfte des Geistes und die Einsammlung der künftig notwendigen Kenntnisse, welche zum wirklichen Leben vorbereitet."[5]
Damit wird deutlich, daß Humboldt keineswegs – wie oft behauptet worden ist – gleichgültig dem 'wirklichen Leben' gegenüberstand und nur an geistig-ästhetischen Prozessen jenseits der Alltagsrealität interessiert war. Die allgemein-formale Bildung sollte nur die rechte Grundlegung und Vorbereitung auf das konkrete Leben sein, da nur so garantiert werden kann, daß jedes Individuum menschlich gerüstet ist, sinnvoll sein Leben zu meistern, ohne sich in den speziellen Geschäften des Berufes zu verlieren:

... beide Bildungen – die allgemeine und die spezielle – werden durch verschiedene Grundsätze geleitet. Durch die allgemeine sollen die Kräfte, d.h. der Mensch selbst ge-

[2] Ebd., S.169.
[3] Ebd., S.188.
[4] Ebd.
[5] Ebd., S.172.

stärkt, geläutert und geregelt werden; durch die spezielle soll er nur Fertigkeiten zur Anwendung erhalten.[6]

Das könnte zwar dahingehend mißverstanden werden – und ist oft so falsch interpretiert worden –, daß der Mensch in den Aufgaben der Lebenspraxis nicht 'gestärkt und geläutert', sondern bloß zerstreut und verzettelt, wenn nicht gar zerrieben und zerstört würde; gemeint ist damit aber: ohne die vorherige geistige Ausrüstung und individuelle Kraftbildung können alle spezifischen Geschäfte – so notwendig sie für den Menschen im Alltag und so unentbehrlich sie für seine menschliche Weiterentwicklung sind – nur blinde Praxis und mechanisches Handeln sein:

> Für die (allgemeine) Bildung ist jede Fertigkeit, die nicht durch vollständige Einsicht... und allgemein gültige Anschauung... die Denk- und Einbildungskraft und durch beide das Gemüt erhöht 'tot und unfruchtbar', während für die spezielle Tätigkeit gilt: ... daß man sich sehr oft auf in ihren Gründen unverstandene Resultate beschränken muß, weil die Fertigkeit da sein muß und Zeit oder Talent zur Einsicht fehlt.[7]

Nochmals: es ist nicht Mißachtung der speziellen Ausbildung – Humboldt wünschte ausdrücklich, „daß es viele Spezialschulen geben und kein bedeutendes Gewerbe des bürgerlichen Lebens eine entbehre"[8] –, sondern es ging ihm um die Einsicht, daß die künftige Lebenswirklichkeit mit der heraufkommenden Industriearbeit einen neuen Menschen verlangt, der diese nur dann menschlich verkraftet, wenn er ihr mit Einsicht und Mündigkeit, Bewußtsein und Verantwortung begegnen kann. Darum forderte er:

> Jeder, auch der Ärmste, erhielte eine vollständige Menschenbildung, jeder überhaupt eine vollständige, nur da, wo sie noch zu weiterer Entwicklung fortschreiten könnte, verschieden begrenzte Bildung, jede intellektuelle Individualität fände ihr Recht und ihren Platz, keiner brauchte seine Bestimmung früher als in seiner allmählichen Entwicklung selbst zu suchen.[9]

Nur dies ist die tatsächliche Begründung seiner pädagogischen und sozialpolitischen Grundforderung einer strikten Trennung von allgemein-bildenden und berufs-bildenden Schulen! Dieser Bildungskonzeption hatte Wilhelm von Humboldt seinerzeit weit vorausgedacht und Zielvorstellungen entwickelt, die für seine Zeitgenossen – und nicht nur für die traditionsorientierten – unverständlich blieb, weil sie weder den gesellschaftlich-ökonomischen Anlaß für seine Theorie sahen noch bereit waren, die Konsequenzen aus dessen radikalen Reformplan zu ziehen. Das sollte sich in der weiteren Entwicklung im 19. Jahrhundert wiederholen. Denn Humboldts Bildungsidee,

---

[6] Ebd., S. 188.
[7] Ebd.
[8] Ebd., S. 175.
[9] Ebd.

die als Fernziel für jeden Menschen sowie als grundsätzlich nie abschließbarer
Prozeß gedacht war, entartete mehr und mehr zum Privileg einer speziellen
Schule, dem humanistischen Gymnasium, und damit wieder einem besonderen Stand. Was bei Humboldt als offene, stets neu zu erwerbende Individualisierung und Humanisierung konzipiert war, wurde jetzt zu einem festen Un-
terrichtskanon mit abgeschlossenem Examen für den Nachwuchs der geho-
benen Sozialschicht.

Die Perversion der humboldtschen Zielvorstellung war damit vollzogen:
dort Grundlegung der Humanität für jeden Bürger – hier nur für eine gesellschaftliche Elite. Dort Sprache bzw. Fremdsprache (nicht unbedingt die lateinische und griechische!) ohne sofortige Verwendungsabsichten – hier der Erwerb der alten Sprachen mit speziellem Gebrauchswert; vor allem: die gesellschaftlich-politische Bedeutung der humboldtschen Konzeption war eliminiert, indem die allgemeine Aufgabe der menschlichen Bildung zum Gegenstand eines speziellen Berufsstandes reduziert war: des Altphilologen. Bis zur
zweiten Hälfte des 19. Jhs. war diese Entschärfung Humboldts und damit die
Verfälschung seiner revolutionären Gedanken abgeschlossen. Dessen Bildungsidee war vom neuen Bildungsbürgertum zum entscheidenden Mittel
ihres eigenen sozialen Aufstiegs umfunktioniert worden. Kein Wunder, daß
z. B. Nietzsche Humboldts Konzeption nur unter dem Aspekt der 'Pseudo-Bil-
dung' sehen konnte: „Die aller-allgemeinste Bildung ist eben die Barbarei",
deren bloß „übergehängte moderne Bildungshaut" er heftig kritisierte; wie
auch für ihn die Schulen und Universitäten nur „Bildungsmaschinen" waren.
So lautete sein Urteil über Humboldt nur verächtlich: „... kein Leben, kein
echtes Blut!"[10] Allerdings traf er damit nur den falsch rezipierten Humboldt,
nicht diesen selbst, den Nietzsche nicht vollständig kannte – ein Schicksal, das
Humboldt noch bis in unsere Gegenwart erleidet. Denn dieses verzerrte Humboldt-Bild – Flucht eines Idealisten vor der harten Wirklichkeit bzw. Bildung
nur als dünner Aufguß für schwache Naturen – hat bis heute das volle Verständnis jener Bildungsidee verhindert.

Das gilt auch für Eduard Spranger und seine Analyse *Wilhelm von Humboldt und die Humanitätsidee*[11], wo er diesen nur vom Literarischen und Ästhetischen, vom Individualistischen und Historischen her begreift und keineswegs – wie Benner soeben nachgewiesen hat[12] – aus dem Verständnis des
ganzen Humboldtschen Denkens heraus. Doch damit hatte Spranger maß-

---

[10] F. Nietzsche, Über die Zukunft unserer Bildungsanstalten, in: Werke, krit. Gesamtausgabe, 3. Abt., 2. Bd. Nachgelassene Schriften 1970–1973, hrsg. v. Colli/Monti-
nari, S. 157, 160 u. 163.
[11] E. Spranger, W. V. Humboldt und die Humanitätsidee, Berlin 1909.
[12] D. Benner, W. V. Humboldts Bildungstheorie, Eine problemgeschichtliche Studie
zum Begründungszusammenhang neuzeitlicher Bildungsreform, München 1990.

geblich das Humboldt-Verständnis bis in unser Jahrhundert festgelegt. Daß das Dritte Reich mit Humboldts demokratischer Tendenz nichts anfangen konnte, versteht sich von selbst.[13] Um so mehr wurde nach 1945 Humboldts Bildungstheorie zur konkurrenzlosen pädagogischen Konzeption. Denn in einer Zeit größter politischer Zerrissenheit bei gleichzeitig großem Orientierungsbedürfnis hatte man ein offenes Ohr für Zielvorstellungen, die eine harmonische Bildung des Geistes – unabhängig von Gesellschaft und Politik – zu garantieren schien. Humboldts Satz von der 'höchst-proportionierlichsten Ausbildung aller menschlichen Kräfte zum Ganzen' in der jeweiligen individuellen Persönlichkeit wurde dahin mißverstanden, daß es das Ziel des 'gebildeten Menschen' sei, Welt und Gesellschaft nur als Material für die eigene Selbstbildung im Sinne individueller Veredlung zu nutzen, da wahre Humanität nur in 'Einsamkeit und Freiheit' existieren. Daß damit ein völlig unverstandener Humboldt rezipiert wurde, war der Pädagogik nach 1945 nicht bewußt, zumal jene Fehleinstellung um 1970 von der Gedankenwelt der Studentenbewegung noch verschärft wurde: für diese stand fest, daß restlos alles gesellschaftlich bedingt und determiniert ist; so wurde Humboldts angeblich individualistische Bildungstheorie als die eigentliche Ursache für das Schicksal der Deutschen – vor allem der deutschen Intellektuellen – verantwortlich gemacht, vor der politischen Wirklichkeit in eine nur formale, eine rein geistig-ästhetische Bildung zu flüchten.

Allerdings war vor dieser Kritik schon 1955 von Theodor Litt eine ähnliche Kritik erhoben worden. Dieser hatte mit seiner Schrift *Das Bildungsideal der deutschen Klassik und die moderne Arbeitswelt* Humboldt vorgeworfen, daß gerade seine „Humanitätsidee... geeignet war, die ohnehin bestehende Entfremdung gegenüber den Grundtendenzen der gesellschaftlichen Entwicklung zu verstärken".[14] Litt ging dabei von der Überzeugung aus, daß vor allem Humboldts Bildungsdenken entscheidend Anteil habe an dem verhängnisvollen Gegensatz, der sich in Deutschland zwischen der Bildung des Menschen zum homo humanus einerseits und innerhalb der modernen Arbeitswelt zum homo technicus andererseits aufgerichtet habe; hierdurch sei eine Trennung entstanden, „der die Erziehungswelt noch lange Folge leisten sollte"[15], aber hier seien zwei Daseinsmächte – 'Menschenwelt und Sachwelt' –, die mit den humboldtschen Kategorien 'Humanität und Totalität' nicht mehr zu umspannen seien, „denn einer harmoni-

---

[13] Vgl.: I. Kawohl, W. v. Humboldt in der Kritik des 20. Jahrhunderts, Ratingen 1969, S. 63 ff.
[14] Th. Litt, Das Bildungsideal der dt. Klassik und die moderne Arbeitswelt, hrsg. v. der Bundeszentrale für Heimatdienst, Bonn 1955, S. 54.
[15] Ebd., S. 56.

schen Lebensverfassung ist die Menschheit nie ferner gewesen als in unseren Tagen".[16]

Mit solcher Auffassung zeigte Litt aber nur, daß er das eigentliche Denken Humboldts gar nicht kannte, weil er problemlos vom Sprangerschen Humboldt-Bild ausgegangen war. Dieser hatte jedoch in seiner Untersuchung von 1909 – wie Benner kürzlich nachgewiesen hat – „keine einzige Schrift Humboldts annähernd vollständig dargestellt, analysiert und systematisch untersucht. Statt dessen ordnete er Zitate aus verschiedenen Schriften Humboldts unter weitgehender Abstraktion von der ihnen in dieser zukommenden Bedeutung bestimmten geisteswissenschaftlichen Problemstellungen und Disziplinen zu, die erst im späten 19. Jahrhundert entstanden ... sind".[17] Allerdings gibt Benner zu bedenken, „daß viele im kaiserlichen, vorrepublikanischen Deutschland Anfang unseres Jahrhunderts Humboldt gar nicht anders zu lesen vermochten, als Spranger dies tat".[18]

Das gleiche methodische Vorgehen zeigt sich bei Litt. Auch er bemüht sich an keiner Stelle (in o. a. Schrift) um eine systematisch erarbeitete Humboldt-Interpretation. Benner weist nach, daß Spranger und Litt entscheidende Grundgedanken in Humboldts Gesamtwerk „nahezu vollständig vernachlässigt (haben)": Humboldts Frühschrift *Ideen zu einem Versuch, die Gränzen der Wirksamkeit des Staates zu bestimmen* und Humboldts Sprachphilosophie. Ohne Berücksichtigung dieser Arbeiten „ist ein tieferes Eindringen in die Fragestellung der Humboldtschen Bildungstheorie gar nicht möglich".[19]

Schon 1973 hat u. a. Heydorn auf dieses Unverständnis aufmerksam gemacht.[20] Seine Humboldt-Interpretation verbindet wieder das bildungstheoretische und das gesellschaftlich-politische Denken Humboldts miteinander – oder anders gesagt: er deckt die politischen Zielvorstellungen, die in Humboldts Bildungskonzeption enthalten sind, wieder auf und legt damit die Grundlagen für ein umfassendes Verständnis Humboldts frei. Was sich dadurch zeigt, ist die große Aktualität Humboldts auch und gerade für unsere Zeit. Die drei bekanntesten Humboldt-Forscher unserer Tage – Heydorn, Menze[21] und Benner – haben das übereinstimmend, wenngleich unabhängig

---

[16] Ebd., S. 109.
[17] Benner, W. v. Humboldts Bildungstheorie, S. 22 f.
[18] Ebd., S. 23.
[19] Ebd., S. 26.
[20] Heydorn/Koneffke, Humboldt, W. v., in: Studien zu Sozialgeschichte und Philosophie der Bildung, Bd. II: Aspekte des 19. Jahrhunderts in Deutschland, München 1973.
[21] C. Menze, W. v. Humboldts Lehre und Bild vom Menschen, Ratingen 1965, – ders., Bildungsreform W. v. Humboldts, Hannover 1975, – ders., Ist humanistische Bildung noch zeitgemäß?, in: H. Heid/R. Vath (Hrsg.), Pädagogik im Umbruch?, Freiburg 1978, S. 9–26.

voneinander, belegt. Heydorn z. B. geht aus von der Frage: „Was kann uns gegenwärtig, in unserer konkreten Existenz, Humboldt noch sein?: Wie vermag er uns noch zu helfen, uns selbst über ein menschenwürdiges Leben zu begreifen?"[22] Vom Humboldt-Bild Sprangers ist – „nach dem Brennen der Gasöfen"[23] – nichts mehr zu erwarten, da hier Humboldts Voraussicht der kommenden menschlichen Zerrissenheit und Orientierungslosigkeit unter den Bedingungen der gesellschaftlichen Weiterentwicklung durch Harmonisierung verschleiert und dadurch die gesellschaftlich-politische Denkweise Humboldts eliminiert wird. Kein Wunder, daß heute Humboldt für die meisten – auch der meisten Pädagogen – „nur noch ein leerer Name"[24] ist. Dagegen zeigt Heydorn auf, daß Humboldt bereits sehr klar „die Züge der anhebenden industriellen Revolution" erkannte: mit ihren Tendenzen der Mechanisierung und Ökonomisierung, Determinalisierung und Dependierung.

Dieser sah schon 1798 mit erstaunlicher Hellsichtigkeit „die unnatürliche und künstliche Gestalt" der heraufkommenden Zeit mit ihrer „Unmenge neuer Bedürfnisse" und wie man „die möglichst große Zahl der Zwecke mit möglichst kleinem Aufwand von Mitteln zu erreichen" sucht; daß durch „neue Werkzeuge" ein einzelner „mit geringster Anstrengung eine große Masse bewegen kann"; der Mensch selbst aber „seltener... die einzige Ursache einer Begebenheit (ist); er handelt nicht allein oder nicht frei, (sondern) das Zusammenwirken der Menschen und Ereignisse ist so vielfach und mächtig geworden, (daß alles) mehr von der klugen Berechnung der Umstände und einer geschickten Anlegung des Plans als von der Kraft und dem Mut des Charakters" abhängt. So muß der kommende Mensch immer „durch Massen handeln, sich immer in eine Maschine verwandeln".[25]

Heydorn sieht in dieser Analyse Humboldts nicht nur dessen 'Realitätsnähe' und Weitsichtigkeit gegenüber dem Kommenden, nicht nur dessen Illusionslosigkeit und Nüchternheit gegenüber der Zukunft, die keinerlei Flucht vor der unausweichlichen Wirklichkeit zuläßt: etwa durch selbsttäuschende Harmonisierung oder durch Rückblick in die 'heile Antike'. Heydorn sieht vor allem: „Die humboldtsche Frage richtet sich ausschließlich auf die Differenz, die übrigbleibt, auf das, was der Mensch noch ist, wenn man die Summe seiner Determinationen abzieht";[26] er ist überzeugt, daß Humboldt den „anonymen Charakter" der heraufkommenden Zeit, „die unsichtbare Steuerung des Menschen" und daß er „in seine eigene Verlorenheit herausgesetzt" wird,

[22] Heydorn, S. 58.
[23] Ebd., S. 59.
[24] Ebd., S. 60.
[25] Ebd., S. 65 f.
[26] Ebd., S. 66.

klar vorausgesehen hat. Dies ist für Heydorn „so aktuell, daß es keine andere Fragestellung gibt, die für unsere Gegenwart bedeutsamer wäre".[27] Entscheidender aber als Humboldts Analyse sei dessen Therapie, sein Versuch, den Menschen aus dieser künftigen Bedrohung seiner humanen Existenz noch zu retten. Das geschieht nicht durch die ästhetische Flucht ins Griechentum – wie oft behauptet wurde und wird –, denn Humboldt weiß genau: „sie waren nur, was sie waren. Wir wissen auch, was wir sind und blicken darüber hinaus. Wir haben durch die Reflexion einen doppelten Menschen aus uns gemacht!"[28] Und in der Tat: dies ist die Situation des modernen Menschen, ein „doppelter Mensch" zu sein; den „Traum vom heilen Menschen" nicht vergessen zu können inmitten der menschlich bedrohten Realität, in dem Bewußtsein, ihn nie verwirklichen zu können unter den Bedingungen menschlicher Möglichkeiten und Grenzen einerseits und den Abgründen gesellschaftlicher Abhängigkeiten andererseits. So wird Humboldts Bildungstheorie nach Heydorn zum „Gegenbild eines zerrissenen Bewußtseins". Es muß der Mensch, jeder Mensch in unserer modernen Zeit, befähigt werden, „die Welt in sich aufzunehmen" d. h. individuell sich anzueignen, „statt von ihr genommen zu werden... Spontaneität und Rezeptivität stehen nicht von vornherein in einem harmonischen, ästhetisch-wohlgefälligen Verhältnis..., sie sind Ausdruck einer Spannung, mit der die ganze Frage nach der Befreiung des Menschen umfaßt ist".[29]

Diese Erkenntnis hat Humboldt biographisch in seinem eigenen Leben, nämlich in seinem langjährigen und krisenreichen Staatsdienst als Diplomat konkretisiert (den er zweimal quittierte, weil nach ihm der Mensch Herr gegenüber dem Staat bleiben muß, auch wenn er ihm dient, soll er frei verantwortliches Individuum sein und bleiben). Er hat jene Erkenntnis theoretisch u. a. in seiner Bildungstheorie und seinem Schulreformentwurf zum Ausdruck gebracht. Alles was in diesem gedacht wird, hatte zum Ziel, die in jedem Menschen vorhandenen Kräfte zum Selbstbewußtsein und Kritikvermögen zu bringen, so daß daraus die Möglichkeit einer kreativen Individualität und die Chance des geistigen Widerstandes gegen die gesellschaftliche Determination entstehen kann. Dies allein ist der Sinn seiner 'formalen Bildung' des Geistes und die eigentlich zentrale Aufgabe seiner 'allgemeinen Menschenbildung': in jedem Menschen die Kraft zu entfalten, die Zerrissenheit des Menschen durch die spezialisierende Zukunft auszuhalten, mehr noch durch 'Bildung des ganzen Menschen' ihn zu befähigen, seine Auslieferung an die kommenden Mechanismen zu verhindern.

---

[27] Ebd., S. 67.
[28] W. v. Humboldt, Aus Briefen und Tagebüchern, Brief an Schiller vom 30. 4. 1803, Ost-Berlin o. J.
[29] Heydorn, S. 72.

So kann – nach Heydorn – „Bildung zur Antithese des Wirklichen (werden)... Es ist die vorhandene Welt, mit ihren Machtstrukturen und ökonomischen Zwängen, mit ihrer unendlichen Kraft ihrer Determination, die unvollendete menschliche Welt, die sich als ewig verhängen will. Diese Welt auf den Menschen hin zu verändern, ist Aufgabe der Bildung".[30] Heydorn ist der Überzeugung: „Für das Selbstverständnis der Bildung in unserer Zeit ist dies von ungewöhnlicher Aktualität... es ist kein Zweifel: man kann Humboldt heute nur mit wachsender Erregung lesen..., das Studium kommt einer Neuentdeckung gleich."[31]

Diese Wiederentdeckung bestätigt 1990 auch Benner, wenn er in seiner o. a. Humboldt-Analyse „das Ziel verfolgt, Humboldt als einen neuzeitlichen Bildungstheoretiker darzustellen, zu begreifen und zu würdigen... und seine bleibende Bedeutung" zu begründen.[32] Der Grundgedanke seiner Untersuchung ist es, nachzuweisen, daß Humboldt den Menschen immer im Zusammenhang mit der Welt sah, da er gerade nicht bei sich selbst stehenbleiben soll und kann, sondern sich stets der Aufgabe bewußt sein muß, auf die Welt zuzugehen und mit ihr und in ihr menschenwürdige Welt zu gestalten. Humboldt versteht unter 'Welt': „Geschichte und Sprache, Nation, äußere Verhältnisse, Staatsgeschäfte, Menschen".[33]

Daß Humboldt in Vergangenheit und Gegenwart so sehr verkannt werden konnte, sieht Benner vor allem in der völligen Ausklammerung von Humboldts Schrift *Ideen zu einem Versuch...* von 1792. Sein Hauptergebnis lautet: nach Humboldt kann das „Problem der Bildung nicht mehr dadurch gelöst werden, daß das Ich als ein Ich ohne Welt gedacht wird"; denn „Bildung kann weder als Herrschaft des Menschen über die Welt noch als Anpassung des Menschen am vorgegebenen Weltinhalt konzipiert, sondern (nur) als Wechselwirkung von Mensch und Welt gedacht werden".[34] Darum wisse Humboldt genau, daß „die Möglichkeiten eines politischen Fortschritts der Gesellschaft ebenso von der Bildung der Einzelindividuen abhängig sind wie deren individuelle Bildung umgekehrt von gesamtgesellschaftlicher Zukunftsplanung".[35]

Was kann dann noch Humboldts so oft mißverstandene Aussage von der „höchsten und proportionierlichsten Bildung der Kräfte zu einem Ganzen" bedeuten? Nach Benner ist damit auf keinen Fall eine harmonische Menschenbildung gemeint, sondern ein „durch und durch antinomisches Ver-

---

[30] Ebd., S. 78.
[31] Ebd., S. 80 u. 82.
[32] Benner, S. 6.
[33] Ebd., S. 16.
[34] Ebd., S. 32 f.
[35] Ebd., S. 45.

hältnis".[36] Denn Bildung kann nach Humboldt nicht als etwas Bekanntes und Abgeschlossenes erworben werden, weil der Mensch – in seinem Wechselverhältnis der Welt – immer ein unbestimmtes, ein freies und darum stets neu zu interpretierendes Wesen ist. Insofern stellt Humboldt – mit der obigen Formel – eigentlich keine Theorie des Gebildeten auf, sondern „Gegenstand der Bildung ist vielmehr einzig die Selbstbildung der Person, die als Individuum unter Individuen existiert, nicht aber Gebildeter gegenüber Ungebildeten sein will".[37] Bildung ist danach vielmehr „Selbstvergewisserung über die Bestimmung des Menschen und seiner Arbeit an der Welt", was voraussetzt, daß „um die Differenz zwischen der von uns begriffenen und der unserem Begreifen vorausgesetzten Welt gewußt wird".[38]

Insofern steht fest: Alle bisherige anthropozentrische Interpretation Humboldts, nach der die Welt nur als bloßes Material für die Vollendung des Subjekts verstanden wurde, ist falsch, da Humboldt „den Menschen nur als teleologisch unbestimmtes, freies und zur gegenseitigen Anerkennung fähiges Wesen denken kann".[39] Ja, es gibt Stellen bei Humboldt, die klar zeigen, daß er davon überzeugt war, daß zur bildenden Wechselwirkung von Subjekt und Objekt notwendig die 'Entfremdung' gehöre, das unumgehbare Eintauchen des Individuums in die Gegenstände außer ihm, aber auch, daß Bildung dadurch geschehe, daß der Mensch sich nicht darin „verliere, sondern vielmehr von allem, was er außer sich vornimmt, immer das erhellende Licht und die wohltätige Wärme in sein Inneres zurückstrahle".[40] So kommt Benner zu dem Schluß, daß mit Humboldt Bildung „als Dialektik von Entfremdung und Rückkehr aus der Entfremdung, nicht aber als Aufhebung der Entfremdung in eine bloße Selbstidentität"[41] zu verstehen ist. Durch diese Neuinterpretation Humboldts tritt dessen Denken und Streben in ein völlig neues Licht. Weder ist er der Begründer einer subjektiv-verinnerlichten Bildung, jenseits der jeweiligen Wirklichkeit von Gesellschaft und Welt, noch ist er verantwortlich zu machen für die heutige Trennung von allgemeinbildendem und berufsbildendem Schulwesen. Denn Humboldt sah „im Aufbau eines einheitlichen, allgemeinbildenden *und (FJW)* eines differenzierten, berufsbildenden Schulwesens gleichbedeutsame Aufgaben".[42] In dessen Schultheorie ist die Einheit von Schule und Leben eine Selbstverständlichkeit, nur in der zeitlichen Aufeinanderfolge sieht Humboldt eine Notwendigkeit. Danach erblickt Benner

---

[36] Ebd., S.49.
[37] Ebd., S.86.
[38] Ebd., S.90.
[39] Ebd., S.91.
[40] Ebd., S.105.
[41] Ebd., S.107.
[42] Ebd., S.212.

für die Zukunft unseres Bildungswesens die Möglichkeit, von hierher eine
Neubestimmung des Verhältnisses von allgemeiner und beruflicher Bildung
zu entwickeln, die „weder der einen ein Primat gegenüber der anderen zuerkennt, noch ein nebeneinander laufendes duales System legitimiert, noch
beide in einem einzigen System zu integrieren versucht".[43]

Dieses Ergebnis fällt heute mit der wiederbelebten Diskussion um die neue
Schule als einer wirklichen Bildungsstätte zusammen. Nachdem sich – nach
1970 – herausgestellt hat, daß der Bildungsbegriff doch nicht so problemlos
ersetzt werden kann – durch neueingeführte und teilweise dogmatisierte Kategorien wie Lernen, Sozialisation, Mündigkeit, Qualifikation, Kompetenz
oder Kommunikation –, blieb das Interesse an der ʻrechten Bildung des Men-
schenʼ weiterhin aktuell; sei es, daß der Bildungsbegriff für brauchbar gehalten wurde, neue Sinnbeziehungen herzustellen, sei es, daß es möglich er-
schien, „in kritischer Absicht eine allgemein vertretbare Bildungstheorie unter
den gegenwärtigen Verhältnissen zu konstituieren".[44]

Diese Erwartungen sind z. T. in unseren Tagen zwar noch nicht erfüllt, wohl
aber eingeleitet worden. Wohl ist die erziehungswissenschaftliche Diskussion
über diese Frage weiterhin kontrovers; Beiträge zum 10. Kongreß der Deutschen Gesellschaft für Erziehungswissenschaft 1986 haben das gezeigt (auf
dem aber die neue Analyse Benners noch nicht diskutiert werden konnte). Andererseits zeigen zahlreiche Arbeiten der letzten Jahre, daß der Bildungsbegriff heute weder aufgegeben ist noch gegen Humboldt formuliert wird. Ein
charakteristisches Beispiel hierfür sind die Ergebnisse, die K. Klemm, H.-G.
Rolff und K.-J. Tillmann in ihrer Untersuchung von 1985 über die *Bildung für
das Jahr 2000* vorgestellt haben.[45] Unter dem Stichwort „Ein erneuertes Bildungsverständnis als Orientierungshilfe" für die Zukunft betonen diese Autoren, daß es nötig sei, sich „auf seinen emanzipatorischen Ursprung zu be-
sinnen"[46]; sie verweisen auf Menze, der betonte:

> Bildung stellt den Menschen… auf seine Vernunft… Bildung ist der Versuch, von
> dem Eigenrecht und der Eigenwürde des Menschen überhaupt her die seine Mensch-
> heit beeinträchtigenden Zwänge zu erfassen und durch Aufklärung über sie ihre Ab-
> schaffung einzuleiten. Sie erhält eine allem Einpassenden und Unterdrückenden gegen-
> über kritische Qualität.[47]

---

[43] Ebd.
[44] J.-E. Pleines (Hrsg.), Bildungstheorien, Probleme und Positionen, Freiburg
1978.
[45] K. Klemm/H.-G. Rolff/K.-J. Tillmann, Bildung für das Jahr 2000, Reinbek 1985
(rororo 7948).
[46] Ebd., S. 162.
[47] C. Menze, Bildung, in: Lenzen/Mollenhauer (Hrsg.), Enzyklopädie Erziehungswissenschaft, Bd. 1, Stuttgart 1983, ebd., S. 351.

Wenngleich auch diese Autoren z. T. noch den falsch verstandenen Humboldt im Auge haben,[48] halten sie am Bildungsbegriff fest, u. a. um „die emanzipatorische Botschaft des klassischen Bildungsbegriffs wiederzubeleben".[49] In dieser Absicht formulieren sie

Merkmale eines erneuerten Bildungsverständnisses" für das Jahr 2000: 1. Gestaltbarkeit – Historisch/politische Zusammenhänge aufzeigen, 2. Durchschaubarkeit – Wissenschaftsorientierung und Erkenntniskritik fördern, 3. Sinnlichkeit – Zu Eigentätigkeit anregen und Erfahren mit Erleben verbinden, 4. Ganzheitlichkeit – den Zusammenhang der Lebenspraxis verständlich machen, 5. Solidarität – Beschränkungen abbauen und die Schüler stärken.[50]

Aus dem neuen Bildungsverständnis heraus sind diese Autoren damit Humboldts Bildungsdenken näher auf der Spur als sie ahnen, haben sie doch dessen Grundgedanken und -absichten genau – nur mit gegenwärtigen Begriffen – auf den Nenner gebracht. Würde etwa eine heutige Dissertation darangehen, Humboldts Bildungstheorie einmal von diesen 5 Kategorien aus zu durchleuchten und zu überprüfen, das Ergebnis könnte nur sein: Humboldts Konzeption wird heute endlich voll verstanden; sie könnte auch für uns Heutige eine entscheidende Orientierungshilfe (nicht Lösung!) für unsere gegenwärtige Bildungsfrage sein!

---

[48] Klemm/Rolff/Tillmann, S. 162.
[49] Ebd., S. 165.
[50] Ebd., S. 168–175.

PERSONA – VERLASSENHEIT – SCHATTEN

Ein tiefenpsychologischer Blick hinter zerbrechende Mauern
der alten Männlichkeit

Von Sturmius-M. Wittschier

Es war im Sommer 1988 in einem Oberhausener Lokal. Damals hatte ich gerade die Zulassung zum Studium am Jung-Institut erhalten und freute mich auf meinen neuen Weg. Herr Scherer überraschte mich mit seiner Feststellung, daß es das 'Unbewußte' im Sinne Sigmund Freuds und Carl Gustav Jungs nicht gebe. Hatte der Philosoph Angst vor dieser unfaßlichen Dimension des Lebens? Oder war es die Warnung im Sinne Karl Poppers, die Aussage vom 'Unbewußten' als Hypothese zu nehmen und Spaß daran zu finden, sie zu falsifizieren? Später merkte ich in meiner Arbeit, daß alle Grundaussagen und -begriffe in der Psychologie Hypothesen sind, die helfen sollen, Phänomene zu erklären. Ob es das 'Unbewußte', ob es 'Komplexe', 'Triebe', 'Übertragungen' usw. gibt, das wurde mir weniger wichtig, sondern die Einstellung, mit diesen Hypothesen im Einzelfall helfen zu können oder eben auch nicht (!) und dann einen anderen Weg zu suchen. Jede Begegnung mit einem anderen Menschen in der Psychotherapie ist eine Falsifizierung bzw. Modifizierung und vielleicht auch einmal eine Verifizierung einer bekannten Theorie. Psychotherapeutisches Geschehen und psychologische Theorie sind bleibende Pionier- oder Detektiv-Arbeit.

Das Folgende verstehe ich um so mehr als eine Detektiv-Sequenz, als ich mich dem neuen 'Männer'-Problem zu nähern versuche. Daß das Mannsein, daß der Mann *als* Mann sich selbst zum Thema wird, das ist etwas völlig Neues.[1] Wir haben uns immer wieder und sehr ausführlich über die Übereinkunft im Sein und Sinnstreben usw. unterhalten, auch über die 'Geschlechterdifferenz', nicht aber über unser Schicksal als Männer. Und davon will ich heute reden.

---

[1] Walter Hollstein: Nicht Herrscher, aber kräftig – Die Zukunft der Männer. Hamburg 1988. Ders.: Das neue Selbstverständnis der Männer. In: Der Mann im Umbruch. Patriarchat am Ende? Hrsg. Peter Michael Pflüger. Freiburg i.Br. 1989, S. 11–26.

1. Männer und Männer-Bewegung

a) Die wurzelhafte Verunsicherung

In seinem *Lied vom Mannsein* singt Konstantin Wecker:

> Die Herren Götter danken ab,
> jetzt muß es gottlos weitergehn.
> Das klingt so leicht. Doch ist es schwer,
> ganz ohne Heimat zu bestehn.

> Ich komme mir plötzlich so durchleuchtet
> und so hilflos vor und nackt.
> Der alte Kaiser ist allein.
> Sein alter Harnisch ist geknackt.

Jahrtausendelang hat sich das alte Männerbild gehalten und auch bewährt – mit den Frauen als 'liebende' Hilfe und häufig auf deren Kosten: das alte Bild von Macht, Kontrolle, Stärke, Leistung, Logistik, Wortgewalt, Konkurrenz, Erfolg, Statusdenken und nicht zuletzt Pokerface. Jetzt bricht dieses Bild zusammen, und zwar mit einer überraschenden Plötzlichkeit. Der Soziologe Walter Hollstein[2] gibt dafür drei gesellschaftliche Hauptgründe an:
„1. Das *ökologische Debakel* und die nukleare Bedrohung dokumentieren überdeutlich den Bankrott des männlichen Welt- und Technikverständnisses." Durch die Technik wird der Mann langsam entmachtet und muß seine Persönlichkeit an immer effizienter werdende Maschinen abgeben, wie z. B. die jüngsten Schwierigkeiten in der Raumfahrt zeigen.
„2. Die *Frauenbewegung* verlangt unhörbar die Hälfte der Welt, und das ganz konkret in Politik, Wirtschaft und Kultur." Aber auch in der Familie und als Liebhaber wird der Mann vom Sockel geholt, bis dahin, daß er aufgrund von Samenbanken nicht einmal mehr zum Zeugen eines Kindes nötig ist.
„3. Immer mehr *Männer* beginnen an ihren Rollen und unter ihren Funktionen zu leiden." Das alte Männlichkeitsideal wird als Zwang empfunden, wie Konstantin Wecker singt:

> Ich bin, seit ich was von mir weiß,
> auf Kraft und Siegen programmiert.
> Im Sagen groß. Das Herz zumeist
> auf breite Schultern reduziert.

> Ich sag mir: Freund was ist denn los,
> hör auf zu jammern, Mann ist Mann!
> Nur manchmal widert mich der Zwang
> zu meinem Mannsein furchtbar an.

---

[2] Hollstein: Das neue Selbstverständnis, S. 11–18. Die folgenden Zitate: S. 12–13, 17, 18. Aus diesem Aufsatz zitiere ich auch das Lied von Konstantin Wecker.

In der Tat: Selbst die übelsten Phantasien werden überstiegen, was die Ge-
samtbilanz physischer und psychischer Gesundheit der Männer angeht. Statt
jetzt im Detail über Herz-Infarkt-Persönlichkeit, emotionale Verarmung usw.
zu sprechen, sei nur aus dem Obduktionsbericht des ehemaligen bayrischen
Ministerpräsidenten zitiert: „Das Herz des 73jährigen war verschlissen.
Strauss war zuckerkrank, die Fettwerte im Blut waren überhöht. Überge-
wicht, Streß und die Unfähigkeit zu entspannen kamen hinzu..."[3]

b) Das neue Programm

Diese Faktoren zwingen den Mann dazu, erstens sein Welt- und Selbstverständnis neu zu bestimmen, zweitens 50% seiner Privilegien und Positionen
an die Frau abzugeben; und drittens eine neue humane männliche Lebensform zu finden. – Dieses Programm wurde schon 1970 in einer der ersten
Männer-Bewegungen, dem «Berkeley Men's Centre», folgendermaßen formuliert:

> Wir als Männer wollen unsere volle Menschlichkeit wiederhaben. Wir wollen nicht
> mehr länger in Anstrengung und Wettbewerb stehen, um ein unmögliches, unterdrük-
> kendes, männliches Image zu erreichen – stark, schweigsam, cool, nett, gefühllos, er-
> folgreich, Beherrscher der Frau, Führer von Männern, reich, brillant, athletisch und
> heavy... Wir möchten uns gern haben, wir möchten uns gut fühlen und unsere Sinnlich-
> keit, unsere Gefühle, unseren Intellekt und unseren Alltag zufriedener erleben.[4]

In Amerika entstanden in den 70er Jahren, begleitet von vielen Veröffentlichungen[5], Männer-Lebensgemeinschaften und noch mehr einzelne Männergruppen – ein sicherlich notwendiger Rückzug, aus dem heraus erst neues
Denken und Handeln möglich wird. Mittlerweile gibt es – unterstützt durch
Robert Blys Bestseller *Eisenhans* – auch die amerikanische "Wilde men"-Be-
wegung, welche sich alter (Initiations-)Rituale bedient, um die Lebensenergie
des Mannes neu in Fluß zu setzen; und – analog zur Frauenforschung – bereits
eine Männer-Forschung. Die ersten Wellen der "Wilde men"-Bewegung hat
Europa mittlerweile erreicht, die der Männer-Forschung fast noch nicht.
    Das sind kurze Anmerkungen zur Avantgarde. Wie aber sieht es mit dem
„durchschnittlichen Mann" aus. Walter Hollstein[6] hat als Männer-For-

---

    [3] Süddeutsche Zeitung, 8./9.Okt. 1988.
    [4] Zit. nach Hollstein: Das neue Selbstverständnis, S.18.
    [5] Zum Beispiel ›The Liberatet Man‹ von Warren Farell (1974), und ›The Hazards of
Being Male‹ von Herb Goldberg (1976) waren aufsehenerregend.
    [6] Hollstein: Das neue Selbstverständnis, S.20–26 (Gesamtüberblick). Ausführli-
cher: Ders.: Der Schweizer Mann. Probleme, Hoffnungen, Ängste, Wünschen. Eine
empirische Untersuchung. Basel 1989.

schungs-Pionier auf deutschem Sprachgebiet eine erste große Fragebogen-Aktion in Deutschland, Österreich und der Schweiz gestartet. Danach möchten sich vor allem Männer aus der Mittelschicht ändern, ganz wenige aus der Oberschicht und Unterschicht. Aber: dieser Wandel bezieht sich auf die Wünsche und *Bilder*, die die Männer von sich und den Frauen haben, nicht auf tatsächlich geändertes Verhalten. Der Prototyp solcher Männer im Wandel, „ist zwischen 27 und 40 Jahre alt, hat ein geisteswissenschaftliches Studium abgeschlossen, engagiert sich fürs Zeitgeschehen, arbeitet als Lehrer, Psychologe, Sozialpädagoge, Pfarrer oder Jurist".[7]

Die Umfrage belegt einerseits überdeutlich die „Orientierungslosigkeit und Identitätskrise, was Männlichkeit angeht", andererseits zugleich den erstaunlich hohen Willen zur Veränderung. Bei der Frage „Wie war ihre Reaktion, als Sie zum ersten Mal von der Männerbefreiung hörten?" glauben 43,3% etwas davon lernen zu können, nur 15,8% verwerfen sie als „völlig überflüssig"; ja, ein Drittel ist bereit, in Männergruppen mitzuarbeiten, d. h. sich auf den schmerzlichen Veränderungsprozeß einzulassen. Dem entspricht, daß „Schwächen zeigen können" als „unbedingtes Vermögen" des Mannes mit dem höchsten Prozentsatz von 73% verlangt wurde (31% in der Oberschicht, 82% in der Mittelschicht, 76% in der oberen und 52% in der unteren Unterschicht). Am deutlichsten zeigt sich die Wandlungsbereitschaft im veränderten Frauenbild. „Das neue Wunschbild ist die partnerschaftliche Frau", die „in vielen Bereichen sogar als stärker angesehen" wird. Aber bei der Zuordnung von „männlichen und weiblichen Eigenschaften" werden dann doch insgesamt z. B. Schönheit, Gefühl, Erotik mit aller Deutlichkeit den Frauen zugeschrieben; und Kraft, Abenteuertum, Mut und Logik den Männern.[8]

Soweit ein kleiner Einblick in eine interessante Statistik. Die in ihr belegte Stimmung hat wiederum Konstantin Wecker bereits zuvor glänzend eingefangen:

> Kumpanen Prost? Ich wills probiern,
> mich etwas von mir zu befrein.
> Ich bleib ein Mann, nur keine Angst.
> Doch deshalb Herrscher? Danke. Nein!

c) Persönliche Erfahrung in Männergruppen

Seit drei Jahren leite ich Männergruppen (u. a. zum psychodramatischen Erspielen von Märchen); und dabei habe ich immer wieder sieben Haupt-Problemkreise entdeckt: Die Initial-Zündung ist die Bereitschaft, überhaupt

---

[7] Hollstein: Das neue Selbstverständnis, S. 20.
[8] Hollstein: Der Schweizer Mann, S. 89, 70, 100, 96 und 49.

einmal eigene Nöte und Bedürfnisse zuzugeben und *um Hilfe zu bitten*. Das zweite ist dann die Bereitschaft, gerade *Männer* um Hilfe zu bitten, sich ihnen zu öffnen. Dann kommt es drittens auch zur Möglichkeit, die *Gefühle* zu erleben – und zwar gleichrangig zur Vernunft. Und hier spielt das *Gefühl der Verlassenheit* eine ganz zentrale Rolle, speziell das Gefühl, als Baby oder Kleinkind von Vater und Mutter verlassen worden zu sein, wobei die Männer glaubhaft versichern, daß es ihnen doch äußerlich gut ergangen sei, was auf eine *emotionale* Verlassenheit verweist (siehe unten). Viertens wird es dann auch möglich, den Ärger, die *Wut* nicht zuletzt angesichts der Verlassenheit auszudrücken. Davor besteht eine große Angst; denn meist verwechseln wir Ärger und Wut mit Destruktion und Feindseligkeit; und weiterhin befürchten wir, daß das Zeigen von Ärger und Wut 'Liebesentzug' zur Folge hat. Und hier geht es dann auch meist um das *Sich-Herauslösen aus einer zu starken Mutterbindung und einer Autoritäts- bzw. Vaterhörigkeit* und an der diesem Doppelsyndrom leiden in der patriarchalen Industrie-Gesellschaft mehr als 70% der Männer und insbesondere die (protestantischen wie katholischen) Theologen.[9]

Unmittelbar damit verbunden ist (fünftens) die Sehnsucht, von einer verständnisvollen *Vaterfigur* liebend ins Mann-Leben (und damit aus der zu starken Mutterbindung) geführt zu werden, was dem Jungen in der patriarchalen Industrie-Gesellschaft nicht geschenkt wurde, wie die oben zitierte Umfrage ganz deutlich bestätigt.[10] Aber hier schlägt nochmals die Scheu vor Homosexualität hohe Wellen; denn grundsätzlich ist die sogenannte '*Homophobie*' in allen Männergruppen am Anfang ein großes Problem; sie verschwindet aber mehr und mehr bei einem guten Gruppenverlauf mit gutem Körperkontakt, so daß wir immer mehr 'vergessen', wer mehr 'homosexuell' und wer mehr 'heterosexuell' lebt. Auf dieser Basis größerer Vertrautheit gelingt (sechstens) das offene Gespräch über die *Sexualität*, und zwar mit der Ehrfurcht vor dem persönlichen Detail. Und dann gibt es (siebtens), wenn auch meist sehr spät und nicht so drängend, den Wunsch, das *Verhältnis zu den Frauen* neu zu klären; dies ist wie eine gute Konsequenz des ganzen Prozesses.

Gerade diese persönliche Erfahrung hat mich nach den *tiefenpsychologischen* Wurzeln des alten Männlichkeitsideals fragen lassen. Und ich möchte hier einen ersten Blick hinter die zerbrechenden Mauern versuchen, und zwar mit Hilfe des „Persona"- und „Schatten"-Begriffs (im Sinne C. G. Jungs) und unter Beachtung des Verlassenheits-Themas.

---

[9] Näheres: Armin Grob: Die Mutterproblematik des reformierten Pfarrers. Diplom-Thesis am Jung-Institut Zürich 1978. Eugen Drewermann: Kleriker. Psychogramm eines Ideals. Olten 1989.
[10] Siehe: Hollstein: Der Schweizer Mann, S. 64–66.

2. *Persona und Persona-Identifikation*

a) Die ideale Persona: eine Illusion

Jedes soziale Gefüge oder System bietet uns als Individuum eine Palette von (hierarchisch geordneten) Rollen an. Wir aber wählen (oft mit viel Mühe und vielen Irrwegen und Kämpfen) einen 'Ausschnitt' aus diesem Angebot aus. Und diesen Ausschnitt nennt C. G. Jung „Persona". Sie ist für ihn die Gesamtheit von Rollen und Positionen, die ein Mensch übernimmt, das (notwendige und sinnvolle) „Anpassungssystem" oder die „Manier, in der wir mit der Welt verkehren" (GW IX/1, 137).[11] Oft wird auch nur *eine* Rolle, z. B. die eines Berufes, als Persona bezeichnet. Wichtig ist: Die Persona ist sowohl „kollektiv" (angeboten, vorgeprägt) als auch zugleich „individuell" (ausgewählt, gelebt).

Nicht zuletzt deshalb trägt die Persona einen Doppelcharakter. Zum einen ist sie eine „Maske", die „darauf berechnet ist, einen bestimmten Eindruck auf die anderen zu machen" bzw. Forderungen der Sozietät einzulösen, und damit verdeckt und schützt sie „die wahre Natur des Individuums", d. h. den Person-Kern (GW VII 211–212); zum anderen ist sie zugleich auch eine Erscheinungsform der „eigentlichen Individualität", wenn auch „nicht direkt, so doch indirekt" (GW VII 173). Kurz: Die Persona verhüllt den Person-Kern und ist zugleich ein indirekter Ausdruck dieses Person-Kernes.

Es ist zur Reifung unabdingbar notwendig, einerseits Rollen sicher und klar zu übernehmen, d. h. eine Persona zu gestalten, andererseits diese locker und verfügbar zu halten und nicht mit dem Kern der Person zu verwechseln. Nur ist das eine Idealvorstellung und so gut wie gar nicht möglich, erstens, weil wir als Individuum ständig in Konflikte mit der Sozietät geraten, zweitens, weil wir die Persona schon als Kleinkinder zu tragen beginnen, und drittens, weil sie doch so eng mit unserer Persönlichkeit verbunden ist. Die Tendenz, sich mit der Persona zu identifizieren, ist deshalb übermächtig. Und damit komme ich zum Hauptproblem.

b) Persona-Identifikation: ein Unheil

Die Identifikation ist (gerade wegen des Wechselspiels von 'kollektiv' und 'individuell') u. a. eine Mißachtung der geschenkten kollektiven Zustimmung wie auch der persönlichen Würde:

Ein ganz gewöhnlicher Fall ist die humorlose Identität vieler Männer mit ihrer Beschäftigung oder ihrem Titel. Gewiß ist mein Amt meine mir zugehörige Tätigkeit, zu-

---

[11] Diese und die folgenden Abkürzungen beziehen sich auf: Gustav Jung: Gesammelte Werke. Freiburg i. Br. (GW), hier: Band IX/Teilband 1, S. 137.

gleich aber ist es auch ein kollektiver Faktor, der aus der Zusammenwirkung Vieler historisch zustande gekommen ist und dessen Würde nur einer kollektiven Zustimmung ihr Dasein verdankt. Wenn ich mich daher mit meinem Amt oderTitel identifiziere, so benehme ich mich, wie wenn ich der ganze komplexe, soziale Faktor, den ein Amt darstellt, selber wäre, wenn ich nicht nur derTräger des Amtes, sondern zugleich auch die Zustimmung der Gesellschaft ware. Damit habe ich mich ungewöhnlich ausgedehnt und Eigenschaften usurpiert, die keineswegs in mir, sondern außer mir sind. ... Die Identifikation mit Amt und Titel hat sogar etwas Verführerisches, weshalb so viele Männer überhaupt nichts anderes sind als ihre von der Gesellschaft ihnen zugebilligte Würde. Es wäre vergeblich, hinter dieser Schale eine Persönlichkeit zu suchen. Man fände hinter der großen Aufmachung bloß ein erbärmliches Menschlein. Darum ist das Amt (oder was diese äußere Schale immer sei) so verführerisch: weil es eine billige Kompensation für persönliche Unzulänglichkeiten darstellt (GWVII 156–157, 158–159).

Hier erscheint die Persona als etwas leichtVerständliches und auch eine Unterscheidung von Person und Persona ohne größere Schwierigkeiten möglich. Dieser Teilaspekt hat sich in der TradierungJungscher Psychologie verstärkt, bis zurVorstellung, wir könnten die Persona wie einen Mantel ablegen. Aber das ist nur eine Facette bei Jung. An anderer Stelle erscheinen Persona und Person so eng miteinander verbunden, daß das Zusammenbrechen der Persona oft eine lebensgefährliche Katastrophe, einen persönlichen Weltuntergang bedeutet. Entweder kommt es zu Wahn bzw. Schizophrenie oder zu einer Desorientiertheit und Demoralisation, die ein Ausscheiden aus der menschlichen Kulturgemeinschaft zur Folge hat. Oder aber es kommt drittens zu einer regressiven Wiederherstellung der Persona auf einer tieferen Stufe von Möglichkeiten und Fähigkeiten, gleich einem Kaufmann, der Bankrott macht, sich entmutigen läßt, auf alles Wagnis verzichtet, „indem er mit der Mentalität eines erschrockenen Kindes auf einem kleinen Pöstchen subalterne Arbeit verrichtet, die unzweifelhaft unter seinem Niveau liegt" (GWVII 179–180).

Jung hat hier zwei Dinge miteinander vermischt, die heute unterschieden werden können. Das erste ist ein sogenannter 'narzißtischer Schatten', d.h. ein „Eitelkeits- und Prestigeschatten, der sich in der Überwertung kollektiver Werte äußert", bis hin zu einer Identifikation mit der Persona, die aber *nicht* notwendig ist. Dieser Schatten läßt sich leicht einsehen und bewußtmachen; viele zeigen ihn, ohne daß sie eine tiefere Verletzung aufweisen. Das zweite aber ist eine tiefe 'narzißtische Verletzung' oderVerlassenheits-Wunde, die den Menschen dazu nötigt, einen Schutzpanzer aus den kollektiven Werten anzulegen, um zu überleben.[12] Das wäre die *lebensnotwendige* Identifikation mit der Persona.

---

[12] Kathrin Asper: Verlassenheit und Selbstentfremdung. Neue Zugänge zum therapeutischen Verständnis. Olten/Freiburg i.Br. 1987, dtv-Ausgabe: München 1990, S.272.

c) Altes Männlichkeits-Ideal als Persona-Identifikation

Wenn wir nun die alten Männlichkeitswerte als Persona-Angebot in der Hand der Sozietät verstehen ('Du bist biologisch ein Mann. Und ein Mann spielt in unserer Gesellschaft die und die Rolle mit Macht, Energie, Konkurrenz usw. Also spiel mit!'), so ist das richtig, aber allein wäre dies zu einfach. Denn die Männer erleben diese 'Werte' heute als Zwang, dessen Auflösen noch schwerer erscheint als das Aufknacken eines Harnisch und, wenn es gelingt, Verlust von Heimat und hilfloses Alleinsein mit sich bringt, wie es Konstantin Wecker besungen hat. Und so lautet meine erste These: *Das alte Männlichkeits-Ideal lebt aus einer Identifikation mit der Persona 'Mann', und zwar sowohl aus einer nicht-notwendigen Eitelkeits- oder Prestige-Identifikation als auch aus einer (überlebens)notwendigen Identifikation, die aus einer tieferen Verlassenheits-Verwundung herrührt, wobei die Verwundungs-Identifikation die Eitelkeits-Identifikation gleichsam auf den Schultern trägt.* Um diese These weiter zu begründen, wende ich mit der Verlassenheits-Verwundung zu.

3. Verlassenheit und Verlassenheits-Gebärde

a) Die Verlassenheits-Verwundung

Wenn diese Verwundung in der klassischen Psychoanalyse unter dem Namen 'Narzißmus' geführt wird, dann ist das mehr eine Symptom-Kurzbeschreibung. Von der Wurzel her ist besser vom 'Verlassenheits-Syndrom' zu sprechen. Denn es geht um „eine Beeinträchtigung der Selbstliebe'..., bedingt durch emotionale Verlassenheit des Kindes".[13]

Bei Flüchtlingskindern, Waisenkindern, Heimkindern, Kriegskindern, KZ-Kindern läßt sich die extreme Verlassenheits-Verwundung schneller erkennen. Schwieriger ist es bei der sogenannten 'emotionalen Verlassenheit' durch Vater und Mutter, die sehr wohl in 'guten Familienverhältnissen' und bei einer Verwöhnung (!) Platz greifen kann. Nicht zuletzt Goethes Gedicht *Der Erlkönig* illustriert dies vortrefflich: Der Knabe ist äußerlich „wohl in dem Arm" des Vaters, „sicher und warm". Wenn der Knabe sein inneres angstvolles Erleben (im Bild des Erlkönigs) ausdrückt, dann geht der Vater gerade darauf nicht ein, sondern versucht es mit rationalen Erklärungen zu verscheuchen: „mein Sohn, mein Sohn, ich sehe' es genau; / es scheinen die alten Weiden so grau." Ohne Zweifel wohlmeinend, das Beste zu tun. Am Ende ist das Kind immer noch in seinen Armen, aber tot. Nicht minder gravierend ist die emotionale Verlassenheit durch die Mutter-Figur.

---

[13] Asper: Verlassenheit, S. 63.

Aber das emotional verlassene Kind stirbt ja nicht biologisch, sondern es entwickelt Überlebens-Strategien, um sein verwundetes Ich sein Leben lang zu schützen:

Gefühlsverunsicherung oder -abschirmung, Funktionieren durch Rationalisierung und Intellekt, Rückzug, Überanpassung und Aufbau einer starren Persona oder Persona-Identifikation, Wut (die meist verdeckt ist) und Depression sind 'Verlassenheitsgebärden'; Grandiositätsverhalten, Phantasien vom Paradies mit einem Menschen und Nähe zu berühmten Persönlichkeiten können als 'Sehnsuchtsgesten' verstanden werden. Das Ganze ließe sich auch unter dem Begriff eines 'verschatteten' oder 'falschen Selbst' zusammenfassen, wobei das Tragische darin besteht, daß sich das 'wahre Selbst' bei einer Verwundung nur *durch* das 'falsche' oder 'verschattete' ausdrücken kann, was die Fassadenhaftigkeit und Künstlichkeit steigert.[14]

b) Der Teufelskreis von Verlassenheits-Wunde
und Persona-Identifikation

Ich möchte an dieser Stelle nur auf einige Verflechtungen im Hinblick auf die Persona hinweisen. Zunächst ist die Über-Anpassung und damit die (zu starke) Identifikation mit der Persona oft inhaltlich identisch mit der Gefühlsverunsicherung: „Viele Menschen fühlen lediglich, was von ihnen erwartet wird, sie verwechseln ihre wahren Gefühle mit jenen, die sie meinen, fühlen zu müssen. Sie gewinnen dadurch vielleicht Bejahung, doch wird so das ‹Image› übermäßig gefördert. Das Akzeptiertsein auf Kosten der Wahrnehmung eigener Gefühle hat den Erfolg, daß gerade das Gefühl der Verlassenheit durch das Verlassen der eigenen Gefühle nicht mehr gefühlt werden muß. Wir brauchen in diesem Zusammenhang nur an den immer freundlichen Menschen zu denken, oder an den ausgesprochen lustigen Menschen, der durch manische Abwehrform sich in seine Runde einzupassen versucht, auch können wir an den guten Helfer denken, dessen innere Verlassenheit durch fürsorgliche Leistungen überspielt wird."[15] Und damit berühren wir auch den Teufelskreis von Verlassenheits-Verwundung und Persona-Identifikation: Persona-identifizierte Eltern verlassen das Kind emotional, und das Kind überlebt nur, indem es sich der elterlichen und kollektiven Welt anpaßt und so wiederum eine Persona-Identifikation aufbaut. Nur: diese Abschirmung hinter der Persona, dieses Sitzen im Schatten kann nicht bewußt wahrgenommen werden.

---

[14] D. W. Winnicott: Reifungsprozesse und fördernde Umwelt. München 1974. Fischer-TB. Frankfurt 1984, S. 182–200. Asper: Verlassenheit, S. 66–68; ausführlich zu Verlassenheitsgebärden und Sehnsuchtsgesten: S. 151–181.
[15] Asper: Verlassenheit, S. 42–43.

Bewußt ist höchstens ein dumpf-elendes Gefühl, nicht richtig leben zu können und nicht (beim Andern) anzukommen.

c) Alte Männlichkeitswerte als Verlassenheitsgebärden

Die Verlassenheitsgebärden und Sehnsuchtsgesten stimmen nun für mich in erstaunlicher Weise mit den 'Werten' des alten Männlichkeitsideals überein: Gefühlsabschirmung mit Pokerface und Kontrolle, Persona-Identifikation mit Statusdenken und Macht, Rationalisierung mit Logistik und Kühle, Grandiosität mit Leistung und Konkurrenz (wobei die Einzel-Zuordnung wechseln kann). Indes: Wut und Depression sind nicht offiziell zugelassen. „Ich bin, seit ich was von mir weiß,/ auf Kraft und Siegen programmiert. Im Sagen groß. Das Herz zumeist auf breite Schultern reduziert." So faßt es Konstantin Wecker in seinem Männerlied zusammen; aber letztlich könnte diese Verse jede von der Verlassenheit früh verwundete Person mitklagen. Nur: In unserem patriarchalen System ist das öffentliche Zeigen der Verlassenheits-Symptome geschlechtsspezifisch aufgeteilt ist: Männer dürfen eher gefühllos, verrationalisiert, persona-identifiziert und grandios sein, Frauen eher zurückgezogen, depressiv und phantasierend. Wut ist bei beiden verpönt. Ja: die Frau soll überdies ersetzen, was dem geschädigten Mann fehlt (Gefühl, Intimität, Verbindlichkeit). Und der Mann soll ersetzen, was der geschädigten Frau fehlt (Anerkennung, Sicherheit, Geborgenheit). Selbst wenn beide dazu bereit wären, so können sie es gar nicht, weil sie an der gleichen Verlassenheitskrankheit leiden und so das Leiden fortzeugen. Die Tradierung des platonischen Bildes von Mann und Frau als sich ergänzende Kugelhälften bietet die theoretische Unterstützung. Meine zweite These lautet deshalb: *Das alte Männlichkeitsideal ist eine vom Patriarchat öffentlich gebilligte Auswahl von Verlassenheitsgebärden. In ihm drückt sich nicht das sogenannte Männliche aus, sondern eine weitverbreitete frühe Verwundung von Mann und Frau.* Und damit komme ich zum letzten Kapitel.

4. Schatten und Schatten-Mord

Bisher haben wir den Teufelskreis von altem Männlichkeitsideal, Persona-Identifikation und Verlassenheitswunde betrachtet. Jetzt möchte ich mich dem Ab-Grund zuwenden, der sich dahinter auftut und diesen Teufelskreis trägt und potenziert, nämlich dem patriarchalen System mit seiner nicht anerkannten, abgedrängten 'Schatten'-Seite.

C. G. Jung wollte als Psychiater neben dem Individuellen das Kollektive ganz ernst nehmen. Für ihn ist jede Neurose „ein individueller (zwar mißglückter) Lösungsversuch eines allgemeinen Problems" (GW VII 289). Deshalb ja sein Postulat vom Miteinander des 'individuellen' und 'kollektiven Unbewußten' (einer kleineren und größeren Gruppe und Volksgruppe bis zur Menschheit als ganzer) und vom Miteinander des 'individuellen' und 'kollektiven Schattens', wobei unter Schatten ein besonderer Teil des Unbewußten gemeint ist.

a) Der Schatten und das Ganzsein

Unter Schatten versteht C. G. Jung alle 'dunklen' Aspekte oder Charakterzüge einer Persönlichkeit (oder Gemeinschaft), und das sind nicht sosehr die kleinen Schwächen oder Fehler, die wir uns ja meist eingestehen, sondern, erstens, die untersten Schichten im Menschen, die sich kaum von der Triebhaftigkeit des Tieres unterscheiden (wir leben ja immer auf dem Tierischen als Basis); zweitens, alle als minderwertig oder/und schuldhaft ins Unbewußte verdrängten Anteile: Kräfte, Möglichkeiten, Wünsche, bisweilen auch konkrete Taten, die wir einfach nicht (mehr) wahrhaben wollen oder können. Die erste Schicht kündigt sich oft in Träumen von (wilden) Tieren und Bestien an, die zweite in Träumen von Außenseitern, z. B. von Prostituierten bei Frauen und Räubern, Mördern bei Männern. Meist aber projizieren wir unseren Schatten auf andere Menschen und Gruppen: 'Diese Zigeuner/Fremden…! Diese ekelhafte Frau…! Dieser habgierige Mann…!' usw.

Für C. G. Jung bedeutet die erstrebte (aber nie erreichbare) 'Ganzheit' des Menschen gerade nicht 'Vollkommenheit', sondern 'Vollständigkeit'. Es sei die Sucht nach Vollkommenheit, die uns krank und engherzig mache, eben weil sie unsere Schattenseiten nicht wahrhaben wolle (GW XII 188–189). Und er wirft der „asketischen Moral des Christentums" vor, uns von unserer Tiernatur und unseren anderen Schattenanteilen abgespalten zu haben (GW VII 33). Dagegen proklamiert er: nicht Ausmerzung, sondern Akzeptanz und Integration des Schattens.

„Das Minderwertige und selbst das Verwerfliche gehört zu mir und gibt mir Wesen und Körper, es ist mein *Schatten*. Wie kann ich wesenhaft sein, ohne einen Schatten zu werfen? Auch das Dunkle gehört zu meiner Ganzheit, und indem ich mir meines Schattens bewußt werde, erlange ich auch die Erinnerung wieder, daß ich ein Mensch bin wie alle anderen" (GW XVI 64). So spricht jemand, der es wagt, seinen Schatten zu akzeptieren. Da träumt ein Mann, der immer sehr korrekt angezogen, kühl, liebenswürdig und sehr belesen ist, von einem großen schwarzen, stinkenden und sehr gefährlichen Hund; er will davonrennen; aber der Hund bleibt hinter ihm her. Der Träumer ist in großer Angst und zugleich angewidert von dem Gestank. Zwei Jahre später erzählt er diesen Traum in einer Gruppe, und wieder ein Jahr später freundet er sich in einem psychodramatischen Spiel schließlich mit dem Hund an, der dadurch seine Widerwärtig- und Gefährlichkeit verliert, ja ihm sogar mit seiner Spürnase und seinem guten Zupacken-können und seiner Wärme und tierischen Vitalität zu helfen verspricht. Das ist über die Akzeptanz hinaus bereits eine beginnende Integration des Schattens, der hier aus einer Mischung aus Tiernatur und abgedrängten Möglichkeiten (Frechheit, Wärme, Intuition) besteht. Und in der Folgezeit wurde der Mann auch immer lebendiger. Kurz: Bei der Integration verliert der Schatten seine Bedrohlichkeit und erweist sich als sehr fruchtbar.

b) Der Schatten im Patriarchat und seine Zuspitzung
   im 'Frauenmord'

Im Märchen *Der Räuberbräutigam* (KHM 40) hören wir von einem Müller, der seine schöne herangewachsene Tochter mit einem „ordentlichen" Mann „gut verheiratet" und „versorgt" wünscht. Bald „kam ein Freier, der schien sehr reich zu sein, und da der Müller nichts an ihm auszusetzen wußte, versprach er ihm seine Tochter." Das Mädchen aber fühlte bei jeder Begegnung mit ihrem Verlobten „ein Grauen in ihrem Herzen". Schließlich lädt der Fremde sie zu sich ein. Nach einem langen, angstvollen Weg kommt sie im „dunkelsten" Wald zu einem finsteren Haus. Sie geht hinein: alles leer. Nur ein Vogel in einem Käfig warnt zur schnellen Umkehr: „Du bist in einem Mörderhaus." Sie gelangt schließlich „in den Keller, da saß eine steinalte Frau", die erschrocken sagt, sie sei in dem Raum, wo die Bräute getötet, zerhackt, gekocht und gegessen würden. Aber obwohl sie sich als Handlangerin der Räuber erweist und schon den Kessel mit Wasser aufgesetzt hat, will sie das Mädchen retten und später mit ihm fliehen und versteckt es hinter einem Faß. Die „gottlose Rotte" kommt „trunken" und zerrt eine „Jungfrau" mit sich, deren Jammern und Schreien sie kalt läßt. Sie geben ihr, vor den Augen der versteckten Braut, die zittert und bebt, ein Glas roten, weißen und dann gelben Wein: „davon zersprang ihr Herz. Darauf rissen sie ihr die feinen Kleider ab, legten sie auf einen Tisch, zerhackten ihren schönen Leib in Stücke und streuten Salz darüber". Und als einer der Räuber den Finger mit einem goldenen Ring abhacken will, so springt ihm dieser hinter das Faß, „der Braut gerade in den Schoß". Die Alte kann mit dem Essen ablenken. Danach schlafen die Mörder tief ein, weil die Alte ein Schlafmittel in ihren Wein mischte, und die Alte und das Mädchen können fliehen und finden auch den Weg, weil die Braut auf dem Hinweg Erbsen und Linsen gestreut hatte, die jetzt aufgekeimt sind. Die Braut berichtet alles ihrem Vater. – Dann kommt der Tag der Hochzeit im Haus des Müllers. Der Bräutigam erscheint. Und die Braut erzählt vor allen geladenen Gästen einen Traum: nämlich ihr Erleben in der 'Mördergrube'. Und als sie beim abgehackten Ringfinger angelangt ist, da

holt sie diesen plötzlich als Beweis-Stück hervor. – Der Bräutigam ward ge-
fangen und er „und seine ganze Bande für ihre Schandtaten gerichtet".

Die Tatsache, daß es sich bei diesem Märchen um einen verbreiteten und mit
dem Blaubart-Typus verwandten Erzähltyp handelt, legt es mir nahe, in ihm ein
Bild des Kollektiven (mit seinem öffentlichen Bewußtsein und seinem abgedrängten Schatten) zu sehen. Auf der bewußten Ebene sehe ich den 'ordentlichen', erfolgreichen Freier, die sich zurücknehmende, dienende Braut und den
Vater-Müller; kurz: das Inbild öffentlicher Patriarchats-Werte, inklusive altem
Männlichkeitsideal. Alles erscheint in Ordnung, mit Liebenswürdigkeit, ja
Liebe: Die beiden reden sich bis zum Schluß als 'Schatz' an. Das Faktum, daß
die Braut wie ein Gegenstand zwischen Männern gehandelt wird, ist gesellschaftlich akzeptiert und scheint die Hingabe der Braut nicht zu stören, eher zu
unterstützen. Der Vater ist kühl, die Mutter nicht anwesend, und damit ist auch
die emotionale Verlassenheit im Kern des Systems grundgelegt.

Im Keller (Schatten) aber tobt eine mörderische Rotte (Männerwelt), die
eine Jungfrau (Welt der jungen Frau) tötet, zerhackt und ißt, unterstützt von
einer selbst unterdrückten Alten (Mutterwelt), die mit ihrem Kessel an eine
Hexe erinnert. Im Schatten ruhen also nicht einfach abgedrängte Größen
(Wut, Sexualität, Sinnlichkeit usw.), sondern es herrscht ein grausig-perver-
tiertes Geschehen: Die ganze Gefühlswelt kann gar nicht anders leben, als daß
sie zugleich getötet oder ausgebeutet wird. Sinnliche Schönheit kann nur
wahrgenommen werden, indem man sie zerstückelt. Erotik und sexueller
Genuß entarten zum Voyeurismus und zum Fressen. Wut und Aggression (an
sich ja gute Kräfte) werden zu tötenden Beilschlägen. Und das ganze geschieht
in Trunkenheit als Kompensation zu einer überklaren Logik am Tageslicht das
Bewußtsein.

Das Märchen läßt mich auch die 'Keller-un-Kultur' unserer Zeit (z. B. mit
Brutal- und Porno-Filmen und -Praktiken) verstehen: nämlich als Ausdruck
des kollektiven Schattens. Aber wir wollen nicht wahrhaben, daß dieses Un-
tergrundgeschehen auch ein Spiegel unseres individuellen Schattens ist, der
sich dann bei Mann und Frau verschieden auswirkt (und dazu lese ich jetzt
alle Märchenfiguren als Seelenanteile des Bräutigams bzw. der Braut): Der
Mann (Bräutigam) ist unfähig, seine eigene weibliche Seite (Braut = Anima)
zu lieben, wachsen zu lassen, und in verzweifelter Wut darüber, versucht er
mit seinen offiziell nicht zugelassenen wilden Kräften (der Rotte), seine weibliche Seite bzw. den vom Patriarchat hochstilisierten Anima-Teil (Jungfrau) zu
rauben, zu zerstückeln und zu essen, um so auf perverse Weise wenigstens an
ihr ein Stück teilzuhaben. Und die Frau (Braut) kann ihre männliche Seite
(Bräutigam = Animus) nicht fruchtbar machen, sondern zerfleischt mit ihm
bzw. mit dem vom Patriarchat anerzogenen Animus-Teil (Rotte) ihre eigene
Weiblichkeit. Als Analytiker begegne ich immer wieder dieser unbewußten
tragischen Selbstzerstörung, natürlich unterschiedlich stark und verschieden

ausgeprägt, je nachdem, wie die oder der Einzelne sich um eine Schattenakzeptanz bemüht. Die Schilderung extremer Grausamkeit im Märchen bestätigt mir, wie grausam das unbewußte Leiden am patriarchalen System empfunden wurde und wird: von den Frauen wie von den Männern.

Indes: Zeigt uns das Märchen schonungslos den Schatten des Patriarchats in seiner letzten Zuspitzung, so zeigt es uns zugleich (am Mädchen und der Alten) auch die helfenden Kräfte, um unseren Schatten zu erlösen: die Bereitschaft, sich auf den gefährlichen Weg, die *'via regis et reginae'* zwischen Bewußtem und Unbewußtem einzulassen; die fast noch kindliche Neugier und zugleich die erwachsene Klugheit wie auch die Liebe zur Natur; die Bereitschaft, Angst und Todesbedrohung auszuhalten und sich dem Unverfügbaren zu stellen; zuzuwarten, beben und zittern zu können; aber auch sich Kräften anzuvertrauen, die auf den ersten Blick nicht vertrauenswürdig scheinen (nämlich auf die Alte, die sich genau durch die Zuwendung des Mädchens von einer Hexengestalt zu einer schützenden alten Weisen entfaltet); und nicht zuletzt den Mut, die Beweisstücke des grausamen Geschehens (den abgehackten Ring-Finger) in die Hand zu nehmen und zu veröffentlichen.

c) Das alte Männlichkeits-Ideal als zerbrechende Mauer
   gegen den Schatten

Das Märchen unterstreicht auch, wie extrem bedrohlich es empfunden wird, wenn der Schatten an oder gar ins Bewußtsein drängt. Wenn dies früher geschah, dann konnte 'man sich retten', indem man die kollektiv verordnete 'Medizin' gegen den Schatten nahm und die Persona mit den kollektiv-anerkannten Werten um so stärker und starrer werden ließ. Damit gingen natürlich die Verdrängung und das Keller-Morden um so intensiver weiter: Die patriarchalen Kollektiv-Werte mit ihrer geschlechtsspezifischen Aufspaltung (inklusive Männerideal) speiste den (kollektiven) Schatten, und das Andrängen des Schattens verlangte um so mehr diese Kollektiv-Werte als Mauer-Schild; und das ganze wurde unterstützt durch die ständig erneute Verlassenheitsverwundung. Der Teufelskreis war perfekt.

Mit der Frauen- und Männerbewegung hat sich nun Folgendes gewandelt: Zunächst wurde eine Schild-Hälfte (bisheriges Frauenbild) von der Frauenbewegung und dann auch die andere Schild-Hälfte (bisheriges Männerideal) von der Männerbewegung aufgebrochen, und damit kann der Schatten ungehinderter andrängen. Dieses Andrängen konnte jedoch bei der Frauenbewegung insofern noch etwas überspielt werden, da ja auf der bewußt-öffentlichen Ebene tatkräftig die Hälfte der Welt einzufordern war und ist. Anders bei uns Männern: Wir werden ja auf der bewußt-öffentliche Ebene machtloser, können nichts mehr tatkräftig tun.

Natürlich: Manche Männer reagieren mit einer neuen Militanz: „Die Männer schlagen zurück" (so titelt der ›Spiegel‹ vom 25. Mai 92). Der Schatten soll hinter Mauern einer Neo-Härte verborgen werden, verständlicherweise. Aber wenn wir dann den Titel-Aufsatz lesen, merken wir, daß das nicht mehr gesellschaftlich akzeptiert wird: Es gibt kein Zurück. Und damit komme ich zur dritten und letzten These: *Durch das Zerbrechen des alten Männlichkeitsideal sind wir Männer dem Schatten-Keller offener als früher und auch mehr als die Frauen ausgesetzt. Die am Anfang beschriebene Unsicherheit, Verwirrung und Panik vieler Männer heute wurzelt wesentlich in dieser Schutzlosigkeit vor dem andrängenden Schatten.*

Ich wünsche mir und allen Mit-Männern eine starke, mutige und gefühlsweiche innere Kraft (wie die Räuberbraut), die uns nach vorne, d. h. auf den Weg zu unserer eigenen 'Mördergrube' mitnimmt. Und wenn wir diese Grube 'ausheben', werden wir reich, wie uns andere Märchen versprechen.

BIBLIOGRAPHIE GEORG SCHERER
(Auswahl)

I. Bücher

1. Der Mensch in der Schöpfung, Ratingen 1958.
2. Die Macht des Vaters, Essen 1962, 162 S.
3. Absurdes Dasein und Sinnerfahrung, Essen 1963, 118 S.
4. Anthropologische Aspekte der Erwachsenenbildung, Osnabrück 1965, 162 S.
5. Ehe im Horizont des Seins, Essen 1965 und 1967, 278 S.
6. Das Nichts und das Böse. In: Winfried Czapiewski/Georg Scherer, Der Aggressionstrieb und das Böse, Essen 1967, S. 83–254.
7. Anthropologische Hintergründe der Jugendrevolte, Essen 1968 und 1969, 54 S.
8. Ehe und Empfängnisregelung. In: Scherer/Czapiewski/Köster, Ehe – Empfängnisverhütung – Naturrecht, Essen 1969, S. 13–168.
9. Anthropologische Aspekte der Sexwelle, Essen 1970, 191 S.
10. Der Tod als Frage an die Freiheit, Essen 1971, 215 S.
11. Glaubensinformation, Sachbuch zur theologischen Erwachsenenbildung, Adolf Exeler/Georg Scherer, Freiburg/Basel/Wien 1971, 351 S.
12. Reflexion – Meditation – Gebet. Ein philosophischer Versuch, Essen 1973, 99 S.
13. Strukturen des Menschen – Grundfragen philosophischer Anthropologie, Essen 1976 und 1980, 215 S.
14. Das Problem des Todes in der Philosophie, Darmstadt 1979, 1982 und 1984, 225 S.
15. Studien zum Problem der Identität (Hrsg.), Forschungsbericht des Landes Nordrhein-Westfalen, Nr. 3098/Fachgruppe Geisteswissenschaften, Opladen 1982, 629 S., darin: Georg Scherer, Identität und Sinn, S. 1–204.
16. Sinnerfahrung und Unsterblichkeit, Darmstadt 1985, 229 S.
17. Anthroposophie als Weltanschauung – Information/Kritik, in: F. J. Krämer/ G. Scherer/F.-J. Wehnes, Anthroposophie und Waldorfpädagogik, S. 9–124, Annweiler 1987, 238 S.
18. Welt – Natur oder Schöpfung?, Darmstadt 1990, 255 S.
19. Glaubenskrise und Erwachsenenbildung, Annweiler 1992, ca. 270 S.
20. Philosophie des Mittelalters, Stuttgart 1993, 183 S.

II. Aufsätze

1. Sinngehalte des Erwachsenseins. In: Erwachsenenbildung 3 (1957), Heft 4, S. 97–104.

2. Konsumhaltung und Erwachsenenbildung. In: Erwachsenenbildung 4 (1958), Heft 4, S. 105–111.

3. Gemeinde und Erwachsenenbildung in naturrechtlicher Sicht. In: G. Scherer/A. Beckel/Franz Pöggeler, Gemeinde und Erwachsenenbildung, Ratingen bei Düsseldorf 1958, S. 11–24.

4. Die Bewältigung der Macht – Auftrag des mündigen Christen. Rede zur Eröffnung der Wolfsburg. In: Franz Hengsbach/Georg Scherer, Wahrheit und Macht, Wolfsburgreihe 1, Essen 1960, S. 18–32.

5. Wesen und Gegenwartsaufgaben politischer und sozialer Bildung. In: Der Katholische Erzieher 13 (1960), 3. Heft, S. 128–134.

6. Der Mensch im Lichte der Philosophie und Theologie. In: Wahrheit und Zeugnis, hrsg. v. Michael Schmaus/Alfred Läpple. Düsseldorf 1964, S. 45–55.

7. Die menschliche Geschlechtlichkeit im Lichte der philosophischen Anthropologie. Arzt und Christ (1964). In: Heft 1, S. 32–48.

8. Metaphysisch-anthropologische Aspekte zur Glaubenskrise der Gegenwart. In: Pastoralblatt, Oktober 10/1965, S. 303–312.

9. Sinnerfahrung, Kirchliche Verkündigung und Erwachsenenbildung. Rede zur Einweihung des Erweiterungsbaues der Wolfsburg. In: Franz Hengsbach/Georg Scherer, Plurale Gesellschaft und Sinnerfahrung, Essen 1965, S. 24–32.

10. Die Geschlechter in anthropologisch-philosophischer Sicht. In: J. A. Hardegger, Handbuch der Elternbildung, Bd. 1, Einsiedeln/Zürich/Köln 1966, S. 225–239.

11. Der Mensch als Leib. In: Zentralblatt für Ehe und Familienkunde, 4 (1967), Nr. 1, S. 1–15 und Nr. 2, S. 49–62.

12. Gewissen, Norm und Situation. In: Gesetz und Gewissen, A. Maas/G. Scherer/G. Teichtweier, Essen 1967, S. 7–49.

13. Der Priesterzölibat in der Sicht der philosophischen Anthropologie. In: Der Zölibat, hrsg. v. Franz Böckle, Mainz 1968, S. 105–115.

14. Ehe auf dem Prüfstand, Vortrag auf dem 82. Deutschen Katholikentag in Essen. In: Mitten in dieser Welt, Paderborn 1968, S. 249–262.

15. Katholische Erwachsenenbildung. In: Walter Dirks, Konkurrenz der Bildungsangebote, Mainz 1968, S. 37–78.

16. Religion als anthropologisches Phänomen in ihrer Bedeutung für Staat und Gesellschaft. In: Essener Gespräche zum Thema Staat und Kirche 2, Münster 1969, S. 12–31.

17. Aspekte der menschlichen Sexualität in der Sicht philosophischer Anthropologie. In: Arzt und Christ 16 (1970), Heft 2–3, S. 143–157.

18. Unbedingte Treue oder Unauflöslichkeit der Ehe? In: Norbert Wetzel, Die öffentlichen Sünder oder soll die Kirche Ehen scheiden?, Mainz 1970, S. 221–237.

19. Determination und Freiheit. In: Lebendiges Zeugnis, 1971, Heft 4, S. 57–71.

20. Bildung als Chance sinnhafter Existenz. In: Herder-Korrespondenz 26 (1972), Heft 4, S. 190–193.

21. Sport als Sinnerfahrung. In: Georg Scherer/Norbert Wolf, Sport zwischen Spiel und Leistung, Essen 1972, S. 7–44.

22. Zukunft und Eschaton – Philosophische Aspekte. In: Georg Scherer/Ferdinand Kerstiens, Franz-Josef Schierse u. a., Eschatologie und geschichtliche Zukunft, Essen 1972, S. 11–65.

23. Sinnkreise und Drogenmißbrauch. In: Lebendiges Zeugnis (1973), Heft 1/2, S. 77–89.

24. Auf der Suche nach Sinn – Die Frage nach Gott in der philosophischen Anthropologie. In: Johannes Hüttenbügel, Gott, Mensch, Universum, Graz/Wien/Köln 1974, S. 255–291.

25. Aporien des Emanzipationsbegriffes. In: Georg Scherer/August Wilhelm von Eiff/Anne-Lene Fenger, Emanzipation und Geschlechterdifferenz, Bonn 1975, S. 4–94.

26. Verlust des Subjektes – Transzendentalphilosophie – Sinnbegriff. In: W. Czapiewski, Verlust des Subjektes, Zur Kritik neopositivistischer Theorien, Essen 1975, S. 177–231.

27. Methode – Gruppe – Kommunikation. In: Erwachsenenbildung 23 (1977), Heft 3, S. 121–129.

28. Der Begriff des natürlichen Todes in der Philosophie der Gegenwart. In: Tod und Sterben, Duisburg 1980, S. 1–21.

29. Leben, Tod und Todestranszendenz. In: Internationale Katholische Zeitschrift 9 (1980), Heft 3, S. 193–208.

30. Liebe und Ehe in philosophischer Sicht. In: Ehe heute. Sechs Grundfragen, hrsg. v. Hansjürgen Verweyen, Essen 1981, S. 13–40.

31. Verblendung und Todeshorizont. Zum Denken Th. W. Adornos und Gabriel Marcels im Hinblick auf das Problem der Erbsünde. In: Norbert Lohfink u. a., Zum Problem der Erbsünde, Theologische und philosophische Versuche, Essen 1981, S. 105–187.

32. Die Liebe im Denken Gabriel Marcels. In: Was heißt Liebe. Zur Tradition eines Begriffes, hrsg. v. Rabanus Maurus-Akademie, Frankfurt a. M. 1982, S. 112–133.

33. Selbstand und Ganzheit. Ein philosophischer Versuch zur Ontogenese des Menschen. In: Herwig Poettgen, Die ungewollte Schwangerschaft, Köln 1982, S. 63–81.

34. Das Leib-Seele-Problem in seiner Relvanz für die individuelle Eschatologie. In: Ferdinand Dexinger (Hrsg.), Tod, Hoffnung, Jenseits, Wien 1983, S. 61–88.

35. Daseinsangst und ihre Bewältigung. 4 Vorlesungen auf den Salzburger Hochschulwochen. In: Paulus Gordan (Hrsg.), Die Zukunft der Zukunft, Kevelaer/Graz, 1984, S. 121–157.

36. Sinnerfahrung, Leiblichkeit und Gegenwart. Philosophischer Versuch zur Frage nach den Erscheinungen des auferweckten Christus. In: Gerhard Lohfink u. a., Essen 1984, S. 33–78.

37. Jugend und Leistung. Philosophische Betrachtung einer Jugendproblematik. In: Nachrichten der Arbeitsgemeinschaft für Gefährdetenhilfe Jugendschutz, Freiburg e. V., Nr. 3, 1984, S. 1–22.

38. Kultur und Sinn. In: Duitse Kroniek 34 (1984), Nr. 3, S. 30–35.

39. Die Unbegreiflichkeit Gottes und die Trinität bei Thomas von Aquin. In: Im Ge-

spräch mit dem Dreieinigen Gott. Elemente einer trinitarischen Theologie, hrsg. v. Michael Böhnke und Hanspeter Heinz, Düsseldorf 1985, S. 258–276.

40. „Du sollst töten": Zur totalitären Weltanschauung des Nationalsozialismus. In: Kirche in Oberhausen, Bd. 3, Kirche und NS-Zeit in Oberhausen, Oberhausen 1985, S. 7–21.

41. Sozialisation und Erwachsenenbildung. In: Erwachsenenbildung 3 (1985), S. 142–146.

42. Prolegomena. Zur Ethik der Technik. In: Die Technikgeschichte als Vorbild moderner Technik, Jahrestagung der Georg-Agrikula-Gesellschaft in Hannover, 1985, S. 83–107.

43. Tugend als Sinnverwirklichung. In: Leitbilder gesunder Lebensführung, hrsg. von der Kath. Ärztearbeit Deutschlands, Köln 1985, S. 43–54.

44. Philosophische Argumente für Hoffnung auf Unsterblichkeit. In: Theologisch-Praktische Quartalschrift 134 (1986), Heft 2, 139–148.

45. Rückzug in die reine Endlichkeit? Grundfiguren gegenwärtigen Denkens. In: Dokumentation zur katholischen Militärseelsorge, Bonn 1986, Heft 13/14, S. 42–62.

46. Mythos – wissenschaftlich-technische Rationalität – Metaphysik – Perspektiven eines Grundproblems. In: Symbol, Mythos, Sprache, hrsg. v. Gerhard Larcher, Annweiler 1988, S. 19–42.

47. Ethik im Horizont der Endlichkeit? In: Walter Brüstle/Ludwig Siep (Hrsg.), Sterblichkeitserfahrung und Ethikbegründung. Ein Kolloquium für Werner Marks, Essen 1988, S. 49–60.

48. Kunst und Eschatologie. In: Heinz Knobloch (Hrsg.), Freiheit und Verbindlichkeit, Mathias Kohn zum 60. Geburtstag, Aachen 1988, S. 325–333.

49. Kulturbegriff und Kulturkrise. In: Pädagogik und Bildungswesen, hrsg. v. d. Universität-GH Duisburg und der Stadt Duisburg, Duisburg 1989, S. 149–161.

50. Philosophie des Todes und moderne Rationalität. In: Hans Helmut Jansen (Hrsg.), Der Tod in Dichtung, Philosophie und Kunst, Darmstadt ²1989, S. 505–524.

51. Gott und die Evolution. In: Wertewandel und Lebenssinn, hrsg. v. Eduard J. M. Kroker/Bruno Dechamps, Königsteiner Forum, Frankfurt a. M. 1990, S. 193–216.

52. Ontologische Konstitution bei Hans-Eduard Hengstenberg. In: Struktur und Freiheit, Festschrift für H.-E. Hengstenberg zum 85. Geburtstag, hrsg. v. Gotthold Müller, Würzburg 1990, S. 187–194.

53. Schöpfungsglaube und Schöpfungsgedanke. In: Zeugnis des Glaubens – Dienst an der Welt, Festschrift für Franz Kardinal Hengsbach, hrsg. v. Baldur Hermans, Mülheim/Ruhr 1990, S. 175–196.

54. Technik und Kultur, in: Kirche und Kultur, Dokumentation der Festwoche vom 22.–29. April 1990 in Essen (1000 Jahre Goldene Madonna), hrsg. v. Bischöflichen Generalvikariat Essen, Abteilung Information, Essen 1990, S. 57–64.

55. Die Welt als Grundverhältnis und die Grenzen der Mystik. In: Probleme philosophischer Mystik, Festschrift für Karl Albert, hrsg. v. Elenor Jain und Reinhard Margreiter, St. Augustin 1991, S. 21–30.

56. Vom Bär zum Teddy. In: Katalog des Ruhrlandmuseums zur Ausstellung „Bärenlese", Essen 1991, S. 158–164.

57. Der Augenblick im Denken Europas. In: Helmut Girndt (Hrsg.), Zeit und Mystik, Der Augenblick im Denken Europas und Asiens, Duisburg 1991, S. 113–128.

58. Sinnerfahrung und Unsterblichkeit. In: Universitas 3/47 (1992), S. 254–263.
59. Aktuelle Perspektiven im Denken Hans-Eduard Hengstenbergs, Philosophisches Jahrbuch im Auftrag der Görres-Gesellschaft 99 (1992), 2. Halbband, S. 380–397.

III. Beiträge zu Lexika

1. Neuaufbruch katholischer Religionsphilosophie bei Max Scheler, 1952, S. 147–150 und S. 291–294.
2. Der Begriff des Seins bei Martin Heidegger, 1953, S. 21–26.
3. Der philosophische Glaube bei Karl Jaspers, 1953, S. 151–154.
4. Der Wesensunterschied zwischen Mensch und Tier, 1954, S. 275–278.
5. Vom Wesen der Schönheit, 1954, S. 29–33 und S. 141–144.
6. Das Problem des Übels in der Welt, 1955, S. 277–282.
7. Vom Wesen der Materie, 1955, S. 21–24, S. 147–152.
8. Das Bild des Menschen bei Arnold Gehlen, 1956, S. 271–276.
9. Das Problem des Übels in der Welt (zweiter Teil), 1958, S. 167–172.
10. Konsumhaltung und Menschenbild, 1958, S. 17–24.
11. Kritik der Sozialanthropologie, 1960, S. 35–42.
(1.–11. im Lexikon: Die Kirche in der Welt, Verlag Aschendorff, Münster.)
12. Kirchliche Bildungsarbeit. In: Staatslexikon, hrsg. v. d. Görres-Gesellschaft, 7. Aufl., Bd. 3, 1987, Sp. 512–515.
13. Person (Neuzeit). In: Historisches Wörterbuch der Philosophie, hrsg. von Joachim Ritter und Karlfried Gründer, Bd. 7, Darmstadt 1989, Sp. 300–319.
14. Thomas von Aquin. In: Metzler Philosophen Lexikon, Stuttgart 1989, S. 781–786.
15. Anthroposophie. In: Lexikon der Sekten, Sondergruppen und Weltanschuungen, hrsg. von Hans Gasper/Joachim Müller/Friederike Valentin, Freiburg/Basel/Wien 1990, Sp. 52–59.
16. Liebe, in: Theologische Realenzyklopädie, Bd. XXI, Lieferung 1/2, Berlin/New York 1991, Sp. 188–191.

IV. Rezensionen

1. Ferdinand Ulrich, Der Mensch als Anfang. In: Theologische Revue (1974), Nr. 6, S. 498–500.
2. Karlheinz Bloching, Tod. In: Theologische Revue (1974), Nr. 3, S. 244 f.
3. Bernhard Casper, Sprache und Theologie. In: Theologische Revue (1978), Nr. 1, S. 46–51.
4. Günther Pöltner, Schönheit. In: Zeitschrift für philosophische Forschung (1980), S. 686 f.
5. Anthropologie als Thema der Theologie, hrsg. v. Hermann Fischer. In: Theologische Revue (1980), Nr. 4, S. 293–295.
6. Bernhard Wälte, Religionsphilosophie. In: Theologische Revue (1980), Nr. 4, S. 324–329.
7. Christlicher Glaube und moderne Gesellschaft, Teilband 5: Raphael Schulte, Leib

und Seele, U. Gisbert Greshake, Tod und Auferstehung. In: Theologische Revue (1982), Nr. 1, S. 51–53.

8. Klaus M. Meyer-Abich, Frieden mit der Natur. In: Theologische Revue (1982), Nr. 5, S. 421–444.

9. Gabriel Marcel, Reflexion und Intuition. In: Theologische Revue (1990), Nr. 3, S. 245–248.